I0593041

Segunda edición
© Serie *Críticas*, 2006
ISBN: 1-930744-27-7

Primera edición
© Serie *Críticas*, 1997
ISBN: 1-930744-14-5

Instituto Internacional de Literatura Iberoamericana
Universidad de Pittsburgh
1312 Cathedral of Learning
Pittsburgh, PA 15260
(412) 624-5246 • (412) 624-0829 FAX
iilisus@pitt.edu • www.pitt.edu/~hispan/~iili

Colaboraron en la preparación de este libro:

Composición y diseño gráfico: Erika Braga
Correctores: Jesús Díaz-Caballero, Bladimir Ruiz y Regina Schroeder

Ángel Rama y los estudios latinoamericanos
Edición de Mabel Moraña

Ángel Rama y los estudios latinoamericanos

4. Escritura, poder y espacios discursivos: colonia y modernidad.

5. Ángel Rama y América Latina.

Ángel Rama y los estudios latinoamericanos

Reconocida internacionalmente como una de las interpretaciones más sólidas y abarcadoras de la historia cultural de América Latina, la obra de Ángel Rama permanece, sin embargo, prácticamente inexplorada por la crítica. Desde el fallecimiento del crítico uruguayo, en 1983, hasta la actualidad, la academia norteamericana ha incorporado muchos de los conceptos claves de la interpretación cultural de Ángel Rama tanto al estudio global del desarrollo cultural latinoamericano como de las literaturas nacionales, extendiendo el alcance de sus estudios a áreas a veces impensadas de la producción continental. No obstante, este rendimiento crítico de la prolífica producción de Ángel Rama no se ha traducido necesariamente en un conocimiento más profundo de las múltiples facetas y procesos internos que rigieron la evolución del pensamiento de este autor que representa uno de los puntos más altos de la reflexión intelectual desde y sobre América Latina.

No se han estudiado, por ejemplo —hasta el momento— los efectos complejos que tuvieron en el desarrollo crítico del autor de *La ciudad letrada* las localizaciones geoculturales desde las que desarrollara tan brillantemente su pensamiento crítico. No se ha penetrado, en ese sentido, al menos con la profundidad que sería necesaria, la inscripción de su obra en el espacio intelectual rioplatense, ni el diálogo que sostuviera con el medio venezolano o estadounidense que acogieran, en distintos momentos, su apasionada y polémica trayectoria. El modo en que el pensamiento de Rama se modula en cada una de estas instancias, tratando de establecer un intercambio productivo con los distintos públicos que encontrara en su tierra natal o en las adoptivas, sigue siendo aún un tema inexplorado pero fundamental para una comprensión cabal del sentido y las formas que asume su método crítico y la valoración de los temas que elige, en cada caso, como articulación con los contextos sociales y académicos en los que se inscribiera su labor pedagógica e intelectual. No se han desentrañado tampoco, hasta el momento, las instancias del diálogo que mantuviera con otras disciplinas, o con el pensamiento de autores que marcaron también ellos, desde otras latitudes y posiciones ideológicas, su visión de América Latina.

Aunque los estudios que proliferaron después de su trágica desaparición constituyeron un importante reconocimiento del lugar fundamental de Ángel Rama en la historia cultural del continente, los mismos pudieron efectuar en su momento apenas una introducción a la vasta labor que se presenta ahora ante los estudiosos de la cultura latinoamericana. En los últimos años, muchos artículos han tocado aspectos específicos de la obra de este autor, efectuando aportes fundamentales para la ubicación de ésta en la tradición crítica de América Latina. Pero a partir de estos avances ha quedado aun más claro la necesidad de emprender estudios más vastos y profundos sobre la multifacética producción de este crítico, en la que se combina la reflexión erudita y, en el mejor sentido del término, académica, con la dimensión fuertemente política de un pensamiento vinculado estrechamente a coyunturas y proyectos ideológicos concretos, que arraigan de un modo muy particular el trabajo de Rama en la historia continental de nuestro siglo.

Leer a Rama es, en efecto, en muchos sentidos, recorrer el extenso territorio simbólico de la totalidad americana y, en las entrelíneas de la argumentación, recuperar la memoria de una historia reciente y de los relatos reales e imaginarios que la poblaron. Como el mismo autor indicara en *La ciudad letrada*, en su caso la dimensión biográfica y la intelectual, la individual y la colectiva, la crítica y la ideológica, se funden "en los suburbios del presente", cuando "la polis se politiza":

> Esta recorrida que hasta aquí ha procurado caracterizar la *ciudad letrada* según sus seculares avatares, va a pasar ahora de historia social a historia familiar, para recaer por último en cuasi biografía, anunciando la previsible entrada de juicios y prejuicios, realidades y deseos, visiones y confusiones, sobre todo porque la percepción culturalista que hasta aquí me ha guiado, al llegar a los suburbios del presente, concede primacía a otro obligado componente de la cultura, que es la política (106-107).

La cultura es así, en su concepción, el dominio complejo en que se funden vertientes ideológicas, aproximaciones disciplinarias, expectativas, subjetividades, utopías y discursos discernibles pero pertenecientes, antes que nada, a una combinatoria que es mayor que la suma de las partes que la componen. Su propia biografía es paradigmática de los movimientos de arraigo y desarraigo que caracterizaron a los miembros de su generación y de las siguientes, en la revuelta América Latina de la segunda mitad de nuestro siglo, principalmente de quienes fueran victimizados por las dictaduras y que luego se integraron a la diáspora política y económica a partir de los años setenta. Leer a Rama es revivir esa trayectoria trabajosa y productiva, rememorar una peripecia individual y colectiva, recuperar la tradición y los esfuerzos por cuestionarla, interrogarla, superarla. Es, también, observar el despegue de nuevas formas de comprensión del sentido y la factura intrínseca de una producción cultural desde la que se formulan y simbolizan agendas, programas y proyectos sociales que dialogan con un mundo en rápido proceso de transformación, en el que el pensamiento crítico debe redefinir su lugar, su función, sus lealtades.

La labor periodística y narrativa de Ángel Rama, sus fundamentales estudios sobre poesía gauchesca y sobre el área cultural andina, así como su relación con el proyecto cultural de *Marcha*, su recuperación de los textos canónicos a través de la inmensa labor de "Biblioteca Ayacucho", sus esfuerzos por desencubrir a figuras fundamentales de la cultura latinoamericana, como Rufino Blanco Fombona, Simón Rodríguez o José Antonio Ramos Sucre —para citar sólo a los venezolanos, constituyen, junto a las obras mayores y de carácter más "orgánico", como *Las máscaras democráticas del modernismo*, *Transculturación narrativa en América Latina* o *La ciudad letrada*, un sistema complejo que, en sus distintas etapas y modulaciones, expone los avatares de la historia política de un continente siempre asediado, desde afuera y desde su propia conflictiva interioridad, por agresiones, marginamientos, desafíos y urgencias que marcaron a fuego la producción cultural en todos sus niveles.

Desde los aportes fundamentales de Andrés Bello, Pedro Henríquez Ureña, José Carlos Mariátegui y Mariano Picón Salas, para citar sólo algunos de los nombres más salientes de la tradición crítica latinoamericana, pocas obras conjugan, con el rigor y la exhaustividad de la de Rama, un conocimiento tan profundo y certero de la problemática latinoamericana y su lugar en el contexto internacional. Junto a la obra de críticos contemporáneos como Antonio Cornejo-Polar, Silvio Romero, Antonio Candido y Roberto Fernández Retamar, la de Ángel Rama ha contribuido a fijar los parámetros fundamentales para una comprensión a la vez global y puntual del desarrollo histórico de América Latina, entendiendo el espacio continental como la arena en la que se debaten procesos y proyectos contradictorios tanto en lo que tiene que ver con el surgimiento y consolidación de las culturas nacionales como en la relación que éstas mantienen, a lo largo de su desarrollo, con el contexto occidental.

Más allá del mecánico reconocimiento de influencias exteriores o de la inimaginativa aplicación de marcos teóricos o modelos interpretativos creados para otras realidades culturales, la obra de Rama se orientó más bien al análisis de particularismos y especificidades que, comprendidos en el contexto de la totalidad americana, permiten entender, sin localismos reduccionistas, los flujos ideológicos y socio-culturales de los que surge la producción continental de la Colonia a nuestros días. Esto, sin renunciar a un diálogo fecundo y original con las corrientes de pensamiento que nutren desde sus orígenes la cultura latinoamericana, ni a una lectura capaz de vincular lo regional a lo global, concediendo especial atención a la dialéctica que rige la relación entre ambas dimensiones. De ahí que en la reflexión latinoamericanista de Ángel Rama haya tenido un lugar preponderante el estudio de los procesos de institucionalización cultural que vinculan el Estado y la sociedad civil, la nación y el ciudadano, la realidad pujante de la *ciudad real* y los artificios del discurso letrado, ya que es justamente a partir de esos intercambios que puede comprenderse sin esencialismos sino con un sentido eminentemente histórico y en este sentido *material*, la identidad latinoamericana en sus múltiples manifestaciones.

En justamente con el propósito de comprender la materialidad de los procesos culturales que los estudios de Rama se orientaron también hacia una indagación de los modos que asumiría, en sus distintas etapas, la inscripción de América en el proyecto de la modernidad, tratando de deslindar el papel que habría de cumplir la función intelectual no sólo como vehículo de influencias exteriores sino también como portadora de un *episteme* fuertemente condicionado por lo social y lo ideológico, y como generadora de proyectos alternativos a los dominantes, desde los cuales pudo contrarrestarse, en los distintos momentos de la historia continental, la gestión hegemónica del Estado y sus instituciones. La modernidad es así, para Rama, el área fronteriza en la que se conectan áreas culturales, pensamientos, proyectos y agendas muy diversos; en este sentido, una zona de trueque, empréstitos y negociaciones en la que América Latina debió volver a definir su lenguaje, sus símbolos y su destino histórico, de cara tanto a sus pulsiones y urgencias interiores como a los desafíos de la transnacionalización y de la integración occidentalista.

La innegable originalidad de la obra de Rama estriba quizá, precisamente, en ser ella misma producto del transvase de conceptos, categorías y corrientes de pensamiento, creando un espacio de transitividad teórica en la que se potencia y refuncionalizan hallazgos anteriores, problemáticas o respuestas culturales que pudieron haber tenido, en otros contextos, repercusiones o alcances diferentes. Con frecuencia se olvida, por ejemplo, al estudiar la influyente propuesta incluida en *Transculturación narrativa en América Latina* que varias décadas antes que Ángel Rama, Mariano Picón Salas incorpora ya el concepto de transculturación a su estudio de la cultura continental, titulando así uno de los capítulos de su fundamental libro *De la conquista a la independencia* (1944) justamente a partir de ese concepto, que por la misma época se divulgara a partir de la utilización que de él hace Fernando Ortiz en su tan conocido *Contrapunteo cubano del tabaco y el azúcar* (1940). El cuarto capítulo del libro de Picón Salas, "De lo europeo a lo mestizo. Las primeras formas de transculturación", se refiere a la penetración de la cultura europea en los centros urbanos desde el siglo XVI y a las distintas formas que asume el trasplante cultural en las diversas áreas culturales del continente. Sirva esta relación, que debería desarrollarse con más amplitud en estudios sobre el proceso transculturador, simplemente para indicar cómo la originalidad de la crítica ramiana se combina con frecuencia con vertientes y conceptos entregados por la tradición, que nutre de manera tan fecunda su reflexión teórica.

La obra de Ángel Rama es, entonces, en sus múltiples contribuciones a la ampliación del canon y el ordenamiento historiográfico, una constante búsqueda de modelos, nuevos o remozados, de lectura, crítica e interpretación cultural, un ejemplo, en este sentido, de práctica transculturada, integradora de todos aquellos paradigmas que desde las distintas vertientes del pensamiento y la práctica intelectual, puedan servir para aprehender la índole conflictiva y desafiante de América Latina.

Con el auge de los estudios culturales y la búsqueda de nuevos parámetros teórico-ideológicos capaces de guiar el análisis de los procesos latinoamericanos, la obra de Rama representa en muchos sentidos, desde el ámbito latinoamericano, la transición entre una concepción humanística y con frecuencia idealista de la cultura y particularmente de la literatura como espacios de expresión estético-ideológica, y las más recientes aproximaciones a lo cultural percibido como *performance* en la que se integran y superponen imaginarios y productores culturales de vertientes diversas, que a través de estrategias representacionales que combinan elementos mediáticos y canónicos, populares, académicos y marginales, representan polifónicamente la transitividad cultural de nuestro tiempo.

Partiendo de los métodos más clásicos y apegados al repertorio canónico —explicación de textos, estudio historiográfico, ensayos de periodización, crítica socio-histórica— la producción de Rama se desplaza claramente pero sin estridencias, siguiendo la dirección marcada por su intuición crítica y por los requerimientos del quehacer interdisciplinario, hacia el área de los ahora llamados estudios culturales, sin que le fuera necesario apartarse del *corpus* de la literatura latinoamericana que él mismo contribuyera en tan gran medida a construir, y que en la totalidad de su concepción crítica tiene el valor principal de constituir un sistema de paradigmas representacionales capaces de guiar la arqueología cultural en sus otros niveles. Rama no

11

renunció al enclave canónico ni recorrió el camino completo de la deconstrucción culturalista, apegada como estaba su obra a los fundamentos de una formación integral, donde prácticas creativas, críticas y pedagógicas, trabajo periodístico, compromiso ideológico, afiliación institucional y pensamiento independiente eran piezas esenciales y superponibles de un trabajo inmerso en la realidad misma que le servía como objeto de estudio. Más allá de las modas teóricas y los fáciles desalientos, el trabajo de Rama se abocó más bien, sin renunciar al canon, a desentrañar las condiciones que explican su factura monumentalista, los intrincados movimientos del gusto cultural, las instancias de la recepción y las relaciones complejas entre individualidad y producción cultural.

De Rama puede decirse sin lugar a dudas —que no de tantos latinoamericanistas actuales— que conocía de primera mano la realidad sobre la que emitía juicios, teorizaciones e hipótesis y, sin caer en empirismos ingenuos, podía fundar en la experiencia, el diálogo directo, la inmersión cultural, tanto como en la erudición y la imaginación teórica, valoraciones, pronósticos y diseños epistemológicos. De ese conocimiento derivó su cautela, su fe en el basamento sólido de la lectura, su dificultad para el deslumbramiento fácil o el escepticismo total, su capacidad de ironía y su desconfianza ante el facilismo formulaico y los fuegos fatuos del *snobismo* intelectual. De ahí también que su trabajo se abocara principalmente a lo que conocía mejor: el discurso letrado y la base social que definía sus condiciones de existencia y sus particularidades representacionales. Las críticas que hoy pueden efectuarse a su obra deben recuperar, a mi juicio, esta dimensión fundamental de su trabajo crítico, no para atemperar cuestionamientos o debates que ensalzan la fermental obra que Ángel Rama entregara al latinoamericanismo contemporáneo, sino para fundarlos en los términos justos que merece su producción intelectual.

La obra de Rama constituye en sí misma un excelente ejemplo de pensamiento transnacionalizado, elaborado como un desafío de las fronteras disciplinarias y territoriales, desde posicionalidades negociadas a partir de los resquicios de las dictaduras o enclavada en los espacios solidarios de democracias corroídas por sus propios conflictos, venciendo siempre las limitaciones impuestas por la intolerancia y el intervencionismo político-ideológico que asediaron a Ángel Rama, en distintos contextos, hasta sus últimos días.

Entre hermenéutica y culturalismo, desterritorializada, a veces fragmentaria, nunca definitiva sino más bien abierta a evolución y revisiones permanentes, la obra de Rama es, en efecto, un puente tendido entre modos de producción cultural y concepciones del espacio simbólico y representacional muy diversos, que a veces el calor de los radicalismos sugiere casi como inconciliables. Su actuación cultural atraviesa América Latina, dialoga con Europa y se integra al espacio estadounidense, englobando metodologías, teorizaciones y estrategias pedagógicas e intelectuales muy variadas, sin perder nunca el enclave latinoamericano del que surgiera y los compromisos que esa definición implicaba. Su pensamiento vincula, asimismo, diversas disciplinas — antropología, historia, urbanística, ciencias políticas, literatura — incorporando tanto los aportes de las ciencias sociales como las tradiciones de lectura más arraigadas a un humanismo "clásico" que supo matizar y remozar, integrando sus mejores aportes a formas más abiertas a las nuevas corrientes y elaborando todas estas vertientes de un modo original, sin provincialismos, partidismos ni falsas oposiciones.

Pero si la recuperación y cuestionamiento de la tradición ocuparon siempre un lugar central en la obra cultural de Ángel Rama, también ésta se definió como una plataforma de lanzamiento de lo que su intuición crítica reconocía como los nuevos nódulos de un repertorio canónico en proceso de crecimiento y transformación permanentes. De ahí su atención a los "Novísimos narradores", a las nuevas figuras del post-*boom*, a las experiencias creativas de la diáspora, como ejemplos no sólo de formalizaciones literarias e innovativas, sino también de prácticas culturales que respondían a los desafíos de nuevas circunstancias sociales y políticas a partir de las cuales se iban definiendo nuevos espacios y estrategias discursivas y representacionales.

En atención al gran potencial crítico que contiene la obra de Ángel Rama, este libro se ofrece como una contribución a la vasta labor que tiene por delante el latinoamericanismo actual, no sólo como tributo al incansable trabajo de uno de sus representantes más lúcidos y rigurosos, sino como condición imprescindible para el desarrollo transdisciplinario que caracteriza los estudios culturales en nuestros días.

En sus cinco apartados, el presente volumen sobre *Ángel Rama y los estudios latinoamericanos* presenta una serie de lecturas críticas sobre la obra del crítico uruguayo, en las cuales se trascienden, muchas veces, las propuestas concretas de este autor, extendiéndolas a campos afines de la cultura continental, o explorando las áreas que su trabajo abrió, sin agotarlas, con el propósito primordial de expandir el horizonte de los estudios latinoamericanos.

En la primera parte de este libro, titulada "El lugar del saber. Espacio urbano, letrados e instituciones culturales" se articula la obra de Ángel Rama, desde un punto de vista teórico, a los campos de investigación de los estudios culturales y de la historiografía. Los ensayos que componen este apartado tienen en común la indagación de las articulaciones que vinculan el trabajo de Rama al pensamiento occidental y a las nuevas corrientes de interpretación cultural, centrándose en las obras principales de este autor y relacionándolas con debates y teorizaciones más vastas, que el crítico uruguayo desarrolla o modula a través de su propia práctica reflexiva.

Román de la Campa explora particularmente los alcances del proyecto que canaliza *La ciudad letrada* en cuanto a la lectura del desarrollo cultural latinoamericano desde la centralización escrituraria, institucionalista y transnacionalizada —desde la aproximación *epistética* (estético-epistemológica)— que informa el trabajo de Rama. Vinculando su obra a la arqueología de la cultura *á la* Foucault, así como a teorizaciones como las de Edward Said y Benedict Anderson, de la Campa percibe la metáfora de la *ciudad letrada* y sus desenvolvimientos en *ciudad escrituraria, modernizada, politizada*, como una forma de periodización que, desde la monumentalidad nominalista, propone una cartografía en la que se inscriben y dramatizan las interrelaciones entre discurso, poder y agentes culturales. Pero detrás de la consagración del signo, de la Campa percibe también la dirección, de raíz saussureana, desde la que se impugna su fijeza. Si la textualidad es entendida, en la obra de Ángel Rama, como el espacio privilegiado del saber y de su ordenación disciplinaria, ella también sugiere, aunque sin desarrollo expreso, las formas de su deconstrucción. Para de la Campa *La ciudad letrada* explora sobre todo el legado del discurso colonial y sus residuos en la modernidad, provocando así "un enfrentamiento límite, si no aporético, de la sincronía europea de Foucault, en torno a una yuxtaposición latinoamericana simultáneamente colonial y poscolonial". De la Campa incorpora en su análisis observaciones críticas realizadas en torno a la obra de Rama: su homogeneización y autonomización de la práctica cultural, la autorreferencialidad de la escritura y del letrado como instancias esenciales de la producción cultural, la marginalización de la oralidad y de las prácticas que subvierten el discurso del poder, la solidificación e impenetrabilidad que se conceden al orden hegemónico, y la necesidad de una periodización más precisa y al mismo tiempo más matizada de los espacios, prácticas y proyectos de producción/recepción cultural.

El trabajo de Françoise Perus se orienta, en este sentido, por similares derroteros, al enfocar dos aspectos presentes en las observaciones críticas arriba mencionadas. Su trabajo destaca tanto la continuidad temporal como la circunscripción espacial en tanto parámetros teóricos y metodológicos que rigen la construcción de *La ciudad letrada* y de *Transculturación narrativa en América Latina*. El estudio de Perus se refiere fundamentalmente a la que podríamos llamar la ideología del universalismo, y a los movimientos constantes de absorción de influjos exteriores y presión de pulsiones internas que rigen el desarrollo cultural de América Latina desde sus orígenes. Como en el trabajo de de la Campa, en el de Perus se analiza la permanencia de la cultura colonial en épocas posteriores, viendo *Transculturación narrativa* como una propuesta "explícitamente concebida como contrapeso a la tradición representada por la 'ciudad letrada'" en la medida en que la práctica transculturadora provee a aquélla de "órdenes de representación" diversos a los que se derivan de la experiencia propiamente americana. El estudio emprendido por Rama de la articulación entre lenguas, temas y cosmovisiones vernáculares, tal como éstos se dan en la novela regionalista, es un modo de adentrarse en la dialéctica de la modernidad, analizando cómo el "impacto modernizador" penetra en las vertientes de la tradición creando un juego de absorciones, resistencias y transformaciones que alteran sustancialmente la producción cultural latinoamericana. Perus cuestiona sobre todo el valor asignado por Rama a la vertiente modernizadora, y su fidelidad a nomenclaturas historiográficas tradicionales

El estudio de Horacio Machín constituye, por su parte, una amplia orquestación teórica en la que se recuperan y analizan una serie de aspectos fundamentales de la obra general de Ángel Rama: las "estrategias de la memoria" desde las cuales el crítico uruguayo recupera la dimensión histórica de los procesos culturales, las posiciones desplegadas sobre el tema del intelectual y su lugar en la sociedad civil, el "sentido práctico", interdisciplinario, de su trabajo crítico, la configuración de "cartografías posmodernas". Articulando la pro-ducción ramiana a la obra de Jürgen Habermas y Pierre Bourdieu, por ejemplo, en el campo de las ciencias sociales, o a la de Néstor García Canclini o Beatriz Sarlo en el área de los estudios culturales latinoamericanos, Machín persigue la evolución del pensamiento de Ángel Rama partiendo de "La lección intelectual de *Marcha*" hasta *La ciudad letrada*, pasando por otros varios textos fundamentales: "La literatura en su marco antropológico", uno de los últimos textos de Rama, *Transculturación narrativa*, y otros. Según Machín, "en Rama hay un silencio respecto al paradigma ascendente de los estudios culturales latinoamericanos. El mismo es paralelo al silencio de éstos acerca de los alcances de la crítica de Rama para el modelo del intelectual democrático latinoamericano que dichos estudios proponen (García Canclini, Sarlo)". La dimensión interdisciplinaria que se evidencia en los estudios de Rama no es alcanzada, según Machín, en los trabajos de los autores mencionados, con los que Rama no comparte "su memoria sin historia", "su estetización 'interdisciplinaria'", "su ensayística de la sociedad civil como política de identidad intelectual". El ensayo de

15

Machín entrega un avance importante y sin duda polémico de la relación entre la crítica de Rama y las orientaciones actuales, que permite penetrar algunas de las áreas hasta ahora inexploradas de ambos campos de conocimiento y acción cultural.

El segundo apartado, que lleva por título"**Ciudad letrada: Territorio, frontera, memoria**" incluye dos artículos, diversos en sus propósitos y metodologías, en los que se investiga la significación de la *ciudad letrada* desde otras perspectivas. El estudio de Gustavo Remedi atiende a la espacialidad de la urbe escrituraria como simbolización y diseño de un orden social cuyas derivaciones se manifiestan en todos los niveles de la vida y la producción cultural. Para Remedi la ciudad es el *aleph* desde el cual puede visualizarse y exhibirse un proyecto social, ya sea en el período de control metropolitano como en las etapas neocoloniales. El espacio urbano es la red material y simbólica en la que se definen localizaciones, prácticas y agencias culturales a partir de una determinada concepción de la cotidianidad y de los discursos que la regulan. Las relaciones entre espacio privado y esfera pública, intimidad y vida colectiva, ocio y productividad, expresión estética e instrumentación tecnológica, se canalizan y representan metafó-ricamente a través de la estructuración espacial y la distribución de papeles, funciones y jerarquías que la dimensión urbana representa a través de la lógica de un poder que se exhibe tridimensionalmente, como escenario de los conflictos y proyectos que viven en su interior. La ciudad es perímetro, parámetro, límite, frontera, borde, interioridad, demarcando hacia adentro la utopía del orden y el civilismo, y hacia afuera las formas materiales de la otredad, la subversión y el caos.

Sobre este asiento concreto es que Rama elabora su concepción de la transculturación, sus reflexiones sobre el discurso letrado y sobre el impacto de la modernidad en la cultura latinoamericana de comienzos de siglo. Los procesos de institucionalización se localizan en esta misma base material que define el lugar de la escuela, el claustro, el museo, las prácticas jurídicas, la recreación y el disciplinamiento. Así es que Remedi rescata esta espacialización del análisis cultural a partir de la cual se visualiza la materialidad de la producción y la recepción intelectual y el lugar asignado a los agentes que participan en la vida comunitaria. Remedi estudia las bases espaciales que corresponden a los procesos de transculturación que, regidos por la dialéctica entre un afuera y un adentro, dramatizan y visualizan la relación de América Latina con los proyectos de modernización. Antropología, historia, urbanismo, literatura, son vertientes que informan la aproximación a los modelos culturales que se exploran en *La ciudad letrada* y que Remedi logra articular en esta lectura original y enormemente sugestiva.

Las reflexiones filosóficas de Castro-Gómez proponen, por su parte, una perspectiva complementaria, al vincular también *La ciudad letrada* a problemáticas actuales, obligando a una lectura actualizada y exigente de ese texto como introducción a los temas del multiculturalismo, la integración y la redefinición institucional que ocupan el centro de los debates actuales.

Castro-Gómez se pregunta hasta qué punto *La ciudad letrada* puede leerse, en tiempos de globalización, como una *ontología del presente*, es decir, de qué modo la perspectiva arqueológico-cultural de Ángel Rama informa nuestra comprensión del tiempo en que vivimos. Efectuando una nueva revisión del legado foucaultiano y de las alusiones que hace Rama a la interpretación que el filósofo francés hace de la *Gramática* de Port Royal en *Las palabras y las cosas*, el autor del ensayo estudia la conexión entre representación y prácticas discursivas como uno de los núcleos principales a partir de los cuales el crítico uruguayo desentraña las relaciones entre saber y poder en América Latina. Castro-Gómez se ocupa fundamentalmente de la conceptualización que Rama realiza acerca de las políticas representacionales, sus relaciones con el discurso hegemónico y su función respecto a la articulación de los saberes a partir de los cuales los sujetos se relacionan con el mundo. Analiza entonces la *ciudad letrada* como "institución reflexiva", discutiendo los efectos y alcances de la institucionalidad del saber y proponiendo que, aparte de sus funciones de ordenación y disciplinamiento social —"vigilar y castigar"— la letra puede cumplir además una función de autorregulación transformadora, que le permite elaborar políticas contrahegemónicas. La *ciudad letrada* fue así, desde el siglo XIX, "una estructura global de comunicación por la que circulaba un saber desterritorializado" que, de alguna manera, prepara los procesos de globalización de nuestros días.

El tercer apartado del volumen, titulado **"Debates de la transculturación"** explora, desde varias perspectivas, uno de los conceptos más utilizados y polémicos de la obra de Ángel Rama: el que remite a la incorporación, por efecto de la pulsión modernizadora, de influencias y proyectos que se combinan con las culturas vernáculas en América Latina.

Mi ensayo sobre "Ideología de la transculturación" es un intento por recuperar la propuesta de Rama dentro del contexto político-social en que fue producida, como reflexión en torno a la cuestión nacional puesta en crisis, en la década de los años setenta, por la represión dictatorial y las diásporas y exilios que siguieron a la ruptura del orden democrático en varios países de América Latina. El estudio de Rama sobre el fenómeno de transferencia o transitividad cultural constituye una penetración en la cuestión siempre debatida de las identidades nacionales y los efectos que sobre ellas tuvieron los proyectos modernizadores. Frente a la "pulsión de homogeneización" que éstos incorporan a las culturas vernáculas, Rama estudia, a través del dispositivo conceptual de la transculturación, las relaciones entre discurso letrado y representación popular, en una búsqueda *material* de los contenidos estables que conforman la nacionalidad. Investiga para ello la función mediadora de las *intelligentsias* urbanas y las fórmulas de hibridación cultural —y sus connotaciones ideológicas— en América Latina, tomando como objeto la novela regionalista pero configurando un modelo interpretativo que se extiende, obviamente, a otras áreas y períodos del desarrollo cultural del continente. Mi trabajo intenta cuestionar el diseño dicotómico del modelo de Rama, su fundamentación dependentista y la concepción mesiánica del intelectual que informa su visión de la transculturación, sugiriendo las ventajas de entender el ensayo de Rama en relación con elementos derivados de la ideología del mestizaje, los conceptos de heterogeneidad e hibridez, y la conceptualización de lo nacional-popular, pero recordando sobre todo la "posición de discurso" desde la que fuera concebida *Transculturación narrativa* ante las crisis del concepto de nación, vanguardia intelectual y consenso democrático que constituyen el núcleo problemático fundamental de los años setenta.

Complementariamente, pero con derivaciones más amplias, el estudio de Abril Trigo parte del binomio conceptual transculturación / transnacionalización, a partir del cual se vincula la teorización de Ángel Rama a los conceptos de mestizaje, heterogeneidad e hibridez, en tanto ejes del panorama crítico que guía los debates actuales. El ensayo de Trigo dialoga con la obra de Neil Larsen, García Canclini, Martín-Barbero, entre otros, poniendo en entredicho la vigencia del concepto de transculturación, analizando la legitimidad de sus asunciones: autenticidad de las culturas vernáculas que adquieren así una "primacía ontológica", reduccionismo de la fórmula de Fernando Ortiz al estatus fetichizado de la literaturiedad, insuficiente relevamiento y teorización de "lo popular", etc.

Ante la irrupción de lo masivo y lo transnacional como categorías fundamentales de la teorización cultural desde la década de los ochenta, Trigo interpela la crítica de Rama enfrentándola a la problemática de los mercados, regidos por una nueva lógica de producción, circulación y consumo de productos culturales. El ensayo concede especial importancia a las transiciones que vinculan la relación entre multi-nacionales y transnacionalismo como procesos de emergencia de *macroculturas*, poniendo en juego las nociones de heterogeneidad e hibridez como posibilidades de conceptualización que se abren, a su vez, a nuevas inconsistencias en el propósito de aprehender y totalizar los conflictos del multiculturalismo. El artículo propone otras categorías: mestizaje/migrancia, fronteras/fronterías, id/entidades "sobre el filo" (circunstanciales, portátiles, liminales), así como una reflexión sobre los nuevos modos que asume la hegemonía y la producción cultural en nuestros días.

Los estudios que siguen en este apartado retomarán, en diversos sentidos, muchos de los problemas y desafíos teóricos que se exponen en los anteriores, explorando la aplicabilidad de la conceptualización ramiana a campos específicos del territorio canónico latinoamericano.

El trabajo de Silvia Spitta comienza por definir la figura del transculturador como un mestizo cultural situado "entre dos aguas", caracterizado por el desgarramiento identitario e impulsado por el proyecto utópico de conjugar las vertientes que lo constituyen. Spitta conecta el tema de la transculturación con un ensayo de Rama publicado en 1988, "El escritor latinoamericano como traidor", en el que estudia "El sonámbulo", cuento poco divulgado de Augusto Roa Bastos, donde se dramatiza simbólicamente la relación entre masa y oligarquía, en una exploración de la tra(d)ición historiográfica que adjudica a la elite oligárquica la función de defensa y representación de los valores nacionales. Apoyado en las series conceptuales sobre las que se estructura el cuento de Roa Bastos, Rama reflexiona sobre la condición del intelectual y la función del ejercicio escriturario/transculturador. Spitta discute la interpretación que realiza Rama del cuento de Roa Bastos, realizando una sagaz crítica de la crítica en segunda potencia, es decir desmontando el aparato intepretativo y viéndolo más bien como modelo representacional desde el que Rama explora simbólicamente su propio armazón teórico. La función del transculturador como traductor/traidor se afirma en la ruptura o el trauma social, el que representaría *La ciudad iletrada* [sic], la del mestizaje, el analfabetismo y la marginación, que se vislumbra, en negativo, según Spitta, en las entrelíneas del pensamiento del crítico uruguayo.

Maribel Ortiz-Márquez, por su lado, centraliza su trabajo en el concepto de modernidad, analizando las premisas en las que se basa, en la obra de Rama, el uso de este término, integrando el estudio a una visión general de la crítica cultural desarrollada por este crítico desde los años sesenta. Según Ortiz-Márquez las reflexiones de Rama incluidas en *Las máscaras democráticas del modernismo* advierten ya "fisuras en el discurso moderno y los aspectos totalizadores que lo fundamentan" adelantando algunas de las dimensiones que luego se atribuyen a la posmodernidad, sin convertir por ello al crítico uruguayo en un crítico posmoderno *avant la lettre*. Para la autora del artículo, la reflexión de Rama en torno a las relaciones entre tradición y modernidad proyectan

19

el trabajo de éste hacia otros dominios disciplinarios, hacia la expansión del sistema letrado y el estudio de las culturas populares, tal como se plasmaría en los años ochenta en los trabajos de García Canclini, en los que se enfocan los vínculos entre culturas dominantes y marginadas. Pero Rama se aferraría principalmente a la literariedad de los textos antropológicos, problematizando sin embargo los dominios disciplinarios y permitiendo una revisión de la función de la literatura en los contextos culturales más amplios en los que ésta se integra. Finalmente, Ortiz-Márquez atiende a la relativización del concepto de clase en la crítica culturalista de Rama y al modo en que esto opera en la totalidad de su aparato conceptual e ideológico.

Cerrando este apartado, Alberto Moreiras se refiere a la figura paradigmática de José María Arguedas, y particularmente a *El zorro de arriba y el zorro de abajo* como ejemplo de una transculturación que, en su propio desenvolvimiento, explora sus límites y verdaderas posibilidades teóricas. Pasando de la teorización a la indagación textual, el autor del ensayo se adentra en la problemática de la heterogeneidad cultural y en las formas representacionales que ofrece la etnoficción como dramatización de los conflictos que vinculan diversas formas de saber y de poder, y como vehículo para la expresión simbólica de la racionalidad del oprimido.

Moreiras parte de la idea de que "la corrección de Rama al esquema de Ortiz consiste en postular una epistemología política mediante la que el análisis de la transculturación avanza más allá de la descripción fenoménica" del proceso de integración cultural. Guiado por el propósito de efectuar la "redención de culturas subordinadas por la modernidad" Rama propone el concepto de transculturación, según Moreiras, no como simple respuesta a la modernización, sino como plasmación de la relación crítica que se establece con respecto a ella. La lectura de Arguedas propuesta por Moreiras permite no solamente revisar el significado de la obra total del escritor peruano, sino reflexionar sobre el horizonte concreto de las prácticas escriturarias sobre las que se recorta el concepto de transculturación, repensando sus límites y aportes a la historiografía y la crítica actual.

La cuarta parte de este libro, **"Escritura, poder y espacios discursivos: Colonia y modernidad"**, reúne tres trabajos en los que se analiza la contribución puntual de Rama a dos campos concretos del desarrollo cultural latinoamericano, la Colonia y el siglo XIX, los cuales constituyen dominios diferenciados de conocimiento, que requieren metodologías y aproximaciones específicas.

El estudio de Gustavo Verdesio lee *La ciudad letrada* "a contrapelo", explorando los silencios u omisiones que rodean al discurso letrado y efectuando a partir de los mismos una crítica de la construcción canónica. Para Verdesio, la centralización en el registro escriturario cristaliza en la forma "de una figura transhistórica (ese letrado casi inmutable) [lo cual] en un análisis más atento, puede interpretarse como un intento (fallido) de explicar la influencia modeladora de la letra y sus ejecutantes en un contexto histórico donde dos tipos de organización cultural estaban (y están todavía) en conflicto". La delimitación de este parámetro de producción cultural contextualiza "el *locus* de enunciación del sujeto europeo letrado" pero desplaza hacia los márgenes del discurso crítico otras formas de saber y expresión cultural que se expresan a través de la oralidad, la iconografía, los mitos, la distribución de los espacios territoriales y, en general, los componentes que integran un imaginario alternativo al que se define a través del universo semiótico de la *ciudad letrada*. Basándose en los estudios de Walter Mignolo y Rolena Adorno, entre otros, Verdesio busca la contracara del saber disciplinario y disciplinado a través de la letra.

Juan Poblete, por su parte, elabora también la relación entre discurso, poder y subjetividad, trabajados en Rama a partir de las bases teóricas que informan la arqueología de la cultura de Michel Foucault, las cuales permitieron al crítico uruguayo "resituar la literatura y la labor intelectual en general como prácticas sociales concretas y desplazar el análisis del plano de lo ideológico-representacional hacia el nivel de los actos institucionales". Confrontando la crítica de Rama con los principios que Foucault formaliza en su *Arqueología del saber* y en *El orden del discurso* así como con las lecturas que Roberto González Echevarría elabora en *Myth and Archive. A Theory of Latin American Narrative*, Poblete reflexiona sobre el impacto que el discurso del poder tiene sobre el resto de la producción cultural, y sobre los mecanismos de legitimación que se ponen en funcionamiento a partir del espacio simbólico de la *ciudad letrada* entendida como metáfora del centro desde el cual se imitan y parodian literariamente, como propone González Echevarría, los discursos "realmente" hegemónicos. Lo que en *Myth and Archive* termina siendo, según Poblete, una reafirmación de la literariedad de la literatura, en Rama se elabora más bien como énfasis en las interacciones que las prácticas culturales y los agentes que las producen mantienen con su público, o sea como una recuperación de la materialidad social que condiciona la productividad discursiva y sus formas de recepción. Poblete reflexiona también sobre la condición del letrado y la cultura letrada como objetos transdisciplinarios, y sobre las tensiones entre textualidad e historia, centrándose en la discursividad decimonónica como espacio en el que se define una determinada forma de división del trabajo intelectual en América Latina.

Vinculado a esta visión de los distintos dominios y prácticas culturales que van delimitándose durante los procesos de consolidación nacional, el trabajo de María Inés de Torres, centrado en la significación de la obra educativa de José Pedro Varela, en el Uruguay de 1870, analiza el lugar que concede la crítica de Rama y en particular *La ciudad letrada* a la institucionalización cultural, y de un modo más amplio, a la implementación del proyecto ilustrado como parte de los planes de progreso y modernización social. Sobre la base de la concepción de la letra como reguladora de la nación y como colonizadora del espacio caótico de un continente aún ganado por la lucha política y la dependencia económica, la obra de Varela es paradigmática del *nacionalismo pedagógico* que se aplicara como fórmula de conciliación entre los dominios del saber y el poder en la América Latina del siglo XIX. De Torres analiza concretamente la concepción educativa de Varela, sus aportes a la democratización escolar y su cuestionamiento a la autoridad de la elite universitaria como portadora de autoridad cultural e ideológica y como formadora de cuadros dirigentes con espíritu de casta, creados muchas veces de espaldas a las urgencias nacionales. Como producto típico de la *ciudad letrada*, Varela es, para Rama, no sólo relevante por-la inmensa significación de su reforma educativa, sino por el carácter paradigmático y contradictorio de su obra, en la que se manifiestan los problemas inherentes al espacio letrado, desde el cual la autoridad intenta homogeneizar a la ciudadanía. En el contexto analizado, ordenar, educar, pacificar, homogeneizar, eran todas instancias de un proceso necesario a los planes de democratización y progreso social, pero también la fórmula asumida por el poder para dominar, centralizar y sojuzgar, bajo la regulación legalista y la institucionalización cultural, a quienes integraban formaciones sociales esencialmente heterogéneas e integradas por sectores diversos, cuyas agendas y proyectos diferenciados debían pactarse en los términos admitidos y regulados por el disciplinamiento social.

El último apartado del volumen, **"Ángel Rama y América Latina"** incluye tres artículos a través de los cuales figuras de la talla de Antonio Candido, Roberto Fernández Retamar y Darío Puccini rinden tributo al crítico uruguayo, destacando desde diversas perspectivas los aportes que éste realizara a los estudios latinoamericanos y al análisis de las literaturas nacionales. El apartado se cierra con la que es probablemente la última entrevista que Rama concediera, realizada en Lima a comienzos de julio de 1983.

El artículo de Antonio Cándido titulado "La mirada crítica de Ángel Rama", conecta la figura de dos de los más destacados latinoamericanistas de nuestro tiempo. Candido destaca fundamentalmente el interés de Rama por la cultura brasileña y sus contribuciones a la dilucidación de una serie específica de cuestiones que atañen al desarrollo de la cultura latinoamericana desde sus orígenes que son, a saber, en palabras de Candido: "1) la posición del escritor y el imperativo de la actitud política, 2) la situación de las literaturas nacionales ante una eventual literatura integrada del subcontinente, 3) la relación entre las sugerencias literarias de los países centrales y las condiciones propias de nuestros países en la dialéctica del proceso cultural". Revisando la obra de Ángel Rama desde *La generación crítica*, donde el autor estudia el proceso de la cultura uruguaya entre 1940 y 1960, Candido destaca la reflexión de Rama en torno a la función del intelectual y su relación con el entorno político-social, las relaciones entre "conciencia crítica" e "imaginación creadora" y el problema de las literaturas nacionales, analizado por Rama en "Diez problemas para el novelista latinoamericano". Se refiere, asimismo, a la preocupación de Rama por el ordenamiento del sistema literario latinoamericano y su percepción de los flujos transnacionales que lo atraviesan, resaltando la capacidad explicativa e integradora del crítico uruguayo y sus aportes para una aproximación comparativa del Brasil a la totalidad americana.

El trabajo de Roberto Fernández Retamar constituye un reconocimiento global de las contribuciones de Ángel Rama particularmente a la cultura cubana y al quehacer pionero de *Casa de las Américas*. Como el artículo anterior, éste conecta dos de los nombres mayores de la crítica literaria y cultural latinoamericana, dejando ver a través de la evocación del crítico cubano muchos de los entretelones que rodearon la realización de tantos proyectos fundamentales a la cultura latinoamericana de nuestra época, y en todos ellos, la estrecha colaboración de Rama, su solidaridad política, su concepción de lo literario como estrechamente unido a lo ideológico, y su afán por vincular las partes artificiosamente desvinculadas de una América Latina que él siempre pensó como totalidad. El trabajo de Fernández Retamar no deja dudas sobre los compromisos y lealtades de Rama, sobre los vericuetos de un quehacer cultural entendido siempre como praxis social y política, y sobre el espíritu siempre polémico, creativo, indagador, del crítico uruguayo. Sus posiciones frente al proyecto de la controversial revista *Mundo nuevo*, frente al bloqueo norteamericano, frente al intervencionismo y la resistencia latinoamericana, son algunos de los aspectos que evoca el crítico cubano al recordar al uruguayo, a quien considera "nuestro mayor crítico literario, un animador cultural que parecía una fuerza de la naturaleza, una criatura de excepción".

La contribución de Dario Puccini, otro de los grandes latinoamericanistas recientemente desaparecido, se centra en la actividad que desplegara Ángel Rama en Caracas. Su apoyo y colaboración con el "Centro de Estudios Latinoamericanos 'Rómulo

Gallegos'", su creación de "Biblioteca Ayacucho", destinada a la edición crítica de los textos canónicos de la literatura continental, la creación de la revista *Escritura* son, entre otros logros mayores del crítico uruguayo, algunas de las grandes contribuciones que éste realizara a la cultura venezolana que tan solidariamente lo acogiera como patria adoptiva. Según Puccini, la obra de Rama es comparable a la de Galvano della Volpe, por su "fuerte vinculación historicista, que le viene de la parte más meditada del marxismo, unida a una atención especialísima a los textos y a sus propiedades lingüísticas".

Cerrando el volumen, se reproduce la entrevista de Jesús Díaz Caballero a Ángel Rama, en la que el crítico uruguayo se refiere, pocos meses antes de su muerte, a temas tales como la nueva narrativa de los años sesenta, la obra de los que llamara los "novísimos narradores" y la crítica literaria latinoamericana. En sus respuestas Rama emite juicios, evaluaciones y deslindes entre representantes de la crítica semiótica, socio-histórica y psicoanalítica, realizando una apuesta decidida por la calidad más que por la dirección política o teórica de esas aproximaciones. Indicando la marcada influencia de Walter Benjamin en su propio trabajo, la importancia de la Escuela de Frankfurt, su interés en la antropología, su respeto por la tradición latinoamericana, Rama va exponiendo la evolución de sus concepciones interpretativas, sus fuentes y los núcleos más significativos, a su juicio, del desarrollo intelectual continental. Se refiere, asimismo, guiado por las sagaces preguntas de Díaz-Caballero, a lo que Machín llamara en su ensayo "el paradigma ascendente de los estudios culturales", pero principalmente refuerza su concepción de una crítica integral, donde lo latinoamericano y lo europeo se combinan como parte de una literatura universal que, según Rama, podría ser alcanzada con teorías de conjunto. Su énfasis principal está en el rechazo de todo provincialismo que encierre a América Latina entre fronteras imaginarias impidiendo concebir su desarrollo como parte de un movimiento global. Iluminadora, desafiante y fermental, como todo el trabajo de Ángel Rama, esta entrevista permite cerrar, con la propia voz de este crítico, el volumen que se dedica a desentrañar su fundamental obra, paradigma de la mejor creación intelectual latinoamericana.

De esta manera, *Ángel Rama y los estudios latinoamericanos* ofrece al estudioso un panorama vasto de temas, problemas y aproximaciones teóricas presentes o implícitos en la obra de quien fuera uno de los más destacados exponentes de la crítica y la historiografía de América Latina. Este libro es un modesto tributo al investigador que contribuyera en tan gran medida a la reivindicación de la memoria histórica, a la apasionada y comprometida recuperación de tradiciones y fuentes culturales, y a la comprensión de los modos conflictivos y

24

fermentales en que éstas se integran al presente. Es de esperar que sirva de estímulo a estudios posteriores, que contribuyan a valorar los aportes múltiples del crítico uruguayo a la intepretación cultural de América Latina, y a llenar los espacios que su producción intelectual permitiera vislumbrar. Sin concesiones ni facilismos laudatorios, este homenaje es también, como Rama hubiera querido, cuestionador, polémico, abierto. Ojalá se acerque, en algún grado, al método preciso y documentado de Ángel Rama, para quien la crítica no fue nunca un quehacer autónomo sino una forma de vivir e interpelar a la realidad de su tiempo.

Con este libro se inicia la serie *Críticas* en la cual el Instituto Internacional de Literatura Iberoamericana intentará ofrecer una colección de volúmenes destinados a la relectura de autores fundamentales de la tradición crítico-historiográfica de América Latina, complementando así los estudios más panorámicos y temáticos de la serie *Biblioteca de América*. Me resta entonces, solamente, agradecer a los participantes de este volumen por sus valiosas contribuciones y paciente cooperación, y a mis colaboradores de *Revista Iberoamericana* por su cordial y esforzada tarea editorial.

Mabel Moraña
Directora de Publicaciones, IILI

EL LUGAR DEL SABER.
ESPACIO URBANO, LETRADOS E INSTITUCIONES CULTURALES

El desafío inesperado de *La ciudad letrada*

Román de la Campa

> La obra que perdura es siempre capaz de una
> infinita y plástica ambigüedad; es todo para
> todos, como el Apóstol; es un espejo que
> declara los rasgos del lector y es también un
> mapa del mundo.
>
> Jorge L. Borges

> Never have violence, inequality, exclusion,
> famine, and thus economic oppression
> affected as many human beings in the history
> of the Earth and humanity.
>
> Jacques Derrida

La obra de Ángel Rama no requiere introducciones protocolares. No hay duda que ocupa un espacio primordial en la crítica latinoamericana desde los años sesenta. Rama, dijo Mario Vargas Llosa, "perteneció a la estirpe de los críticos más influyentes y sugestivos, aquellos que convirtieron al género en un arte equiparable a los demás: un Sainte-Beuve, un Ortega y Gasset, un Arnold Bennett, un Edmund Wilson".[1] Me pregunto, sin embargo, si estos merecidos homenajes no se deben actualizar un poco tomando más en cuenta la obra póstuma de Rama. ¿Cómo acoplar los últimos ensayos publicados después del 83 al terreno crítico-teórico de la cultura y la literatura más contemporánea? Para ello estimo imprescindible abordar cuidadosamente su último libro, *La ciudad letrada*, partiendo de la recepción que ha suscitado hasta ahora.[2] A doce años de su primera edición, apenas se encuentra media docena de lecturas detenidas sobre este nutrido y arriesgado ensayo. Al mismo tiempo, se observa que ha inspirado múltiples notas de pasada que parecen otorgarle un lugar incierto pero estable en el marco de la crítica latinoamericana. Entre ellas hay frecuentes citas de tributo a la extensa y distinguida obra ramiana, cuyo accidentado fin coincide con la publicación de este libro,[3] al igual que referencias y reacciones inmediatas a favor o en contra del ambiguo horizonte discursivo que subscribe el título. De aquí se desprende todo un rejuego de inquietudes interesantes, puesto que el significante "ciudad letrada", aún aislado del cuerpo del ensayo, consigna un margen de contrariedades insoslayables: seductora cartografía escritural, inescapable rejilla carcelaria, incómoda traslación de ambas. Añádase a estas consideraciones preliminares la extraordinaria diversidad de los pocos estudios dedicados a esta obra, entre los cuales se encuentran enfoques coloniales, modernos, posmodernos y poscoloniales.[4]

Todo ello, a mi entender, permite entrever la compleja singularidad de este ensayo, y su importancia para los estudios culturales latinoamericanos, al igual que para el espacio fértil, impreciso y generalizado de la teorización que gira en torno al concepto del discurso. De ahí se desprende mi interés por una exploración más amplia de *La ciudad letrada* que toma en cuenta la creciente diversidad de discursos críticos y comunidades latinoamericanistas. No ha de extrañar que la nueva traducción al inglés (1996, Duke University Press) suscite nuevas lecturas de este libro, partiendo de los estudios culturales y poscoloniales que hoy complementan la crítica posmoderna, particularmente en Estados Unidos e Inglaterra. Desde este ámbito transnacional, cuya enunciación mayormente angloparlante también requiere una discusión pormenorizada del impacto codificante de los mercados discursivos en torno a lo latinoamericano, podrá observarse que el ensayo de Rama se avecina a otros textos que, aunque muy cercanos en cuanto a cronología y presupuestos, han recibido mucho más atención. Me refiero, por ejemplo, a *Orientalism* de Edward Said, o *Imagined Communities* de Benedict Anderson.

Al igual que estos textos, *La ciudad letrada* remite al discurso *epistético* – ese rejuego incierto entre la epistemología y la estética – que abarca gran parte de la historia letrada globalizante desde hace más de dos décadas. Si se lee menos, o sin el detenimiento que parece exigir, quizá se deba a la lucha interna de los presupuestos teóricos que informan el ensayo de Rama, al igual que a su acostumbrada textualidad culturalista de alta densidad, la cual reta el alcance bibliográfico de muchos lectores especializados exclusivamente en la manifestación literaria de la cultura escrita, y quizá aún más, aquellos expuestos exclusivamente al canon transnacional de lo latinoamericano. Se trata, en todo caso, de un ensayo de cierta ambición performativa, es decir, de una escritura que se busca mientras procede, aunque no tanto imbuida por una experiencia lúdica dispuesta a abandonar el terreno conceptual, sino más allá, en una búsqueda que exige la mirada doble del conocimiento histórico junto al placer escritural.

Podría decirse, en términos todavía muy generales, que *La ciudad letrada* retoma la evolución del pensamiento ramiano sobre la modernidad latinoamericana en su amplia intertextualidad transcultural, particularmente el medio siglo que va de 1870 a 1920. En este texto particular, sin embargo, hay notables divergencias, puesto que Rama aborda ese período desde una lectura del residuo colonial, junto a una visión distinta del devenir histórico que parte de la noción del discurso y de los cortes epistémicos postulados por Michel Foucault en *Las palabras y las cosas*. Se trata de una aproximación problemática por parte de Rama, que pone en duda en algunos casos, y complica en otros, tanto los preceptos centrales que le sirven de base como sus propias lecturas anteriores sobre la cultura moderna latinoamericana. Esto se constata con la extraordinaria importancia —a veces determinante— que cobra el orden letrado colonial para la historia cultural moderna en *La ciudad letrada*. Por un lado, Rama intenta abordar la relación de la escritura con el poder colonial desde la interioridad de sus formas escritas. Entiende el epistema foucauldiano en términos de rejilla estructurante: si la historia se lee como un texto, éste puede cobrar más fuerza aún al organizarse como epistema, ya que la escritura permite potencializar aún más el imaginario del poder. Por otro lado, si la modernidad latinoamericana queda sujeta al legado colonial en tanto epistema transhistórico de un orden letrado determinante, se desplaza el carácter autónomo de la modernidad ante los períodos culturales anteriores, al cual Rama acude repetidas veces en muchos otros ensayos.

No cabe duda que *La ciudad letrada* ensaya —en el doble sentido de poner a prueba y en escena simultáneamente— muchas de las contradicciones que han motivado debates y enmiendas posteriores en el mundo teórico, y que en gran parte corresponden a la arriesgada obra del mismo Foucault. Es consabido que *Historia de la sexualidad* o *Tecnologías del Ser*, por ejemplo, complican considerablemente el concepto de epistema escritural expuesto en *Las palabras y las cosas*, o *La arqueología del saber*.[5] Entre los pocos lectores atentos del ensayo de Rama se observa claramente un llamado al diálogo con otras lecturas y esclarecimientos. Mabel Moraña, por ejemplo, destaca cuidadosamente la necesidad de mayores distinciones entre los diferentes momentos de la importante historia letrada compuesta por Rama, al igual que la urgencia de matizar la "homogeneidad y autonomización de la práctica cultural", y "la función del escritor [que] adquiere por momentos status propio en *La ciudad letrada*, incluso dentro del estrato superestructural al que por su propia naturaleza pertenece" (Moraña 47). Carlos J. Alonso, por otra parte, insiste en que el acercamiento a la autonomización autorreferencial de la escritura y el escritor por parte de Rama es equívoco e insuficiente, pero que constituye al mismo tiempo el valor primordial del ensayo, puesto que aunque fallido, se acerca a los métodos más novedosos de la crítica que busca romper con la dicotomía centro/periferia y otras aproximaciones sociológicas a la literatura latinoamericana (Alonso 286-287). Rolena Adorno, desde otra perspectiva, registra el acierto de Rama en cuanto al estudio de las relaciones entre lenguaje y poder en la sociedad colonizada, al igual que la posibilidad de "trascender la frontera que separa nuestros estudios de la historia literaria e intelectual de nuestras lecturas de la historia política y social" (Adorno 4). También destaca, sin embargo, que las letras coloniales constituyen un espacio más amplio, un "laberinto de rivalidades ideológicas", entre las cuales se encontraba la presencia de "voces que vivían fuera de la ciudad amurallada" (Adorno 5).

Es bastante obvio, por lo visto, que el texto de Rama reclama un diálogo más extenso aclaratorio de los diversos modos de acercarse al paradigma discursivo, y más aún en relación al residuo del orden colonial latinoamericano en la época moderna y posmoderna. No busco con ello meramente alistar la figura de Rama como precursora del nuevo campo de estudios poscoloniales, aunque cabe notar la propuesta de Josaphat Kubayanda al respecto, en la cual se integra este ensayo a un marco distintivo de escritores que incluye a Frantz Fanon y Augusto Roa Bastos (Kubayanda 130). Mi interés radica en un aspecto relacionado al contexto y las exigencies de la posmodernidad globalizante. Desde esa perspectiva, estimo que *La ciudad letrada* contiene una lectura temprana, pero distinta e importante, de dificultades procedentes de la teorización post-estructural. Obviamente, también revela sus propias contradicciones, ineludibles a cualquier intento serio de abordar el espacio de proliferación teórica que acompaña los estudios literarios desde los años sesenta. Su búsqueda parte de las tensiones e interrogantes internas a la textualización paradigmática de la historia. Entre ellas se destacan dos aspectos fundamentales: a) si la noción del discurso en tanto eje del conocimiento histórico queda formada por un horizonte estrictamente textual, ¿qué factores permiten entender la escritura como un ejercicio necesariamente liberador o transgresor?; b) si se entiende el orden letrado colonial latinoamericano como momento gestor u originador de un gran archivo escritural cuya fuerza diseminadora llega a nuestros días, ¿cómo compaginar las diversas, y a veces opuestas, lecturas posibles de esta periodización transhistórica?

La pasión discursiva

El rejuego *epistético* codifica la fervorosa reiteración del vocablo "ciudad letrada" en casi todas las páginas del ensayo de Rama, sin duda un intento de dramatizar la realidad autónoma que pueden obtener las palabras. Ciudad letrada: título/epistema/significante que marca simultáneamente el pulso interno del libro y la historia cultural latinoamericana que subscriben sus páginas. Ambos se desprenden también de la demarcación titular de cada capítulo: ciudad ordenada/

ciudad letrada/ciudad escrituraria/ciudad modernizada/ciudad
politizada/ciudad revolucionada: cartografía que reta la teleología desde
la monumentalidad nominalista de los discursos y su impacto en el
mundo incierto, poder de las palabras sobre la historia. Todas las
mutaciones de la ciudad/historia responden a una misma lógica: la
intensificación del orden de los signos que Rama traza desde la
Conquista hasta la formación de la ciudad barroca, culminando en la
modernización, y, como veremos después, acercándose aún a la vecindad
posmoderna:

> Ya es evidente en el diseño de *El Bernardo* que ocupa la vida entera
> de Bernardo de Balbuena y que se vuelve explícito en el prólogo de
> 1624, donde elige la fuente italiana (el Boyardo, el Ariosto) aunque
> todavía para un asunto español. Como lo es, más de dos siglos
> después, en la propuesta de Justo Sierra para obviar el 'acueducto
> español' y trabajar a partir de las fuentes literarias francesas...
> Ambos [Bernardo de Balbuena y Justo Sierra] fueron vocacional-
> mente urbanos, como la abrumadora mayoría de los intelectuales
> americanos y ambos trabajaron como los proyectistas de ciudades,
> a partir de estos vastos planos que diseñaban los textos literarios, en
> el impecable universo de los signos que permitían pensar o soñar la
> ciudad, para reclamar que el orden ideal se encarnara entre los
> ciudadanos (Rama, *La ciudad* 20).

El problema de la materialidad de las palabras y su difícil relación
con el mundo confronta al lector de *La ciudad letrada* desde las primeras
páginas. Se trata de un abordaje más intenso de la teoría saussuriana
del signo ya trabajada por Rama en textos anteriores a propósito del
concepto del mito de Lévi-Strauss, retomado ahora con más ahínco en
el contexto de la noción foucauldiana del epistema o discurso de una
época.[6] Se ciñe así ese momento (barroco para el hispanismo, clásico
para los franceses) de los siglos XVI y XVII en que "las palabras
comenzaron a separarse de las cosas" dando paso a "la independencia
del *orden de los signos*" (Rama, *La ciudad* 4). A partir de este momento, o
gracias a "ese cauce del saber", escribe Rama:

> [S]urgirán esas ciudades ideales de la inmensa extensión americana.
> Las regirá una razón ordenadora que se revela en un orden social
> jerárquico transpuesto a un orden distributivo geométrico .... No
> vincula, pues, sociedad y ciudad, sino sus respectivas formas, las
> que son percibidas como equivalentes, permitiendo que leamos la
> sociedad al leer el plano de una ciudad. Para que esta conversión
> fuera posible, era indispensable que se transitara a través de un
> proyecto racional previo, que fue lo que magnificó y a la vez volvió
> indispensable el orden de los signos, reclamándosele la mayor *libertad
> operativa* de que fuera capaz (Rama, *La ciudad* 4).

Aquí se manifiesta claramente una problematización teórica que dista del acostumbrado historicismo ramiano concentrado en la modernización latinoamericana y sus procesos de autonomización. Los presupuestos de *La ciudad letrada*, formulados a finales de los setenta y principios de los ochenta, se forjan en un momento intermedio entre el estructuralismo tardío sus vertientes posteriores —transición también constatable en las obras de Michel Foucault, Edward Said y Jacques Lacan, entre otros— pero que logran recoger aspectos integrales del legado *epistético* que hoy exigen aún más debate y esclarecimiento. La mirada de Rama recae sobre la extensión de la arbitrariedad del signo (el abismo saussuriano entre mundo y lenguaje) y sobre el terreno histórico general. Se trata de toda una evolución de teorías contemporáneas en torno al texto y la escritura, variada y a veces imprecisa, cuya manifestación más sugerente y generalizada quizá se encuentre en la deconstrucción derrideana. Ésta, no obstante la mutabilidad de sus métodos y principios, ha llegado a ocupar un lugar paradigmático para la crítica literaria y cultural contemporánea en las últimas décadas.

Tomando en cuenta que el ensayo de Rama incorpora sólo algunos de los rasgos centrales de esta elaborada metateoría, arriesgo el siguiente esbozo de algunos momentos o aspectos principales de su evolución: a) la construcción de conjuntos, epistemas y totalizaciones partiendo de un régimen discursivo que deviene originalmente de la fase estructuralista; b) la posterior práctica dedicada a la deconstrucción de esos conjuntos desde la singularidad de ciertos textos claves; c) el momento posterior a 1989 en que esta teorización post-humanística tropieza con las exigencias de la globalización, el neoliberalismo y la privatización de todos los sectores sociales y académicos. Como podrá verse, no me interesa ver estos momentos en términos irremediablemente fijos u opuestos; mi interés fundamental se encuentra en los puntos inciertos pero constantes de contacto y contraste entre sus contornos.[7]

El primer movimiento, directamente inscrito en *La ciudad letrada*, observa que una vez disueltos los pactos que gobernaban la relación entre las palabras y las cosas desde un presunto orden natural o celestial,[8] se pasa al reconocimiento de un orden más arbitrario y transparente de las convenciones representacionales entre el mundo verbal y el mundo material (no verbal). Las diversas disciplinas —al igual que sus archivos, dispositivos, gramáticas, géneros literarios y otras formas de organizar la producción y la recepción del imaginario escritural— obtienen por consiguiente un nuevo valor heurístico totalizador. La textualidad —entiéndase aquí todo tipo de escritura, no sólo literatura— asume así un espacio privilegiado en el saber humano. Podría decirse que Rama, en forma paralela a la fase "arqueológica" de Foucault sobre el poder clasificatorio de las disciplinas, y al de Said sobre la experiencia concreta de la disciplina orientalista —sin descontar las imporantes divergencias entre ellos— pone a prueba las posibilidades de formular un conjunto histórico-cultural latinoamericano desde una epistemología que privilegia la discursividad y su capacidad de organizar un todo hegemónico.

El segundo momento de este paradigma, opuesto pero relacionado al primero en formas a veces poco sospechadas, conduce a una práctica hoy bastante generalizada que sólo comenzaba a manifestarse en la crítica literaria latinoamericana a finales de los setenta en algunas universidades norteamericanas. Parte también del espacio privilegiado de la discursividad escritural, pero se mueve en otra dirección. En vez de formular conjuntos totalizantes que expliquen la historia como discurso, propone la historia como una tarea de desmontaje continuo de textos claves, particularmente literarios o filosóficos. En vez del residuo colonial hegemónico que sostiene el ensayo de Rama, por ejemplo, dirige su atención a una minuciosa relectura que permita desenterrar las contradicciones que subyacen en los textos de la época. El régimen de las palabras pasa entonces de rejilla totalizante a modelo "liberador", partiendo sobre todo de la especificidad literaria, cuya polisemia inherente tiende a exceder —y por ello a transgredir o subvertir— cualquier pacto representacional que se intente entre el mundo y las cosas. Se asume, usualmente sin mayores precisiones, que la dinámica interna del texto literario es igualmente inherente a todas las formas escriturales. Este salto epistemológico —que Rama sólo atisba en forma incipiente y a contrapelo— responde al giro deconstructor del legado sausuriano, el cual intensifica el auge metateórico de la crítica académica en múltiples disciplinas durante los ochenta, incluyendo sobre todo la literatura, la filosofía y la antropología. Absorbe del primer momento la tendencia a mirar la cultura como un gran archivo escritural, no para constatar un orden letrado monolítico, sino en pos de un dinámico orden diferencial inscrito en esos excesos que definen la escritura desde adentro.[9]

Indudablemente, habría que matizar y cuestionar este esbozo en muchos sentidos, partiendo quizá de que no es una metateoría que se preste fácilmente a síntesis o resúmenes y que hay diferentes formas de acoplarla. No obstante, y quizá debido a su carácter impreciso pero sugerente y plegable, éste ha sido sin duda el eje crítico más productivo de los ochenta y noventa, al menos hasta los últimos años en que surge un tercer momento, la globalización neoliberal, la cual acrecienta la fuerza del mercado como horizonte totalizador de energías e imaginarios, lo cual a su vez comienza a exigir lecturas más concretas —como bien se observa en *Specters of Marx* del propio Derrida— sobre la eticidad y la política circundante al fluir post-estructuralista. Pero importa reiterar que estos tres momentos no son más que una guía y que tampoco implican un ordenamiento tajante. Coexisten dentro de la práctica generalizada por la deconstrucción y la crítica de metarrelatos, cuya importancia se constata en el alcance de sus proyecciones y la institucionalización de sus prácticas. Su manifestación latinoamericana por ejemplo, sobre todo escrita en inglés, incluye un número considerable de textos influyentes, entre ellos *Myth and Archive* de Roberto González Echevarría, e *Inventing America*, de José Rabasa.

No se puede perder de vista, claro está, que se trata de un legado conceptual que hoy exige múltiples aclaraciones, en particular debido a la utopía que a veces encierra su propia noción del orden escritural contemporáneo, o, como ha observado Cristopher Norris, la tendencia a otorgarle al lenguaje y la escritura atributos casi antropomórficos (Norris, *The Truth* 126). "Lo imprescindible de la diferenciación se impone", exclama Carlos Rincón, "a pesar de los múltiples traslapes e interconexiones existentes entre lo posmoderno, lo postcolonial y lo latinoamericano, tanto en términos analítico-descriptivos como en relación con lo que sería la contemporaneidad (Rincón 222). Es por ello, a mi entender, que importa examinar más detenidamente el temprano tanteo de estos problemas que se observan en *La ciudad letrada* desde finales de los setenta. Partiendo del cambio en el saber europeo auscultado por Foucault, Rama forja una lectura inmediata de la formación colonial latinoamericana en tanto residuo duradero de formas discursivas que atraviesan la modernidad y llegan a nuestros días. Provoca así un enfrentamiento límite, si no aporético, de la sincronía europea de Foucault, en torno a una yuxtaposición latinoamericana simultáneamente colonial y poscolonial.

Esta forma de acercar la teoría discursiva europea a la cultura literaria latinoamericana cobra un relieve particular en un contraste más directo con otros intentos análogos. Piénsese, por ejemplo, en la noción del neobarroco, que parte de principios semiológicos estructurales y post-estructurales teorizados casi exlusivamente a partir del *boom* y el post*boom* desde los años sesenta, espacio que no siempre acopla la importancia de la poesía, el teatro, la periodicidad colonial, y aún géneros ancilares de la narrativa como el testimonio. La lectura culturalista del residuo colonial de Rama recoge la vigencia de múltiples discursos y momentos asincrónicos en tanto diferencia inexhausta e inaprensible aún por los grandes modelos metatextuales de la narrativa latinoamericana que se nutren de esas características. Este es un problema central para la crítica actual que empieza a estudiarlo desde perspectivas conscientes de la concurrente necesidad e insuficiencia de los enfoques posmodernos canónicos. *La simultaneidad de lo no simultáneo*, de Carlos Rincón, y *The Darker Side of the Renaissance*, de Walter Mignolo, constituyen acercamientos distintos e importantes a esta disyuntiva desde el campo de estudio latinoamericano. Importa, sin embargo, reparar más en su presencia en Rama, aún si se encuentra en estado embrionario y contradictorio.

Otro aspecto central y problemático, que sí ha sido observado por casi todos los lectores de *La ciudad letrada*, es su tendencia a menoscabar el coeficiente subversivo del texto literario y su capacidad de alterar o designificar el orden letrado hegemónico. Hay, de hecho, momentos en que Rama distingue la excepcionalidad de ciertos textos y escritores, aún si no se manifiesta predispuesto a otorgarles un valor transformativo o constituir una contralectura de la historia oficial:

> La operación original (y genial) de Sor Juana consiste en haber hecho de esa desconexión entre el discurso literario y la urdimbre de los afectos, el tema central de su poética, llegando a sospechar (y de ahí la irrupción onírica del *Primero sueño*) que sólo en el hemisferio oculto se producía la verdad, rigiendo y desbaratando el discurso racional que creyendo ser autónomo y autosuficiente no hacía más que recoger los impulsos oscuros: ¡Oh vil arte, cuyas reglas/tanto a la razón se oponen,/que para que se ejecuten/es menester que se ignoren! (Rama, *La ciudad* 34).

Indudablemente, Rama no busca tanto la excepcionalidad como la totalidad, pero es importante aclarar qué significa esto, puesto que decir totalidad, al igual que identidad, centro, esencia, o dialéctica implica aludir a un vocabulario sumariamente expurgado del horizonte crítico en las últimas décadas. Rama se detiene ante la configuración amplia y generalizada del epistema colonial desde las normas semiológicas —o gramatológicas si se quiere— que lo sostienen, es decir, la intensificación de los pactos representacionales forjados desde posiciones de poder. Es necesario añadir, por ello, que su lectura descarta también, radicalmente, el contenidismo sociologista, al igual que el culto impresionista de la palabra, el positivismo generacional, las teorías en torno al genio creador, el reflejo superestructural y el preciosismo estético, entre otras posiciones críticas —totalizantes a su modo— que a veces sobreviven revestidas de discursividad y posmodernidad. Importa por ello indagar más detenidamente sobre el entusiasmo crítico y el fervor experimental que vibra en las páginas de este libro escrito en un momento tan difícil, y si se quiere pesimista, en la vida del autor.

Esa tensión —entre la persecución política que recibió por parte de aquellos que procuraban suspender su visa de trabajo en Estados Unidos, y el provechoso período de estudio concentrado que le fue posible durante su estadía en ese país —podría rastrearse en el ensayo. No lo explica, pero se hace palpable en el latir creativo que lo organiza. De pronto Rama visualiza la traslación de signos del barroquismo latinoamericano como una fuerza epistemológica espectacular pero también determinante: se liberan los signos, montándose unos sobre otros con gran imaginación; se multiplican, geométricamente, las posibilidades de poder y control; la nueva libertad de invención, inédita hasta aquel momento, engendra el imaginario colonial/barroco; la escritura enriquece el capital simbólico colonial con ese modo más libre del "saber"; se forjan las condiciones de posibilidad no tanto —o no sólo— para la imaginación individual transgresora, sino también para la inserción del quehacer creativo individual organizado por el proyecto colectivo de imaginación colonizante. Si de totalidades se trata, es preciso también definir sus tensiones creativas.

Julio Ramos acierta al señalar que *La ciudad letrada* no distingue suficientemente el espacio crítico que se produce a partir del modernismo finisecular entre el sujeto literario y el letrado, del cual surge "un cambio radical en la relación entre el intelectual, el poder y la política" (Ramos 70). Debe señalarse, sin embargo, que esa indiferenciación es consciente y explícita por parte de Rama. Parte de los impulsos arquetípicos de Foucault para enlazar luego los residuos de la no-sincronía latinoamericana desde una perspectiva más culturalista y populista que literaria, más predispuesta al imaginario público que a los sujetos individuales. Expone así el lado opuesto de la ahistoricidad y anti-periodización que atañe a las lecturas deconstructoras que entienden la textualidad latinoamericana como un archivo escritural predispuesto a las mismas tendencias y rupturas desde la Colonia hasta nuestros días, es decir, una fuerza inmanente que siempre está mucho más allá de la historicidad de cualquier texto o autor. Si la historia literaria siempre responde al imperio del presentismo, como bien nos recuerda Pierre Menard, el acoplo del margen diferencial entre literatos e intelectuales del diecinueve, o de cualquier otro siglo, al presente, se vuelve un ejercicio altamente transparente. En todo caso, conviene dudar por un momento, aunque así se pueda entender, si de pronto Rama se propuso demonizar todo el quehacer escritural en su último libro, o abultar a todos los escritores dentro una red transhistórica de intelectuales irremediablemente orgánicos, u olvidarse por completo del sujeto moderno y su relación con la literatura (Ramos 71).

La obra de Rama provee múltiples excepciones a esta lectura; no sólo sus ensayos anteriores sobre Martí, Darío, Vargas Llosa, Arguedas, y otras figuras excepcionales, sino aún más los textos contemporáneos a *La ciudad letrada*, reunidos después de su muerte en *Las máscaras democráticas del modernismo* (Rama, *La ciudad* xxx). Allí se encuentra toda una elaboración del discurso del deseo y de lo erótico que incluye, por vez primera en su obra, una lectura detenida de la mujer en el imaginario modernista. Esto no quiere decir que *Las máscaras* sea un texto significativamente disímil de *La ciudad*. El "tránsito de la cultura ilustrada a la cultura democratizada" allí expuesto sólo se entiende a partir de la teoría de la oralidad que también organiza su crítica del orden letrado. Por otra parte, *Las máscaras* reitera con insistencia el escepticismo central de *La ciudad*: el "discurso doctrinal impuesto a la poesía", el "heroísmo intelectual de unos pocos espíritus superiores y también el fracaso que acechó a los más en la lid intelectual" (Rama, *Las máscaras* 166 y 167).

Más allá de las diferencias tonales, ambos textos (*La ciudad* y *Las máscaras*) responden a la misma preocupación teórica de Rama en sus últimos trabajos: llevar la intertextualidad literaria a la transculturación de discursos culturalistas y desencuentros epistémicos, desde la Colonia hasta el advenimiento de la Posmodernidad. Es ilustrativo en este sentido que *La ciudad letrada* propone una periodización distinta de las revoluciones latinoamericanas del siglo veinte, "poniendo el acento en el componente *cambio social profundo*, más que en el de *ruptura violenta*" (Rama, *La ciudad* 137), y marca los comienzos de los setenta como el fin de la época de revoluciones modernas: "un panel continuado [desde 1911] en que el debate y los protagonistas se parecen bastante unos a otros y lidian con una circunstancia universal condicionadora que sólo varía para agravarse" (Rama, *La ciudad* 140). Se radicaliza el terreno casi sagrado de las revoluciones modernas latinoamericanas partiendo de una la historia articulada desde el residuo colonial. Nótese el cuidado y la profundidad de sus distinciones al abordar el ejemplo más marcado del capítulo revolucionario:

> La directa consecuencia de la politización que sufre la ciudad será una nueva concepción funcional del partido político, con ampliación de efectivos y una base democrática que no conocieron los partidos del XIX, la cual seguirá rigiendo todo el XX hasta que en las últimas décadas reaparezca el antiguo régimen de logias, ahora como núcleos militarizados (focos) que ya tendrán que abocarse a una teorización justificativa pues modifica costumbres ampliamente establecidas y aceptadas: es el conocido folleto de Régis Debray, *Revolución en la revolución* (1962) que transcribe la concepción revolucionaria cubana de entonces, la que ya no hace justicia a la realidad del movimiento revolucionario que en verdad abarcó amplios sectores de la población y que desde el librito de Franqui, *Los doce*, comenzó a ser mistificado (Rama, *La ciudad* 144).

Podría decirse que en cierto modo la distinción movimiento/ transcripción revolucionario apunta hacia una lectura restaurativa del mundo de la vivencia no verbalizada, pero llama aún más la atención la secuencia logia/partido/foco que niega tal inocencia, e invoca la sombra o residuo de un orden verbal capaz de imponerse asincrónicamente sobre la experimentación cotidiana. Se trata, obviamente, de una lectura controversial pero en cierto modo muy relevante para la discusión actual en torno a la crítica a los metarrelatos modernos. Por ello estimo imprescindible retornar a la relación literatura-letrado-cultura-sociedad que organiza la intertextualidad culturalista de Rama, y observar detenidamente los momentos límites que se manifiestan dentro de esa totalización letrada que parece regir *La ciudad letrada*. Entre ellos se encuentran el *graffiti*, el pensamiento social de Simón Rodríguez, *El Periquillo sarniento*, el extrañamiento de la ciudad modernizada, el habla popular, y sobre todo el concepto de la "ciudad real". Son los momentos transgresivos desde la perspectiva ramiana, que no le otorgan primacía a la escritura literaria como espacio privilegiado de la otredad, sino que entienden el coeficiente diferencial, la otredad y las posibilidades de resistencia dentro una multiplicidad inédita de órdenes discursivos. Ellos proveen los contornos de una lectura del texto social como eje transcultural de fuerzas en conflicto, consciente de que "todo intento de desafiar la escritura, pasa obligadamente por ella" (Rama, *La ciudad* 52), pero al mismo tiempo que "no son las palabras en sí sino los contextos culturales los que permiten *ver* en la literatura un pino, una palmera o una ceiba" (Rama, *La ciudad* 51).

LO INDECIBLE Y LA CIUDAD REAL

Pocos textos llevan la deconstrucción al terreno sociocultural sin neutralizarlo, o sin reducirlo a un tropo literario que no implique más que un coeficiente indiferenciado de la polisemia escritural. Esto podría constituir una de las líneas divisorias entre las diversas posmodernidades y sus respectivas lecturas del aporte latinoamericano, particularmente la metaficción ceñida por figuras como Menard, Bustrófedon o Melquíades. La manifestación más canónica se complace con el alcance posmoderno que estas figuras simbolizan desde su contorno *epistético* (epistemología estética). Hay, sin embargo, aportes que parten de un nivel de complejidad social y cultural más heterogéneo en los textos recientes de Beatriz Sarlo, Néstor García Canclini, Roberto Schwarz, y Nelly Richard, entre otros.[10] El hecho de que se hayan escrito mayormente en América Latina no es determinante, pero sí diferencial. Y no es solamente la otredad de los diferentes *loci* de enunciación, que por otra parte reafirman un sentido inconexo y a veces celebratorio de la pluralidad, la hibridez, o la semiosis indiferenciada de discursos

40

críticos y sus respectivas comunidades de lectores. El problema es más agudo. Se trata de los diferentes espacios de legitimización y su impacto en la producción y recepción del mercado de discursos influyentes.

Sin desconocer las importantes exigencias del latinoamericanismo transnacional y su influyente mercado de códigos y gustos, estos textos todavía remiten al espacio de lo que podríamos llamar "lo social", que a mi entender se acerca a lo que Rama entiende por "ciudad real", en parte para establecer una oposición a la "ciudad letrada", pero aún más para distinguir el espacio de lo inestable más allá del terreno discursivo transnacional y los rejuegos hermenéuticos. Esta sería otra lectura importante de lo indecible, distinta de la *epistética*. No descarta el legado discursivo, pero se propone llevarlo a otro terreno, si acaso a una deconstrucción del esteticismo posmoderno predominante. En los últimos párrafos de su reciente *Consumidores y ciudadanos*, Néstor García Canclini remite a esta posibilidad en su estudio sobre las nuevas formas de reformular sujetos urbanos y la esfera pública en las grandes ciudades latinoamericanas:

> Una lectura sin ilusiones voluntaristas de las sociedades contemporáneas da pocos motivos para estar en favor de los excluidos y los explotados. Sólo por amor a los desesperados conservamos todavía la esperanza, decía Walter Benjamin. Agregaré que también es posible justificar la solidaridad, como artistas, escritores y científicos, en tanto disfrutamos de cierta emancipación, o al menos tenemos interés en que sigan formando parte de la vida social la emancipación y la renovación de lo real, eso que se nombra utopía. El pensamiento posmoderno nos incitó durante los años setenta y ochenta a librarnos de las ilusiones de los metarrelatos que auguraban emancipaciones totalizantes y totalitarias. Quizá sea hora de emanciparnos del desencanto (García Canclini 197-198).

Más allá de la instancia latinoamericana, importa también cotejar un poco más la "ciudad real" ramiana partiendo de aportes que teorizan los espacios sociales desde la propia filosofía deconstructivista. Uno de ellos sería el libro *New Reflections on the Revolutions of Our Time*, de Ernesto Laclau, particularmente el capítulo "La imposibilidad de la sociedad" (Laclau 91). Lo cito en parte como muestra de las interesantes contradicciones que emergen al trasladar la epistemología derrideana de la esfera literaria a la social, pero aún más, como indicio de las complejas distinciones que estimo necesarias para abordar el concepto "ciudad real" de Rama. Laclau acude a todo el aparato teórico post-estructural en pos de una nueva articulación de "lo social", mostrando en el camino puntos de contacto y contraste con la textualidad literaria. Subraya, por ejemplo, la centralidad del término "discurso", pero

41

advierte que debe ser "liberado del sentido restringente del habla o la escritura" (Laclau 90). Confirma la presencia de un "rejuego infinito de diferencias" pero insiste que no deviene tanto de la dinámica interna de textos particulares como del espacio social, inalcanzable aún por la polisemia escritural. Observa igualmente el "exceso de sentido", no en la escritura, o la literatura, o la textualidad sin más, sino en el ámbito inaprensible de lo social. Destaca finalmente el contorno de la "infinitud de lo social", que fluye del rejuego de posibilidades —escritas y no escritas— que siempre exceden los límites de los órdenes representacionales y hacen imposible el concepto unitario de la sociedad (Laclau 90).

La definición del "exceso social" de Laclau permite marcar los quiebres entre la deconstrucción literaria y la social con más especificidad, puesto que cada instancia o "punto nodal" de esos excesos no es traducible a la transgresión o subversión del orden hegemónico que reclama la lectura *epistética*. Se trata de un deslinde crucial —en sí mismo, y para la lectura de Rama— puesto que los quiebres discursivos sociales se distinguen de los excesos epistéticos en varios sentidos: se exponen a un espacio de contestaciones y negociaciones mayor que la heteroglosia literaria, incluyendo, por supuesto, conflictos de intereses culturales, políticos y económicos; no se prestan solamente a la observación distante —cronológica y espacialmente— desde posiciones estables amparadas por la institucionalidad académica; y, sobre todo, no conducen a un deslizamiento conceptual que neutralice las diferencias entre lo literario, lo escritural, la epistemología y lo social bajo el mismo rótulo de textualidad o discursividad. Esto lleva a Laclau a una importante paradoja que también se manifiesta en el texto de Rama: la constante diseminación de lo social hace imposible articular la sociedad en tanto totalidad, pero la totalidad no desaparece, puesto que lo social no es reducible al "rejuego constante de las diferencias" sino que surge también de los intentos de limitar ese rejuego, es decir, de las fuerzas que buscan "amarrarlo dentro de los confines de un orden" (Laclau 90). La sociedad, en tanto totalidad, se quiebra, pero, "es posible proceder hacia una fijación relativa de lo social mediante la institución de puntos nodales" sujetos a diferentes determinaciones y sobredeterminaciones (Laclau 90).

Laclau pone a prueba una vez más la flexibilidad del metalenguaje discursivo, su fertilidad inmanente, su incesante búsqueda de un nuevo cauce del saber autorreferencial, su aporte de una nueva frontera escritural tan creativa como abstracta. Al acercarse a la esfera social, subraya algunos paralelos importantes con el ensayo de Rama, no obstante la distancia temporal y teórica entre los dos textos discutidos. Ambos detectan la urgencia de especificar las determinaciones sociales y culturales que rodean los excesos de sentido, el rejuego de diferencias, y toda la serie de dispositivos del metalenguaje *epistético*. Sin esos deslindes se relativizan los presupuestos más fundamentales de esta crítica. La consabida distinción habla/lengua de Saussure, por ejemplo, a veces no dista mucho de la relación social/sociedad de Laclau, o la ciudad real/ciudad letrada de Rama, como tampoco dista de la división performativo/pedagógico que informa la obra reciente de Homi Bhabha, o la oposición margen/centro que ha trabajado Derrida.

La deconstrucción del pensamiento binario muchas veces reinstala un orden de oposiciones en el camino, sin dejar claramente resuelto en qué momento se sumergen, en qué momento se abandonan, y en qué momento se vuelven a abrazar apasionadamente. Los puntos de quiebre y los rejuegos de exceso remiten ineludiblemente a la sobredeterminación, tanto del poder social, como del poder de un metalenguaje tan plegable. El verdadero desafío de ambos sólo acontece en el encuentro riesgoso con otros lenguajes de la cultura que Laclau sugiere pero no alcanza. En todo caso, este sería el contexto necesario para retomar la relación ciudad real/ciudad letrada de Rama, la cual se reproduce también en la división orden social/order escritural, ya sea para distinguir los excesos de la oralidad amerindia, o para constatar el espacio marginal de la cotidianidad colonial, o la hibridez caótica de la urbanidad más modernizada, con "su tráfago de desconocidos, sus sucesivas construcciones y demoliciones, su ritmo acelerado, las mutaciones que introducían las nuevas costumbres" (Rama, *La ciudad* 96).

La "ciudad real" no es una demarcación estable, unitaria o inocente que ha sido maleada por la ciudad letrada, sino un problema relacional que parte de la crisis representacional y abarca el rejuego de excesos inherente a las relaciones oralidad/escritura, campo/ciudad, pueblo/elite, resitencia/complicidad, americanismo/eurocentrismo, entre otras que han organizado el horizonte de epistemas en la historia cultural latinoamericana. La oposición que Rama introduce entre ellas se podría emendar como desmonte, o deconstrucción sociocultural si se quiere, de la demarcación más estable del binario modelador, o más concretamente, como exploración del exceso social una vez establecido el horizonte discursivo de la historia:

> Vista la tenaz infiltración de nuestras experiencias cotidianas y del pasado que transportamos secretamente en nosotros, dentro del tejido de nuestros sueños, es posible sospechar que la ciudad ideal no copiaba sobre la orilla oeste del Atlántico un preciso modelo europeo, como tantas veces se ha dicho en especial de las siempre más imitativas clases superiores, sino que era también una invención con apreciable margen original, una hija del deseo que es más libre

que todos los modelos reales y aun más desbocada, la que además, al intentar *real-izarse*, entraría en una barrosa amalgama con la terca realidad circundante (Rama, *La ciudad* 116, énfasis mío).

Esta lectura antimimética del deseo entre la realidad y el real-izarse requiere una lectura cuidadosa. Remite en gran parte al concepto ramiano de la oralidad transculturada. Se desvía, no cabe duda, del desmonte derridiano de la tradición occidental en tanto orden verbal montado sobre lo que el filósofo francés llama "la presencia de la autoridad del habla", la cual presume estar al margen de jerarquías y modos de significación que constituyen, no obstante, todo un sistema arch-escritural. Ese es, desde otra perspectiva y tomando en cuenta la lingüística de Eugenio Coseriu, el espacio teórico que Rama se propone explorar y cuestionar desde su ciudad por real-izarse. De ahí su interés por los lenguajes de la cultura popular latinoamericana, sus escrituras alternativas, y otros gestos indecibles, resistentes o marginales del orden letrado: los graffiti a través de los siglos, al igual que los corridos, el tango en su fase inicial, y *El Periquillo sarniento*, de cuyo autor, José Joaquín Fernández de Lizardi, advierte que "la obra entera del Pensador Mexicano es un cartel de desafío a la *ciudad letrada*, mucho más que a España, la Monarquía o la Iglesia" (Rama, *La ciudad* 59).

Es decir, la oralidad en Rama no es un culto de una presencia originaria sino una mirada interna al residuo colonial y neocolonial latinoamericano, un intento de auscultar los recursos, las trazas y los quiebres del poder verbal criollo desde la colonia hasta nuestros días. De ahí también deviene su lectura del barroco de Carpentier y su preocupación por la transmisión de palabras americanas al lenguaje narrativo español. Esta problemática, trazable según Rama desde la reconversión de códigos legales de Carlos Sigüenza y Góngora, y luego en la novela costumbrista y sus glosarios, exige el recurso a un metalenguaje para reconvertir la jerarquía de formas legales y lexicales. La prescripción barroca de Carpentier para la lengua literaria americana, según Rama, recoge otro capítulo de esta traslación: evade los glosarios y propone "la absorción del metalenguaje explicativo, con que se hacía la reconversión entre los dos códigos lexicales, dentro del lenguaje narrativo de la obra, aunque esto no es suficiente para borrar su traza" (Rama, *La ciudad* 51-52).

Rama lleva una vez más la relación traducción-traslación literaria hacia el rejuego más híbrido de la reconversión-transculturación cultural. Pero la elaboración más extensa del real-izarse ramiano parte del pensamiento social de Simón Rodríguez, el cual "se sitúa en una línea pre-saussuriana (y anti-derrideana) que reconoce en la lengua 'una tradición oral independiente de la escritura y fijada de muy distinta manera' cuyo origen puede rastrearse en el *Ensayo sobre el origen de las lenguas*, de Rousseau, que le lleva a valorar supremamente al habla y por lo tanto todos los recursos fónicos que contribuyen a hacer de ella un sistema de comunicación y, por ende, un sistema de significación" (Rama, *La ciudad* 66). Los textos últimos de Rama remiten frecuentemente a la filosofía continental de Adorno, Lévi-Strauss, Deleuze, Guattari, y otras figuras importantes ya citadas como Foucault y Derrida, pero no corresponde a su estilo citarlos con gran extensión, ni compagina con su afán transculturador latinoamericano. Tampoco sabemos hasta qué punto Rama leyó la obra derrideana, pero está claro que al señalar a Simón Rodríguez, y a Rousseau, se acerca al tema central de los textos de Derrida y a la crítica de la oralidad y el logocentrismo occidental que organiza el pensamiento de este gran filósofo francés desde su conocido tratado *De la grammatologie*, de 1967.

La importancia que Rama le otorga a la obra de Simón Rodríguez, es en gran medida emblemática del incipiente enfoque poscolonial de su ensayo. Ese proyecto alternativo de índole gramático/social provee un contraste significativo a la obra de Andrés Bello, por "su radicalidad democrática [...] que le confiere un puesto excepcional en la época y ese acendrado utopismo que aún hoy conserva, como si siguiera a la espera de su realización". Es también importante destacar que la alusión de Rama a Rousseau por medio de Simón Rodríguez es compleja; no busca el orden místico que a veces se le adjudica a Rousseau, ni añora una comunidad orgánica donde el habla o la oralidad se sabe suficiente para todas las necesidades sociales (Norris, *Paul de Man* 153). Rama entiende la oralidad como sistema de significación histórico, un entrecruce difícil de tiempos y discursos; por ello distingue cuidadosamente su lectura del mito y la de Lévi-Strauss. La oralidad, dice,

> se modula dentro de un flujo cultural en permanente plasmación y transformación. Rige para este material la observación de Levi-Strauss de que todas las variantes componen el mismo mito, lo que no sólo reconoce su adaptación a diferentes circunstancias concretas, sino también la introducción dentro de él del factor histórico (difícilmente medible en los mitos de las culturas primitivas pero fácilmente comprobable en las invenciones verbales de las culturas rurales), el cual aporta variantes sobre el flujo tradicional, en cierto modo atemporal, adaptándolo a los requerimientos de las circunstancias históricas" (Rama, *La ciudad* 87-88).

Es bastante obvio, por lo visto, que Rama busca un encuentro de fondo con el legado teórico que pasa tanto por Foucault como por Derrida. Es igualmente claro que si bien Rama no ofrece una discusión pormenorizada de estas lecturas, ni entra en un debate directo con ellas, las expone a una prueba recíproca con su propia ensayística de constante movimiento temático y teórico. Al igual que Derrida, entiende la oralidad como una suerte de arch-escritura, capaz de sostener o consolidar el orden cultural con cierta rigidez, es decir, un orden histórico sostenido por normas, jerarquías, y oposiciones verbales; pero al mismo tiempo concibe la oralidad subalterna, y la transculturación de la oralidad y la escritura, como sistema de significación distinto de la lectura saussuriana y la relectura derrideana, acercándose a las investigaciones más recientes de Martin Lienhard, particularmente en *La voz y su huella*. Es decir, un modelo lingüístico más híbrido en sus ataduras alfabéticas y referencias coloniales al poder escritural que el de la metafísica occidental canónica y sus revisiones más contemporáneas.

El alcance de este aporte se hace sentir hoy en varios aspectos. Su interés por una teoría del exceso social (discutida en torno a Laclau) en el momento de totalizaciones globalizantes cobra un relieve muy particular; y su exploración del residuo colonial en la víspera del siglo veintiuno recoge una vena renovadora de estudios culturales. Esta última, sobre todo en su explícito intento de desviarse tanto de Lévi-Strauss como del mismo Derrida, conlleva la necesidad de examinar un poco más lo que ello implica para otros críticos contemporáneos del poscolonialismo. Partiendo del estudio de Walter Mignolo mencionado anteriormente, *The Darker Side of the Renaissance*, que incluye una historia política de la oralidad y los diversos sistemas escriturales durante la colonia, al igual que un examen más extenso de los presupuestos derrideanos en el contexto de la filología y la semiótica coloniales, resumo una serie de proposiciones importantes que no solamente podrían encontrarse en *La ciudad letrada*, sino que en gran modo reiteran algunos de sus postulados centrales:

- las importantes lecturas de Derrida no logran trascender el prejuicio evolucionista; éste presupone que con la invención del alfabeto, la historia de la escritura toma un nuevo rumbo que sobrepasa otras formas alternativas
- hay formas escriturales no alfabéticas y formas alternativas a los alfabetos Greco-Romano.
- se puede partir de Nebrija en vez de Rousseau: para Nebrija la letra no representa la voz, sino la domesticación de la voz, paso crucial para la constitución de lo estados imperiales contemporáneos, al igual que para la colonización de las lenguas no occidentales.
- durante la expansión colonial algunos sistemas escriturales sostenían una relación distinta entre la representación y los sonidos del habla que complica la historia evolucionista de la letra en la tradición occidental.

- el logocentrismo occidental muestra sus límites cuando se confronta con formas del saber y el entendimiento montadas sobre formas alternativas del habla y la escritura.
- la deconstrucción de la metafísica occidental no se preocupa por la estructura del poder que le permitió a la escritura alfabética montar una jerarquía a través de las culturas que a su vez le permitió extender la imagen de su superioridad (Mignolo 320).

LA DISPERSIÓN REORDENADA

El ensayo de Rama puede parecer profundamente díscolo, aún desde las pautas más establecidas por su propia obra anterior. Sólo se puede apreciar desde el *continuum* paradójico de pruebas, revisiones, relecturas, apuestas, y otras aproximaciones a la cultura en tanto espacio de cambios constantes que se intensifican paradójicamente en las últimas décadas. Esa sería la forma en que *La ciudad letrada* se asoma al llamado caos posmoderno, o dicho sin mistificaciones apocalípticas, al contexto globalizante de dispersión y reordenamiento actual. Sus principales aportes —traslación epistémica, reconversión lingüística, transculturación escritural— participan activamente en ese espacio de escrituras y reescrituras que articulan las relaciones conflictivas entre el imaginario colectivo, la subjetividad individual y las fuerzas productivas. Por ello, al leer a Rama desde apreciaciones foucauldianas o derrideanas debe surgir la urgencia de un reconocimiento recíproco de logros, contradicciones y puntos débiles correspondientes a toda obra de crítica cultural contemporánea. Y, tratándose de un autor que escribe sobre un espacio de la modernidad que se ha mantenido históricamente esquivo, también exige un acercamiento muy escéptico de los metalenguajes de reconversión crítico-teórica desde el archivo latinoamericano, puesto que en ellos siempre se pueden atisbar márgenes, suplementos y residuos miméticos.

La ciudad letrada se organiza a partir de un desvío que conduce a Rama a los límites de su propia formación, en pos de una historia cultural que no privilegia las figuras literarias máximas ni la excepcionalidad, estilística o epistémica, que se puedan derivar de ellas. Ese desvío nos lleva, con insistencia teórica más que empírica, a una lectura culturalista alternativa de la dispersión discursiva: los *graffiti*, el tango, los corridos, el residuo colonial, el pensamiento social subalterno, las ortografías subversivas, el exceso de lo social, la ciudad real-izable que siempre resiste ordenamiento oficial, las revoluciones en tanto significantes populares expuestos a estructuras letradas de derecha e izquierda. Todo ello a mi entender se acerca claramente a la problemática de dispersiones actuales es decir a un nuevo marco de textualizaciones y discursos que convocan y al mismo tiempo retan, el legado discursivo contemporáneo.

Esto se comprueba particularmente en dos movimientos simultáneos: extender las fronteras de la textualización y la discursividad más allá de los contornos reconocidos por el espacio letrado académico y reconocer más directamente a las fuerzas del mercado cultural del capitalismo global.

Las problemáticas inherentes a esta disyuntiva también se manifiestan en formas más indirectas. Entre ellas se encuentran voces que añoran certidumbres del pasado o que expresan inquietudes irreconciliables en cuanto a la dispersión posmoderna de valores establecidos. No me refiero a las dudas perennes —algunas todavía valiosas otras más discutibles— del mundo de la modernidad trunca ni a los reclamos estéticos tradicionalistas, sino a las voces que buscan contener la dispersión discursiva reordenándola en el propio seno del arte y la filosofía occidental. Un índice importante se encuentra en el reciente texto *The Western Canon*, de Harold Bloom, una de las grandes figuras de la crítica literaria norteamericana. Observa que se ha perdido el juicio de valor en los estudios literarios e insiste que se debe reafirmar la primacía de la gran literatura occidental acechada ahora por el nuevo contexto multicultural y multigenérico de lo que podría llamarse posmodernidad en vivo. Bloom expone toda una serie de problemas de gran importancia y sensibilidad aún cuando no siempre logra abordar sus dimensiones más urgentes. Podría decirse partiendo del lenguaje ramiano que el lamento de Bloom identifica el peligro de la "ciudad real posmoderna", consignada hoy por ese caos indiferenciado de la textualidad alternativa multicultural que también reclama su espacio en el mundo de la enseñanza académica norteamericana.

De aquí se desprenden varios síntomas cruciales que incorporan y al mismo tiempo complican las diversas fases de la *epistética* discutida hasta ahora. ¿Cómo deslindar el acecho acusado por Bloom a las disciplinas académicas y su objeto de estudio? ¿A quién o qué culpar? ¿A las nuevas generaciones de profesores insuficientemente refinados, a las universidades reestructuradas por la globalización privatizante, a los medios masivos de comunicación, al mayor acceso a la educación universitaria por parte de mujeres y grupos raciales minoritarios, a la nueva importancia de estudios culturales interdisciplinarios, a la textualidad generalizada y mercantilizada de testimonios autobiográficos populistas? ¿Y cómo reconciliar la ambición deconstructora de las teorías discursivas ante esta red dinámica de retos y desafíos socioculturales, particularmente el desmontaje de los metarrelatos que organizaron la academia liberal norteamericana y establecieron las estructuras disciplinarias de su gran tradición moderna?

Hay muchas respuestas posibles según el contexto del enunciante, pero se pueden atisbar al menos tres alternativas relacionadas de valor general: a) hacer de la universidad un recinto de resistencia que rescate el orden letrado anterior a la dispersión posmoderna, b) sucumbir a la relativización de valores críticos y artísticos que promulga el mercado posmoderno, c) armar una nueva relación entre las diversas formas culturales. Rama, a mi entender, se aproximaba a la tercera alternativa en sus últimos ensayos. Bloom, al parecer, intenta reclamar la autoridad normativa del buen gusto. Pero hay más en su propuesta. No se trata simplemente de reestablecer el orden exclusivista del humanismo clásico o tradicional, sino de reordenar los estudios literarios montando un nuevo canon de literatura mundial capaz de incluir algunos autores no europeos orgánicamente traducibles y reconvertibles. Esto podría implicar la posibilidad de un *corpus* y una hermenéutica globalizante, una comunidad de lectores profesionales, bibliotecas y editoriales bien remuneradas, o al menos costeables. La literatura alcanzaría así un grado más alto de universalidad y prescindiría cada vez más de las exigencias y relaciones culturales localizantes. La producción de un canon de literatura mundial, probablemente producido y traducido desde la *lingua franca* que será el inglés, podría renovar la función de los estudios literarios, reafirmando al mismo tiempo el espacio institucional de tradiciones valiosas ante la dispersión massmediática de disciplinas académicas. No está claro, sin embargo, si se puede jerarquizar "lo literario" a partir de una gran lengua que operaría como moneda de cambio transnacional, ni tampoco es seguro que las presiones transformativas del capitalismo global puedan ser tan fácilmente disipadas en el terreno discursivo.

Estas disyuntivas se pueden palpar con más claridad aún en la obra de Richard Rorty, quizá la figura más prominente de la filosofía neopragmática actual. Sus últimos libros y ensayos buscan definir más concretamente el enfrentamiento entre las teorías posmodernas, el viejo orden letrado, y la dispersión cultural globalizante. Reclama, primeramente, que la deconstrucción derrideana y la crítica de los metarrelatos de Foucault, deben entenderse más como continuación que como ruptura de la tradición hermenéutica occidental, y que sólo tienen sentido en el ámbito de la literatura, la filosofía y las bellas artes (Rorty, "Tale of Two Cities"). Es decir, que la dispersión de valores sólo ocurre al llevar estas teorías al terreno de la cultura popular o política, tomando demasiado en serio sus proyecciones liberadoras, como si de allí pudiera salir un nuevo sentido utópico o preservarse el radicalismo social de los metarrelatos modernos.

De forma análoga a las teorías del fin de la historia y las ideologías de Francis Fukuyama, Rorty insiste en que la posmodernidad no tiene que aspirar a nuevos horizontes, sino consolidar las comunidades que él llama "democracias burguesas posmodernas del Atlántico del Norte",

49

tomando en cuenta que ellas constituyen el verdadero modelo posmoderno, puesto que han sido capaces de llevar la privacidad al grado más alto conocido en la historia, acomodando un margen inigualable de satisfacciones individuales, opiniones, estilos de vida y medios de autogestión" (Rorty, *Objectivity* 197-202). El nuevo sujeto de estas comunidades, al igual que sus filósofos, participan en un diálogo interno autosuficiente que ya no tiene que aspirar a una universalidad teórica, sus críticas a los metarrelatos sólo remite a ciertos ajustes inmanentes de sus tradiciones, y el problema de la diferencia no implica reducir el espacio entre la moralidad privada y la pública, sino un reconocimiento que no hay un más allá que importe, fuera de la exploración escritural reflexiva (Norris, *The Truth*).

Muchos lectores de Foucault, Derrida o Paul de Man, incluyendo toda una generación de críticos latinoamericanistas formados en gran medida por la influencia de sus obras, quizá se extrañen con las propuestas recientes de Bloom y Rorty, dado que, al menos en sus etapas iniciales, la *epistética* mantenía una especie de soplo liberador, no tanto en un sentido social, sino escritural. Siempre quedaba la esperanza que al deconstruir la modernidad resurgiría una nueva espistemología capaz de inventar, reescribir y remodelar el universo con un nuevo sentido de justicia más localizado, menos pretencioso en cuanto al bienestar colectivo y más cercano a los márgenes de autorreferencialidad individual. De ahí la importancia que se le dio al concepto del exceso escritural. Esta promesa quizá todavía atraiga, pero no se pueden ignorar las tensiones y los ajustes más contradictorios que exige la dispersión global dentro de las comunidades académicas más influyentes, como parece indicar el llamado reciente de Derrida a una nueva lectura del residuo emancipatorio en la obra de Marx (Derrida).

Las lecturas de Bloom y Rorty son índices paradójicos del mismo terreno teórico que ha proliferado durante los últimos treinta años. En ese contexto, se puede entrever que el ensayo de Rama provee una lectura temprana y complicada de estos síntomas y desencuentros. Desde su espacio latinoamericano de los ochenta y muy al tanto del contexto norteamericano en que escribía, se abre a nuevas configuraciones de estudios culturales que observan reciprocidad entre la cultura escritural y la cultura del *performance* massmediático, al igual que a los vínculos entre diversas formas de oralidad. Esto se inscribe claramente en el espacio actual de tensiones entre la posmodernidad *epistética* y la globalización cultural y hacen patente su cercanía a otras propuestas contemporáneas del contexto latinoamericano. Véase, por ejemplo, la red de textos que propone la ciudad real de García Canclini:

> Cuarenta años después de que los medios electrónicos de comunicación se apropiaran de la escena pública y se convitieran en

los principales formadores del imaginario colectivo, los ministerios de cultura siguen consagrados a las bellas artes. En el mejor de los casos, se ocupan un poco de cultura popular tradicional, pero casi nunca dicen ni hacen nada respecto de las culturas urbanas modernas: el rock, las historietas, las fotonovelas, los videos, o sea los medios en que se mueven el pensamiento y la sensibilidad masivos. Se desentienden por lo tanto, de los escenarios de consumo donde se forma lo que podríamos llamar las bases estéticas de la ciudadanía (185).

Se trata, finalmente, de cómo reordenar esas bases estéticas sin soslayar las exigencias discursivas de nuevos sujetos, entre ellos mujeres, minorías étnicas, gays, y sujetos no tan nuevos, como los trabajadores que ahora se sienten abandonados por el capitalismo transnacional. Se trata también de actualizar el residuo dinámico de lo social, y transculturar el orden económico globalizante que estimula contradictoriamente las ambiciones privadas de todos los sujetos, incluyendo los de menos recursos, puesto que las posibilidades de abrir o ampliar mercados de textos y videos aspiran también a la inalcanzable totalidad. El texto de Rama, no obstante las limitaciones de su red arqueológica y gracias a su formación profundamente letrada, se desafía vislumbrando los retos de esta amplia intertextualidad. El contraste entre sus propuestas y las de Rorty y Bloom no puede ser mayor, sobre todo porque entiende que los mercados culturales, como las palabras, no se resisten sin alternativas transformadoras. Sin ellas no hay proyectos innovadores, sino lamentos y nostalgia por un orden jerarquizado. Sin ellas quizá sea menos posible transculturar los rasgos más dinámicos de las formas culturales del pasado, incluyendo los valores imprescindibles de la vieja autonomía literaria o filosófica.

NOTAS

[1] Prólogo a *La ciudad letrada* vii.
[2] Tanto *La ciudad letrada* como *Las máscaras democráticas del modernismo* aparecieron póstumos. El primero, responde al diseño del autor antes de su muerte. *Las máscaras* recoge ensayos inéditos seleccionados por la fundación Ángel Rama. Sugiero varias pautas comparativas entre ellos más adelante en este ensayo.
[3] Ver los comentarios del autor en las notas de agradecimiento, al igual que el prólogo de Hugo Achugar. *La ciudad letrada*.
[4] Véase Adorno, Moraña, Kubayanda, Alonso y Ramos.
[5] Para una lectura comparativa de los textos de Foucault, ver Peter Boyne, *Foucault and Derrida, The Other Side of Reason* (London: Unwin Hyman, 1990); y Christopher Norris, *Truth and the Ethics of Criticism* (New York: Manchester University Press, 1994).
[6] Sobre este aspecto en la obra de Rama, ver mi ensayo "Hibridez posmoderna y transculturación: políticas de montaje en torno a Latinoamerica".

[7] Las relaciones continuas entre estructuralismo y post-estructuralismo, al igual que los contrastes entre la filosofía alemana y la francesa de estas lecturas se encuentran elaborados en el libro de Manfred Frank, *What is Neostructuralism*.
[8] Sin duda Derrida cuestiona la primera parte de esta premisa (que existieran pactos cerrados más allá de la suplementaridad escritural) en cualquier época, y el propio Foucault reconoce el carácter totalizador que sus cortes epistemológicos pueden sugerir. Pero lo que importa, a mi entender, es la segunda parte de esta formulación, al igual que la vuelta que Rama parece ofrecer de la misma. Ver Boyne.
[9] Ver la detallada elaboración de esta epistemología en el texto de José Rabasa, *Inventing America*.
[10] Véanse Richard, Sarlo, García Canclini y Schwarz.

BIBLIOGRAFÍA

Adorno, Rolena. "*La ciudad letrada* y los discursos coloniales". *Hispamérica* XVI/48 (diciembre 1987): 3-24.

Alonso, Carlos J. "Rama y sus retoños: Figuring the Nineteenth Century in Spanish America". *Revista de Estudios Hispánicos* 28 (1994): 283-291.

Anderson, Benedict. *Imagined Communities*. Londres: Verso, 1984.

Bloom, Harold. *The Western Canon*. New York: Hartcourt Brace & Company, 1994.

Boyne, Roy. *Foucault and Derrida: The Other Side of Reason*. London/ Boston: Unwin Hyman, 1990.

Campa, Román de la. "Hibridez posmoderna y transculturación: políticas de montaje en torno a Latinoamerica". *Hispamérica* 69 (1994): 2-23.

Derrida, Jacques. *Specters of Marx*. New York: Routledge, 1994.

Foucault, Michel. *Le Mots et le choses*. Paris: Gallimard, 1966.

Frank, Manfred. *What is Neostructuralism*. Minneapolis: University of Minnesota Press, 1989.

García Canclini, Néstor. *Consumidores y ciudadanos*. México: Grijalbo, 1995.

González Echevarría, Roberto. *Myth and Archive*. Cambridge: Cambridge University Press, 1990.

Kubayanda, Josaphat. "Order and Conflict; *Yo el Supremo* in Light of Rama's ciudad letrada Theory". *The Historical Novel in Latin America*. Daniel Balderston, ed. *Hispamérica* (1986): 129-37.

Laclau, Ernesto. *New Reflections on the Revolutions of Our Time*. London: Verso, 1990.

Lienhard, Martin. *La voz y su huella. Escritura y conflicto étnico-cultural en América Latina 1492-1988*. Edición revisada. Lima: Horizonte, 1992.

Mignolo, Walter. *The Darker Side of Renaissance*. Ann Arbor: The University of Michigan Press, 1995.

Moraña, Mabel. "De *La ciudad letrada* al imaginario nacionalista: Contribuciones de Ángel Rama a la invención de América". *Esplendores y Miserias del Siglo XIX. Cultura y Sociedad en América Latina*. Beatriz González-Stephan, Javier Lasarte, Graciela Montaldo y María Julia Daroqui (Compiladores). Caracas: Monte Ávila Eds. Ediciones de la Universidad Simón Bolívar, 1995. 41-51.

Norris, Christopher. *Truth and the Ethics of Criticism*. New York: Manchester University Press, 1994.

_____ *The Truth about Postmodernism*. Cambridge: Blackwell Publishers, 1993.

_____ *Paul de Mann. Deconstruction and the Critique of Aesthetic Ideology*. New York: Routledge, 1988.

Rabasa, José. *Inventing America*. Norman: University of Oklahoma Press, 1993.

Rama, Ángel. *Las máscaras democráticas del modernismo*. Montevideo: Fundación Ángel Rama, 1985.

_____ *La ciudad letrada*. New Hampshire: Ediciones del Norte, 1984.

Ramos, Julio. *Desencuentros de la modernidad en América Latina: literatura y política en el siglo XIX*. México: Fondo de Cultura Económica, 1989.

Richard, Nelly. *La estratificación de los márgenes*. Santiago de Chile: Francisco Zegers, 1989.

Rincón, Carlos. *La simultaneidad de lo no simultáneo*. Bogotá: EUN, Universidad Nacional de Colombia, 1995.

Rodríguez, Simón. *Paul de Man, Deconstruction and the Critique of Aesthetic Ideology*. New York: Routledge, 1988.

Rorty, Richard. "Tale of Two Cities". *Callalo* 17:2 (1994).

_____ *Objectivity, Relativism, and Truth*. Cambridge: Cambridge University Press, 1991.

Said, Edward. *Orientalism*. New York: Vintage Books, Random House, 1978.

Sarlo, Beatriz. *Escenas de la vida posmoderna*. Buenos Aires: Ariel, 1994.

Schwarz, Roberto. "Brazilian Culture: Nationalism by elimination". *New Left Review* 167 (1988).

A propósito de las propuestas historiográficas de
Ángel Rama

Françoise Perus

I. En *La ciudad letrada*, Ángel Rama sostiene que, desde la Colonia hasta nuestros días, América Latina ha sido sometida a diversos órdenes de representación ajenos a la experiencia de sus propios pueblos. Asimismo, atribuye a los sectores letrados, circunscritos al ámbito urbano, el papel de transmisores de estos universos conceptuales forjados en otras latitudes para dar cuenta de realidades y experiencias distintas. En efecto, no se puede soslayar el hecho primordial de que la inserción del subcontinente americano en la historia y la cultura occidentales parte de la Conquista y de la instauración de un prolongado régimen colonial.

De estas afirmaciones —sin duda extremas, y contrarrestadas por otros trabajos del mismo Rama, y en particular por su *Transculturación narrativa en América Latina* que examinaremos más adelante—, nos interesa destacar por ahora dos aspectos. En primer lugar, la *continuidad temporal* de esta imposición de órdenes de representación ajenos, por encima de cambios históricos tan importantes como la Independencia y el advenimiento de la era moderna y republicana. Y, luego, la *circunscripción* de la instancia transmisora a un *mismo espacio* social y cultural: el de la ciudad y de los sectores letrados que gravitan en torno al poder político. Desde luego, la configuración temporal de dicho espacio social y cultural no convierte necesariamente a éste en depositario de una esencia inmutable, ni conlleva tampoco la ausencia de toda evolución o transformación interna. Sólo da cuenta de *uno de los movimientos configuradores de la cultura latinoamericana*: el que articula a ésta con polos de atracción que se sitúan fuera de ella misma y que tienen sus movimientos propios.

De modo que lo que aparece a primera vista como un movimiento continuo que, de este lado, tiende a circunscribir y fijar el espacio metropolitano como espacio cultural por antonomasia, se acompaña también de desplazamientos, rupturas y discontinuidades importantes en lo que concierne al establecimiento de los polos de atracción y referencia. Y no se trata sólo de que, en esto, España, Inglaterra, Francia o EE.UU. puedan representar ejes de articulaciones sucesivas con la llamada cultura universal, sino también de que han variado considerablemente las formas de articulación de la "ciudad letrada" con estos diferentes polos de atracción. Asimismo, y al menos en el ámbito de la literatura que es el que nos interesa por ahora, es de subrayar que la aparición de un nuevo polo no cancela *ipso facto* la presencia del anterior. Por lo mismo, la continuidad a la cual alude Ángel Rama no conlleva ni la linealidad del movimiento descrito, ni una misma tensión constante y sostenida del lazo involucrado.

Desde el punto de vista historiográfico, y ateniéndonos por ahora a la *sola existencia de este lazo*, esta ausencia de linealidad y las tensiones y distensiones del movimiento al cual se refiere el crítico uruguayo plantean una primera serie de dificultades. Si nos colocamos en la perspectiva exclusiva de la "ciudad letrada", podemos vernos tentados de representarnos a ésta última como receptáculo y caja de resonancia de "influencias" sucesivas y diversas, a las que se encargaría de hacer repercutir sobre el conjunto de la cultura y la literatura del subcontinente. De hecho, éste es en buena medida el supuesto de más de una de las tentativas historiográficas de la moderna literatura del subcontinente, en donde los movimientos literarios europeos —romanticismo, simbolismo, realismo y vanguardia— constituyen el marco de referencia, interpretativo y valorativo de los movimientos literarios latino-americanos. En esto, no faltan incluso quienes lamentan el retraso y la torpeza con que los escritores latinoamericanos buscan emparejarse con sus congéneres europeos, ni tampoco quienes celebran la sincronía por fin alcanzada, cuando no el adelanto milagrosamente logrado por tal o cual figura señera. De igual manera, cualquier trastorno aparente del orden cronológico preestablecido —como el resurgimiento o la trasmutación del realismo decimonónico en el realismo social de la primera mitad de este siglo— tiende a aparecer como lamentable retroceso. Y en cuanto a la aparición de formas y obras que no responden a las expectativas perfiladas a partir del horizonte de la literatura "universal", suele percibirse como intempestiva, y más o menos carente de sentido y valor estético, al menos hasta poder restablecer sus vínculos con alguna tradición prestigiosa. La recepción primera de *El llano en llamas* de Juan Rulfo, o la de *El zorro de arriba y el zorro de abajo* de José María Arguedas, entre otras muchas, ilustran claramente la pervivencia de esta supeditación de las modalidades de lectura y valoración estética a criterios externos.

Pero las dificultades de comprensión y apreciación estéticas planteadas por éstas y otras muchas obras de aquella época —la que principia con los años cuarenta y cincuenta— revelan también algo más: el desplazamiento parcial del sistema de referencias europeas por el horizonte de la cultura y la literatura norteamericanas. Hasta entonces, el primero había proporcionado no sólo criterios de valor, sino también marcos más o menos rígidos para el ordenamiento histórico-cronológico de movimientos, autores y obras. El segundo, en cambio —filtrado en parte por el prisma europeo y parisino (el de las dos posguerras y de la guerra civil española) pero carente de la organicidad y sistematicidad del anterior por razones propias de la cultura norteamericana—, proporcionaba aperturas muy diversas sobre otros espacios, otras perspectivas, y otras formas de narrar y relacionarse con el lenguaje.

El amalgamiento representado por lo que en su momento se conoció como el *boom* de la nueva narrativa hispanoamericana debe mucho de su pluralidad de orientaciones al resquebrajamiento del sistema literario europeo y a estas aperturas sobre lo que de ninguna manera se presentaba entonces como un sistema literario y cultural alternativo, sino como una pluralidad de posibilidades y opciones. Con todo, ello no impide que, para la crítica y las formas de lectura y valoración que ella misma induce, el parangón con los prestigiosos "modelos" externos, ahora norteamericanos, siguiera funcionando como criterio privilegiado de apreciación estética. Y por lo demás, si bien es cierto que la relativa distensión del lazo con el sistema literario europeo, y su no reemplazo por otro semejante (en cuanto a sistematicidad se refiere), contribuyeron a liberar las formas y los movimientos literarios latinoamericanos del encasillamiento en corrientes y marcos preestablecidos (de hecho la denominación de "nueva narrativa" representa un último parangón con la "nueva novela" francesa), no es menos evidente que propiciaron el relegamiento de las anteriores preocupaciones por la historicidad de la literatura. Más aún, las derivaciones de la lingüística estructuralista en el ámbito de la crítica literaria, ampliamente difundidas en universidades tanto europeas, como norteamericanas y latinoamericanas, lograron en buena medida contrarrestar la distensión del lazo antes apuntada y la diversidad de escrituras que ésa dejaba aflorar con la inducción de modalidades de lectura uniformes y formalmente abstractas. *La idea de una posible universalización de sistemas literarios particulares e históricamente conformados, se sustituyó de hecho por otra, no menos inadecuada: la de un sistema "universal" y único, que descansaba en los solos rasgos "formales" de un conjunto cada vez más exiguo de textos paradigmáticos.*

No por "universal" menos enclaustrado, este sistema es hoy objeto de diversos embates, y no faltan incluso quienes se muestran dispuestos a disolverlo en el todo indiferenciado de una industria transnacionalizada del imaginario de masas. Con lo cual la "ciudad letrada" se ve ella misma, y nuevamente, amenazada de muerte; o, en todo caso, compelida —como los modernistas de finales del siglo pasado— a buscar modalidades de convivencia o adaptación a las nuevas formas del "materialismo" y el "cientificismo" imperantes. A la ausencia de linealidad y a las tensiones y distensiones del lazo que une a la "ciudad letrada" con los diversos y sucesivos polos de atracción cultural externos, se suman así los *corsi* y *ricorsi* de un movimiento que, al ampliar su radio de acción, estrecha luego de tal modo el lazo involucrado, que amenaza con estrangular lo que inicialmente pretendía abarcar.

El *movimiento exógeno* al que nos acabamos de referir no representa, como ya dijimos, sino *una* de las dimensiones del proceso de conformación de la literatura latinoamericana; y de esta dimensión, sólo tomamos en consideración las características más generales de la representación y la interpretación de dicho proceso, por ser las formas del movimiento y las escansiones que permite poner de relieve, las que nos interesan por ahora. Por lo demás, y dado que la idea de dar cuenta de la formación histórica de la tradición literaria latinoamericana no despunta sino en el transcurso del siglo XIX y a la par con la instauración de la vida republicana, es a partir de ésta que hemos intentado perfilar el movimiento implicado en el planteamiento inicial de Ángel Rama.

Ahora bien, no está demás reparar en que la preocupación historiográfica surgió asociada no sólo con la organización de la vida y la cultura republicanas, sino también con el reclamo de formas literarias nacionales y modernas. En este sentido, y en la medida en que la república conllevaba la cancelación del pasado colonial y se planteaba a la par como reducción de la distancia que separaba a América Latina de la civilización europea moderna, historia y literatura adquirieron juntas un carácter *más proyectivo que retrospectivo*. Lo cual explica, al menos en parte, la universalización y la proyección del orden de representación histórico y literario europeo sobre una historia y una literatura que, se supone, estaban haciéndose o por hacerse.

En esta perspectiva, ni la herencia histórica y cultural propia (prehispánica y colonial), ni el examen de las premisas sobre las cuales se habían ido conformando el (o los) sistema(s) literario(s) europeo(s), podían constituir el punto de partida para una reflexión acuciosa y contrastiva que diera lugar a la elaboración de problemáticas y categorías analíticas acordes con la asunción del propio pasado y con la inserción de éste en un presente a todas luces histórico. La negación de este pasado, o mejor dicho su representación como un lastre al que se debía sustituir con moldes importados de los que se esperaban la génesis de contenidos nuevos y modernos, no podían sino desembocar en un permanente desajuste entre el "ser" y el "deber ser", o entre el orden del discurso y el de la práctica, el de la escritura inclusive. La impronta de las formas predominantes en la época colonial (las crónicas, el teatro virreinal y la poesía religiosa), con sus transformaciones a lo largo de poco más de tres siglos de relación conflictiva con las culturas prehispánicas, tardó mucho en hacerse presente en la historiografía literaria latinoamericana, y está lejos aún de haber dado todos sus frutos. No basta en efecto con registrar la existencia pasada de dichas formas, clasificarlas por géneros y organizarlas cronológicamente, como especies que pertenecen a otros tiempos. Hace falta indagar en qué medida han tenido, y siguen teniendo, un papel *activo* en las formas de la literatura moderna y contemporánea. La historiografía literaria resulta de muy poca utilidad si no contribuye a la sedimentación, al realce y a la reactualización constante de las diversas tradiciones de las que se nutre la literatura historiografiada.

La distensión, después de la segunda guerra mundial, del lazo que mantenía la "ciudad letrada" con el sistema literario europeo, y las aperturas de la literatura latinoamericana hacia otros espacios y, sobre todo, hacia otras formas de relacionarse con un lenguaje más suelto y menos constreñido por la norma culta y letrada como el inglés norteamericano, tuvieron sin duda sobre la narrativa y la poesía latinoamericana un efecto liberador. El sistema literario europeo tiende en efecto a basarse en la constitución y reafirmación constante de una norma culta y escrita, que no sólo permea hasta las formas del lenguaje coloquial, sino que relega al ámbito del argot, el *patois* o el folclore todos aquellos lenguajes y formas que no participan de la norma unificadora y culta. Pero, fuera de su propio contexto cultural, las múltiples resonancias de los lenguajes vivos (los que pertenecen al intercambio verbal concreto) en el lenguaje escrito y literario se vuelven todavía más imperceptibles, y tanto más cuanto que la forma prestada tiende a absolutizarse. Frente a ello, la literatura norteamericana, no por alejada de tales constreñimientos carente de prestigio y valor literarios, dio pie para un reencuentro de la literatura hispanonoamericana con los lenguajes vivos, orales y no canonizados, de los que se nutre el español de América. A un siglo de distancia, y en el contexto de una nueva transición de un sistema cultural a otro, dio plena entrada, al menos en el plano de la escritura, a los reclamos de Sarmiento en contra del normativismo de Bello. Con estos lenguajes vivos ingresaron además a la literatura del subcontinente gran parte del acervo de representaciones culturales, mitologías y formas depositadas y sedimentadas en regiones del interior, alejadas de la "ciudad letrada".

Este notable florecimiento de lenguajes y formas, sobre todo en la narrativa, no se debe desde luego a la sola transición de la que venimos hablando: responde también a otros factores relacionados con las transformaciones internas de las sociedades del subcontinente, que contribuyeron a esta asunción y catalización de elementos que, desde tiempos atrás, pugnaban por abrirse paso y romper con la segregación que les imponía la "ciudad letrada". Sobre estos fenómenos, que son los que Ángel Rama estudia bajo la denominación de "transculturación narrativa", volveremos en un momento.

Lo que por lo pronto queremos subrayar, y siempre en relación con la inserción de la literatura latinoamericana en sistemas literarios y culturales que rebasan ampliamente sus propias fronteras, es que, salvo excepción —y Ángel Rama es precisamente una de ellas— la distensión que creemos advertir en el plano de la escritura no estuvo acompañada de un movimiento similar en el plano de la crítica y la historiografía.

Coincidió más bien con el pronto despliegue de formas de crítica tributarias del estructuralismo lingüístico que, desde Europa, EE.UU. y las propias universidades latinoamericanas, no sólo dieron al traste con las anteriores preocupaciones historiográficas, sino que opacaron por completo la pluralidad de búsquedas que, desde la escritura, amenazaban con cimbrar el monopolio de la "ciudad letrada". En efecto, nada resultaba más ajeno a aquellas renovaciones —que partían del reconocimiento de la diversidad y complejidad de los lenguajes vivos, en buena medida basados en la permanencia de culturas orales (populares o no)— que la *nivelación* de todos los lenguajes sociales (literarios y no literarios) con base en la proyección sobre ellos del conjunto de reglas lógicas y formales que rigen el sistema abstracto de la lengua. Asimismo, nada resultaba más contradictorio con búsquedas poéticas y narrativas que procuraban reavivar y dar forma artística a los múltiples estratos de una memoria opacada y dispersa, que la *asimilación* de la forma artística a una combinatoria puramente lógica que, o bien congelaba el sentido que se "deducía" de ella, o bien dejaba a éste al arbitrio de un lector libre de "proyectar" sobre ella la significación que a bien le viniera. Al asociarse esta nivelación de los lenguajes con el sistema abstracto de la lengua y esta asimilación de la forma a una combinatoria de carácter lógico, no sólo contrarrestaron el esfuerzo de acumulación y sedimentación cultural que propiciaban muchas escrituras; contribuyeron también a aislar a éstas —y a otras muchas anteriores a ellas— de su entorno cultural vivo, y prepararon así la actual tendencia a la *disolución* de las diversas tradiciones letradas en el todo indiferenciado de una industria "cultural" transnacionalizada. Huelga decir que, por esta vía, contribuyeron también a reforzar la ruptura, siempre latente, entre presente y pasado, abriendo la puerta a toda clase de disparos utópicos; trátese de la "globalización" de un mercado en donde no caben sino identidades sin arraigo ni espacial ni temporal, o de la reacción crispada de estas mismas identidades en torno a valores étnicos o religiosos, convertidos de pronto en nuevos absolutos.

Sea lo que fuere, en el plano estricto de la literatura —entendida ésta a la vez como lectura y escritura—, el profundo desajuste entre ambos aspectos de la actividad estética asociada con el lenguaje verbal amenaza con dejar a América Latina sin tradición viva, y vuelve por ello a colocar a las preocupaciones historiográficas en primer plano. La renovación de éstas —la búsqueda de su mejor adecuación a los diversos procesos que contribuyeron, y pueden contribuir, a la conformación de dicha tradición y a la restitución de los vínculos necesarios entre presente y pasado— obviamente no puede surgir de la nada: ha de partir del examen retrospectivo de la historiografía existente y de sus efectos —deseados o no— sobre el legado que, unos tras otros, nos vienen dejando los escritores del subcontinente americano.

II. En esta perspectiva, la otra propuesta de Ángel Rama en *Transculturación narrativa en América Latina*, explícitamente concebida como contrapeso a la tradición representada por la "ciudad letrada", interesa desde varios puntos de vista. En este nuevo estudio, publicado también después de la trágica desaparición de su autor, Rama intentaba describir el proceso de formación de la narrativa latinoamericana a partir de los movimientos independentistas. Partía para ello de la voluntad de "autonomía, originalidad y representatividad" —sistematizadas con anterioridad por trabajos como los de Pedro Henríquez Ureña y Antonio Candido— que animó inicialmente a las literaturas del subcontinente, y centraba luego sus análisis en la diversidad de movimientos narrativos que las caracterizó desde inicios del siglo XX. El tratamiento y la conceptualización novedosas de esta diversidad son entonces los que quisiéramos destacar ahora. Y no por considerar que las formulaciones de los problemas abordados constituyen la última palabra al respecto, sino precisamente por las aperturas que sugieren. Lo más valioso de los trabajos de Ángel Rama consiste sin duda en las poderosas intuiciones que los animaban, y en la convicción de su autor de que estas intuiciones y las concreciones analíticas a las que daban lugar, eran siempre provisionales y sujetas a revisión. Él mismo dedicó gran parte de sus esfuerzos a la reconsideración y reformulación constantes de sus propias afirmaciones.

Lo medular del estudio de Rama gira en torno a la noción de "transculturación" —que toma prestada de Fernando Ortiz—, a la reconsideración del "regionalismo" literario que dicha noción acarrea, y a las diferenciaciones que permite poner de relieve en el seno del llamado *boom* de la narrativa latinoamericana. Con la apelación a la noción de transculturación, el crítico uruguayo coloca en el centro de la problemática las diversas vías y modalidades en que han venido concretándose los conflictos entre dos herencias culturales encontradas: entre la que, desde la Conquista y la Colonia, provee a "la ciudad letrada" de órdenes de representación que no descansan en la elaboración de la experiencia propiamente americana, por un lado, y la que permanece y se recrea en los márgenes o a la periferia de los centros letrados, nutriéndose de fuentes y aportes heterogéneos y diversos que han venido sedimentándose mediante formas de transmisión esencialmente orales. Más que por el origen de los elementos que las componen, estas dos herencias que no se tocan sino parcialmente, que pugnan entre sí, se confunden o entremezclan en algunos puntos sin lograr un reconocimiento mutuo, se diferencian entre sí ante todo por los espacios geográficos y sociales en donde tienen su asiento, por las formas de socialidad y las modalidades particulares de elaboración y transmisión de sus saberes que aquéllas conllevan, y por sus ritmos y temporalidades propios. Aunque estos espacios, formas y tiempos obedezcan a movimientos que les son propios, y puedan aparecer hasta cierto punto como desvinculados entre sí, tampoco pueden entenderse como compartimentos estancos, ni como depositarios de una esencia inmutable. Y, de hecho, lo que recoge y plantea la noción de transculturación, es la necesidad de desentrañar las modalidades conflictivas y cambiantes de unas relaciones que, paradójicamente, propician la desarticulación de espacios, formas y tiempos culturales.

En este nuevo marco, el regionalismo literario, y más concretamente la llamada novela regionalista, puede considerarse de un modo que no se limite al encasillamiento sugerido por el referente o la temática. En lo que Rama concibe como un conflicto ubicuo —aunque diferenciado y diferenciador—, entre sucesivos procesos de "modernización" siempre truncos y renovados y la tradición, los niveles de análisis que propone para la novela atañen principalmente a "la lengua", a "las estructuras literarias" y a la "cosmovisión" que se desprende de la forma encontrada. Por lo que concierne a la primera, toma como punto de partida la dualidad de "modelos" heredada del Modernismo:

> Tal como ocurriera en el primer impacto modernizador de fines del siglo XIX que nos deparó el "modernismo", en el segundo de entre ambas guerras del XX el idioma apareció como un reducto defensivo y como una prueba de independencia (...) El modernismo había fijado dos modelos; uno de reconstrucción purista de la lengua española, que se adaptaba preferentemente a los asuntos históricos (...) y otro que fijaba una lengua estrictamente literaria mediante una reconversión culta de las formas sintácticas del español americano. Subyaciendo al modernismo, se había extendido el costumbrismo romántico en formas que llegaron a llamarse "criollas" y donde comenzaban a recogerse las formas idiomáticas dialectales. Esta línea es la que triunfa con la aparición de los regionalistas que puede fijarse hacia 1910, en el ocaso del modernismo: habrán de procurar un sistema dual, alternando la lengua literaria culta del modernismo con el registro del dialecto de los personajes, preferentemente rurales, con fines de ambientación realista. No se trata de un registro fonético, sino de una reconstrucción sugerida

por el manejo de un léxico regional, deformaciones fonéticas dialectales y, en menor grado, construcciones sintácticas locales (Rama, *Transculturación* 40).

Rama subraya a continuación la distancia lingüística que, en esta primera dirección del regionalismo, siguen manteniendo los narradores respecto del lenguaje vernáculo de sus personajes. Esta distancia se pone de manifiesto no sólo en el uso de "comillas estigmatizadoras", en el de una grafía distinta y en el de glosarios para los términos no registrados en el Diccionario de la Real Academia española. En el mantenimiento de esta distancia, a pesar del acercamiento de los escritores a los niveles "bajos" de la sociedad, el crítico uruguayo ve un "reflejo fiel de la estructura social y del lugar superior que dentro de ella ocupa el escritor" (Rama, *Transculturación* 41). Pero acaso, podría entenderse también como un afán de contribuir al afianzamiento de una norma lingüística culta —esto es, escrita y "literaria"— propiamente americana. En efecto, y como lo dejan entender los análisis del mismo Rama, el "lenguaje literario" no consiste sino en la renovación permanente de un conjunto de diferencias respecto de los lenguajes sociales vivos, ligados a esferas de actividad e intercambios verbales concretos. Lo significativo en este caso, tanto de las escisiones sociales y culturales como de la precariedad de la norma literaria, no son tanto las diferencias, cuanto las modalidades de la diferenciación: la necesidad de pasar por formas de objetivación, sin poder recurrir a la estilización y otras formas de reentonación.

En este sentido, la evolución posterior del problema de la figuración de los lenguajes vernaculares y su relación con el lenguaje escrito y "literario" muestra que el enriquecimiento, la flexibilización, diversificación y clara individuación de la lengua literaria americana, requerían a la vez del afianzamiento previo de la norma escrita y de la incorporación y reelaboración artística de una multiplicidad de lenguajes vivos. Con todo y las limitaciones de la traslación objetivada de las hablas vernáculas por parte de los primeros narradores regionalistas, ésta es la que abrió paso a las modalidades posteriores de reelaboración artística de estos mismos lenguajes por parte de los narradores posteriores. Con todo, éstas nuevas modalidades tampoco hubieran podido llevarse a cabo sin el resquebrajamiento de las estructuras oligárquicas en el periodo de entreguerras (a lo que Rama aludió como el nuevo impulso modernizador).

En efecto, para que se acortara la distancia entre el lenguaje del autor/narrador y el de sus personajes —con base en la consideración de que "las palabras regionales transmiten su significación dentro del contexto lingüístico aun para quienes no lo conocen" (Rama,

Transculturación 41), e incluso para lograr ciertas formas de amalgama entre el español y algunas lenguas autóctonas (quechua o guaraní) — mediante la elaboración de una serie de equivalencias en los planos sintácticos, prosódicos y rítmicos —, hacía falta cierta familiaridad de los lectores con dichos lenguajes regionales o autóctonos. En otras palabras, la aparición de "un lenguaje coloquial esmerado y transculturado"(Rama, *Transculturación* 42) y la redefinición de la "dualidad" anteriormente fijada por el Modernismo no podían darse sin una ampliación y renovación del público lector, mediante la democratización del sistema de enseñanza.

Estrechamente vinculado con el anterior, el segundo aspecto que Rama propone tomar en cuenta para el estudio de las transformaciones de la novela regionalista atañe a lo que llama "la estructura literaria". Con ello se refiere al problema de la forma y los géneros narrativos en tanto que modelizadores del objeto de la representación artística. En este punto, vuelve a partir de una "dualidad" y una distancia entre las formas tradicionales y las modernas y extranjeras:

> La novela regional se había elaborado sobre los modelos narrativos del naturalismo del XIX los que adecuó a sus necesidades expresivas. Enfrenta ahora el abanico de recursos vanguardistas que inicialmente pudieron ser absorbidos por la poesía y recién después fecundaron la narrativa realista crítica y prácticamente engendraron la narrativa cosmopolita, en particular su vertiente fantástica. Las dotaron de una destreza imaginativa, una percepción inquieta de la realidad y una impregnación emocional mucho mayores, aunque también imprimieron una cosmovisión fracturada. Si se recuerda que el regionalismo respondía a una concepción racionalista rígida, hija del sociologismo y el psicologismo del XIX sólo remozados superficialmente por las filosofías vitales del 900, se puede medir lo difícil de su adaptación a las nuevas estructuras de la novela vanguardista (Rama, *Transculturación* 42-43).

Realismo y vanguardia, y la pugna que enfrentan a ambas concepciones poéticas, se presentan aquí como importación de "modelos" que se oponen a las formas tradicionales aparejadas con la recuperación de los lenguajes vernáculos, portadores ellos mismos de formas de percepción y organización de la experiencia en buena medida ajenas a ambas corrientes "modernizadoras". Pasando en buena medida por alto las modalidades previas de adaptación (parcial) de dichas formas importadas a necesidades y perspectivas propias de las literaturas y las sociedades latinoamericanas, el crítico uruguayo considera que es nuevamente "el repliegue dentro del venero cultural tradicionalista, merced al cual se retrocedió aún más a la búsqueda de mecanismos literarios propios, adaptables a las nuevas circunstancias y suficientemente resistentes a la erosión modernizadora" (Rama, *Transculturación* 44), el que habría de permitir la transmutación de los dualismos iniciales:

> (...) La singularidad de la respuesta consistió en una sutil oposición a las propuestas modernizadoras. Así, al fragmentarismo de la narración mediante el "stream of conscioussnes" que de Joyce a W. Woolf invadió la novela, le opuso la reconstrucción de un género tan antiguo como el monólogo discursivo (que se ejercita en el *Grande sertão: veredas* de Guimarães Rosa) cuyas fuentes no sólo pueden rastrearse en las literaturas clásicas sino asimismo, vivamente, en las fuentes orales de la narración popular; al relato compartimentado, mediante yuxtaposición de pedazos sueltos de una narración, (en John Dos Passos, en Huxley) se le opuso el discurrir dispersivo de las "comadres pueblerinas" que entremezclan sus voces susurrantes (tal como lo aplica Juan Rulfo en *Pedro Páramo*). Ambas soluciones proceden de una recuperación de las estructuras de la narración oral y popular. Quizás su mejor ejemplo pueda buscarse en el problema a que se enfrenta García Márquez cuando en los *Cien años de soledad* debió resolver estilísticamente una conjunción del plano verosímil e histórico de los sucesos y el del maravilloso en que se sitúa la perspectiva que los personajes tienen de ese suceder real (Rama, *Transculturación* 44-45).

Ahora bien, este acudir a las fuentes tradicionales de la narración oral no puede llevar a considerar a las obras de los escritores mencionados (y otros más que se aproximan a ellos) como una simple prolongación o renovación del costumbrismo regionalista. No sólo se diferencian de éstos por la supresión de la perspectiva narrativa externa y la adopción de formas narrativas ancladas en la tradición oral, sino que conllevan a menudo una problematización expresa de la relación de dichas formas con la escritura misma y con los sistemas modelizantes asociados a ella. En otros términos, y a pesar del homolenguaje buscado y construido, suelen aludir —cuando no sentar como eje principal de la construcción del objeto de la representación artística— a la operación transculturadora en la cual descansan. La alusión a los manuscritos de Melquíades en *Cien años de soledad* puede considerarse como ejemplo del primer caso, mientras que los juegos semánticos en torno a la figura del "dictador" en *Yo el Supremo*, por ejemplo, puede ilustrar la inscripción expresa de dicha problemática. La misma forma del "monodiálogo" que aparece en varios cuentos de Rulfo, y que a menudo presupone la presencia de un interlocutor letrado, puede considerarse como otra modalidad de esta inscripción.

En cuanto al tercer nivel de las operaciones transculturadoras estudiadas por Rama, consiste en lo que el autor denomina como "cosmovisión". Por ésta entiende Rama los valores y las ideologías engendrados por los significados, y considera que es en este ámbito en donde los herederos del regionalismo dieron sus mejores frutos. En este punto, parte del entredicho en que el vanguardismo había puesto "el discurso lógico-racional que venía manejando la literatura a consecuencia de sus orígenes burgueses en el siglo XIX", y considera que, en América Latina, tres tendencias seguían inscribiéndose en esta última perspectiva: la novela regional, la novela social y la realista crítica. Mientras que, a su juicio, la novela social conservó el modelo narrativo burgués del XIX sólo que invirtiendo su jerarquía valorativa para la formulación de un discurso antiburgués, el realismo crítico (en donde coloca a Onetti, Graciliano Ramos y Carpentier entre otros) es el que mejor partido sacó de las innovaciones vanguardistas. La narrativa cosmopolita y la fantástica (representada por Cortázar o Borges) constituyen sus mejores expresiones.

Por lo que toca a las transformaciones del antiguo regionalismo, el autor considera que el repliegue antes señalado sobre las fuentes locales, y la exploración de las posibilidades que ofrecen las formas narrativas tradicionales contribuyeron al redescubrimiento y a la valoración de "las virtualidades del habla y las de las estructuras del narrar popular" (Rama, *Transculturación* 53).

> Se asiste así al reconocimiento de un universo dispersivo, de asociacionismo libre, de incesante invención que correlaciona ideas y cosas, de particular ambigüedad y oscilación. Existía desde siempre, pero había quedado oculto por los rígidos órdenes literarios que respondían al pensamiento científico y sociológico propiciado por el positivismo. (...) La quiebra de este sistema lógico deja en libertad la materia real perteneciente a las culturas internas de América Latina y permite apreciarlas en otras dimensiones (Rama, *Transculturación* 53).

Las principales cualidades que Rama distingue en la cosmovisión que se desprende de esta liberación de esta materia y de su reelaboración artística consisten en que

> (...) La extraordinaria fluidez y el constante desplazamiento de vidas y sucesos, las transmutaciones de la existencia y la inseguridad de los valores, tejerán entonces el sustrato sobre el cual se desplegará el discurso interpretativo. (...) El narrador (...) se transforma en el mediador que trabaja sobre la dispersión y construye un significado que será igualmente problemático. La construcción de la historia es reproducida por la construcción del discurso, de tal modo que las formas de la peripecia equivalen a las formas de la narratividad (Rama, *Transculturación* 53).

Con esta forma peculiar de problematizar el hecho mismo de narrar, los narradores que Rama llama "transculturadores" hicieron algo más que redescubrir el mito, como lo hicieron los "cosmopolitas" —y en particular los adeptos de lo real-maravilloso americano (Asturias o Carpentier). Mientras éstos seguían manteniendo la dicotomía entre una materia interna (el mito o el arquetipo) y una significación externa (la historia entendida en términos lógico-racionales), los "transculturadores" aprovecharon el irracionalismo vanguardista para la exploración y la ficcionalización del "pensar mítico".

Al término de este análisis de los tres niveles en que ha de situarse el estudio de la nueva novela regionalista, Rama concluye que:

> (...) Probablemente el contacto directo entre las culturas regionales y la modernización, hubiera sido mortal para las primeras, habida cuenta de la distancia entre ambas que, en casos como el de la polaridad europeísmo-indigenismo era abismal. La mediación la proporcionó esa conformación cultural que había logrado imponerse tras seculares esfuerzos de acumulación y reelaboración: en el caso del Brasil la orgánica cultura nacional; en el caso de Hispanoamérica, el desarrollo de una intercomunicación fructífera de sus diversas áreas. Por eso, el diálogo entre el regionalista y el modernista se hizo a través de un sistema literario amplio, un campo de integración y mediación, funcional y autorregulado. La contribución del *periodo de modernización* (1970-1910) había preparado esta eventualidad, al construir en Hispanoamérica un sistema literario común (Rama, *Transculturación* 55-56).

III. Esta segunda propuesta historiográfica de Ángel Rama, cuyas principales líneas de interpretación acabamos de poner de relieve, fue expresamente concebida por su autor como contraparte de la concepción que animaba a *La ciudad letrada*. Al punto de vista externo que privilegiaba en este último ensayo, en *Transculturación narrativa* contrapone el punto de vista interno, al que perfila a partir de las "regiones maceradas aisladamente" y más alejadas, al parecer, del polo transmisor del "impacto modernizador". Sin embargo, como habrá advertido el lector, no se trata tanto de oponer estos espacios desvinculándolos el uno del otro, cuanto de centrar ahora el análisis en las respuestas regionales a dicho impacto, contrastándolas de pasada con otras, consideradas como "cosmopolitas" o no propiamente regionales.

No es mi propósito volver ahora sobre las nociones de modernización y modernidad manejadas por Ángel Rama en sus dos ensayos. Sigo pensando que no son reducibles a un mismo denominador los procesos "modernizadores" esencialmente basados en la articulación externa —como el que Rama sitúa entre 1870 y 1910—, y los que se caracterizan por intentar formas de rearticulación interna y autocentrada —como el que ubica entre 1920 y 1950 aproximadamente (Perus). Sin tomar en cuenta las particularidades de este último, difícilmente podría entenderse el movimiento de "repliegue hacia el interior" que nutrió la profunda renovación del regionalismo literario. Más aún, este "repliegue" —que Rama llega incluso a calificar de "retroceso"— bien podría interpretarse también como otro intento de acumulación —cultural en este caso— que descansara en la ampliación de la base social interna. Y, por lo demás, tampoco se debe absolutizar el aislamiento de las regiones: al Macondo de García Márquez como al Itapé de Roa Bastos, por ejemplo, sí llegó la "modernidad" bajo la forma del ferrocarril, precisamente con el "primer impulso modernizador" del cual habla Rama. Sólo que, lejos de conllevar la inserción de dichos pueblos en un espacio nacional integrador e integrado, conllevó más bien una nueva forma de marginación y estancamiento —que, en Macondo, toma la forma simbólica del insomnio. Y ello, debido al hecho de que, lejos de responder a un proyecto nacional autocentrado, el "impulso modernizador" (la bananera o la explotación de los yerbales) provenía de los requerimientos pasajeros de espacios y procesos ajenos, ni locales ni nacionales.

De tal suerte que el conflicto entre modernización y tradición se halla inscrito en el espacio regional mismo, y más que una resistencia, un repliegue o un retroceso, plantea conjuntamente un problema de superposición y desarticulación de tiempos y formas culturales, y el de las posibilidades de sedimentación de capas, movimientos y tiempos tan disímiles y reñidos entre sí. Es por ello que, lejos de limitarse a la ficcionalización de una oralidad arcaica y regional, la nueva novela regionalista de la cual nos habla Rama inscribe a su vez en el espacio textual mismo la problemática de la relación entre la oralidad (regional, popular o no) y la escritura (moderna y letrada), con todos los conflictos que de ello se derivan: los que atañen a la configuración de espacios y tiempos, a la de personajes, narradores y receptores, a la de la formación de los significados, y a las formas de pensar y narrar tanto históricas como míticas. A diferencia de sus homólogos urbanos y "cosmopolitas", cuyas poéticas narrativas descansan en buena medida en la reelaboración de formas y lenguajes ya textualizados, al asumir la problemática de la "modernidad" desde la periferia, los nuevos narradores regionalistas no sólo tienen que vérselas con materiales sumamente heterogéneos, sino que han de resolver en el plano de la poética narrativa, los postulados de la reescritura de una "modernidad" por demás problemática desde la perspectiva de los lenguajes vivos; es decir, desde lenguajes y formas orales, que incluso necesitan a menudo rescatarse del congelamiento folclorizante al que habían sido condenados.

Ahora bien, esta discrepancia respecto de la caracterización de los impulsos modernizadores y sus consecuencias en la interpretación del movimiento regionalista en el cual se centra el estudio de Ángel Rama no cancela el valor de sus aportaciones. La primera de ellas consiste, a nuestro modo de ver, en descartar de entrada el postulado de un desenvolvimiento lineal de la literatura del subcontinente a partir de una asunción gradual de los moldes de una "modernidad" previamente revestida de un valor universal y abstracto. La segunda de estas aportaciones, y no la menor, reside en el intento del autor por sentar las bases de una historiografía literaria que, sin dejar de atender las tendencias hacia la auto-organización de la literatura como un campo autónomo —es decir, esencialmente artístico y letrado—, pudiera dar cuenta a la vez de la disparidad de espacios, movimientos y tiempos a los cuales responden sus diversas búsquedas y tendencias.

A partir de lo que, en términos generales, puede entenderse como las múltiples vías por las cuales la narrativa latinoamericana ha venido elaborando el doble diálogo, tenso y conflictivo, que mantiene con la tradición "universal" (y sus varios y sucesivos polos de atracción) por un lado, y con las diferentes tradiciones vernáculas por el otro, lo que traza Ángel Rama es un complejo sistema de tendencias divergentes e interferencias múltiples dentro de espacios cambiantes y parcialmente desvinculados entre sí. Más que de un sistema literario único, estas características generales tienden entonces a la configuración de un polisistema, cuyos polos de atracción, movimientos, espacios y temporalidades específicas se van desplazando y redefiniendo mutuamente.

Con todo, en este intento de Ángel Rama para sentar las bases de una historiografía literaria acorde con las características de una "modernidad periférica", llaman la atención tanto el peso que siguen teniendo las nomenclaturas tradicionales heredadas de la tradición europea, como el esfuerzo por salirse de ellas. Este esfuerzo se vuelve particularmente sensible en el abordaje de las formas renovadas del regionalismo, que sirve de piedra de toque para las formulaciones historiográficas del autor. Sin embargo, cabe observar que los análisis de las diferentes tendencias narrativas no se sitúan todos en el mismo nivel, y que sólo el del nuevo regionalismo apunta a la dilucidación de los fundamentos de su poética narrativa (en el sentido de *poiesis*), y ello a pesar de los tres ámbitos de pertinencia previamente definidos (la lengua, las estructuras literarias y la cosmovisión). La mayoría de las referencias a las tendencias colaterales, y sus caracterizaciones diferenciales, permanecen en buena medida tributarias de las nomenclaturas y los encasillamientos tradicionales, cuyos fundamentos son algo distintos.

Si, como aparece al término de este examen de las propuestas de Rama, el surgimiento de una narrativa sin equivalente en la tradición europea promueve formas de análisis que obligan a devolver a la poética su papel decisivo, y que, junto con ello, contribuye a remover las concepciones historiográficas heredadas del siglo XIX, a lo que invitan a fin de cuentas dichas propuestas es a releer la tradición narrativa hispanoamericana toda desde esta otra perspectiva, y a buscar formas de configuración de la tradición más afines con las poéticas narrativas buscadas y encontradas. En ello bien pudiera descansar la posilidad de devolverles a la literatura y al pasado su capacidad para informar y nutrir nuestra comprensión de un presente vuelto inescrutable, o convertido en un futuro inexorable y carente de porvenir.

BIBLIOGRAFÍA

Perus, Françoise. *El realismo social en perspectiva.* México: UNAM, 1995.
_____ *Literatura y sociedad en América Latina: el modernismo.* México: Universidad Veracruzana, 1992.
Rama, Ángel. *La ciudad letrada.* Hanover: Ediciones del Norte, 1984.
_____ *Transculturación narrativa en América Latina.* México: Siglo XXI, 1982.

Ángel Rama y "La lección intelectual de *Marcha*"

Horacio Machín

> busqué desarrollar una perspectiva cultural
> latinoamericana, situando a su gran literatura en los
> marcos sociales e ideológicos que le conferían su fuerza
> original.
>
> Ángel Rama, "La lección intelectual de *Marcha*"

> To articulate the past historically... means to seize hold of
> a memory as it flashes up at a moment of danger.
>
> Walter Benjamin, *Illuminations*

1. Introducción

En este trabajo considero las estrategias de la memoria en la crítica cultural de Ángel Rama, durante los años ochenta. Tomo como hilo conductor su representación de los intelectuales, focalizo su artículo autobiográfico "La lección intelectual de *Marcha*" (1982) y lo recorto sobre su obra póstuma *La ciudad letrada* (1984). La crítica de Rama constituye una representación del intelectual latinoamericano cuyo alcance interdisciplinario resulta compatible con desarrollos recientes de las ciencias sociales (Bourdieu, *Homo Academicus*, *The Field of Cultural Production*). Dichos alcances, sin embargo, están descentrados con respecto a la órbita del paradigma ascendente de los estudios culturales latinoamericanos (Néstor García Canclini, *Culturas híbridas* y Beatriz Sarlo, *Escenas de la vida posmoderna*).

A este descentramiento contribuye: (1) la sensibilidad utópico-cognoscitiva de la crítica cultural de Rama, (2) su "sentido práctico" interdisciplinario, opuesto al sentido interdisciplinario de los estudios culturales y (3) su proyecto intelectual latinoamericano. En los años ochenta, en tiempos de dictaduras militares en el sur de América del Sur y de la hegemonía de un proyecto neo-liberal en América Latina, los estudios culturales latinoamericanos que se producen en la región forman parte, ellos mismos, de un cambio intelectual y/o social que marca la emergencia de nuevas relaciones entre lo local y lo global.[1] La "interdisciplinariedad"[2] —y hasta la conflictiva anti-disciplinaria[3] — de los estudios culturales, así como su memoria sin historia se oponen a las estrategias de la memoria en la crítica cultural de Rama y lo vuelven "epistemológicamente otro".

Por "estrategias de la memoria" aludo aquí a un conjunto de discursos y prácticas simbólico-intelectuales que dentro de un campo intelectual dinámico, producen —crítica y/o selectivamente— representaciones culturales del pasado reciente. Dichas estrategias, se orientan en vista de objetivos que no necesariamente son conscientes y/o planeados como tales y que, en Rama, presuponen el espacio simbólico de un agente colectivo.[4]

Las estrategias simbólico-intelectuales de Rama en "La lección ..." clarifican su posición dentro del campo intelectual[5] de los años ochenta, articulan su proyecto intelectual con la comunidad intelectual de *Marcha* e introducen un sentido reflexivo acerca de las condiciones de su propia producción que Rama desarrollará, también, en *La ciudad letrada*. En suma, "La lección ..." brinda una ocasión privilegiada para examinar la percepción de Rama sobre su propio punto de vista crítico y, en particular, sus estrategias de la memoria.

Mi hipótesis es que "La lección ..." constituye una intervención estratégica en el campo intelectual de los años ochenta que ilumina no sólo la continuidad de la trayectoria intelectual latinoamericana de Rama, sino, también, su vigencia y validez crítica.

Examinaré a continuación la convergencia del punto de vista interdisciplinario de la crítica de Rama[6] con desarrollos recientes de las ciencias sociales y su divergencia con el paradigma de los estudios culturales latinoamericanos "locales" (García Canclini y, en particular, Beatriz Sarlo).

2. UN "SENTIDO PRÁCTICO" INTERDISCIPLINARIO

> es posible preguntarse si no llegará un día en que nuestros esquemas sociológicos dejen de ser operativos y transparentes y también ellos se revelen como el mito con el cual hemos tratado de fundar una cosmovisión confiable que nos permitiera actuar creativamente (Rama, *La riesgosa* 172).

El punto de vista interdisciplinario de la crítica de Rama constituye, política y epistemológicamente, una interpretación no instrumental de la cultura. Su "sentido práctico" —un cierto sentido del juego— incorpora significados interdisciplinarios tomados de las ciencias sociales —por ejemplo, la dimensión simbólica del imaginario social— que, una vez tamizados críticamente, pasan a formar parte de un modelo histórico-cultural latinoamericano.

En su último escrito, la ponencia "La literatura en su marco antropológico", Rama dice:

No son las vías, hallazgos, polémicas y frustraciones de la antropología nuestro asunto, sino su potencial contribución al mejor entendimiento de las literaturas en América Latina (98).

El "marco antropológico" le suministra a la crítica cultural de Rama los siguientes estímulos intelectuales: (1) una valorización positiva de "la transculturación mestiza", (2) un enfoque de la obra de arte como una "estructura global de significación" y (3) un interés por las formas colectivas de la literatura, el cual cuestiona "la decimonónica concepción de la literatura que ha seguido funcionando en América Latina, dada sobre todo, la tradicional concepción aristocrática de sus intelectuales" (101). Así, *La transculturación narrativa* valoriza el "papel creativo de la sociedad mestizada latinoamericana en la invención cultural" (100) y la narrativa histórico-cultural de *La ciudad letrada* cuestiona el aristocratismo intelectual hispanoamericano como poder ideológico.

En la crítica cultural latinoamericana de Rama, el "marco antropológico" constituye un puente para no empezar ni terminar en un texto. Es decir, es una mediación necesaria para superar tanto los límites de la crítica de la "intertextualidad" como los del fetichismo de la palabras:

> El discurso barroco no se limita a las palabras ... Su mejor exposición no está en los textos literarios mudos que hemos conservado, sino en la fiesta que ellos significaban, por lo cual su expresión más ilustrativa son los arcos triunfales con que se conmemoraban los grandes acontecimientos (Rama, *La ciudad letrada* 33-34).

La noción del imaginario social cobra una importacia creciente en la crítica de Rama a partir del exilio (1973). En lo que sigue, consideraré el uso que Rama hace de dicha noción interdisciplinaria tomada de las ciencias sociales francesas.

El imaginario social, en las ciencias sociales francesas, es una noción que alude a los sentidos que, en un grupo social determinado, dan cuenta de su percepción del mundo social. El uso explicativo de esta noción de imaginario social, presupone una organización imaginaria que cumple una función ordenadora entre los agentes sociales. Por ejemplo, Pierre Bourdieu (en *Outline of a Theory of Practice*, *Homo Academicus* of "Strategies de reproduction et modes de domination"), conceptualiza el espacio social como un campo de fuerzas donde las posibilidades de interacción de los agentes sociales están dadas por su posición dentro de un campo que implica, a su vez, una dimensión imaginaria.

El punto de vista interdisciplinario en la crítica cultural de Rama guarda una cierta correspondencia analógica con el de la sociología reflexiva de Bourdieu.[7] En ambos autores, el uso de los conceptos teóricos está animado por una intencionalidad epistemológico-política que es constitutiva de los mismos. Esta intencionalidad (ideológico-cognoscitiva en la sociología de Bourdieu y utópico-cognoscitiva[8] en la crítica cultural de Rama) tiene un alcance interdisciplinario que deriva del uso de los conceptos teóricos. Así, la crítica latinoamericana de Rama es una *política* en el sentido que le da Bourdieu a este término. Es decir, como un intento por transformar los principios de la visión a través de la cual le damos forma a lo social. De manera similar a lo que ocurre en la crítica latinoamericana de Rama con los conceptos interdisciplinarios de "transculturación narrativa" y "ciudad letrada", los conceptos interdisciplinarios de la sociología reflexiva de Bourdieu (*An Invitation to Reflexive Sociology*) pierden alcance heurístico si son desarticulados de su *política científica.*[9]

Ese criterio interdisciplinario —articulación de conceptos teóricos y *politique*— evita esa forma de reduccionismo que Bourdieu llama la "falacia del corto circuito", es decir, explicaciones que ponen en correlación directa cambios que ocurren en campos especializados y tendencias socio-políticas más amplias (Bourdieu, *The Field* 181). Esta falacia es la que afecta a los estudios culturales[10] latino-americanos que, de alguna manera, se piensan a sí mismos como una prolongación de la epistemología de las ciencias sociales (García Canclini, *Culturas híbridas*, Sarlo, *Escenas de la vida posmoderna*).

Me interesa destacar dos aspectos de la correspondencia analógica entre los puntos de vista interdisciplinarios de Bourdieu y Rama. Primero, en ambos, las disposiciones intelectuales que caracterizan a la constitución de un *habitus* intelectual (científico, en Bourdieu y latinoamericano, en Rama) son una transformación y no una simple continuación de disposiciones anteriores. Segundo, en ambos, el punto de vista interdisciplinario presupone no un sujeto teórico-cognitivo sino, más bien, una intencionalidad práctica —un "sentido del juego" (Bourdieu)— que en la crítica latinoamericana de Rama es también, una sensibilidad utópico-cognoscitiva.

En la crítica de Rama los conceptos teóricos de "transculturación narrativa" y "ciudad letrada" pierden su alcance crítico dearticulados del "sentido práctico" que constituye la propia sociogénesis de dichos conceptos. Así, por ejemplo, una lectura posmoderna de Rama que intente hacer la genealogía de dichos conceptos teóricos anclándolos a un supuesto canon de la modernidad (Mariaca Iturri), y que no tome en cuenta el "sentido práctico" latinoamericano que los constituye, sólo puede aspirar a poner de manifiesto el carácter contingente de dichos conceptos pero no así su carácter histórico.

Para el carácter histórico de la "visión latinoamericana" de Rama, sigo aquí las penetrantes observaciones de Antonio Candido, quien ubica la "visón latinoamericana" de Rama en relación a tres problemas relevantes: 1) la posición del escritor y el imperativo de la actitud política, 2) la situación de las literaturas nacionales ante una eventual literatura integrada del continente y 3) la relación entre las sugerencias literarias de los países centrales y las condiciones propias de los países latinoamericanos en la dialéctica del proceso cultural. Candido destaca la buena ubicación de Rama para la reflexión teórica sobre las literaturas de América Latina y dice que sus "panoramas" elaboraban con igual maestría los análisis particulares y las visiones sintéticas (263).

Esto se pone de manifiesto en la tesis de Rama de "las dos vanguardias" (la modernizadora y la transculturadora), las cuales constituyen el rasgo más original y fecundo de las literaturas latinoamericanas en el período actual (Candido 269). Según Candido, Rama le dio una formulación madura y superior a puntos de vista que habían sido percibidos por otros autores críticos de manera parcial e incompleta y que nunca habían sido expuestos con una originalidad, una fuerza y una capacidad explicativa tan poderosa (Candido 270).

Candido señala un aspecto sumamente importante de la "visión latinoamericana" de Rama: el vínculo que Rama establece entre los análisis micro y macro culturales. El "sentido práctico" de la socio-crítica de Rama va más allá de los puntos ciegos de la herencia goldmanniana o lukacsiana. Sin abandonar por completo las macro estructuras, las homologías entre el espacio textual y el extra-textual, la crítica cultural de Rama se enriquece con una percepción de lo social. Su lectura inmanente del texto muestra que toda creación artística es, al mismo tiempo, una configuración del imaginario social.

En esta línea de investigación, interesada en las mediaciones entre lo social y lo textual, es donde cabe ubicar a la crítica cultural de Rama. Así, cuando Rama interpreta los textos tiene un interés por lo social en el texto más que por lo social del texto y por la historicidad en el texto más que por su estatuto histórico. *La ciudad letrada*, por ejemplo, examina la manera en que el discurso social se cristaliza y se fija en imágenes y en palabras, las cuales, a su vez, se convierten en la materia prima de la ficción que el escritor hacer trabajar en y por el texto. El interés que Rama pone en el pasaje de lo discursivo social a lo textual hace que su concepto teórico de "ciudad letrada" opere como un ideologema de la formación del imaginario social latinoamericano.

Pocos críticos han conseguido establecer ese movimiento pendular que señala Candido, entre el análisis y la síntesis, entre el nexo entre lo micro y lo macro cultural y las relaciones de éste con las tendencias históricas. Este movimiento pendular está presente en toda la trayectoria crítica de Rama, desde *La aventura intelectual de Figari* hasta la *La ciudad letrada*. El mismo, introduce una reflexividad crítica que muestra, simultáneamente, cómo "Both critical discourse and the habit of judgement stand in need or renewal" (Benjamin, *Selected Writings* 293) y cómo "América latina sigue siendo un proyecto vanguardista que espera a su realización concreta" (251). Este "sentido práctico"queda fuera de la órbita de los estudios culturales latinoamericanos.

En "La lección ..." Rama examina su propia trayectoria intelectual, articula su proyecto latinoamericano con la tradición intelectual de *Marcha* y a ésta con el campo intelectual de los ochenta. Esta "página de vida" tiene un múltiple interés meta-teórico, en oposición al paradigma ascendente de los estudios culturales latinoamericanos, de cuya órbita Rama se mantuvo al margen.[11] En primer lugar, Rama contrapone la experiencia del periodismo cultural de *Marcha* a la perplejidad del paradigma ascendente de los estudios culturales latinoamericanos posmodernos. Los cuales suman su disidencia simbólica al cambio de paradigmas de las ciencias sociales de la región que va de los años sesenta a los ochenta. Según Agustín Cueva, con este cambio de paradigmas se pasa "de la sociología del cambio al cambio de la sociología" y "se ofrecen espacios de democracia política *a cambio* de la renuncia a determinados logros económicos y sociales" (Cueva, *Ideología* 76).

En segundo lugar, Rama recupera la tradición de *Marcha* en "un momento de peligro" (Benjamin), cuando la misma dicha tradición intelectual latinoamericana está doblemente clausurada: por la dicadura militar uruguaya y por la hegemonía del proyecto neo-liberal en la región. Con "La lección ...", la tradición intelectual de *Marcha* pasa de residual a latente (Raymond Williams) para "la comunidad latinoamericana del futuro" (Rama).

A continuación, examinaré la función pública de los intelectuales como intérpretes culturales y el espacio simbólico de una identidad democrática pos-tradicional en la crítica cultural de Rama.

3. Intérpretes e identidad democrática pos-tradicional

> Con demasiada frecuencia, en los análisis marxistas, se ha visto a los intelectuales como meros ejecutantes de los mandatos de las Instituciones (cuando no de las clases) que los emplean, perdiendo de vista su peculiar función...como diseñadores de modelos culturales, destinados a la conformación de ideologías públicas. Creo indispensable manejar una relación más fluida y compleja entre las instituciones o clases y los grupos intelectuales (Rama, *La ciudad letrada* 30).

El interés por la función pública del intelectual literario dentro del campo cultural —"donde el imaginario de las sociedades humanas construye sus lenguajes simbólicos" (Rama, "La lección" 459)— está presente en toda la obra crítica de Rama. Lo encontramos, por ejemplo, en su primer ensayo, *La aventura intelectual de José Pedro Figari* donde el joven Rama hace una crítica despiadada del pintor, abogado, escritor, ensayista, educador y político liberal conservador uruguayo:

> Tanto en la literatura como en la pintura y la crítica de arte, realizó una obra que pone de manifiesto un ideario sistematizado y esclerotizado, y una vigorosa personalidad ... con su pasión moralizadora, su entusiasmo vital, su afán clarificador y simplificador; en una decidida aventura de la inteligencia (88).

El eje de la crítica del joven Rama a Figari es su falta de arraigo como intérprete cultural. En particular, Rama cuestiona en el discurso social de Figari los alcances prácticos de sus "mitos racionales" (76-7). Interrogándose acerca de por qué el público italiano no leía a los escritores italianos y sí a los franceses, Gramsci concluía su examen de lo nacional-popular diciendo que los intelectuales italianos no "sienten" con el pueblo y que esta cuestión debe hacerse extensiva a toda la cultura nacional, y no sólo a la ficción narrativa (Antonio Gramsci 209). La crítica de Rama apunta en un mismo sentido, Figari como creador no "siente" con su público y su discurso social —de legislador más que de intérprete cultural— no logra arraigo en la cultura nacional.

Más de treinta años después, Rama rescata, en *La ciudad letrada*, "la espléndida pintura" de Figari. Sin embargo, mantiene su crítica cuando se refiere a la utopía conservadora de la ciudad ideal en Figari (*Historia Kiria*) y dice: "esta producción de utopías no entusiasmó en América Latina a los grandes escritores cultos y generalmente fue obra de aficionados" (Rama, *La ciudad* 99).

La crítica al *ethos* del aristocratismo intelectual, así como el nexo entre intelectuales y democracia, tienen su propia historia intelectual, sobre todo, a partir de los ensayos pioneros de Karl Mannheim. En 1951, Rama focaliza estas cuestiones que ocuparon a Mannheim, anticipando su lectura posterior de *Essays on the Sociology of Knowledge* y *Essays on the Sociology of Culture*, obras éstas que cita en *La ciudad letrada*.[12]

En suma, la crítica de Rama al aristocratismo intelectual de Figari rechaza: (1) la ingeniería social propia del modelo filósofos-educadores-politólogos universitarios, (2) la ineficacia práctico-simbólica de sus "mitos racionales" y (3) el discurso positivista de legislador (más que de intérprete) cultural. En contraposición a este rechazo, Rama hace una valoración positiva del modelo de intérpretes culturales autodidactas con una base social democrática. Esta contraposición de dos modelos (aristocrático-elitista-universitario vs. democrático-popular-autodidacta) la encontramos también en *La ciudad letrada*:

> Estos intelectuales autodidactas pueden oponerse a los congregados en el Ateneo de la Juventud, cuya fuerte tendencia universitaria define la persistencia de los comportamientos de élite [sic] (163).

La crítica cultural de Rama articula una representación de los intelectuales como escritores y/o diseñadores de políticas culturales, la interacción de éstos con su público y la autonomía del campo cultural. Esto que hoy es aceptado como un dato, no lo era en 1951, cuando Rama desbrozaba "un sendero en el bosque de las palabras" (Sosnowski). La importancia que Rama le asigna a la constitución de un público/comunidad es una constante durante toda su trayectoria intelectual. Así, por ejemplo, en los años ochenta, Rama tematiza la cuestión del público en *La ciudad letrada*[13] y dice: "La situación real y patética de los escritores que fraguaron el modernismo, fue la carencia de público" (122). En "La riesgosa navegación del escritor exiliado", Rama se refiere a "los tres públicos" del escritor exiliado:

> el público mayoritario del país o cultura en la cual se encuentra instalado provisoriamente, el público también amplio de su país de origen al que aspira a continuar hablando y por último ... el pueblo de la diáspora (242).

Este interés crítico de Rama por la relación escritor/público, introduce un sentido reflexivo comunitario acerca de las condiciones de su propia producción crítica. Este sentido sentido reflexivo comunitario —incipiente en su crítica a Figari como intérprete cultural y maduro en su análisis de "los tres públicos" de escritor exiliado— cobra alcance estratégico en "La lección intelectual de Marcha", donde Rama examina su trayectoria intelectual como "una página de vida". Si tomamos en cuenta este interés de Rama por el nexo comunitario del escritor con su público, es posible ver en la "La lección ..." una política cultural alternativa, contrapuesta al paradigma ascendente de los estudios culturales latinoamericanos. Un indicio de esto lo encontramos en su última entrevista (1983) donde Jesús Díaz menciona los estudios culturales de García Canclini y le pregunta a Rama su opinión sobre el alcance de éstos para una teoría de la producción cultural latinoamericana. Rama le responde:

> Yo creía que te referías a la literatura ... tengo una desconfianza
> razonada por todo intento de teoría que se aplique nada más que a
> América Latina (Díaz-Caballero 16).

En "La lección ...", las estrategias de la memoria que rescatan a la experiencia del periodismo políticco-cultural de *Marcha* se contraponen, indirectamente, al paradigma de los estudios culturales. Esta contraposición resulta resulta clara si comparamos sus públicos respectivos: la comunidad intelectual extra-académica de *Marcha* y la población cautiva de los lectores profesionales académicos de estudios culturales latinoamericanos.[14] El interés de Rama por la relación escritor/público/comunidad le da alcance connotativo a la siguiente frase enigmática de "La lección ...": "nadie crea lo que dicen de las bibliotecas universitarias norteamericanas: en ellas están todos los libros menos los que uno desearía leer"(24). Esta frase, (dicha mitad en serio mitad en broma y que presupone la existencia de un lector cómplice) habla tanto de las bibliotecas norteamericanas como de la producción de un deseo[15] latinoamericano. Esto lo consideraré más adelante, a través del uso latinoamericano que hace Rama de la alegoría del *Angelus Novus*.

4. *LA CIUDAD LETRADA* Y LAS CARTOGRAFÍAS POSMODERNAS

En la narrativa histórico-cultural de *La ciudad letrada* cobra relieve la constitución de una identidad intelectual democrática latinoamericana pos-tradicional cuyo débil poder utópico consiste más en la crítica selectiva del pasado que en la administración de una imagen del futuro. Rama, retóricamente, se pregunta si "continuamos dentro de la órbita modernizadora del 'cesarismo democrático'"(138) o si, como él prefiere pensarlo, en la del "aristocratismo democrático" (145). Rama dice que dentro de las ciudades latinoamericanas siempre hubo otra ciudad:

> Es la que creo debemos llamar *la ciudad letrada* porque su acción en
> el prioritario orden de los signos y porque su implícita calidad
> sacerdotal, contribuyó a dotarlos de un aspecto sagrado, liberándolos
> de cualquier servidumbre con las circunstancias ... se trataba de
> funciones culturales de las estructuras de poder, cuyas bases reales
> podríamos elucidar, pero así no fueron percibidas ni concebidas, ni
> así fueron vividas por sus integrantes (Rama, *La ciudad* 25).

El concepto de "ciudad letrada" es una herramienta conceptual que sirve para desmontar los mecanismos ideológico-intelectuales del imaginario social como "mentalidad" (Vovelle).[16] En Rama, el encadenamiento de las equivalencias semánticas entre lo nacional-popular, el imaginario latinoamericano ("mentalidad") y una nueva identidad democrática pos-tradicional constituyen el espacio simbólico para una nueva articulación democrática entre lo individual y lo colectivo. Es decir, una que mantenga viva la función pública del intelectual literario como función cultural colectiva. Así, en Rama, la función pública del escritor/intérprete cultural remite a la constitución de un público/comunidad. En este sentido, para él sigue vigente la pregunta que se planteaba Gramsci: "We all are conformists of some conformism ... the question is this: of what historical type is the conformism, the mass humanity to which one belongs?" (Gramsci, *Prison* 324). En suma, el espacio simbólico de un intelectual democrático colectivo le suministra a los ensayos críticos de Rama esa coherencia interna que él le atribuye al texto creativo:

> una concepción del mundo y de la vida que el escritor realiza mediante la obra, que la obra realiza en el escritor reinstalándolo vivamente en el tiempo histórico de su grupo social (Rama, *Literatura y clase social* 255).

Este espacio simbólico de un intelectual democrático colectivo no tiene alcances significativos en la crítica cultural de Beatriz Sarlo, quien introduce los estudios culturales posmodernos en Buenos Aires. Sarlo señala la importancia de la memoria en las estrategias literarias y dice, con razón, que ésta es un referente insoslayable y un eje articulador de la imaginación literaria en el campo intelectual argentino de los ochenta (Sarlo, "Strategies" 247). Pero Sarlo no especifica las circunstancias histórico-culturales bajo las cuales emerge dicha obsesión con la memoria.[17] Las luchas simbólicas por la memoria no son exclusivas del campo intelectual argentino, se enmarcan dentro de fenómenos más generales de globalización cultural.[18] Cualquier interpretación de la memoria cultural, no puede menos que adoptar una posición, más o menos explícita, sobre el enfrentamiento contemporáneo entre la tradición intelectual de la historia cultural (hegemónicamente europea) y los estudios culturales trasnacionales, que son hegemónicamente norteamericanos.[19]

Así, la memoria, tanto en la historia cultural como en los estudios culturales posmodernos, remite no sólo a diferentes puntos de vista interdisciplinarios sino, también, a contextos intelectuales e intereses ideológico-cognoscitivos diferentes. En los años ochenta, las estrategias de la memoria en la crítica de cultural de Rama, anticipan las propuestas de una identidad nacional pos-tradicional que hacen Habermas y Giddens. Habermas formula la hipótesis de un cambio en las identidades nacionales contemporáneas, el cual exige, a su vez, una lectura crítica que vincule la función intelectual con el uso público de la tradición:

Es cierto que no podemos buscarnos nuestras propias tradiciones , pero sí que debemos saber que está en nuestra mano decidir cómo proseguirlas ... toda prosecución de la tradición es selectiva, y es precisamente esta selectividad la que ha de pasar hoy a través del filtro de la crítica (Habermas 121).

Las estrategias de la memoria cultural en *La ciudad letrada* tamizan críticamente esa selectividad de la cual habla Habermas y le asignan suma importancia a la tradición para la constitución de una identidad democrática pos-tradicional. Esto marca una diferencia significativa con la memoria sin historia de los estudios culturales latinoamericanos posmodernos "locales" (Canclini, Sarlo), cada vez más estrechamente vinculados con las narrativas de la globalización cultural.

Un ejemplo de las dificultades que enfrentan los estudios culturales latinoamericanos posmodernos "globales" lo encontramos en un artículo de Román de la Campa: "Latinoamérica y sus nuevos cartógrafos: discurso poscolonial, diásporas intelectuales y enunciación fronteriza". Dicho artículo es "una reflexión sobre la llamada época posmoderna y sus diversos proyectos latinoamericanistas"(697) que "exigen un reajuste de presupuestos críticos actuales" (707). Constata "un cierto desgaste semántico de los discursos" y que la posmodernidad se ha prestado al debate cultural y político en América Latina, mientras que en Estados Unidos ha permanecido más cercana a las disciplinas crítico-literarias y al pensamiento pos-estructuralista (699). Según De la Campa, la reflexión *epistética* — "un rejuego incierto entre la epistemología y la estética" (702) — es la que nutre a las "nuevas promociones de hombres y mujeres dedicados a la crítica" (701).

De la Campa cierra su artículo contraponiendo dos modelos de crítica cultural posmoderna: el de Beatriz Sarlo, que "abre avenidas desconocidas por toda una industria de lecturas sobre la posmodernidad literaria argentina y latinoamericana" y el de Santiago Colás, que ubica dentro de las avenidas conocidas. Propone tomar en serio las diferencias, lo cual implica ampliar el "juego epistético"[20] con el primer modelo para introducirlo en las "conocidas avenidas de la industria de lecturas académicas".

Este artículo, es una muestra representativa de las dificultades que enfrentan los estudios culturales latinoamericanos posmodernos. Si el diálogo crítico se reduce a un juego "epistético", el mismo torna paradojal de antemano cualquier intento de comparación entre narrativas concurrentes, posmodernas o no. Además, gracias a su falta de interés en la importación del exotismo, Colás es, paradojalmente, más lúdicamente "epistético" de lo que De la Campa esta dispuesto a reconocer. No resulta claro cómo De la Campa puede rechazar la narrativa posmoderna de Colás sin incurrir él mismo en una práctica autoritaria. Paralelamente, no extrae ninguna consecuencia significativa del contraste antagónico que constata entre los discuros poscoloniales y *La ciudad letrada* de Rama (De la Campa 711-12). [21] Su aprobación del modelo Sarlo como su rechazo del modelo Colás, tienen un mismo objetivo: favorecer la importación de los estudios culturales latinoamericanos "locales" como una manera de combatir el agotamiento discursivo de los "globales". La distinción hecha entre estos dos modelos apunta a privilegiar una vía para la importación del "exotismo, que, según Jameson ("Americans Abroad"), es una necesidad estructural y tendencial de la academia norteamericana.[22]

Como ejemplo de una lectura diferente de los estudios culturales de Sarlo, cabe mencionar la de un intelectual "local", León Rozitchner (*Rebeldes y domesticados*). Psicoanalista, ensayista político, historiador y filósofo argentino que todavía cree en la utopía,[23] Rozitchner ofrece "otra instancia de recepción" para el modelo de los estudios culturales de Sarlo. Cuestiona la política de la memoria "realista" de Sarlo que — junto con un grupo de intelectuales de izquierda democráticos — le dio la cobertura cultural al gobierno de Alfonsín (1983-1989) y dice:

> la responsabilidad realista estaba sostenida por el terror sin tomar en cuenta lo que podría haber del otro lado para enfrentarlo. La intelectualidad alfonsinista aceptó los límites que se impusieron al pensamiento, límites que para soslayar la muerte, incrementaron su poder en el presente y pusieron la muerte en el futuro (Rozitchner, "El terror" 42).

Las estrategias de la memoria en los estudios culturales de Sarlo, como el tango en un verso de Borges, crean "un pasado irreal que de algún modo es cierto" (Borges 64). Su articulación del pasado en el presente constituye una memoria sin historia donde "lo social está al borde de un colapso textual" (Said 147). Por el contrario, en Rama, dicha articulación esboza un modelo histórico-cultural que logra alcances interdisciplinarios sin reducir lo social a lo textual. Frente a la opción (única) que presuponen los estudios culturales latinoamericanos posmodernos, entre el poder totalizador y el libre juego del pensamiento al precio del relativismo, la crítica de Rama, en los años ochenta es una alternativa al carácter único de dicha opción. En este sentido, cabría ubicar a la vigencia crítica de *La ciudad letrada* después, y no antes, del agotamiento discursivo posmoderno que menciona De la Campa.

5. Rama, *Marcha* y *Angelus Novus*

Rama dice "Hablar de *Marcha* es hablar de mí mismo" ("La lección intelectual" 19). Las estrategias de la memoria, en "La lección ..." recuperan a la tradición intelectual de *Marcha*, articulan su proyecto intelectual con dicha tradición latinoamericana y a ésta con el "pueblo de la diáspora". Con esto Rama se anticipa a posibles debates y marca un posicionamiento crítico respecto al paradigma creciente de los estudios culturales latinoamericanos. En primer lugar, se anticipa a una posible lectura de *La ciudad letrada* (en construcción) vista como pre-historia de los estudios culturales posmodernos (Mariaca Iturri). En segundo lugar, Rama opone el público y la experiencia del periodismo político-cultural de *Marcha* (una comunidad intelectual extra-académica) a las meta-narrativas académicas de los estudios culturales latinoamericanos posmodernos.

En "La lección intelectual" Rama recupera a la tradición intelectual de *Marcha*: ¿incluye en esto a "la tradición Rodó"? El arielismo, como idealismo axiólogico (del valor y no de las ideas), era un componente del paradigma *Marcha* . Por ejemplo, el americanismo de Rodó tuvo una influencia fermental en el pensamiento latinoamericano de Carlos Quijano y Arturo Ardao, director y sub-director de *Marcha*, respectivamente (Ardao). Hasta la generación de Rama (la del 45), el arielismo fue una tradición intelectual latente dentro de la cultura uruguaya, tradición ésta de la cual Rama se distanció crítica y discretamente. Según Carlos Real de Azúa: "un rasgo que perfila a la generación del 45 es el interés por Rodó, con la excepción de Rama, Martínez Moreno y Maggi ("El problema de" 71-72) Cabe destacar que en *Marcha* existió, de hecho, una suerte de división implícita del trabajo intelectual que correspondía, sumariamente, con los dos polos del paradigma Ariel/Calibán. Así, el polo Ariel imantaba la historia de las ideas hispanoamericanas, la defensa de la autonomía universitaria y, en general, la política cultural y el pensamiento latinoamericano, a cargo de Quijano y Ardao, ambos con formación como profesionales universitarios. Mientras que el polo Calibán lo hacía con las páginas literarias, cuya jefatura, en los años sesenta, ocupó Rama (1958-1968). Dichas páginas literarias estaban, mayoritariamente, a cargo de escritores y/o periodistas profesionales no universitarios.

En este sentido, la articulación que hace Rama de su proyecto intelectual con la tradición intelectual de *Marcha*, en "La lección intelectual", puede ser vista como una recuperación selectiva de las dos polaridades del paradigma Ariel/Calibán, tal como éstas coexistieron en la experiencia del periodismo político-cultural de *Marcha*. Esta convergencia, la anticipó la confluencia de los intereses críticos de

Rama con las líneas esenciales del pensamiento de Quijano, quien supo ver en Rodó " la fuente primigenia del pensamiento americano en su funcionalidad política liberadora de las cateogorías europeas y, mucho más aún, de la 'nordomanía'" (Rocca 42). Así, en "La lección intelectual", Rama rescata de la tradición intelectual de *Marcha* su:

> revolucionaria afirmación de la cultura latinoamericana ... pues si algo aprendimos todos en los largos y zizagueantes años del semanario fue a pensar con independencia, fuera de las consignas partidarias y del emocionalismo del momento, valorando primero que nada el interés real y profundo del continente latinoamericano (21-22).

La intervención estratégica en el campo intelectual de los ochenta que constituye "La lección intelectual" está hecha, en negativo, a partir de la derrota que significó el exilio y la pérdida del horizonte de certezas de los años sesenta, y, en positivo, a partir de una lectura que intenta resemantizar democráticamente el imaginario social latinoamericano como una mentalidad articulada a cambios y tendencias de largo alcance. En *La ciudad letrada*, Rama dice:

> Comparto el criterio de Abelardo Villegas, quien poniendo el acento en el componente *cambio social profundo* más que en el de *ruptura violenta* habla de "las dos revoluciones de este siglo: la mexicana y la uruguaya" (137).

En la continuación y actualización de la "revolución uruguaya" tuvo un papel destacado el periodismo político-cultural de *Marcha* . El mismo, produjo un modo de lectura latinoamericano y una oferta de identidad para las nuevas generaciones de clases medias universitarias que no encontraban otra mejor dentro de la "amortiguada" (Real de Azúa) sociedad uruguaya. A esta oferta contribuyeron de manera destacada los "panoramas" culturales de Rama. Los "panoramas" eran verdaderos "diagnósticos de nuestro tiempo" donde la crítica de la escritura se elaboraba "sobre el mismo proceso que siguen las letras, juzgando sobre la marcha ... componiendo el tejido panorámico a medida que se mueven las lanzaderas del telar" ("Sistema literario" 17). Esta sensibilidad utópico-congnoscitiva de Rama anima también a sus estrategias de la memoria cuando recupera a la comunidad intelectual de *Marcha*.[24]

Según Benedict Anderson: "Communities are to be distinguished, not by their falsity/genuineness, but by the style in which they are imagined" (15). En suma, las comunidades designan una representación general de la vida social y reflejan la ruptura entre la esfera socioeconómica, por un lado, y la del estado y la acción estrictamente política, por otro, contienen un conjunto de ideas que definen, simultáneamente, lo que es y lo que debe ser, y operan como una estrategia simbólica que une a los individuos bajo condiciones de extrema incertidumbre. Siguiendo a Anderson, podemos decir que *Marcha* fue una "comunidad" (formación discursiva y sentimiento social) que tendió a desarrollar, desde el campo intelectual, un nivel intermedio entre el sistema social y el político.

Ángel Rama nunca se alejó del todo de la comunidad intelectual de *Marcha* y cuando lo hizo fue a pesar suyo, impulsado más por el impulso de su propio desarrollo profesional que por la búsqueda de nuevas respuestas fuera del sentido común que *Marcha* le aseguraba de antemano. Su alejamiento fue una traición que, simultáneamente, incluía, una cierta cuota de esperanza y de orgullo local. Por primera vez, uno de sus integrantes exportaba esa modernidad intelectual que *Marcha* introdujo, como circulación trasnacional de las ideas y no de los intelectuales. Según Rama, *Marcha* alcanzó una cierta coherencia interna:

> mediante el único basamento firme: una adhesión a las demandas espirituales de los desamparados pueblos hispanoamericanos que habían entrado a la escena histórica y que comenzaban a apropiarse de una tradición cultural robusta en la que se inscribirían sus nuevas creaciones ("La lección intelectual" 21).

Bajo el prisma del exilio, las estrategias de la memoria en Rama rescatan, —en un "instante de peligro"(Benjamin)— a la tradición intelectual de *Marcha*. Para Rama, como para Benjamin, la memoria es un asunto eminentemente práctico. Así, sus estrategias combinan una pasión por recordar con un sentido de la historia como recuperación. Wolin ("Walter Benjamin") se refiere a la vigencia de Benjamin con palabras que podemos extrapolar para iluminar el interés creciente de Rama por las obra de Benjamin en "los últimos veinte o treinta años" (Díaz). Dice Wolin:

> to reassert Benjamin's lifelong, frenetic quest for happiness and fulfillment *within* the parameters of a democratically constituted society would be an achievement worth emulating. Until such condition has been achieved, the actually of his thought will remain keen (82).

"La lección intelectual" guarda una cierta homología con la alegoría del *Angelus Novus*, la pintura de Klee que Benjamin convirtió en el símbolo de su filosofía de la historia. Así, puede ser leída junto con dos artículos en los cuales Rama tematiza la relación entre literatura y exilio: "La riesgosa navegación del escritor exiliado" y "Literature and Exile".

"Literature and Exile", es una versión modificada del artículo anterior que Rama publicó en la revista *Nueva Sociedad* (1978) y que le dio título a su libro póstumo *La riesgosa navegación del escritor exiliado*. Ambos artículos, presentan una diferencia de formato que toma en cuenta el público al cual se dirijen: el venezolano está escrito como un ensayo latinoamericano, el norteamericano como un *paper*. Rama cierra su artículo de 1981 con una imagen del pueblo de la diáspora que guarda una homología con la del *Angelus Novus* [25] en la novena de las "Tesis de filosofía de la historia" de Walter Benjamin (Benjamin, *Illuminations*). Dicha imagen no aparece en el artículo publicado en Venezuela en 1976. Dice Benjamin :

> A Klee painting named 'Angelus Novus' show an angel looking as though he is about to move away from something he is fixedly contemplating. His eyes are staring, his mouth is open, his wings are spread. This is how one pictures the angel of history. His face is turned toward the past (*Illuminations* 257).

Dice Rama en "Literature and Exile":

> A literature of the defeated is not necessarily a sign of resignation but rather a time-out for thought. The writer's perspective stands gain from this brief but necessarily repite which allows past events to be seen and interpreted as a coherent whole ... *The Poem of the Cid* ... opens with the banished turning back fo a last look at their abandoned homes, "tears streaming from their eyes". The *Cid* is the poem of exile and also of the hope of return. And Latin American writers in exile are also writing this long and painful poem. But in sharing their obsession with a national past, they are also founding the Latin American community of the future (18).

Si bien es cierto que la lectura de Benjamin favorece "un materialismo mesiánico teológicamente inspirado" (Wolin, "Aestheticism" 176), para Rama dicha lectura fue un estímulo intelectual para pensar —con él y contra él— los alcances de la tradición para una identidad democrática latinoamericana pos-tradicional. Así, Rama comparte con Benjamin su preocupación por las antinomias de la tradición, celebra y lamenta, a un mismo tiempo, lo que considera una inevitable liquidación de la cultura tradicional y trata de encontrar el camino correcto para salvar lo que sea útil de la misma. Cuando Rama considera la relación tradición/modernidad rechaza rendirse frente a cualquiera de las dos actitudes usuales ante la tradición (la celebratoria y la condenatoria) e incluye a ambas en sus propias conclusiones. Puesto que: "La modernidad no es renunciable y negarse a ella es suicida; lo es también renunciar a sí mismo para aceptarla" (Rama, *Transculturación* 71). En suma, para Rama, como para Benjamin, la memoria cultural es un asunto eminentemente práctico.

La crítica de Rama escapa a una fácil ubicación de la misma dentro de la cuestión del nacionalismo.[26] En este sentido me parece reduccionista la lectura que hace Patricia D'Allemand. En esta lectura, los años ochenta, en general, y *La ciudad letrada*, en particular, no agregan nada significativo. Pienso que las estrategias de la memoria, en la crítica de Rama posterior al exilio (1973), revisten un interés contempóraneo como una política de la identidad cultural compatible con enfoques recientes de la teoría social crítica (Calhoun). Los mismos, consideran al nacionalismo no como una categoría descriptiva (D'Allemand) sino como un conjunto de estrategias simbólico-intelectuales que apunta a una construcción cultural de identidad.

6. CONSIDERACIONES FINALES

"La lección intelectual" es un punto de vista acerca del punto de vista. En ella, Rama articula el punto de vista acerca de su propia crítica cultural con el retrospectivo acerca del paradigma *Marcha*. En esta articulación del pasado en el presente, Rama rescata a la tradición intelectual de *Marcha*, reconstruye su propia trayectoria intelectual y se opone, práctica e implícitamente, al paradigma ascendente de los estudios culturales latinoamericanos. En este posicionamiento estratégico de Rama son tan importantes sus palabras como sus silencios.

En Rama hay un silencio respecto al paradigma ascendente de los estudios culturales latinoamericanos. El mismo, es paralelo al silencio de estos acerca de los alcances de la crítica de Rama para el modelo del intelectual democrático latinoamericano que dichos estudios proponen (García Canclini, Sarlo). Entre estos alcances silenciados de la crítica de Rama cabe mencionar: (1) la importancia de la tradición y de la memoria cultural para la constitución de una izquierda democrática pos-tradicional y (2) el esbozo de un modelo histórico-cultural que articula las modernas ideas políticas en la región con una mentalidad latinoamericana.

La crítica cultural de Rama logra los alcances interdisciplinarios que los estudios culturales latinoamericanos (Canclini, Sarlo) postulan sin alcanzar. Así, la crítica de Rama comparte con éstos una concepción pos-estructuralista de la ideología y una voluntad de ampliación de la agenda del intelectual democrático. Pero no comparte con dichos estudios culturales: (1) su memoria sin historia, (2) su estetización "interdisciplinaria" y (3) su ensayística de la sociedad civil como política de identidad intelectual.

El nexo que la crítica de Rama establece entre escritura, público y memoria cultural colectiva queda fuera de cualquier lectura de la crítica latinoamericana de Rama hecha al margen de su "sentido práctico". La lógica cultural interna que despliega la crítica interdisciplinaria de Rama justifica, de hecho, la posibilidad de hacer extensiva a los estudios culturales latinoamericanos "locales" (García Canclini, Sarlo) la afirmación de Jameson (1993) cuando señala la necesidad de hacer los estudios culturales de los "Cultural Studies".

En "La lección intelectual", Rama muestra la importancia que cobra la propia percepción intelectual en las narrativas públicas de las elites intelectuales. En particular, esto lo muestra cuando sus estrategias de la memoria reconstruyen sus propias oscilaciones entre, por un lado, su distanciamiento crítico de la "tradición Rodó" y, por otro, su convergencia de intereses con el arielismo actualizado de *Marcha* (Quijano, Ardao). Dichas estrategias de la memoria ratifican la importancia que Rama le asigna a las antinomias de la tradición intelectual de *Marcha* para la constitución de una nueva narrativa intelectual pública: la identidad democrática latinoamericana pos-tradicional.

En suma, la reconstrucción que Rama hace de su propia trayectoria intelectual, en "la lección intelectual" constituye una intervención estratégica dentro del campo intelectual de los años ochenta —en oposición al paradigma de los estudios culturales latinoamericanos— que muestra la continuidad, la vigencia y la validez de su crítica latinoamericana.

Notas

[1] Para lo nuevo y lo viejo en el diálogo de lo global y lo local en América Latina a partir de los años ochenta, ver González Casanova quien dice: "The change of categories is not purely ideological; it is also part of reality" (39).

[2] Para la "interdisciplinariedad" de los estudios culturales en la academia norteamericana ver Bender.

[3] "Indeed, cultural studies is not merely interdisciplinary; it is often ... actively and agressively anti-disciplinary...a permanently unconfortable relation to academic disciplines" (Grossberg 1-2).

[4] Para esta noción de estrategia, opuesta a una concepción de las estrategias como visiones conscientes y a largo plazo de un agente individual, ver Bourdieu *Language and Symbolic Power*. El carácter consciente o inconsciente de las estrategias no es esencial, ya que las mismas aluden a líneas de acción objetivamente orientadas y continuamente construidas en y a través de la práctica.

[5] Mi punto de partida es el concepto de campo intelectual tal como es definido por Bourdieu en "The Genesis of the Concepts of Habitus and Field", quien pone énfasis en el carácter posicional o relacional del mismo. Según Bourdieu, un campo en un tiempo y lugar dado está hecho por agentes que toman varias posiciones intelectuales. Por lo tanto un campo no es un agregado de elementos aislados, es una configuración o una red de relaciones.

[6] Sobre Rama, véanse *Texto Crítico* 31/32 (1985), *Casa de las Américas* 192 (1993), Candido, Moraña, Ruffinelli y Sosnowski.

[7] Rama cita a Bourdieu en *Literatura y clase social* 218.

[8] Para la dialéctica de ideología y utopía véase Jameson.

[9] Según Bourdieu, esta *politique* tiene la virtud negativa de hacer más difícil para los intelectuales: "to bring a passive and unconscious contribution to symbolic domination" (*An Invitation* 195).

[10] Para un estudio cultural que no incurre en esta falacia véase Davis.

[11] Para Rama sobre los estudios culturales latinoamericanos de García Canclini, véase Díaz.

[12] En *La ciudad letrada*, Rama cita (39 n9) a los ensayos de Mannheim en inglés (1952 y 1956), y al ensayo sobre la sociología de la cultura (1957) lo cita además en español (135 n16). Esto indica que a Rama todavía le faltaba, por lo menos, unificar la lista de las obras citadas.

[13] Véase Rama, *La ciudad letrada* 142, 158 y 161

[14] Esta diferencia de públicos resulta más clara si comparamos el tiraje. *Marcha* (Uruguay, menos de 3 millones de habitantes) editó hasta 30.000 ejemplares (Rocca), mientras que *Punto de Vista* (Argentina, más de 32 millones), editaba unos 1,500 ejemplares, según información suministrada gentilmente por Beatriz Sarlo en 1993 (Wasghinton D.C.).

[15] Esta "producción del deseo" en la crítica latinoamericana de Rama guarda una cierta homología con la del grupo de historiadores marxistas británicos, véase Kaye.

[16] Dentro de los desarrollos de la "nueva historia" que focalizan el imaginario social —y las mentalidades— como un conjunto de imágenes e ideas-guías que se trasmiten de unas generaciones a otras, Michel Vovelle dice que la historia de las mentalidades consiste en el estudio de las mediaciones entre las condiciones objetivas de la vida de los hombres y la manera en que éstos la cuentan y aún la viven, en suma, es "la prolongación natural y el punto final de toda Historia social" (19)

[17] Para la memoria en la narrativa latinoamericana del post-boom, véase Giardinelli. Para una crítica del imaginario social en el trabajo de Rama sobre Arguedas, desde la perspectiva de una memoria sin historia, véase Elmore.

[18] Véase Hutton.

[19] Véase *New German Critique*, No.65 (1995).

[20] Para una articulación interdisciplinaria de la estética y la epistemología a partir de la teoría social, ver Lash.

[21] *La ciudad letrada* usa una concepción posestructuralista de la ideología que no es posmoderna. Esto dificulta una lectura posmoderna de *La ciudad letrada* porque su narrativa histórico-cultural: 1) no constituye la pre-historia de los estudios culturales sino, más bien, su polo simétrico y 2) tiene un interés (utópico-cognoscitivo) incompatible con las narrativas posmodernas.

[22] Para la tesis de la necesidad de transfusiones de lo extranjero y lo exótico por parte de la academia norteamericana, véase Jameson ("American Abroad" 1993).
[23] Según Rozitchner: "La utopía es el deseo subjetivo que reencuentra el de los otros y se abre como un horizonte histórico, posible, realizable, para el deseo humano. Nuevamente se abrirá cuando las insatisfacciones y las frustraciones sociales acumuladas, lo postergado, tornen extenso y visible lo marginal de cada uno" (48).
[24] Para una historia intelectual de *Marcha*, véase Rocca.
[25] *Angelus Novus* es también el título que Benjamin dio a su diario personal que luego no llevó al cabo y del cual se publicaron sus borradores (*Selected Writings*).
[26] Para una crítica a la posición de D'Allemand desde la importancia de *La ciudad letrada*, ver Moraña.

OBRAS CITADAS

Anderson, Benedict. *Imagined Communities. Reflexions on the Origin and the Spread of Nationalism*. London: Verso, 1983.

Anderson, Perry. "Modernity and Revolution". *Marxism and the Interpretation of Culture*. Cary Nelson and Lawrence Grossberg, eds. Urbana and Chicago: University of Illinois Press, 1988. 317-33.

Ángel, Raquel. *Rebeldes y domesticados. Los intelectuales frente al Poder*. Buenos Aires: El Cielo por Asalto, 1992.

Ardao, Arturo. *El americanismo de Rodó*. Montevideo: Biblioteca de Marcha, 1970. 7-42.

_____ "El Magisterio de Quijano." *Cuadernos de Marcha* 44 (1989): 5-18.

Bender, Thomas. "Politics, Intellect, and the American University, 1945-1995". *Daedalus* 127 (1997): 1-38.

Benjamin, Walter. *Illuminations*. Hannah Arendt, ed. New York: Schocken, 1969.

_____ *Selected Writings*. Marcus Bullock and Michael W. Jennings, eds. Cambridge: Harvard University Press, 1996.

Borges, Jorge Luis. *Antología poética 1923-1977*. Madrid: Alianza, 1992.

Bourdieu, Pierre. *The Field of Cultural Production. Essays on Art and Literature*. Randal Johnson, ed. New York: Columbia University Press, 1993.

_____ "The Genesis of the Concepts of Habitus and of Field". *Sociocriticism* 2 (1985): 11-24.

_____ *Homo Academicus*. Paris: Minuit, 1984.

_____ *Language and Symbolic Power*. Cambridge: Harvard University Press, 1994.

_____ *Outline of a Theory of Practice*. Cambridge: Harvard University Press, 1977.

_____ "Strategies de Reproduction et modes de domination." *Actes de la Recherche*, 105 (1994): 3-12.

_____ and Loïc J.D. Wacquant. *An Invitation to Reflexive Sociology.* Chicago: University of Chicago Press, 1992.

Calhoun, Craig. *Critical Social Theory.* Cambridge: Blackwell, 1995.

Candido, Antonio. "Uma Visão latino-americana." Ligia Chiappini y Flávio Wolf de Aguiar, ed. *Literatura e história na América Latina.* São Paulo: EDUSP, 1993. 263-70.

Colás, Santiago. *Postmodernity in Latin America: the Argentine Paradigm.* Durham: Duke University Press, 1994.

Cronología y bibliografía de Ángel Rama. Carina Blixen y Alvaro Barros-Lémez, ed. Montevideo: Arca, 1986.

Cueva, Agustín. "El marxismo latinoamericano: historia y problemas actuales". *Homines* 6 (1989): 428-441.

_____ *Ideología y sociedad en América Latina.* Montevideo: Ediciones de la Banda Oriental, 1988.

D'Allemand, Patricia. "Ángel Rama: el discurso de la transculturación". *Nuevo Texto Crítico* 16/17 (1995/96): 133- 51.

Davis, Mike. *City of Quartz.* New York: Vintage, 1992.

De la Campa, Román. "Latinoamérica y sus nuevos cartógrafos: discurso poscolonial, diásporas intelectuales y enunciación fronteriza". *Revista Iberoamericana* 176-77 (1996): 696-717.

Díaz-Caballero, Jesús. "Ángel Rama, última entrevista: la crítica de la transculturación" (1983). *Fin de Siglo* 3 (1988):

Elmore, Peter. "*Los ríos profundos* de José María Arguedas: las lecciones de la memoria". *Revista Hispánica Moderna* 49 (1996): 76-91.

García Canclini, Néstor. *Culturas híbridas. Estrategias para entrar y salir de la posmodernidad.* México: Grijalbo, 1990.

_____ "Los estudios culturales de los 80 a los 90: perspectivas antropológicas y sociológicas en América Latina". *Punto de Vista* 40 (1991): 41-8.

Giardinelli, Mempo. "Reflections on Latin American Narrative of the Post- Boom". *Latin American Literature and Arts* 52 (1996): 83-87

Giddens, Anthony. "Living in a Post-Traditional Society". *Reflexive Modernization. Politics, Tradition and Aesthetics in the Modern Social Order.* Ulrich Beck, Anthony Giddens, Scott Lash, eds. Stanford: Stanford University Press, 1994. 56-109.

González Casanova, Pablo. "Globalism, Neoliberalism, and Democracy". *Social Justice* 23, 1-2 (1996): 39-48.

Gramsci, Antonio. *Prison Notebooks.* New York: International Publishers, 1989.

_____ *Antonio Gramsci. Selections from Cultural Writings.* G. Forbes y G. Nowell-Smith, eds. Cambridge: Harvard University Press, 1991.

Grossberg, Lawrence; Cary Nelson, and Paula Treichler. Introduction. *Cultural Studies.* Grossberg, Nelson, and Treichler, eds. New York: Routledge, 1992.

Habermas, Jürgen. *Identidades nacionales y postnacionales.* Madrid: Tecnos, 1988.

Hutton, Patrick H. *History as an Art of Memory.* Hanover and London: University of Vermont Press, 1993.

Jameson, Frederic. "Americans Abroad: Exogamy and Letters in Late Capitalism". *Critical Theory, Cultural Politics, and Latin American Narrative.* Steven M. Bell et al. Notre Dame: University of Notre Dame Press, 1993.

_____ "On Cultural Studies." *Social Text* 34 (1993): 17-52.

_____ *Postmodernism or the Cultural Logic of Late Capitalism.* London and New York: Verso, 1991.

_____ *The Seeds of Time.* New York: Columbia University Press, 1994.

Kaye, Harvey. *The Education of Desire. Marxists and the Writing Writing of History.* New York and London: Routledge,1992.

Lash, Scott. "Reflexivity and its Doubles: Structures, Aesthetics, Community". *Reflexive Modernization. Politics, Tradition and Aesthetics in the Modern Social Order.* Ulrich Beck, Anthony Giddens, Scott Lash, eds. Stanford: Stanford University Press, 1994. 1-22.

Mariaca Iturri, Guillermo. "El canon de la modernidad: Ángel Rama". *Casa de las Américas* 34 (1993): 5-13.

Moraña, Mabel. "De *La ciudad letrada* al imaginario nacionalista: contribuciones de Ángel Rama a la invención de América" (en prensa).

_____ "La narrativa de Ángel Rama." *Nuevo Texto Crítico* 1 (1988): 97-1.

O'Connor, Alan. "The Emergence of Cultural Studies in Latin America". *Critical Studies in Mass Communication* , (1991): 60-73.

Osborne, Peter. "Modernity is a Qualitative, not a Chronological Category". *New Left Review* 192 (1992): 65-84.

Rama, Ángel. *La aventura intelectual de Figari.* Montevideo: Fábula, 1951.

_____ *La ciudad letrada.* Hanover: Ediciones del Norte, 1984a.

_____ *La crítica de la cultura en América Latina.* Selección y prólogos de Saul Sosnowski y Tomás Eloy Martínez. Caracas: Biblioteca Ayacucho, 1985.

_____ "La lección intelectual de MARCHA" (1982). *Cuadernos de Marcha* 44 (junio 1989): 19-26.

_____ "La literatura en su marco antropológico". *Cuadernos Hispanoamericanos* 407 (1984b): 95-101.

_____ *Literatura y clase social.* México: Folios, 1983.

_____ "Literature and Exile". *Review* 30, (1981): 10-13.

_____ *La novela en América Latina.* Montevideo: Fundación Ángel Rama, 1986.

_____ *La riesgosa navegación del escritor exiliado.* Montevideo: Arca, 1995.

_____ "Sistema literario y sistema social" Fernando Alegría et al. *Literatura y Praxis en América Latina.* Caracas: Monte Avila, 1974. 9-28.

_____ *Transculturación narrativa en América Latina.* México: Siglo XXI, 1983a.

Real de Azúa, Carlos. "El problema de la valorización de Rodó". *Cuadernos de Marcha* 1 (1967): 71-80.

Rocca, Pablo. "35 Años en *Marcha*". *Nuevo Texto Crítico* 6 (1993): 3-151.

Rozitchner, León. "Rozitchner: marxismo, crisis e intelectuales". Entrevista a L. Rozitchner de A. Pipino. *Utopías del Sur* 4 (1990): 30-31.

_____ "El terror de los desencantados". *Rebeldes y domesticados. Los intelectuales frente al Poder.* Buenos Aires: El Cielo por Asalto, 1992. 37-48.

Ruffinelli, Jorge. "Ángel Rama, *Marcha*, y la crítica literaria latinoamericana de los años 60". *Casa de las Américas* 192 (1993): 30-37.

_____ "La carrera del crítico de fondo." *Texto Crítico* 31/32 (1985): 5-23.

_____ Prólogo. *La riesgosa navegación del escritor exiliado.* Por Ángel Rama. Montevideo: Arca, 1995.

Said, Edward. "Opponents, Audiences, Constituencies, and Community." Hal Foster, ed. *The Anti-Aesthetic: Essays on Postmodern Culture.* Port Townsend, WA: Bay Press, 1983.

Sarlo, Beatriz. *Escenas de la vida posmoderna.* Buenos Aires: Ariel, 1994.

_____ *Una modernidad periférica: Buenos Aires 1920 y 1930.* Buenos Aires: Nueva Visión, 1988.

_____ "Strategies of the Literary Imagination". J. Corradi et al. *Fear at the Edge, State, Terror and Resistance.* Berkeley and Los Angeles: University of California Press, 1992. 236-249.

Sosnowski, Saúl. "Ángel Rama: un sendero en el bosque de palabras". Prólogo. Ángel Rama. *La crítica de la cultura en América Latina.* Caracas: Biblioteca Ayacucho, 1985. ix-xxiii.

Thompson, J. P. *The Making of the Engish Working Class.* London: Pelican, 1968.

Vovelle, Michel. *Ideología y mentalidades.* Barcelona: Ariel, 1985.

Williams, Raymond. *Marxism and Literature.* New York: Oxford University Press, 1972.

Wolin, Richard. "Aestheticism and Social Theory: The Case of Walter
   Benjamin's *Passagenwerk*". *Theory, Culture and Society* 2
   (1993): 169-80.

_____ "Walter Benjamin Today". *Labyrinths: Explorations in the Critical
   History of Ideas*.   Richard Wolin, ed.   Amherst: University of
   Massachusetts Press, 1996.

CIUDAD LETRADA:
TERRITORIO, FRONTERA, MEMORIA

Ciudad letrada: Ángel Rama
y la espacialización del análisis cultural[1]

Gustavo Remedi

> nunca se me había ocurrido pensar que
> cuando miramos una foto de frente los ojos
> repiten la posición y la visión del objetivo.
>
> Julio Cortázar, *Las babas del diablo*

I. LA RE-TERRITORIALIZACIÓN DEL ANÁLISIS CULTURAL

Con demasiada frecuencia el análisis de la producción estética y cultural de América Latina transcurre desligado y al margen de la dimensión espacial que da cuerpo, que estructura y que legisla todo quehacer cultural. Intelectuales, intereses, textos, teorías, símbolos, metáforas, sensibilidades, programas, no sólo han sido "desterritorializados", sino que parecen haber ingresado a una zona inmaterial, tierra de nadie, aparentemente sin forma ni estructura, suspendida encima de todos, y desvinculada del mundo, aparentemente ajena a la lógica social y material que rige la producción cultural (en la que la dimensión espacial juega un papel clave). No sólo ajenos a la lógica espacial que gobierna el mundo físico y la vida cotidiana,[2] sino incluso ajenos hasta de la matriz espacial que guía la percepción y que orienta el pensamiento (Lowe).

Como si esto fuera poco, en la medida que las culturas urbanas, las culturas nacionales y las culturas continentales tienden a mutar, transformándose en culturas post-urbanas, en culturas de bloques regionales y en la cultura global/transnacional, ello hace aún más necesario visualizar la estructura y funcionamiento de lo que Pierre Bourdieu llama "el campo de la producción cultural" (Bourdieu 140).

Con esta preocupación en mente este trabajo persigue traer a un primer plano lo que a mi entender es uno de los principales aportes de Rama a la comprensión del proceso cultural latinoamericano, y de su campo de producción cultural. Me refiero a su esfuerzo por captar su estructura y mecánica espacial, la dialéctica espacial que pone en movimiento los procesos culturales, y cuyo análisis es obligatorio a la hora de visualizar, comprender y transformar dicho proceso. A tales efectos me voy a centrar, principalmente, en la base teórica y conceptual sobre la que descansan sus dos últimos libros: *Transculturación narrativa en América Latina* y *La ciudad letrada*. En el primero, Rama construye un aparato conceptual mediante el cual da cuenta de la producción literaria, atendiendo a procesos que ocurren a escala inter-regional y transnacional, mediados por la ciudad. En el segundo, Rama se adentra en las ciudades latinoamericanas para ahondar en el papel transculturador de las culturas urbanas, y en particular, para descubrir el mapa y la mecánica de la escena pública, los lugares e instituciones que organizan la vida cultural, y el diverso papel que han jugado sus actores culturales principales, los letrados: desde los primeros escribanos y cronistas de Indias, hasta "los escritores y la crítica que vive en la calle, en los diarios, en el mundo de las comunicaciones" (Rama, "Más allá" 211), pasando por la generación de los fundadores de la escuela obligatoria, los déspotas ilustrados, los modernistas, los claustros universitarios, o la generación crítica.

Luego de mostrar el modo en que esto está presente en la obra de Rama, intento una discusión crítica del modo en que Rama "espacializa el análisis cultural", de las categorías, nociones y metáforas espaciales que utiliza, y de la explicación espacial de los procesos culturales que propone, buscando con esta crítica rescatar y actualizar el aporte de Rama (actualización que él mismo empieza a plantear en "Más allá de la ciudad letrada" (Rama, "Más allá" 211)).

Producir una imagen espacial del proceso cultural tiene por objeto recuperar la materialidad de la actividad intelectual, de la producción y circulación cultural, del modo de poner en evidencia los vínculos entre la producción estética y simbólica y su soporte material, los procesos y actores sociales a los que responde, los modelos político-económicos específicos que lo enmarcan.[3] A modo de ejemplo: pese a la comentada virtualidad de los lugares imaginarios que pueblan el "ciber-espacio" —mundos que hoy están siendo explorados, cartografiados y colonizados por cientos de millones de visitantes— es necesario, paralelamente, captar su *materialidad*: el mundo compuesto por una red de monitores terminales, cables, módems, teléfonos, máquinas de fax, impresoras láser, fotocopiadoras, cuentas bancarias, usinas, satélites, centros de computación, universidades, operadores, participantes, técnicos, vigilantes, etc., todo lo cual constituye el soporte de esos espacios representados —soporte, a su vez, resultado de una lógica material, social, económica, política, y hasta militar, que lo gobierna.[4]

Por si ello no fuera ya razón suficiente para apreciar el esfuerzo de Rama por captar la estructura y dinámica espacial del proceso cultural latinoamericano, tal tarea se hace hoy mucho más necesaria debido a los cambios en el campo de la producción estética y cultural. Asistimos a la emergencia de una espacialidad diferente a la que gobernó la producción cultural durante el Siglo XIX o la primera mitad del Siglo XX. El sistema espacial actual es intrincado, sofisticado, complejo, no siempre visible a una observación cartesiana —aunque no necesariamente arbitrario, misterioso o ilógico. Este orden, su lógica social y política, su mecánica, enmarca el acontecer cultural.

Dicho cambio de orden cultural es resultado de múltiples factores: cambios políticos, emigraciones, inmigraciones, distensión de fronteras, reforzamiento de otras, formación de bloques regionales, establecimiento de unos puentes e interrupción de otros, pero sobre todo, cambios tecnológicos, aparición de nuevos medios de representación y comunicación, y en relación a lo anterior, la importancia alcanzada por todo otro conjunto de usinas y actores dinamizantes de procesos culturales, que desde múltiples posiciones, y formando nuevas constelaciones espaciales, para bien y para mal, reemplazan a los antiguos letrados, a los transculturadores, y hasta a la ciudad, como actores y *loci* fundamentales del campo de producción cultural.

En cualquiera de sus apariencias —escritura, oralidad, imagen, gesto, música— la expresión y flujo de significados tiene lugar gobernada por un complejo diseño de nodos, dispositivos, circuitos, círculos y exclusas cuya estructura y funcionamiento es necesario revelar, lo mismo que los actores e instituciones que intervienen en su puesta en funcionamiento, y en su administración.

II. Las bases espaciales de la *transculturación narrativa*

En la primera parte de *Transculturación narrativa en América Latina*, de índole teórica y multi-disciplinaria, Rama se dedica a plantear una hipótesis de la lógica dinamizante del proceso cultural latinoamericano. Tal planteo se organiza sobre la base de una historia de tensiones entre movimientos opuestos: colonización e independencia, falta de identidad cultural propia y originalidad, regionalismo y vanguardismo, tradicionalismo y cosmopolitismo, lo local y lo universal, de(s)culturación-aculturación y neoculturación. Esta cadena dialéctica, que dio sus frutos, encontró su punto de agotamiento y esterilidad a mediados del siglo, y habría encontrado su resolución, su trascendencia, en la respuesta o *gesto transculturador*, el cual va más allá y deja atrás la serie de bipolaridades conflictivas listadas, y traslada el conflicto al terreno de lo político.[5]

En la construcción de tal planteo se destacan un conjunto de categorías y nociones de corte espacial, que inaugura el propio sufijo *trans-* en la noción de transculturación que Rama toma de Fernando Ortiz (vía Darcy Ribeiro) y que traslada del análisis antropológico del proceso cultural latinoamericano al análisis de su narrativa —como una parte del proceso cultural general. Para Ortiz, la transculturación es un proceso "de paso" de una cultura a otra, y como resultado de lo cual, se adquieren partes de otras culturas, se pierde parte de la cultura precedente, y se sintetiza una cultura nueva (Ortiz). Partiendo del concepto de Ortiz y restringiéndose al ámbito de la producción de novelas, Rama habla de "transculturadores narrativos" para referirse a un conjunto de escritores que a su juicio no se dedican simplemente a copiar o a difundir la cultura hegemónica, la cultura extranjera, o las vanguardias literarias, ni a reproducir la cultura tradicional regional o local, sino que realizan "un proceso de selección, descarte, rescate, descubrimiento, combinación y síntesis de elementos de la cultura ajena tanto como de la propia" (Rama, *Transculturación*). Esto vale tanto para su contenido como para los medios expresivos y las formas de estructuración de los que se vale todo productor de cultura (lenguajes, tecnologías de comunicación, géneros representacionales, cosmovisiones, mitologías, conjunto de metáforas, figuras, etc.). Dice Rama,

> Cuando hago una distribución de los escritores del *boom*, pienso que el acierto que ha hecho la popularidad de Gabriel García Márquez consiste en que ha manejado un repertorio de formas artísticas que no las ha tomado de la vanguardia europea. Él leyó a Joyce, a Woolf, a Kafka, pero éso no es lo que está en *Cien años de soledad*; lo que está es un repertorio de formas, no solamente de temas, sino de formas, de maneras de expresarse. La construcción del gag, del chiste, el modo fragmentario de la elaboración artística que pertenecen a los modos tradicionales de la lengua y del habla de un costeño colombiano (Rama, "Más allá" 211).

Sin embargo, como García Márquez indica, su trabajo no consistió solamente en hacer uso del habla del *costeño* (tomada como materia prima), sino que trabaja sobre la base de una *producción cultural anterior* a él —la cultura del *vallenato*— realizada en la esfera o campo de la producción cultural popular.[6] Por eso, a pesar del excesivo énfasis que Rama pone en la palabra escrita, en el medio literario y novelesco como mecanismo expresivo privilegiado —y por lo tanto, en la desmaterialización y desterritorialización cultural que esto conlleva—, es claro que la transculturación —si la pensamos desde el análisis antropológico del que proviene— no se reduce a una combinación de diversas construcciones simbólicas, cosmogonías y maneras de pensar aplastados sobre papel, sino también de diversos "modos de producción" estética y simbólica —siendo la literatura (de corte europeo) apenas uno de ellos. Aquí reside el drama de José María Arguedas por *novelar* "la ópera de los pobres", así como el de tantos otros intelectuales, que al querer transcribir y *trasladar* sus culturas interiores para *darles un lugar* en la cultura urbana, nacional, metropolitana o universal, encuentran que estas culturas ofrecen resistencia a su escritura, a su traducción, y a su consecuente desmaterialización, desterritorialización y transmutación en otra cosa (libro, fotografía, videoclip, curso, biblioteca). O al menos, que tal literaturización es demasiado parcial, injusta, dejando fuera quizás lo esencial de la otra cultura —que posiblemente no sea ni literaria, ni literaturizable. ¿No es acaso éste el límite que también encuentra Alejo Carpentier, cuando se enfrenta a la tarea de narrar literariamente el barroco americano, o la cultura afro-americana? ¿O los límites que encuentra Julio Cortázar en *El libro de Manuel* al querer captar y narrar lo horrendo, lo auténtico, lo simultáneo, lo Lonstein, al querer dejar testimonio de *su mundo*, esa *otra cara* del mundo, a Manuel, a sus lectores europeos, a sus lectores de clase media? La escritura tiene sus límites representacionales; y toda producción cultural tiene un límite más allá del cual no puede ser desmaterializada, trasladada, a riesgo de pulverizarse. La estética desterritorializada, universalizada, sin cuerpo, de lo escrito y lo leído, si bien tiene su punto fuerte en la difusión de información y en el estímulo de la imaginación, encuentra aquí sus límites estéticos, sensuales, y naturalmente, políticos.

Con lo anterior quiero poner de relieve que la noción de la transculturación, a la que con acierto recurre Rama, supone un conjunto de operaciones culturales *en* y *a través del espacio*. Primeramente, supone un agente cultural situado en un lugar *x* (centro, ciudad, villorrio) ["Borges ve el mundo entero desde ese Aleph que es Buenos Aires, en cuanto que Arguedas desde una comunidad indígena, a ver si la puede salvar" (Rama, "Más allá" 211)], pero también habitante de una serie de otras zonas: comunidad, región, nación, continente, cultura europea o metropolitana, cultura universal.

Luego, supone un *adentro* o un *interior*, y un *afuera*, el *exterior*. En un plano continental, existen a su vez *polos culturales*: "México, Brasil, Argentina son los tres polos en que funciona toda nuestra cultura y literatura" (Rama, "Más allá" 200). Este proceso de producción cultural, según Rama, está constituido, a su vez, por un sistema de "pulsiones" (que provienen de orbes, centros y polos) y "respuestas a esas pulsiones" (Rama, "Más allá" 200). En tal escenario el agente transculturador oficia de "mediador entre dos *orbes* culturales *desconectados*" (Rama, *Transculturación* 46) y de orquestador de respuestas ("el principio mediador se introduce en la propia obra: el Riobaldo de *Gran sertão: veredas* [sic] es yagunzo y letrado, papel que asimismo ocupa el Grivo de *Cara de Bronze* que transporta, al señor encerrado, los nombre de las cosas" (Rama, *Transculturación* 46)). La ciudad-capital, la ciudad-puerto o la ciudad-fronteriza —zona de desembarco, pillaje y extracción, cabeza de playa militar, zona de choque, zona de contacto entre dos o más culturas— se vuelve así un filo, un borde, una frontera, una muralla, una vitrina —no siempre de doble faz—, entre dos culturas: una interior, regional, rural, provinciana, pueblerina, y otra exterior, metropolitana, avasallante, babilónica, global y universal (o falsamente universal). Habitante de esa ciudad lugar y no-lugar, espacio y borde, morada y lugar de tránsito, el agente transculturador va a transformar la ciudad filo, borde, frontera, muralla, vitrina, en: cable, tubo, puente, llave, válvula, arteria, conexión, transmisión —encuentro en la calle, salón de clase, escenario, plaza, burdel, café.

En resumen, todas y cada una de estas nociones —orbe, frontera, región, nación, ciudad, comunidad, continente, metrópolis, polo, zona, interior, exterior, pulsión y respuesta, choque y mediación— pueblan y se repiten en el aparato conceptual y en el discurso analítico del que echa mano Rama para explicar el proceso de transculturación narrativa. Labor que, en síntesis, persigue a) dar respuesta a la tragedia del proceso en dos tiempos de la de(s)culturación y la aculturación —característico de la colonización cultural y de la dependencia cultural resultante—, pero también b) ofrecer una alternativa a la opción cosmopolita que Rama ilustra con la postura y actitud de Jorge L. Borges, situado en una Buenos Aires mundana pero simultáneamente, y a pesar de estar en América Latina, de espaldas a América Latina en una forma extravagante.

En cualquier caso —volveremos sobre esto más adelante— las categorías espaciales que utiliza Rama para dar cuenta de la lógica que dinamiza el proceso de producción cultural quizás necesiten ser revisadas, actualizadas y pensadas en sus detalles. Atendiendo, primero, a la forma espacial y a los modos concretos en que hoy tiene lugar la vinculación y circulación cultural entre "el interior" (comunidad, provincia, ciudad-interior, nación, región), "la ciudad" ("ciudad-capital, ciudad-borde, o ciudad-puerto"), y "el exterior" (también organizado en zonas, polos y circuitos), y a partir de lo cual irá cobrando nitidez la red de actores e instituciones principales involucrados en la administración de la producción y circulación cultural (los que conectan y desconectan usinas y circuitos, abren y cierran puentes y canales, dan o no dan la energía, la infraestructura, o las autorizaciones necesarias). Segundo, atendiendo a dónde se localiza y a la foma que adopta dicho campo de producción/circulación cultural una vez que ahondamos en sus detalles al nivel de la escala urbana.

> No describo nada, trato más bien de entender.
>
> Julio Cortázar, *Las babas del diablo*

En *La ciudad letrada* Rama ensaya un mapa de los sucesivos modelos culturales que se escalonan en el proceso histórico-cultural en América Latina, desde la conquista y colonización hasta la segunda mitad del siglo XX — largo período post-revolucionario que sigue a la Revolución Mexicana y que culminaría en la ola de dictaduras militares, estados autoritarios y gobiernos neoliberales de este fin de siglo.

Allí Rama intenta englobar y reconstruir el proceso histórico y cultural atendiendo al complejo conjunto de niveles de prácticas y actores que conforman la cultura. Por esta razón, y pese a que luego Rama va a ahondar en el "campo de la producción literaria", la base o primer plano de su exposición no lo ocupa la literatura, sino la producción simbólica, ideológica, cultural en su conjunto: ensenadas y caminos, mapas y planos, ciudades, catastros y registros, legislaciones, burocracias, nomenclaturas, códigos, relatos históricos, etc. Los escritores y la producción literaria ocupan un lugar principal en su relato, aunque siempre dentro de la labor de un conjunto más amplio de actores — los letrados —, conjunto o clase de actores culturales que circulan, operan y habitan una configuración de focos y circuitos localizados en el centro de las ciudades. Son ellos, como conjunto, los principales constructores, distribuidores, administradores y guardianes de lenguajes, discursos, gramáticas, vocabularios, representaciones, conceptos, símbolos, metáforas, formas, explicaciones, justificaciones, leyes y sentidos. A su vez, Rama va dibujando y definiendo la labor de los letrados conjuntamente con el seguimiento de otros dos procesos: el proceso político, económico y social, por un lado, y por otro, el proceso urbano, *pivot* en torno al cual se vertebra la organización espacial de la vida económica, social y política, y que, obviamente, se extiende mucho más allá de la ciudad.

Si en *Transculturación narrativa*, para captar y problematizar el trabajo de Arguedas echó mano, fundamentalmente, de la antropología, en *La ciudad letrada* lo hará del urbanismo. Informado por historiadores, antropólogos, arqueólogos y estudiosos de la ciudades (Parry, Braudel, Quintero, Ribeiro, Geertz, Hardoy, Mumford, Argan) Rama descubre la necesidad de "excavar" y "exponer" las fundaciones del modelo cultural: la constelación, la mandala, la partitura que lo regula, la forma del laberinto, su figura sistémica, completa, total. Se capta desde allí que lo que dinamiza el proceso histórico-cultural americano — "el proceso civilizatorio", en términos de Ribeiro — y de los grandes giros civilizatorios, reside en parte en cambios tecnológicos que hacen posible la conquista y modificación del espacio: los sistemas de irrigación y cultivo, la máquina de vapor, el dinero, el telégrafo, el tren, los rifles de repetición, los cañones, la electricidad, la radio, el teléfono, el satélite, la imprenta, el avión, el misil, la computadora, etc. La construcción de los estados-nación modernos, por ejemplo, descansan sobre el telégrafo, el tren, el barco, el puerto, los rifles. Tales innovaciones implican, por sobre todo, un mayor control de la materia y sus dimensiones: el tiempo y el espacio. La ciudad, el sistema espacial regional, el conjunto especializado y jerarquizado de espacios articulados y desplegados sobre el globo, se convirtió así para Rama en un punto de acceso, un *aleph* desde el cual visualizar y exhibir al desnudo el orden colonial primero, y el modelo cultural neo-colonial después, con todos sus rasgos principales y sus contradicciones. Allí aparece también el sistema de ciudades, plantíos, vías ferroviarias, minas, caminos, mercados, barracones, puertos, cuarteles, teatros, burdeles, oficinas, cantegriles: su textura sensual y material, su textura simbólica, su textura imaginaria, todo lo cual —convertido en contexto americano— regula, da forma y sentido a la vida y a la fantasía en América.

IV. Los lenguajes de las ciudades

> me quedé al acecho, seguro de que atraparía por fin el gesto revelador, *la expresión que todo lo resume,* la vida que el movimiento acompasa pero que una imagen rígida destruye al seccionar el tiempo si no elegimos la imperceptible *fracción esencial.*
>
> Julio Cortázar, *Las babas del diablo*

En la construcción de *La ciudad letrada* se destaca la importancia adjudicada por Rama a las ciudades. De allí el título de cada capítulo de esa historia, y sobre todo, la naturaleza del primer capítulo —*la ciudad ordenada.* Para que un modelo cultural funcione y se mantenga en el tiempo precisa apoyarse sobre una organización espacial, y debe ordenarse desde el principio. Rama cita una instrucción real en la que se expresa, precisamente, que

> los lugares que de nuevo se hacen dando la *orden* en el comienzo sin ningún trabajo ni costa quedan *ordenados* e los otros jamás se *ordenan.* (Rama, *La ciudad letrada* 6)

Sobre el orden, y la expresión material de ese orden —*la ciudad*— descansa tanto el proyecto económico, político y social colonial, así como su historia cultural, la cadena de significados, su orden simbólico, tema del libro. Por otra parte, es *dentro* de ese orden-ciudad —"colocación de cosas en el lugar que les corresponde" (5)— que es posible conceptualizar *la ciudad letrada*, la configuración espacial dentro de la cual habitan, se mueven y operan los letrados. La ciudad, en tanto organización espacial de la sociedad y de la actividad cultural, adquiere un valor explicativo —hermenéutico— fundamental del proceso histórico-cultural.

La ciudad, sin embargo, no es para Rama una sola cosa, sino muchas: es signo, es caja, es plan. Vista desde un primer ángulo, la ciudad es un texto: esfinge, relato fabuloso o mítico construido en piedra, proveedor de explicaciones y significados, signo tridimensional que expresa en qué consiste el orden/la orden en ese lugar, cómo se debe vivir, quién es quién, qué se puede o se debe hacer, etc. En segundo lugar, dada la materialidad, escala y forma de ese Gran Signo o emblema, la ciudad también es un artefacto habitable, una maquinaria de producción social y cultural donde tienen lugar las dinámicas sociales, ordenadas y ritualizadas. Dice Rama:

> Las ciudades despliegan suntuosamente un lenguaje mediante dos redes diferentes y superpuestas: la física que el visitante común recorre hasta perderse en su multiplicidad y fragmentación, y la simbólica que la ordena e interpreta, aunque sólo para aquellos espíritus afines capaces de leer como significaciones los que no son nada más que significantes sensibles para los demás, y, merced a esa lectura, reconstruir el orden. Hay un laberinto de las calles, y un laberinto de los signos (*La ciudad letrada* 38).

En ambos sentidos la ciudad desarrolla —y reproduce— una gramática: "toda ciudad puede parecernos un discurso que articula plurales signos-bifrontes de acuerdo a leyes que evocan las gramaticales" (Rama 38). Como todo lenguaje, se corresponde con una estructura de poder y con un modelo cultural: "la forma de la ciudad es la forma de su orden social", advierte Lewis Mumford (Rama 3, traducción mía). Así mismo, para Clifford Geertz, el plano de la ciudad es "el mejor ejemplo del modelo cultural" (Rama, *La ciudad letrada* 9).

Resulta entonces que una de las cualidades singulares del sistema de espacios es que además de ser un escenario que somete y regula la actividad social, constituye un lenguaje, "un medio de comunicación masivo" (Fusco), y en tanto tal, *uno* de los lenguajes en que está escrita la historia, las narrativas fundacionales, los valores de la colectividad, las instrucciones de "cómo vivir", etc. Calles, patios, oficinas, ventanales, terrazas, fachadas, rincones, zaguanes son —en términos modernos— artefactos o máquinas de habitar, pero además también son textos que, como propone Edward T. Hall, expresan en un "lenguaje silencioso e invisible" (Hall).

Además de significar una cosa/otras cosas mediante carteles, dibujos, palabras, símbolos o íconos, la ciudad también nos habla de otras maneras. Sus signos tienen espesor, masa, altura, brillo, textura, función: son habitaciones, portones, muros, vidrieras, autopistas, paradas de ómnibus, fábricas, escalinatas, esquinas. Este abecedario exótico — hecho de arena, de piedra, de madera, de vidrio, de hierro — así como los textos que se componen a partir de él, establecen con los cuerpos humanos una relación sensual muy distinta a la letra escrita sobre papel, o a la lectura solitaria y reposada de los libros. Construyen un relato singular en que los cuerpos lectores somos los personajes; y el narrador, nos enteramos *al final*, nosotros mismos.

A un nivel, la ciudad es como Las Vegas de Venturi, "apenas" una instalación de íconos y símbolos. En este nivel, la ciudad nos interpela mediante un lenguaje obvio: los posibles significados de sus símbolos conocidos. Simultáneamente, y como *instalación* — en el sentido de estrategia de representación vanguardista — la ciudad es una escena que produce sus protagonistas, sus posiciones, sus situaciones; sistema — o laberinto — de cajas, carriles, exclusas, distancias, rugosidades, filtros dentro del cual transcurre la vida, y en el que se cultivan y cosechan cuerpos y vidas. En este otro sentido — menos obvio — la ciudad es un aparato ortopédico, una maquinaria monstruosa que tortura/educa los cuerpos; un lenguaje tiránico, subliminal, una lógica o fuerza que usualmente no vemos, y que más que hablarnos o contarnos historias, nos enjaula, nos encorseta y nos moldea a la fuerza. Winifred Gallagher habla de cómo los lugares ejercen un poder, y de cómo lo que nos rodea "moldea" nuestros pensamientos, emociones y conductas (Gallagher). Cada ciudad obliga a vivir y a ser de ciertas maneras — pero no de otras —, "a los empujones" y "a los porrazos", por medio de veredas, tabiques, puertas, volúmenes, semáforos, cerraduras, formas, sensaciones, tamaños, paisajes, aromas, texturas, sillas, colchones, vehículos, oscuridades, soledades.

Este doble nivel del lenguaje urbano y edilicio, por un lado como instalación de signos, escasamente sensual, y por otro, "golpes de martillo" — puramente estético —, que moldea los músculos, los huesos, los órganos, la mente, los sentimientos, las actitudes, las relaciones — pero que no es del todo legible y comprensible — es lo que hace a la ciudad, al despliegue y ordenamiento espacial de los procesos sociales y culturales, uno de los pilares sobre el que descansa toda estética, y por consiguiente, de todo análisis estético y cultural.

De la misma manera, cada tipología edilicia o urbana, cada solución técnica, cada ciudad en tanto texto colectivo, vehiculiza y almacena una cultura, una memoria, un saber, una narración de su historia. Con conciencia o sin ella, toda organización espacial de cosas, personas y actividades es "un sistema monumental", propagandístico. En su estudio en torno a la tradición clásica, ocultista y hermética del arte de la memorización (Yates), Frances Yates explica que uno de los mecanismos mnemotécnicos más comunes consiste en la organización espacial del conocimiento y de la memoria —en imágenes, diagramas, figuras antropomórficas, sistemas geométricos, series numéricas y cábalas, murales, frisos, e incluso mapas, sistemas de calles y edificios. De este modo se establecen relaciones entre lugares y memorias, y se producen hermenéuticas secretas, que no son otra cosa que estrategias para acceder y descifrar, mediante un desplazamiento espacial, el almacén de la memoria, y dando pie de esta manera a insospechables procesos comunicativos y de documentación. En tanto "sistema de asociaciones" entre lugares, rutinas e imágenes, por un lado, y conceptos, valores, normas, instrucciones y memorias, por otro, la arquitectura de la ciudad es un mecanismo de almacenamiento, así como un mecanismo cognitivo que nos orienta y nos lleva de la mano, automáticamente, sin tener que tomar conciencia de esa rutina hipnótica que impone. En los términos de Rama, "mediante sus signos bifrontes", su orden primario y profundo, su doble lenguaje "simultáneamente físico y simbólico" — más de una vez en conflicto—, "la ciudad dicta todo lo que uno debe pensar, lo fuerza a uno a repetir su discurso".

En un esquema triangular, a) cada cosa-mueble-lugar-edificio hace posible el ritual que evoca y reproduce el mito, b) cada mito hace necesario el ritual que a su vez hace necesario el altar-la cosa-el entramado de pequeños monumentos que empapelan la vida cotidiana-el lugar construido a tales efectos, y c) hábitos y ritos cotidianos refuerzan el orden de las cosas y reactualizan el mito. Es por esto que el tamaño de la mesada de la cocina, la geometría de la mesa del comedor, las mesitas de luz, el tamaño de la bañera, los muebles y la forma del lugar de trabajo, la altura del marco de la ventana, las proporciones de las calles, a cada paso, en cada perspectiva, en cada lugar, en su estructura, nos recuerda sus posibilidades, nos confiesa su orden, las actividades que allí son posibles/imposibles, deseables/indeseables, permitidas/prohibidas.

No ha de sorprender, por lo tanto —al contrario—, la insistencia de Rama al referirse una y otra vez a *Las ciudades invisibles* de Italo Calvino, y en particular, al diálogo que tiene lugar entre Marco Polo y su anfitrión, el Kublai Kan. Si para Arguedas, o para Eduardo Galeano (en *Memorias del fuego*), los mitos y las leyendas "resumen" una cultura entera (hipótesis asentada en el campo de la antropología), para Calvino, lo mismo que para Rama, las ciudades toman el lugar y función del mito, siendo estas las que resumen y revelan la cultura. Cuando Marco Polo quiere contarle al emperador las culturas que ha encontrado en su camino, o las culturas que forman parte de sus dominios y vecindades, habla de ciudades, y eso parece alcanzar y sobrar:

> El viaje nos lleva a la ciudad de Tamara. Uno le entra por sus calles espesas de carteles y signos que chorrean su paredes. El ojo no ve cosas sino imágenes de cosas que significan otras cosas. [...] El dibujo de una pinza indica la casa del dentista, el dibujo de una balanza el almacén, un barril, la taberna [...] Otras señales avisan lo que está prohibido en determinados lugares, y lo que está permitido, lo recomendable [...] Si un edificio no tiene ningún cartel o figura su forma y la posición que ocupa en el orden de la ciudad es suficiente para indicar su función [...] Las mercancías en Tamara tampoco valen en sí mismas sino por lo que significan. Unos tomos de Averroes, el conocimiento; una pulsera para el tobillo, la voluptuosidad [...] El ojo recorre la ciudad como si fueran páginas escritas, la ciudad dicta todo lo que uno debe pensar, lo fuerza a uno a repetir su discurso [...] (Calvino 13-l4)

En sus casos más extremos, la ciudad es una espesa cáscara sin textura, sin masa, sin cuerpo, que señala a una realidad, un sentido, que se escapa, a la que nunca se llega: "Lo que hay o se oculta debajo de la espesa capa de signos hace que uno se vaya de Tamara sin poder haberla descubierto" (l4). Y sin embargo, pese a su invisibilidad o inaccesibilidad, a un nivel de actuación subyacente, la ciudad continua gobernando, dictando, ordenando, empujando a ciertas actividades, a ciertos tipos de relaciones, saboteando, clausurando o prohibiendo otras. En Isaura, la ciudad cuyo paisaje circular, frondoso y verde repite la silueta de su mundo interior, de su lago subterráneo, "un paisaje invisible condiciona el visible; todo lo que se mueve a la luz del sol es dinamizado por las superposiciones de las olas y los ríos encerrados debajo de un cielo de rocas calcáreas" (Calvino 20). Al volverse visibles por medio del relato, las ciudades —Las Vegas, París, Lima, Tamara, Isaura, ... —revelan la cultura entera de un pueblo, la forma de ser y de pensar de su gente. Unas veces, como Zaira, las ciudades son una palma abierta en la que podemos leer y descubrir su pasado en las formas y en las medidas de sus espacios. Otras veces, como Zora, la ciudad es una colmena cuyas celdas y esquinas almacenan los recuerdos.

Valga apuntar aquí que no es otro el motivo por el cual tanto Fredric Jameson, David Harvey o Mike Davis se lanzan a la crítica ideológica del espacio. Debido a esta dimensión encapsuladora, narrativa, significante y transmisora de cultura de la ciudad, de sus lugares, de las posiciones y conductas que favorece o que impide, y bastante antes que la historia que nos cuenta Galeano a propósito del Heymarket de Chicago, o el Grupo de Estudios Urbanos en *Una ciudad sin memoria*,[7] o David Harvey sobre la Basílica del Sagrado Corazón en París, o

Guillermo Fernández en torno a la conversión de la cárcel de Punta Carretas en un *Shopping* borrando así la memoria de todo lo que allí ha ocurrido y aconsejando "cómo se deben gobernar las ciudades después de ser ocupadas", Maquiavelo recomienda "la destrucción de las ciudades" —so pena, en su defecto, de ser destruido por ellas— puesto que si sus habitantes no son "separados" y "dispersados", y si sus ciudades no son "arruinadas", sus habitantes mantendrán vivos sus recuerdos, y en consecuencia, firme su identidad, su psiquis, sus deseos, y se rebelarán. Como plantean Carina Perelli y Juan Rial, en relación al contexto uruguayo reciente, quien administra el olvido y la memoria colectiva es capaz de controlar los procesos de formación y destrucción de identidades colectivas, y por lo tanto, de asegurarse el poder. No sólo en estos últimos años, sino a lo largo de toda la historia, la tarea de formulación de ideas, valores, símbolos, metáforas y retóricas, la tarea de apropiar la realidad —tanto al nivel imaginario y simbólico como al nivel práctico y sensual— está ligada a otra tarea más violenta, traumática y duradera, muchas veces invisible e irrepresentable como advierten los sicólogos sociales (Viñar) que es la del disciplinamiento a que se refiere Barrán en su *Historia de la sensibilidad*, la producción del equipamiento sensual/sexual,[8] la producción de los cuerpos-espacios necesarios (Grosz), de las amnesias, los miedos (Davis), las mutilaciones y las callosidades necesarias, en fin, la producción histórica de los cuerpos humanos. Esto nos habilita para hablar de la producción de sensibilidades y estéticas,[9] y que Rama ha traducido e intentado captar mediante una sucesión de ciudades: la ciudad ordenada, la ciudad letrada, la ciudad modernizada, la polis politizada, la ciudad revolucionada, ... ¿la ciudad post-moderna? ¿la ciudad neoliberal? (Hopenhayn)

Existe por último un tercer nivel de la ciudad como proyecto o plan de un "sueño de (un) orden" (Rama, *La ciudad letrada* 11) inexistente, deseado, óptimo, ideal, el cual debe construirse y hacerse realidad, y que a poco de alzados algunos muros, la ciudad se convierte ella misma en promesa: promesa de lo por venir. Esta es la ciudad en el plan, la ciudad prometida, realidad inacabada, siempre a medio construir —... y a poco de comenzar, ¡ya en ruinas! En América Latina siempre resulta tan difícil distinguir entre las ciudades que emergen y las que se van degradando: siempre a medio construir, a medio terminar o a medio desmoronarse —metáfora que organiza la película *Rodrigo D: No Future*, de Víctor Gaviria, filmada en los "barrios nuevos" de las laderas de Medellín. Esta tercera dimensión, la ciudad como plan de un "sueño de (un) orden", inaugura una historia que habrá de repetirse hasta nuestros días: la del "sueño [y construcción] de *otro* orden" (11), negación y superación del anterior, y que al no lograrlo del todo, se agrega —sin renunciar a su deseo hegemónico— a la ciudad latinoamericana: sumatoria de trozos de un sinúmero de proyectos soñados y promesas realizadas a medias, y pronto abandonadas.

Las tres dimensiones de la ciudad —signo/clave, cosa/cauce, deseo/plan— dinamizan y dan forma a la vida cultural, estructuran la sensibilidad, la mentalidad y la labor de los letrados, y en consecuencia, el perfil de las culturas nacionales y regionales.

V. Relación entre la ciudad y la ciudad letrada

Cada período del proceso histórico-cultural se corresponde con un tipo de ciudad. A modo de contrapunto, los cambios en la organización espacial de la vida productiva, social y cultural se corresponden a alteraciones y reconfiguraciones de *la ciudad letrada*, la cual adquiere o pierde papeles y valores en función de cómo se posiciona dentro de cada ciudad: "la ciudad bastión, la ciudad puerto, la ciudad pionera de la frontera, la ciudad sede política y administrativa" (Rama, *La ciudad letrada* 24), la ciudad-enclave industrial informal, la ciudad-cuartel, la ciudad-gran feria. Puesto que cada ciudad dicta la forma de vida, las formas de relación social y sensual, toda una serie de emociones, sensibilidades, valores, actitudes y modos de comportamiento, da lugar a la formación de una conciencia y una estética urbana particular (Harvey). La ciudad letrada está, pues, íntimamente ligada a la vida particular de cada ciudad, estando parcialmente involucrada en su construcción, pero al mismo tiempo, siendo la ciudad letrada misma transformada en tal proceso. Es decir, por un lado, todo modelo cultural se basa en la zonificación y ordenamiento espacial de las actividades sociales. Ello conduce a tener que imaginar, diseñar y producir sus espacios (Lefebvre), sus formas, funciones y significados específicos, así como a tener que legislarlos, asignarles propiedad y encargados responsables de su gobierno, funcionamiento e integridad. Esto deriva en la construcción de esferas, circuitos y locales generadores de cultura. Por otro lado, si bien los letrados participan de esta empresa fundadora, administrativa y modernizadora de la ciudad —y el sistema espacial que esta conecta/vertebra a modo de *pivot*—, sus efectos están fuera de su control, llegando incluso a alterar y modificar el modelo cultural en su conjunto, y en consecuencia, la propia configuración, composición y papel de la ciudad letrada.

A modo de ejemplo, Rama destaca que parte del proyecto de modernización en el siglo XIX consistió en la construcción de "puentes" y locales —caso de la Universidad— cuya función era formar los equipos de poder (81).[10] Más tarde, ante la subversión cultural y política que resultaba de la inmigración, la influencia francesa o los nacionalismos, una respuesta de los intelectuales fue su reagrupamiento y el fortalecimiento de sus lazos con España mediante la construcción de locales, burocracias, circuitos y usinas culturales —tales como las Academias de Lengua—, que los letrados usarían para nuclearse y ejercer su dominio cultural (83).

Como resultado de las transformaciones espaciales ocurridas por el proceso de modernización dirigido desde el Estado, los letrados también debían domesticar, inscribir y significar tales transformaciones en el nivel simbólico. El modo en que se trabajó conceptual y simbólicamente el tema de la naturaleza y de la vida urbana (Rama 83) —transformadas por las sucesivas olas inmigratorias, las campañas del desierto, los vaciamientos de indios, las guerras civiles, el cultivo moderno— se convirtió en eje y sustento de las propuestas estéticas, literarias e ideológicas del siglo XIX. El cambio de la planta física de las ciudades a comienzos del siglo XX significó la redistribución de los espacios de trabajo y de residencia, creó un nuevo marco de encuentros y desencuentros, e hizo posible el modelo cultural del siglo XX. Por un lado, hizo posible la industrialización, y la división social a que da lugar. También favoreció el acercamiento y comunicación entre periodistas, escritores, clase política y cuadros obreros (aunque ya de por sí no era raro el arquetipo del intelectual simultáneamente involucrado en la academia, la prensa, el arte y la política), en tanto que "la gente decente" se trasladó [se refugió] en urbanizaciones y colonias alejadas —playas, balnearios, suburbios y prados. Tercero, urbanizó la pobreza rural, introdujo la miseria obrera y la marginación social, e hizo posible el traslado de la explotación de la fábrica a la casa, y el traslado de la represión en la calle a los centros de interrogación y tortura.

En el centro urbano —en la *city* (156)— era sin embargo donde se acumulaban las instituciones principales de este modelo cultural: las piezas donde vivían los escritores, las redacciones de los periódicos, las oficinas de gobierno, los estudios jurídicos, los prostíbulos, los escenarios para el paseo, la presentación en público y el encuentro, los Ateneos y cafés, las mueblerías donde se exponían las obras de arte, los locales del Correo, el telégrafo, la Biblioteca, los Archivos, la Universidad, las sedes y asambleas de los partidos, gremios y sindicatos, los teatros y las librerías que canalizaban los productos culturales ["las novedades"] de Europa (155-157) o de América del Norte. "Ir al centro" se convirtió en una necesidad para quienes vivían en barrios residenciales sin centros propios —molestia para unos, ocasión de entrar en contacto con la sociedad, con la vida política y cultural, con el mundo, para otros. Sin embargo, y si bien esta centralización puede también leerse como resultado de una distribución cultural desigual, en tanto lugar de la acumulación cultural y núcleo del modelo cultural, relativamente visible, funcionaba, permitía acceder a la vida social, cultural y política de una forma inédita hasta ese momento. No es casual que aquel modelo cultural coincida con la emergencia y protagonismo social, cultural y político de las clases medias y de las clases trabajadoras —así como de su alianza—, o que favorezca tendencias democratizantes. "En el Río de la Plata, un reducido perímetro entrecruzaba todas las actividades sociales" (155) "favoreciendo las comunicaciones mutuas entre los intelectuales" (154) así como entre ellos y la sociedad civil en general:

> Cuando se revisan esos estratégicos puntos sobre el plano, lo que se encuentra es el viejo casco, ese cuadrilátero de [apenas] diez manzanas por lado donde transcurría la vida activa de la ciudad y que era el salón público de la sociabilidad, ese espacio en que, según la mecánica de las novelas de la época, los personajes siempre se encontraban, ¡casualmente! (Rama, *La ciudad letrada* 157).

Es claro aquí el papel que Rama asigna a la función del ordenamiento espacial en la actividad social, en las relaciones humanas, en la administración de la producción de sentidos y sensibilidades — materia prima conceptual y estética de las representaciones artísticas en sus diversas formas—, y en la implementación y mantención de un modelo cultural en su conjunto.

VI. Reconfiguración del campo de producccción cultural global

Si bien las proposiciones generales del planteo de Ángel Rama en *Transculturación narrativa* y en *La ciudad letrada* siguen siendo apropiadas en cuanto a su apoyatura y dirección, necesita ser continuado y actualizado para dar debida cuenta del modelo cultural actual.

Primeramente, porque el trabajo de Rama se detiene en la década de los años setenta. En este sentido, todavía no hemos emprendido una cartografía de la ciudad letrada durante las dictaduras, durante las transiciones; ni tampoco el modo en que el exilio reconfiguró aspectos de la ciudad letrada y del propio proceso de la transculturación, ni el modo en que la cultura se produce y se administra dentro del modelo cultural neoliberal global. Segundo, porque en esta era de grandes reestructuras geográficas, de poderosísimas corporaciones que dominan la industria cultural global, de la instalación de nuevas redes de comunicación, de simulacros y manipulaciones de la imagen —todo lo cual pretende disimular su forma y materialidad, escapar al relevamiento espacial—, necesitamos visualizar las implicaciones culturales, estéticas y simbólicas de tales transformaciones, especialmente, el nuevo campo de producción cultural resultante —sus polos, instituciones, actores principales, canales, círculos, puentes de contacto.

Como suele ocurrir con casi todas las transformaciones culturales, estéticas, emocionales y sentimentales de las culturas periféricas, estos cambios son resultado de la acción combinada de actores que operan a nivel local, así como por lo que Rama denominó "las pulsiones externas" o "el marco internacional", y que implica un grado de pérdida de participación, comprensión y control del proceso cultural (eslabones muchos de los cuales se localizan en centros lejanos). Por eso, dichas transformaciones se perciben como violentas, apresuradas, disparejas, equívocas, sumamente desorientadoras y traumáticas, generando la sensación y la idea de su falta de lógica, de su naturaleza caótica y desarticulada, espontánea, aleatoria, auto-generada, indescifrable, siempre dando la impresión de colapso, de inevitabilidad, o de renovación constantes. Y el panorama cultural de este fin de siglo —su apariencia, sus coordenadas, sus lógicas motoras y articulantes— se presenta pues, también en un primer momento, esquivo —sublime— que cuesta reconocer, y en el que estamos un poco perdidos. No podemos ya discernir su figura, ni comprender sus partes, su orden, su mecánica. A la hora de explicar la actual producción cultural, de hecho, muchas explicaciones tradicionales no funcionan. Muchos de los mapas e instrumentos que usábamos para situarnos y actuar en aquella realidad social, política o cultural, ya no coinciden con dicha realidad. Muchos signos ya carecen de referentes; hay cosas para las cuales todavía ni siquiera hemos encontrado nombres. No sólo carecemos de una imagen de la realidad sino que tampoco sabemos bien cómo representarla. Esto desorienta y produce ansiedades; nos convertimos en extranjeros de nuestro propio mundo, mirando el mapa de una ciudad que ya no es la que el dibujo pronostica. La situación se agrava en cuanto además sabemos que estos cambios son los que siguen a una derrota, a una imposición. Sobreviene entonces un sentimiento de angustia y de *post* modernidad.

Particularmente dramáticos han sido los cambios al nivel de las comunicaciones en la medida que, los letrados, históricamente poseedores del saber y del control de la tecnología de la comunicación e intermediación (entre clases, entre naciones, entre mundos), de la representación del mundo, de la asignación de sentidos, de la movilización social, se han visto seriamente desplazados. La televisión por cable, las casas de video, la globalización de las *networks* de TV, el crecimiento de los imperios de las comunicaciones[11] que comandan el terreno de la televisión, los periódicos, las radioemisoras, el cine, el video (*Disney, General Electric, Westinghouse, TCI, News Corporation, Viacom, Time-Warner-Turner, DreamWorks*, etc.); el surgimiento de las cadenas

113

de mega-librerías y mega-distribuidoras de video, la tendencia a la monopolización y a la repartición de los mercados entre tales corporaciones, las redes de Internet y la computarización, el tendido de redes de satélites y teléfonos, el uso masivo del avión por parte de los grupos técnicos, administradores y de encargados de las decisiones, hablan de un mundo inédito, de una espacialidad inédita, muy lejana ya a la esfera pública burguesa en sus comienzos,[12] o a la escena urbana dentro de la que operaba la ciudad letrada hasta hace poco.

Este desplazamiento y parcial conversión de *la ciudad letrada* en *la ciudad corporativizada*, en *la ciudad enchufada* a los circuitos de circulación de información global, o en *la ciudad tele-espectadora*, poco o nada han significado en términos de un progreso social sustancial. El nuevo modelo cultural no ha alterado —sino que ha agudizado— la tendencia a la fragmentación del espacio social y cultural en varias esferas y circuitos aislados entre sí y jerárquicamente ordenados, ni tampoco ha desmantelado los muros que impiden el acceso y manejo de los distintos espacios y tecnologías (resultado de la lógica de integración y exclusión sobre la que descansa el modo de producción), los cuales siguen cumpliendo tareas de mantención y perfeccionamiento en la administración de la producción, la división social del trabajo, y la asignación desigual de beneficios y excedentes. Aunque más no haya sido para permitir la modernización del modo de producción, la organización espacial del quehacer cultural cambió. Han cambiado los lugares, locales y modos de producción e intercambio cultural; han cambiado las zonas, redes y terminales de circulación cultural; han cambiado los agentes culturales, sus papeles, sus circuitos y esferas de actuación. Por último, la experiencia estética de este fin de siglo ha sido transformada.

Estas "transformaciones culturales" fueron resultado de procesos y motivaciones diversas. Algunas, como ya lo ha explicado José J. Brunner en *La cultura autoritaria en Chile*, fueron el resultado de la fundación del modelo cultural modernizador neoliberal llevado a cabo por las dictaduras militares, y administrado hoy por gobiernos de corte burocrático, tecnocrático o autoritario. Otras son el resultado de la lógica político-económica neoliberal subsiguiente, que realiza una agresiva campaña de privatización de las instituciones culturales públicas, transformándolas en empresas con fines de lucro, accesibles a un círculo más reducido que el público, y que actúa en contra de la ciudad y de la calle en favor de quedarse en casa, y de cambiar la esfera pública por mega-espacios controlados por corporaciones.[13] O son consecuencia de pulsiones del mercado local o internacional que obligan a los empresarios y comerciantes de cultura a realizar una operación de adaptación para sobrevivir y derrotar a sus competidores, y que actúa en contra del cine y en favor de los videos, en contra del teatro o la poesía en favor del baile, de la radio y de los discos, o en contra del libro y los periódicos en favor de la televisión y los juegos electrónicos. Aun otras transformaciones culturales resultaron de los cambios abruptos en la calidad y forma de vida de la población, de la transformación del perfil económico y cultural de los distintos sectores sociales, de la consolidación de la cultura de masas global y el consumo masivo de nuevas tecnologías, y no menos importante, de violentos procesos de integración, emigración e inmigración, a raíz de lo cual se reactualizan, una vez más —aún si con variantes y en otros lugares— las situaciones de de(s)culturación, aculturación, neoculturación y transculturación.

Cercanas a los planteos de Rama, tanto Beatriz Sarlo en "The Aesthetics of Domination", como Jean Franco en "What is Left of the Latin American Intelligentsia?" también reconocen "los dramáticos cambios en la forma de la ciudad" y cómo esto está repercutiendo y transformando "el paisaje ciudadano familiar" —la educación pública, los periódicos, las librerías, los cafés, los cines y teatros del centro, los espacios públicos, las instituciones sociales y políticas tradicionales— en circuitos anacrónicos, rincones marginales, tugurios, "lugares de pesadilla urbana". Tales cambios espaciales están íntimamente conectados, en el caso de Sarlo, a la dominación por medio de la implantación de una estética televisiva (una manera de situarse y relacionarse con el mundo) funcional a tales fines, y en el caso de Franco, a la desaparición o desplazamiento de la "intelligentsia" tradicional a un segundo o tercer plano (y la consecuente asunción de un nuevo equipo ligado a los nuevos modos de producción y circulación cultural).

VII. DIRECCIONES

El proyecto de actualización de Rama no puede ser en este trabajo más que un planteo, una dirección para la investigación, y una propuesta de enfoque del análisis cultural. Tal proyecto busca rescatar un aspecto clave de la obra de Rama ignorado o dejado de lado —la base espacial de su planteo, "la problemática espacial" que organiza el proceso cultural en sus dos libros aquí tratados. Persigue así mismo contrapesar la tendencia a reducir el análisis estético/cultural a una reflexión histórica —a lo largo del eje del tiempo—, o a una reflexión en torno a la estructura de poder institucional —vertical— pero que, a causa de lo que Edward Soja llama "la ilusión de la opacidad" y "la ilusión de la transparencia",[14] no presta atención a la estructura y a la dinámica "horizontal" que articula el proceso histórico, el modelo cultural, el campo de producción cultural, quedando de este modo muchos fenómenos culturales sin poder ser visualizados, o sin poder ser explicados.

A la hora de contrapesar las tendencias mencionadas, cuatro cuestiones necesitarán ser tomadas en cuenta. Primero, la nueva lógica productiva del capitalismo tardío a nivel global, y en el contexto específico de América Latina, la fundación del modelo capitalista neoliberal periférico. Segundo, el reordenamiento espacial a que obliga la puesta en marcha de tal modelo socio-cultural, y dentro de dicho orden espacial, el campo de producción cultural. Tercero, los cambios en la constitución y papel de los equipos letrados principales en el marco de dicho modelo (es decir, de aquellos productores culturales que hoy ocupan y controlan las zonas claves, los locales centrales, los circuitos principales, las válvulas vitales). Cuarto, sus consecuencias conceptuales, simbólicas, emocionales y sensuales, en otra palabras, la lógica estética del neoliberalismo periférico.

NOTAS

[1] Este trabajo está basado en "La espacialización del análisis cultural" ponencia presentada en el panel *Actualidad del pensamiento de Ángel Rama para los estudios latinoamericanos*, como parte del XIX International Congress de la *Latin American Studies Association* [LASA] (Washington D.C., septiembre 28-30, 1995).

[2] Véase Heller, Lefebvre, Certeau y Benjamin.

[3] En una ponencia en torno a "la estética de la reconstrucción de la vida urbana", busqué mostrar el nexo entre las transformaciones culturales y la producción del espacio neoliberal, por un lado, y la producción simbólica y estética, por otro. "Respuestas culturales a la estética neoliberal: La reconstrucción de la vida urbana como marco de crítica cultural", Louisiana Conference on Hispanic Languages & Literature, Tulane University (New Orleans, marzo, 1995).

[4] En este sentido el ciberespacio no es tan distinto al conjunto de los otros universos imaginarios construidos, puestos a circular y sostenidos por las instituciones religiosas, los libros, librerías, bibliotecas, el medio plástico, las cintas de celuloide, los cassettes, las ondas de radio, o las pantallas de televisión.

[5] Inaugurando una tensión de nuevo tipo, que podría encapsularse en el conflicto "revolución literaria vs. la literatura en la revolución", y donde el término "revolución", al menos de los ochenta en adelante, podría valer en más de un sentido y estar asociado a más de una forma o identidad política: clase, género, etnia, etc.

[6] Uno de los subproductos derivados del deterioro y quiebre de la esfera pública, de su inoperatividad como espacio de encuentro y de negociación nacional, es la multiplicación de espacios y de prácticas culturales inconexas y desarticuladas. Este fenómeno permite introducir la noción de *esfera pública popular*. Siendo una fracción de la esfera pública, por *esfera pública popular* entendemos ese conjunto de enclaves o espacios de encuentro, intercambio y negociación social y simbólica *efectivamente* al alcance de las clases populares, y en los que las clases populares (en tanto individuos o colectivos organizados) sí toman parte y son agentes protagónicos en la producción, el intercambio y la crítica cultural.

En tanto participantes de los espacios y prácticas de la esfera pública popular, las clases populares contribuyen a la conformación de la opinión y la sensibilidad públicas, toman parte en la discusión de los asuntos públicos o de sus relaciones con otras personas, grupos, instituciones o el propio Estado, y con mayor o menor éxito, buscan incidir sobre la esfera pública en torno al quehacer social y estatal, y al destino político y social de la nación. Ver Remedi, "Esfera pública popular y transculturadores populares".

[7] Ver también Remedi, "Los lenguajes de la conciencia histórica: A propósito de *Una ciudad sin memoria*".

[8] Véase Eagleton y Gidden *The Transformation of Intimacy*.

[9] Uso estética en el sentido clásico-original, es decir, refiriéndome al modo de relacionarse con el mundo y con otras personas a través del cuerpo, y en particular, a través de los sentidos. Ver Renato Barilli.

[10] Por una discusión de la relación entre "locales" y "poder" ver Giddens, *A Contemporary Critique of Historical Materialism*.

[11] Según la revista *Fortune* en su informe anual sobre las 500 corporaciones más poderosas del globo (7-VII-95), sólo tres zonas del planeta (EE.UU., Europa Occidental y Japón) concentran 471 (94%) de las 500 corporaciones más poderosas del globo. Un total de 203 (40%) residen en sólo cinco ciudades del mundo (Tokio [100], Osaka [28], Londres [27], París [26], New York [22]). Es decir, 100 de estas 500 —es decir, la quinta parte—, y 12 de las veinte principales, tienen sus cuarteles generales en la ciudad de Tokio. Las zonas donde se concentran las riquezas, los beneficios de este modelo cultural global y los lugares con mayor calidad de vida repiten más o menos el mismo emblema: Japón, cuatro o cinco países de Europa Occidental, EE.UU. De estos pocos centros provienen la mayor parte —por no decir la casi totalidad— de las películas, programas, videos, noticias, libros, imágenes, ideas, música, movimientos artísticos que circulan por el mundo —que consume la mayoría de la población mundial, y que conforma la cultura de masas global. Según *The Wall Street Journal* (1°-VIII-95), en el campo del cine un pequeñísimo puñado de corporaciones —*Disney-Capital Cities, Paramount (Viacom), Columbia-TriStar (Sony), MGM (Turner)-Warner Bros. (Time-Warner), MCA, Inc.-Universal*— se reparten la producción cinematográfica mundial. Las películas producidas por estas seis corporaciones saturan los televisores, las casas de alquiler de videos, y los miles de multisalas de cine de los EE. UU. y del mundo, en lo que se ha constituido en una esfera y una industria cultural de alcance global. En gran medida, la cultura global es moldeada por este reducido conjunto de corporaciones dedicadas a la producción de cultura y a la educación de todos los habitantes del planeta. Tan sólo nueve corporaciones gigantes (prácticamente todas estadounidenses) se reparten y controlan "la parte del león" de la cultura global de masas. Estas son *Disney, Time-Warner-Turner, Viacom, News Corporation, TCI, Westinghouse, General Electric, Sony, y DreamWorks SKG (The Wall Street Journal*, 1°-VIII-95). En manos de unos pocos gerentes de corporación (CEO) — Michael Eisner, Michael Jordan, Gerald Levin, Sumner Redstone, Rupert Murdoch, Laurence Tisch, Ted Turner, John Malone, Robert Wright, Steven Spielberg— está la mayor parte del control cultural mundial actual sobre cómo la gente piensa, actúa, siente y participa de la civilización actual.

[12] Véase Habermas y Holub.

[13] A la privatización y al repliegue estatal de la esfera pública, y a la pérdida de control sobre el espacio cultural doméstico —en gran medida invadido por las corporaciones de la industria cultural global— se suma ahora la pérdida del espacio cultural público, y la emergencia, en su lugar, de plazas, calles, escuelas, museos, tablados privatizados. El lugar central de la vida cultural de este fin de siglo lo ocupan, por supuesto, las nuevas calles, plazas y lugares de paseo y de reunión que son los *shopping centers*, puntos de actividad social y cultural que compiten y desplazan a los antiguos espacios públicos, hoy degradados y semi-abandonados. Sin embargo, pese a la ilusión de equivalencia que posan los *shopping*, haciéndose pasar por plazas y calles más modernas, limpias, lindas, ascépticas y tranquilas (en contraste con el espacio público viejo, sucio, feo, contaminado y peligroso), como advierte Herbert Schiller, lo cierto es que "allí" la ciudadanía deja de ser ciudadanía, deja de ser público, y se convierte en masa de consumidores. Los derechos del ciudadano quedan recortados al entrar en territorios privados, regidos por los propietarios, los gerentes, sus técnicos y consejeros, sus administradores, superintendentes y policías propios. El consumidor allí es apenas un visitante temporal sometido a los designios del propietario. Aun si dentro de ciertos límites legales, es éste y no aquél quien fija el orden de esta "micro-ciudad-estado", sus leyes, su clima, su paisaje, sus horarios, su población, lo que está permitido hacer y lo que no, lo que se puede decir y lo que no, cómo ha de vestirse, cómo ha de comportarse, qué se puede vender y qué no se puede vender, a qué hora se entra y a qué hora se sale. Hasta la vigilancia y la policía responden al dueño y no al Estado o al ciudadano. En otras palabras, lo que se presenta en apariencia como un espacio civil, abierto y democrático o un espectáculo de masas donde "el pueblo es el protagonista", no es sino un gran supermercado, privado, cerrado y gobernado por intereses privados, cuyo principio rector es el del beneficio económico, la rentabilidad, por sobre toda consideración estética, ética, política o de otra índole.

[14] En la base del ocultamiento o de una representación distorsionada del espacio se hallan dos operaciones fundamentales que Edward Soja describe como *la ilusión de la transparencia* y *la ilusión de la opacidad*. Ambas operaciones tienen por consecuencia perder de vista u ocultar el carácter espacial de los fenómenos, de la red o circuito del que es parte cada acto, y que sólo se puede visualizar en base a identidades y relaciones espaciales. *La ilusión de la opacidad*, "reifica el espacio, induciendo a la miopía que sólo ve una materialidad superficial, espacios a ser medidos y descriptos fenomenológicamente, pero nada más. Es el espacio de la cartografía cartesiana ..." (Soja 7). Su resultado es tender un muro alrededor de nuestro mundo inmediato, pretendiendo de esa manera desconectar lo inmediato de lo más lejano. Es el recurso del aislamiento, del "no querer saber ni preguntar", incapaz de establecer significados y relaciones, que decide no correr los velos, no mirar detrás de las cortinas, no descubrir las vísceras mecánicas de las cosas, los hilos invisibles, no ver más allá del jardín, del estacionamiento, o del barrio; no ver a dónde van o de dónde vienen las cosas, las ideas, las fotos, a dónde van las bombas o las medicinas experimentales, o falladas, de dónde vienen los marines, los bebés en venta o los riñones. Bajo la ilusión de la opacidad el mundo de los fenómenos se nos presenta obsceno, ilegible, impenetrable, incomprensible, sin significación. Sobre esta opacidad, se construye por ejemplo la falacia de la noción de "la isla de gente afortunada"

(espacio de prosperidad) rodeado por un mundo infernal e infrahumano, del que escapan quienes hoy hacen cola para ingresar a la isla afortunada, para pasar del "pasado que continua acercándose a la edad media", al "eterno futuro del presente metropolitano". De manera complementaria, *la ilusión de la transparencia* "desmaterializa el espacio transformándolo en idea y en representación puras. Es un modo de pensar que nos impide de ver la construcción social de las geografías afectivas, la concretización de las relaciones sociales producto de una determinada espacialidad, el espacio como abstracción concreta, jeroglífico social similar al de la forma de la mercancía ..." (Soja 7). Es el recurso de desmaterializar la vida cotidiana, la vida social, de desterritorializarla mediante una operación mental de enajenación voluntaria. Es "la mirada de *zombie*", la mirada perdida o fuera de foco que mira sin ver, atravesando, salteando, negando el mundo sensual y concreto. Es el recurso de hacer desaparecer o pretender evaporar aquello que está enfrente, lo cual tornamos invisible, inexistente. Como resultado, pretendemos que "existe sólo *lo que parte* de nuestra conciencia", y que según antigua creencia renacentista, proyectamos a través de los ojos. Tanto el recurso de la opacidad como el de la transparencia son operaciones de mala fe. Tal manipulación de la cualidad y naturaleza espacial de los fenómenos produce una versión reificada y fetichista de la vida social, de los fenómenos, de los objetos, y desemboca en su incomprensión o explicación falsa. Los fenómenos parecen ocurrir milagrosamente, espontáneamente, sin institucionalidad ni forma aparente. Los objetos cobran vida propia. La parte pasa por el todo. Unas partes ocultan otras. Impiden visualizar los fenómenos como una totalidad. Hacen posible desentenderse y no asumir la responsabilidad de ser parte de un circuito o cadena que nos expone como cuerpos culpables, cómplices, delictivos, angurrientos, expropiadores, depredadores, contaminantes. Quienes hoy vuelven una vez más a insistir y a celebrar el comienzo de una nueva era de progreso y de oportunidades, o del carácter insuperable del actual modelo cultural para satisfacer las necesidades, los deseos y los derechos humanos ("la posmodernidad", "el fin de la ideología", "el fin de la historia") vuelven a apoyarse una vez más en construcciones ideológicas como la ilusión de la transparencia y de la opacidad; la primera, reformulada en el tropo neoliberal del "mundo como una gran planisferio abierto y sin barreras", donde como consecuencia de la revolución tecnológica y el capitalismo sin trabas "ahora sí todo circula en todas direcciones, todos han sido finalmente liberados, y donde todo llega a todos lados sin frenos ni intervenciones de ningún tipo" — automática, electrónicamente. La segunda, reciclada en términos de repliegue, encierro, aislamiento, provincialismo, etnocentrismo, nacionalismo, racismo, corporativismo, desinterés por el conjunto de la humanidad, o por comprender el grado y el modo en que cada parte se conecta y afecta la totalidad.

Barilli, Renato. *A Course on Aesthetics*. Minneapolis: University of Minnesota Press, 1989.

Barrán, José Pedro. *Historia de la sensibilidad de los uruguayos*. 2 tomos. "La cultura bárbara" (1800-1860)/"El disciplinamiento" (1860-1920). Montevideo: Ediciones de la Banda Oriental/Facultad de Humanidades, 1990.

Benjamin, Walter. *Reflections*. New York: Schocken, 1986.

Bourdieu, Pierre. "The Intellectual Field: A World Apart". *In Other Words. Essays Towards a Reflexive Sociology*. Stanford, CA: Stanford University Press, 1990. 140.

Brunner, José J. *La cultura autoritaria en Chile*. Santiago: Facultad Latinoamericana de Ciencias Sociales, 1981.

Calvino, Italo. *Invisible Cities*. Orlando, FL: Hartcourt, Brace & Co., 1972.

Certeau, Michael de. *The Practice of Everyday Life*. Berkeley: University of California Press, 1984.

Davis, Mike. *Beyond Blade Runner: Urban Control/The Ecology of Fear*. Westfield, NJ: Open Magazine, 1992.

Eagleton, Terry. *The Ideology of the Aesthetic*. Cambridge, MA: Basil Blackwell, 1990.

Fusco, Renato de. *Arquitectura como "mass medium"*. Barcelona: Anagrama, 1967.

Fernández, Guillermo D. "Libertad, el shopping y la sociedad de los dos tercios". *Brecha* (22/VII/1994).

Franco, Jean. "What is left of the Latin American Intelligentsia?" "Report on Culture", *North American Conference on Latin America (NACLA)* 28/2, (Sept-Oct, 1994).

Galeano, Eduardo. *El libro de los abrazos*. Montevideo: Ediciones del Chanchito, 1989.

Gallagher, Winifred. *The Power of Place. How Our Surroundings Shape Our Thoughts, Emotions, and Actions*. New York: Harper Perennial, 1993.

Gidden, Anthony. *The Transformation of Intimacy*. Stanford, CA: Stanford University Press, 1992.

_____ *A Contemporary Critique of Historical Materialism*. Berkeley: University of California Press, 1981.

Grosz, Elizabeth. "Bodies-Cities". *Sexuality and Space*. Beatriz Colomina, ed. Princeton, NJ: Princeton Architectural Press, 1992.

Grupo de Estudios Urbanos, *Una ciudad sin memoria*. Montevideo: Prisma, 1983.

Habermas, Jürgen. *The Structural Transformation of the Public Sphere: An Inquiry into a Category of Bourgeois Society.* Cambridge, MA: The MIT Press, 1989.

Hall, Edward T. *The Hidden Dimension.* Garden City, NY: Anchor Books, 1969.

_____ *The Silent Language.* Greenwich, CT: Fawcett Publications, 1959.

Harvey, David. *Consciousness and the Urban Experience. Studies in the History and Theory of Capitalist Urbanization.* Baltimore, MD: The John Hopkins University Press, 1985.

_____ "The Urbanization of Consciousness". *Consciousness and the Urban Experience. Studies in the History and Theory of Capitalist Urbanization.* Baltimore, MD: The John Hopkins University Press, 1985.

Heller, Agnes. *Sociología de la vida cotidiana.* Barcelona: Península, 1977.

Holub, Robert. *Jürgen Habermas, Critic in the Public Sphere.* London/New York: Routledge, 1991.

Hopenhayn, Martín. "Postmodernism and Neoliberalism in Latin America". *The Postmodern Debate in Latin America.* John Beverley y José Oviedo, eds. *Boundary* 2/3 (Duke University Press, 1993).

Lefebvre, Henri. *The Production of Space.* Oxford, UK: Blackwell, 1993.

_____ *The Critique of Everyday Life.* London: Verso, 1991.

Machiavelli, *The Prince.* Arlington Heights, IL: AHM Publishing Corp., 1947.

Lowe, Donald. *History of Bourgeois Perception.* Chicago: University of Chicago Press, 1982.

Ortiz, Fernando. *Contrapunteo cubano del tabaco y el azúcar.* Caracas: Biblioteca Ayacucho, 1978.

Perelli, Carina. "La manipulación política de la memoria colectiva". *De mitos y memorias políticas. La represión, el miedo y después ....* Carina Perelli y Juan Rial, eds. Montevideo: Ediciones de la Banda Oriental, 1986.

_____ "El poder de la memoria. La memoria del poder". *Represión, exilio y democracia: La cultura uruguaya.* Saúl Sosnowski, comp. Montevideo: Ediciones de la Banda Oriental/University of Maryland, 1987.

Rama, Ángel. "Más allá de la ciudad letrada". Entrevista de Mario Szichman en *Espejo de escritores.* Reina Roffé, ed. Hanover, NH: Ediciones del Norte, 1985. 211.

_____ *La ciudad letrada.* Hanover, NH: Ediciones del Norte, 1984.

_____ *Transculturación narrativa en América Latina.* México: Siglo XXI, 1982.

Remedi, Gustavo. "Los lenguajes de la conciencia histórica: A propósito de *Una ciudad sin memoria". Memoria colectiva y política del olvido: Argentina y Uruguay, 1970-1990.* Adriana Bergero y Fernando Reati, eds. Buenos Aires: Editorial Beatriz Viterbo, 1996.

_____ "Esfera pública popular y transculturadores populares". *Hermenéuticas de lo popular*. Hernán Vidal, ed. Minneapolis: Institute for the Study of Ideologies & Literature, 1992.

Rial, Juan. "El imaginario social uruguayo y la dictadura". *De mitos y memorias políticas. La represión, el miedo y después* .... Carina Perelli y Juan Rial, eds. Montevideo: Ediciones de la Banda Oriental, 1986.

Sarlo, Beatriz. "The Aesthetics of Domination". "Report on Culture", *North American Conference on Latin America (NACLA)* 28/2, (Sept-Oct, 1994).

Schiller, Herbert. *Culture. Inc. The Corporate Takeover of Public Expression*. New York: Oxford University Press, 1989.

Soja, Edward. *Postmodern Geographies. The Reassertion of Space in Critical Social Theory*. London: Verso, 1989.

Venturi, Robert, et al. *Learning from Las Vegas*. Cambridge, MA: The MIT Press, 1971.

Viñar, Maren y Marcelo Viñar. *Fracturas de la memoria*. Montevideo: TRILCE Ediciones, 1993.

Yates, Frances. *The Art of Memory*. Chicago: The University of Chicago Press, 1966.

Los vecindarios de *La ciudad letrada*
Variaciones filosóficas sobre un tema de Ángel Rama

Santiago Castro-Gómez

Para alguien formado en la tradición académica de la filosofía resulta particularmente estimulante —y a la vez difícil— confrontarse con la obra de un pensador como Ángel Rama. Estimulante, porque me da la oportunidad de dialogar con el trabajo de colegas que, como yo, se ocupan de ese resbaloso objeto del saber llamado "Latinoamérica". Difícil, porque mi lectura de Rama viene condicionada por metodologías, cuestionamientos y preocupaciones teóricas que desbordan con mucho las fronteras de la crítica literaria. Para mi fortuna, en los últimos años se ha venido produciendo un desplazamiento de esas fronteras, una redefinición de las pertenencias de los saberes a cánones predeterminados, así como una saludable crítica a la universalidad del método científico y a la pureza del saber teórico. Esto me permite acercarme al pensamiento de Rama sin la tradicional arrogancia con que son "socializados" los filósofos, pero también sin la impresión de que estoy penetrando en territorios prohibidos, vigilados por expertos a los que tendría que pagar peaje.

Mi interés por la obra de Rama se enmarca en un proyecto teórico iniciado en la *Crítica de la razón latinoamericana* (Castro-Gómez). Allí me ocupé de investigar cuáles fueron los órdenes del saber desde los cuales se construyeron en el siglo XX una serie de narrativas filosóficas sobre "Latinoamérica" y "lo latinoamericano". La crítica de Rama a las prácticas escriturales me abrió el camino para deconstruir ciertos discursos que presentaban a los letrados como representantes de la "autoconciencia latinoamericana" (L. Zea, A. Roig), o como profetas autorizados moralmente para hablar por los excluidos (E. Dussel). Pero era de esperar que un libro como *La ciudad letrada*, tan lleno de sugerencias, genialidades y contrastes, estimulara mi imaginación para pensar en otro tipo de preguntas: ¿Hasta qué punto se puede leer *La ciudad letrada* de Rama como una *ontología del presente*?; es decir, como un intento de responder a la pregunta: ¿Quiénes somos en este momento preciso de la historia, en tiempos de la globalización? Rama como un pensador a través del cual podemos mirar hacia las capas arqueológicas del siglo XIX y entender qué es lo que sostiene y hace posible un presente que nos plantea la necesidad de redefinir constantemente nuestra subjetividad. Buscar algunas pistas para la conceptualización de tales interrogantes es el propósito de este ensayo.

Al comienzo de su libro *La ciudad letrada*, el crítico uruguayo menciona la interpretación que hace Foucault de la Lógica de Port Royal en *Las palabras y las cosas* (Rama, *La ciudad letrada* 4). Se trata, a mi parecer, de una alusión central en el proyecto teórico de Rama, pues a través de ella ganará los elementos conceptuales que le permitirán articular la noción de "ciudad letrada". En ese pasaje, Foucault habla de una ruptura epistemológica frente al orden del saber que había predominado en Europa desde comienzos del siglo XV (Foucault, *Las palabras* 64ss.). Si durante el renacimiento los saberes se constituían sobre la hipótesis de una similitud ontológica entre las palabras y las cosas, la episteme clásica del siglo XVII plantea un desdoblamiento entre significados y significantes. Este desplazamiento se había producido ya en las obras de Descartes, pero Foucault prefiere ilustrar su punto acudiendo a la famosa Gramática de Port Royal. Allí se muestra la necesidad de interponer, entre las palabras y las cosas, un tercer elemento (el *signo*) que aparece directamente a la mente humana como "representante" de la realidad empírica. El conocimiento ya no vendrá definido por su referencia al mundo de las cosas, tal como éstas se dan empíricamente, sino al mundo de las representaciones, en donde las cosas se presentan ya "significadas" a la mente del sujeto que conoce. De este modo se da inicio al *primado de la representación*, en donde la relación de lo significante con lo significado se aloja en el espacio del saber. Éste pasa a funcionar como enlace único entre las representaciones, transformándose así en naturaleza segunda, en la "gramática" que empieza a permear todas las prácticas sociales.

Lo que me interesa resaltar en la mención que hace Rama de Foucault es precisamente la conexión entre la "gramática" de la representación y las prácticas discursivas. El teórico uruguayo sabe que la modernidad arrastra un tipo de instituciones y de prácticas fundadas en la reflexividad de los saberes. Articulados en el interior de relaciones de fuerzas, los saberes no valen tanto por la verdad en ellos inscrita, como por los efectos prácticos de su institucionalización en la "ciudad letrada". De ahí la distancia de Rama frente a aquella tradición que encierra a la literatura en los límites metafísicos de una "racionalidad estética", para ocuparse, más bien, de las *prácticas* literarias, de la forma en que los saberes humanísticos han jugado en Latinoamérica como instrumentos hegemónicos.

Afirma Rama que, después de las guerras de independencia, el poder de la escritura estuvo ligado a determinadas "políticas de la representación" (Rama, *La ciudad letrada* 41ss.). Fueron los letrados quienes, actuando bajo la autoridad del conocimiento, elaboraron una serie de cartografías tendientes a "fundar" las nacionalidades latinoamericanas. Ellos trazaron las fronteras que separaban lo normal de lo patológico, lo legal de lo ilegal, la civilización de la barbarie. El proyecto fundador de la nación concedió a la escritura un poder legalizador y normativo, institucionalizado mediante constituciones, gramáticas, leyes, códigos morales y saberes filosófico-literarios. Tales prácticas obedecían a la necesidad de crear una sociedad liberal disciplinaria; un cuerpo social en donde todas las formas de subjetividad estuviesen en función del orden de los signos garantizado por el saber. La meta era llegar a ser una "nación moderna", como lo eran Francia, Inglaterra o los Estados Unidos, que pudiese realizar la "entrada" de América Latina en la dinámica del capitalismo internacional. Las "pequeñas historias", aquellas articuladas desde la oralidad y la diferencia, quedaron integradas en los grandes relatos destinados a producir la verdad omnicomprensiva de una "Historia Nacional". De igual manera, el ideal minoritario de la "ciudadanía" y de la "mayoría de edad" *(Mündigkeit)*, se impuso violentamente sobre todas aquellas subjetividades constituidas en base a otros tiempos y lógicas: campesinos, indios, enfermos mentales y corporales, ancianos, homosexuales, e inadaptados de todo tipo. Estas subjetividades tenían que ser castigadas, terapizadas o domesticadas por instancias disciplinarias que la escritura había cuidado previamente en delimitar. Una escritura que, en opinión de Rama, se oponía frontalmente a las prácticas contrahegemónicas de la "ciudad real".

Frente a este modelo interpretativo se han dejado escuchar voces de protesta. Autores como Rolena Adorno, Julio Ramos y Mabel Moraña han señalado que el concepto de la "ciudad letrada", tal como aparece en el discurso de Rama, es demasiado compacto e indiferenciado.[1] Habría que establecer, según estos autores, una distinción entre los diferentes vecindarios que componen esa ciudad, pues no todas las prácticas escriturales cumplieron una función hegemónica y estatizante. También existieron letrados que, operando desde la escritura, gestaron un imaginario liberador y contragehemónico. Ramos afirma que agrupar a personajes tan diferentes como Rodó, Sarmiento y Bello bajo la categoría abstracta de "letrado", solamente porque todos ellos ocuparon cargos públicos, no toma en cuenta los diferentes campos discursivos presupuestos por sus respectivos lenguajes (Ramos 70). Agrega que el concepto de "ciudad letrada" es proyectado a toda la historia latinoamericana, desde el siglo XIX al XIX, como si se tratase de una estructura intemporal y sin fisuras, ignorando las transformaciones históricas de los letrados mismos y de la función social de la letra.

Es indudable que no falta razón a todas estas críticas. Pues dudo mucho que el modelo representacional de la escritura, utilizado por

Foucault para entender los procesos de consolidación de la ciencia durante la ilustración europea en el siglo XVII, pueda transladarse mecánicamente para conceptualizar las prácticas literarias del siglo XVI en América Latina. Aquí habría que diferenciar el concepto de "ciudad letrada" en base a criterios histórico-formales, preguntándonos, por ejemplo, si la naturalización de la letra no estuvo ligada a procesos de racionalización social (en sentido weberiano), que en América Latina tuvieron importancia apenas desde 1870; o si, marcando nuevamente diferencias, el modelo escritural no pierde su caracter explicativo a partir de 1930, cuando la representación por el *discurso* se transforma paulatinamente en la representación por la *imagen*, tal como lo muestra Jesús Martín-Barbero.[2] Lo cierto es que, aunque constituyen un legítimo llamado de atención frente al peligro de las totalizaciones discursivas, las críticas mencionadas no prestan suficiente atención al asunto que me interesa investigar en este ensayo: el problema de la representación y su vinculación a prácticas autoreflexivas. Pues lo que aquí se juega conceptualmente no es tanto la relación biográfica de los intelectuales con el poder centralizador del Estado, o la capacidad de la literatura para producir narrativas contrahegemónicas, sino la gramática social de la escritura, su carácter esencialmente *reflexivo*.

Desde un punto de vista epistémico, la articulación de los saberes bajo el primado de la representación señala la imposibilidad de imaginar al hombre como subjetividad constituyente, productora de "imágenes del mundo", pero, al mismo tiempo —como veremos más adelante— genera procesos de *interacción reflexiva* entre los sujetos sociales y las instituciones escriturarias. En las coordenadas de la "episteme clásica", a la que hace alusión Rama con su lectura de Port Royal, el lenguaje se convierte en instrumento que permite representar representaciones. Un lenguaje será tanto mejor, cuanto mayor sea su capacidad reflexiva. De ahí que la ciencia moderna se constituya sobre la base de un lenguaje capaz de reducir las representaciones a signos matemáticos y dispensarles un orden taxonómico; y de ahí también que los saberes humanísticos se organicen luego sobre un lenguaje representacional de segundo grado (lo que Foucault llama el "duplicado empírico-trascendental"), en donde la naturaleza, el lenguaje y la sociedad surgen como empiricidades situadas más allá de la representación y como condiciones objetivas para todo acto de representar.

No puedo extenderme ahora en la lectura genial que hace Foucault de la representación en *Las palabras y las cosas*. Tan solo quiero enfatizar que el concepto de "ciudad letrada" apunta inicialmente hacia la reflexividad de los saberes y de las prácticas que materializan esos saberes; hacia el surgimiento de mecanismos capaces de representar a la sociedad *como* sociedad, y de sujetos capaces de representarse a sí mismos a través —o en contra— de esas representaciones. Pienso que los conceptos "letrado" y "ciudad letrada", desarrollados por Rama, pudieran servirnos como punto de partida para describir este fenómeno. La categoría "ciudad letrada" se refiere a un tipo de gramática social en donde el conocimiento deviene condición de posibilidad de la representación, mientras que la categoría "letrado" alude, más bien, al tipo de subjetividad que reflexiona desde o en contraposición a esas estructuras de saber. La subjetividad del letrado no preexiste a la consolidación de la escritura como espacio de representación, sino, todo lo contrario, es "producida" desde la representación misma. Esto quiere decir que los saberes no solamente recortan ontológicamente un campo de la realidad y lo proyectan como "objeto de conocimiento", sino que también designan un tipo de subjetividades capaces de reflexionar en los espacios de verdad creados por ese conocimiento. El sujeto de la reflexión y el objeto del conocimiento tienen, pues, una génesis recíproca.

Durante el siglo XIX fue creado desde la representación un objeto de conocimiento llamado la "sociedad" y una serie de saberes tendientes a diagnosticar sus malestares. Estos saberes redistribuían jerárquicamente los signos, de tal manera que unos aparecían como señales patológicas, mientras que otros aparecían como señales de cura. Las deformaciones de la raza, los hábitos mentales de la Colonia, el imperialismo norteamericano o las viscicitudes climático-geográficas podían ser vistas como síntomas de la enfermedad de las naciones hispanoamericanas. El industrialismo, la revolución, la inmigración extranjera o la estetización de la vida social podían aparecer, en cambio, como el remedio para la misma, como el tónico que revitalizaría el cuerpo decrépito de nuestras sociedades y permitiría su "tránsito" definitivo hacia la modernidad. Por supuesto, también podía ocurrir lo contrario: los signos de salud podían transformarse en signos de enfermedad, y los signos de libertad en signos de opresión. Todo dependía de los mecanismos por los cuales circulasen las diferentes observaciones.

Pero a la configuración de este tipo de objetos del saber y de técnicas de interpretación corresponde la emergencia de un tipo de subjetividad. De la misma manera que no puede haber una representación colectiva de lo que significa ser "médico" sin la existencia de un saber llamado "medicina", tampoco es dable entender la construcción social de una subjetividad llamada "el letrado" sin la existencia de unos saberes de auto-observación social. Para continuar con la analogía, podría decirse que, en las sociedades latinoamericanas del siglo XIX, el letrado asumió el papel del médico. Él era el encargado de examinar el cuerpo enfermo de la sociedad, de auscultar panópticamente su alma, de fotografiar sus hábitos, de comparar sus manifestaciones con las de cuerpos lejanos que él consideraba "sanos". Autorizado por el privilegio de su saber, el letrado podía escudriñar en la profundidad de las costumbres, de la moralidad y de las instituciones sociales, para decidir que ya no podíamos seguir siendo lo que habíamos sido, y que teníamos que alcanzar la verdad alcanzada por otros. Él asume la función de observar al enfermo, pero también de observarse a sí mismo en sus propias observaciones. Se veía como un profeta, llamado a "representar" la voz de los que no tenían voz, de transmitir a los iletrados una verdad que debía ser impuesta sobre el error, y hasta de ofrendar su vida por la patria como libación por la universalidad de sus ideas. Observándose en los saberes que observaban, el letrado se sentía portador de una promesa. Se veía como constructor de identidades, como guía de los ciegos, como actor protagónico de transformaciones sociales.

La escritura es, pues, un espacio de representación que durante el siglo XIX posibilitó la emergencia de reflexiones cognitivas sobre las sociedades latinoamericanas, pero también la formación de subjetividades, también reflexivas, que interactuaban con los saberes institucionalizados. Aunque ambos elementos se encontraban sustancialmente ligados, Rama no consiguió pensar diferenciadamente las interacciones que se llevaban a cabo. Para él, los sujetos que la letra produce son una especie de administradores ya domesticados, y la letra misma es un mecanismo vertical de opresión que se impone violentamente sobre todo el cuerpo social. Recojo en este sentido las críticas de Ramos, Moraña y Adorno para reformularlas de la siguiente manera: Rama trabaja con una concepción demasiado estrecha de la letra que la reduce a su reflexividad *cognitiva*, dejando por fuera otros ámbitos, también escriturarios, de auto-observación. Tales ámbitos escapan al concepto meramente jurídico-disciplinario de la letra y nos permiten pensar la "ciudad letrada" como una institución reflexiva. Este es el problema que quisiera tratar a continuación.

2. La ciudad letrada como "institución reflexiva"

Ya hemos visto que, siguiendo las tesis de Rama, no es posible concebir a los letrados por fuera de la ciudad letrada, como si habitaran en un espacio incontaminado por la hegemonía social. Para él, los letrados hablan desde la hegemonía porque operan como *usuarios* de unos signos que constituyen el *apriori* de su discursividad. El letrado decimonónico hablaba desde una episteme que integraba la verdad de los discursos en espacios definidos por el orden, la armonía y la belleza, de acuerdo a la dinámica marcada por los procesos de modernización. Los letrados, nos dice Rama, no son los héroes que, por voluntad propia, "rompen" las estructuras epistémicas impuestas por los procesos de autoreproducción social, por la sencilla razón de que no pueden trascenderlas.

Quisiera retomar en este punto la argumentación de Rama para defender la siguiente tesis: el caracter representacional de la escritura no debiera ser pensado bajo los marcos de un paradigma cognitivo-instrumental, que recluye la reflexión en los marcos estrechos de la institucionalidad de los saberes, y que, por lo mismo, establece una separación ontológica entre los habitantes de la "ciudad real" y los habitantes de la "ciudad letrada". Propongo trabajar con un concepto representacional de la escritura que incluya, además de la reflexividad *cognitiva*, también una reflexividad *hermenéutica* y una reflexividad *estética*.[3] Tal procedimiento tiene, a mi juicio, varias ventajas: no sólo permitiría superar la identificación unilateral que hace Rama entre la escritura y el poder hegemónico, sino que mostraría también la capacidad de la ciudad letrada para generar espacios de transgresión. Además permitiría reconocer los distintos tipos de prácticas contrahegemónicas al interior de la ciudad letrada y trazar diferenciadamente los contornos de sus vecindarios. En lugar, pues, de continuar ligando el problema de la contrahegemonía a determinadas "políticas de la representación" (Spivak) llevadas a cabo por intelectuales, ¿por qué no entender esta ciudad como una *institución reflexiva*, capaz no solo de "vigilar y castigar", sino también de domesticar y transformar sus propias reglas? Trataré de explicar brevemente —y a riesgo de caer en esquematismos— el concepto de "institución reflexiva".

La invención de la escritura significó un cambio fundamental en la forma como las personas y los colectivos se entendían a sí mismos en el interior de un orden social. En sociedades iletradas, la orientación de los actores venía determinada por su apego a un orden incuestionado, frente al cual ninguno de ellos podía adoptar lo que Habermas llamaría una "perspectiva de observación". Los límites de la propia cultura, transmitida oralmente de generación en generación, eran también los límites en que transcurría la acción de los actores sociales. Ninguno podía observarse a sí mismo, ni observar tampoco la totalidad de su propio mundo. Cada cual asumía unos roles asignados de antemano por la tradición, que aprendía ritualmente a través de la repetición conductual. Pero cuando aparece la escritura, las cosas se transforman radicalmente. Ahora los procesos de aprendizaje no discurren a través de la repetición, sino de la observación a través de un *saber* almacenado simbólicamente. Algunos grupos de la sociedad (las castas sacerdotales, la nobleza) empiezan a mirarse a sí mismos en el espejo de la escritura. La tradición empieza a ser observada *como* tradición y, consecuentemente, a perder su fuerza vinculante en la medida en que es convertida en "objeto" discursivo. Lo cual significa que los actores sociales empiezan a percibirse a sí mismos en su diferencialidad, y ya no como parte de un todo que los trasciende.[4]

Pero este fenómeno adquiere dimensiones bien diferentes en sociedades "modernas" o sometidas a procesos avanzados de modernización. Aquí la escritura se convierte en una estructura representacional, que desborda los límites de una casta sacerdotal y pasa a funcionar como "naturaleza segunda" de la sociedad. Los saberes escriturarios quedan implementados en la estructura social — principalmente en la estructura urbana— y operan mediante instituciones como la economía, la política, el derecho, la ciencia y la educación. Estos subsistemas funcionan sobre la base de saberes reflexivos administrados por "expertos", de acuerdo a la lógica misma de autoconservación social. Aparecen así lo que Beatriz González Stephan llama "economías fundacionales": las gramáticas, los manuales de urbanidad, las escuelas, los saberes humanísticos, las estructuras político-jurídicas del estado-nación (González Stephan 17ss). Todos estos mecanismos son reflexivos, en la medida en que permiten (normativamente) que algunos sujetos se observen a sí mismos *como parte del sistema* y establezcan diferencias excluyentes frente a otros sujetos. Es lo que sucedió en el siglo XIX, cuando las elites criollas buscaron, a través de la letra, separarse de los indios, los negros y los mulatos, para identificarse con la burguesía europea.

No obstante, la naturalización de la escritura permite también un tipo de reflexividad ya no cognitiva sino *hermenéutica*. Aquí la auto-observación no viene impulsada por imperativos de orden sistémico, sino por la experiencia dolorosa de la exclusión. Frente a los mecanismos excluyentes de la escritura hegemónica, la escritura misma permite una serie de interpretaciones reflexivas en donde los grupos excluidos pueden desdoblarse, realizar observaciones de sus propias prácticas, compararlas con prácticas ajenas y elaborar sus propias "políticas de la representación". Así, la escritura permite que algunos colectivos se observen, ya no como parte del sistema, sino como excluidos por él. Obrando como una hermenéutica de la exclusión, la escritura permitió la auto-observación a una serie de sujetos que no existían durante la Colonia, o que se encontraban en la "penumbra" (M. de Certau). No me refiero sólo a los jóvenes criollos o mestizos que se trasladaron de las provincias a los centros culturales, a menudo sin dinero, con la esperanza de acceder —mediante la educación superior— a espacios de influencia política que les estaban vedados anteriormente por causa de su proveniencia. Me refiero, sobre todo, a la aparición de nuevos grupos sociales tales como el artesanado urbano (impresores, sastres, zapateros, panaderos), las clases medias administrativas, profesionales y comerciales, así como las organizaciones laborales (trabajadores ferroviarios, portuarios y de la construcción). Ninguno de estos grupos tenía acceso a la elite ni a la clase alta, pero la urbanización les conectó vitalmente con el espacio representacional de la "ciudad letrada". No en vano fue al interior de estos grupos que las ideas igualitarias y libertarias, aseguradas desde la escritura, encontraron mayor aceptación.

Pero el potencial reflexivo de la escritura generó también una reflexividad de orden *estético*, que tuvo como sujetos a letrados inconformes. También aquí juega un papel importante el sentimiento de la exclusión y la necesidad de interpretarse como excluidos. Pero a diferencia de la reflexividad hermenéutica, los sujetos en cuestión no son colectivos sino *individuos*, en su mayoría pertenecientes a las burguesías urbanas, que eran excluidos del sistema a causa de su "otredad" (homosexuales, mujeres, anarquistas, bohemios, aristócratas inadaptados a las nuevas dinámicas sociales, etc.). Para estos individuos, las prácticas literarias eran un medio para observarse en su alteridad y elaborar políticas contrahegemónicas de representación. Estamos, pues, frente a un "proletariado intelectual" (I.M. Zavala) que emerge hacia finales del siglo XX en algunas ciudades latinoamericanas y genera un conjunto de imaginarios sociales bajo la rúbrica de una "estética de lo bello".[5]

Convertida en "naturaleza segunda" por los procesos de modernización, la escritura quedó revestida en América Latina de una *estructura dual*. Esto quiere decir que, al mismo tiempo que restringía normativamente determinadas conductas, abría espacios de acción que resultaban impensables en el ámbito del mundo colonial. El poder circulaba en ella no sólo como mecanismo de disciplina, sino también como medio de auto-observación. En otras palabras —y como ya lo vieran Nietzsche, Deleuze y Foucault—, el poder no es algo que necesariamente reprime, sino también es algo que libera. Las acciones contrahegemónicas y las fantasías de liberación presentes en lo que Rama denomina la "ciudad real", no pueden ser pensadas como exteriores a la escritura, sino como posibilitadas por sus "recursos" (Giddens) inherentes. Los sujetos excluidos pueden observarse a sí mismos, objetivar sus propios intereses y justificarlos discursivamente a través de la letra. Son, pues, las políticas de la representación (*Darstellung*) llevadas a cabo por esos sujetos, y no sólo la representatividad (*Vertretung*) de los intelectuales, las que logran desplazar las fronteras de la ciudad letrada y transformar el orden simbólico-jurídico de sus estructuras.[6]

He relacionado la institucionalización de la escritura con procesos formales de diferenciación, representación y desterritorialización en las sociedades latinoamericanas del siglo XIX. Quisiera finalizar con algunas reflexiones adicionales al respecto. Tal como lo advirtió Rama, el primado de la representación estuvo vinculado en esa época con la configuración de las ciudades y, en este contexto, con la emergencia de nuevas

131

tecnologías de la comunicación: el telégrafo, los ferrocarriles, el cable submarino, la navegación a vapor. La demanda que había en los mercados europeos de la gran variedad de alimentos y materias primas provenientes de Latinoamérica, exigía la inmediata reducción de las distancias. Las líneas ferroviarias permitían transportar rápidamente los productos del interior hacia los puertos, y los barcos a vapor redujeron considerablemente la travesía del Atlántico. Esta reducción de las distancias conllevó lo que David Harvey ha llamado una *compresión* del espacio y el tiempo (Harvey). La convergencia de personas socializadas en espacios y tiempos diferentes generó un doble movimiento de dislocación y re-territorialización de la cultura, en el que las pertenencias a espacios regionales o nacionales empezaron a quedar integradas en un marco de acción transnacional. La economía fue, obviamente, una de las instituciones mayor afectadas por esta dinámica, pero también lo fueron el derecho, la educación y la política.

Decisiones fundadas en el conocimiento y tomadas por agencias ubicadas muy lejos en el tiempo y el espacio, empezaron a afectar directamente la vida de miles de personas en América Latina. Queriéndolo o no, estas personas se vieron envueltas vitalmente en una red global de interacciones que les exigía mayor reflexividad, mayor independencia frente a la presencialidad del referente, mayor capacidad de observar. La ciudad letrada no se encontraba confinada en los límites del estado-nación (como creía Rama), sino que era una estructura global de comunicación por la que circulaba un saber desterritorializado. Se desencadenaron procesos de reflexión que afectaron no sólo la manera como la sociedad se observaba a sí misma a nivel cognitivo, sino también la manera en que determinados individuos o grupos excluidos empezaron a reconocerse, estética o hermenéuticamente, como sujetos *diferentes*. El concepto de "ciudad letrada" nos ayuda a entender, en suma, que ya desde finales del siglo XIX se encontraban *in nuce* los procesos de reflexividad y globalización en los que viven hoy, de manera evidente, la mayor parte de los latinoamericanos.

NOTAS

[1] Véanse Moraña 48, Ramos 68-69 y Adorno 3-24.

[2] Véase Martín-Barbero, *De los medios a las mediaciones. Comunicación, cultura y hegemonía*. Véase también la entrevista "Nosotros habíamos hecho estudios culturales mucho antes de que esta etiqueta apareciera" en *Dissens* 3 (1997).

[3] Esta división tripartita se encuentra ciertamente inspirada por Kant, pero no sigue los lineamientos normativos trazados por autores como Apel y Habermas. Pienso, más bien, en las nuevas teorías sobre la "modernización reflexiva" llevadas adelante por sociólogos como Ulrich Beck, Anthony Giddens y Scott Lash.

[4] Véase Giddens, 256-257, 319.
[5] De este problema me he ocupado ampliamente en mi texto "Imaginarios sociales y estética de lo bello en el modernismo hipanoamericano", en: S. Castro-Gómez, 121-143.
[6] Utilizo aquí la distinción hecha por Gayatri Spivak entre representación como "Vertretung" (tomar la palabra por otro) y representación como "Darstellung" (escenificación). Véase Spivak.

BIBLIOGRAFÍA

Adorno, Rolena. "*La ciudad letrada* y los discursos coloniales". *Hispanoamérica* 48 (University of Maryland, 1987): 3-24.

Beck, Ulrich, Anthony Giddens y Scott Lash. *Reflexive Modernisierung. Eine Kontroverse.* Frankfurt: Suhrkamp, 1996. Edición en inglés: *Reflexive Modernization.* Cambridge: Polity Press, 1994.

Castro-Gómez, Santiago. *Crítica de la razón latinoamericana.* Barcelona: Puvill Libros, 1996.

Foucault, Michael *Las palabras y las cosas. Una arqueología de las ciencias humanas.* Barcelona: Planeta-Agostini, 1984.

Giddens, Anthony. *Die Konstitution der Gesellschaft. Grundzüge einer Theorie der Strukturierung.* Frankfurt/New York: Campus Verlag, 1995. (Original: *The Constitution of Society. Outline of the Theory of Structuration.* Cambridge: Polity-Press, 1984).

González Stephan, Beatriz. "Economías fundacionales. Diseño del cuerpo ciudadano". *Cultura y Tercer Mundo. Nuevas identidades ciudadanas.* Caracas: Editorial Nueva Sociedad, 1996.

Harvey, D. *The Condition of Postmodernity. An Enquiry into the Origins of Cultural Change.* New York: Basil Blackwell, 1980.

Martín-Barbero, Jesús. *De los medios a las mediaciones. Comunicación, cultura y hegemonía.* Barcelona: Editorial Gustavo Gili, 1987.

_____ "Nosotros habíamos hecho estudios culturales mucho antes de que esta etiqueta apareciera" (Entrevista). *Dissens* 3 (1997).

Moraña, Mabel. "De *La ciudad letrada* al imaginario nacionalista: Contribuciones de Ángel Rama a la invención de América". Beatriz González Stephan, Javier Lasarte, Graciela Montaldo, María Julia Daroqui, eds. *Esplendores y miserias del siglo XIX. Cultura y sociedad en América Latina.* Caracas: Monte Ávila Editores, 1995. 41-51.

Rama, Ángel. *La ciudad letrada.* Hanover: Ediciones del Norte, 1984.

Ramos, Julio. *Desencuentros de la modernidad en América Latina. Literatura y política en el siglo XIX.* México: Fondo de Cultura Económica, 1989.

Spivak, Gayatri. "Can the Subaltern Speak?". Williams y L. Chrisman, *Coloniale Discourse and Post-colonial Theory. A Reader.* New York: Columbia University Press, 1994. 66-111.

DEBATES DE LA TRANSCULTURACIÓN

Ideología de la transculturación

Mabel Moraña

Como es el caso con muchas nociones recurrentes dentro del campo de los estudios culturales latinoamericanos, la de *transculturación* ha persistido en el discurso crítico de las últimas décadas, en gran medida gracias al incesante proceso de recontextualización y resemantización que la articula a áreas, períodos, disciplinas y proyectos ideológicos diversos.[1]

Como las nociones de hibridez, sincretismo, heterogeneidad, otredad, neobarroco, y tantas otras que se inscriben dentro del mismo campo teórico, la de transculturación se fundamenta en el trasiego interdisciplinario que se propone dar cuenta de las dinámicas globales de un continente que debe a su condición neocolonial no sólo las tragedias de su historia sino también sus marcas de especificidad socio-cultural.

Sin caer en ningún tipo de fundamentalismo latinoamericanista, conviene sin embargo recordar que, como Rama sugiere en muchos de sus textos, aunque la crítica no constituye ni reemplaza a la obra criticada, sí la emplaza e interpela a partir de modelos teóricos que responden a su propia teleología.[2]

Si la crítica literaria no constituye el texto literario, sí lo institucionaliza como praxis cultural y como *corpus*, le superpone, para bien o para mal, organicidad a través de lecturas y palimpsestos interpretativos, convirtiendo el objeto de estudio en constructo ideológico. En este sentido, al relevar la obra o la *praxis* cultural de que se trate, la crítica no ya devela o revela su objeto sino que más bien vela sus contenidos, su remota e inapresable intencionalidad, con la opacidad de su elaboración.

Si bien es cierto que la obra no existe socialmente antes ni afuera de esas operaciones interpretativas, también es cierto que éstas ilustran muchas veces más sobre el sujeto interpretante, sus coyunturas históricas, teóricas y personales, que sobre los objetos de esa interpetación.

El objetivo de estas notas es justamente reflexionar acerca de la teorización de Rama sobre la transculturación narrativa en tanto praxis crítica que se articula a las alternativas de una América Latina escindida por la polarización político-ideológica y la fracturación de los estados nacionales a efectos de la represión dictatorial, los exilios masivos y la desarticulación de las estructruras de resistencia y organización popular.

Esta situación de discurso tiene un evidente impacto en las teorizaciones de la época. Por un lado entra en crisis la noción misma de culturas nacionales al tiempo que comienza a revisarse el papel del intelectual en los procesos sociales y políticos, las nociones de pueblo y ciudadanía así como los entrecruzamientos entre discurso poético, discurso crítico y discurso político.

En un imaginario latinoamericano marcado a fuego por la experiencia de la desterritorialización, la práctica de una represión dictatorial transnacionalizada sustituye de golpe la utopía renaniana de la nación como una "solidaridad en gran escala", "un plebiscito diario", "una comunión espiritual y psicológica" con la complicidad regionalizada del terrorismo de Estado. Quizá uno de los mayores desafíos de la conciencia latinoamericana de los setenta haya sido tratar de asimilar la imagen dislocada de un continente desagregado y ajeno de sí mismo, que se imagina sin embargo porfiadamente, a nivel nacional y continental, como comunidad posible, desde una posicionalidad carente de consenso, de territorio, situada "en ningún lugar".

Como se sabe, el concepto de transculturación surge en la obra de Rama a mediados de los años setenta, ante el desafío interpretativo que propone la narrativa neoregionalista (Arguedas, Rulfo, Guimarães Rosa, García Márquez) que ante los efectos de la renovación vanguardista pone en crisis en las décadas anteriores tanto el modelo mimético del realismo crítico como la opción fantástica del postmodernismo, reciclando e integrando innovativamente sus recursos estético-ideológicos.[3]

A través de su teorización a propósito de este fenómeno de transferencia o transitividad cultural, Rama explora las relaciones entre universalidad e identidad nacional, y las distancias y mediaciones que permiten a los autores de la transnacionalización una síntesis que elabora y promueve, sin desnaturalizarlos, los contenidos auténticamente americanos y vernáculos.

La cuestión nacional está, evidentemente, en la base de esta elaboración. ¿Qué componentes se articulan en los estados nacionales de la modernidad, y a través de qué equilibrio de fuerzas va organizándose el imaginario colectivo desde la década de los años cuarenta? ¿Cómo opera la alternativa socialista con respecto a la matriz liberal de la que surge la modernización como proyecto de clase caracterizado por esa "pulsión de homogeneización" que Rama reconoce? Ante el cambio avasallante incorporado por la modernidad, ¿dónde situar los contenidos estables que conforman la nacionalidad? ¿Cómo se opera la labor letrada de representación popular? Pero ante todo, ¿cuál es el asiento de "lo popular" dentro de la economía sectorial y de los intercambios socioculturales impulsados por el progreso y la urbanización? Más teóricamente, ¿cómo se constituyen y canalizan discursos contrahegemónicos y contraculturales en sociedades neocoloniales, constitutivamente híbridas, dependientes y marginalizadas?

Si bien el concepto de transculturación se enclava críticamente en la obra de Rama en el área de la literatura, su formulación y desarrollo obviamente se proyectan más allá de la textualidad narrativa, justamente a partir del momento en que la serie literaria es entendida como discurso y praxis cultural, como respuesta crítico-simbólica y proyecto ideológico ante la "aceleración modernizadora" (Rama 206).

El transvase mismo del término de transculturación del campo de la antropología al de los estudios literarios opera a su vez, disciplinariamente, una simbiosis que remeda la que el crítico observa en su objeto de estudio. El análisis de la transculturación narrativa ilustra, en efecto, el avance, dentro de los estudios latinoamericanos, de la antropología cultural como aproximación globalizante a las praxis y productos culturales del continente como superación del sociologismo lukacsiano tanto como de ciertas modalidades de formalismo ahistoricista.[4]

Contribuye a este cambio en el discurso crítico por un lado la polarización política de los setenta, y por otro, a nivel discursivo, la incidencia de la crítica de la industria cultural realizada por Horkheimer y Adorno, del estructuralismo francés (Lévi-Strauss, por ejemplo) y, según otros críticos, también de un marxismo sartreano muy en boga entre los intelectuales latinoamericanos a partir de la Revolución Cubana.[5]

Como crítica de la modernidad, la teorización acerca de la transculturación narrativa parte de una serie de premisas que fundamentan la lectura global.

La primera, que el neoregionalismo surge como respuesta cultural a la pugna entre las culturas urbanas y extranjerizantes, y las locales o regionales que Rama sitúa en el interior de las naciones latinoamericanas, reductos conservatistas y más o menos estables, portadores de la tradición y los contenidos vernáculos.

Segundo, en la visión de Rama la obra de los "transculturadores" crea "los puentes indispensables para rescatar a las culturas regionales" (Rama 207), que tienden a desnaturalizarse por efecto del influjo modernizador, percibido como el proyecto hegemónico y homogeneizante instrumentado por las elites urbanas.

Si el primer punto se dirige principalmente a diseñar los términos a partir de los cuales operaría la dinámica socio-cultural del medio siglo (de los años cuarenta a los sesenta), el segundo se encamina sobre todo a definir la funcionalidad del productor cultural, su "agencia" mediadora y sintetizadora que organiza y racionaliza las fuerzas en conflicto mediante fórmulas de hibridación que absorben el cambio social y lo procesan a través de la formalización de un nuevo orden simbólico.[6]

Respecto a lo primero cabe decir que el diseño dicotómico del que parte el esquema de Rama no es, ni pretende ser, original. La ciudad como unidad y centro dominante, de irradiación de elementos foráneos que las elites aspiran a imponer como proyecto de clase, y el campo (el interior) como espacio idealizado que contiene los fundamentos permanentes de la identidad nacional, ámbito de la autenticidad, de la pluralidad y el pre-racionalismo anti-europeo, matiza sólo en grado las tesis sarmentinas (sobre todo a nivel axiológico), pero mantiene fijo el ideal nacionalista que la estrategia transculturadora ayudaría a preservar.

Como en muchas teorías afincadas en la condición neocolonial latinoamericana, el dualismo ciudad/campo remite al problema etnocéntrico, pero contiene asimismo el peligro de una inversión simétrica que sin suspender la polarización, transmute los valores asignados a uno y otro espacio.

El esquema que propone el espacio interior como utopía y como asiento de la identidad avasallada por la ciudad ("letrada"), espacio del Logos y el Poder, autoriza en ese marco de lectura la visión de las dinámicas nacionales como ejemplos de colonialismo interno, procesos de réplica "a escala" de los imperialismos modernos, legitimando la perspectiva "nacional-populista" que informa la teoría de la transculturación. Al efectuar la síntesis, los transculturadores lograrían promover, en la visión de Rama, una conciliación que respeta la autentidad vernacular y los contenidos propiamente populares que integran la nación neutralizando los efectos de una modernidad a la vez niveladora y desigual.

Difiero en parte con la interpretación que califica de plano la propuesta de Rama como "nacional populista" (D'Allemand) ya que la intención de regionalizar y aún de transnacionalizar el análisis crítico carga obviamente el énfasis en la perspectiva continentalista. Pero entiendo también que la estructuración básica del estudio de Rama parte en efecto de una problematización de lo nacional como matriz burguesa y liberal que recibe el impacto de los proyectos de modernización leídos, en este contexto, como antinacionales y foráneos.[7]

En todo caso, el esquema refuerza la fundamentación dependentista y difusionista tan divulgada en la década de los setenta y tan propicia al desarrollo de la antropología cultural que formaliza el constructo teórico "América Latina" (el Otro, el Tercer Mundo, el subalterno) que recién ahora comienza a entrar en crisis, con los reordenamientos económicos, sociales y teóricos del fin de siglo.

En cuanto al problema de la mediación transculturadora, evidentemente ésta tiene en la conceptualización de Rama un enclave distinto, que reconoce, me parece, su filiación ideológico-filosófica en un gramscismo de tremenda influencia en la izquierda intelectual latinoamericana de esos años.

Creo que el texto de Rama sobre la transculturación narrativa explora prioritariamente, más aún que las lecturas posibles de la narrativa neorregionalista y sus innovaciones y logros técnicos y temáticos el lugar del intelectual dentro de los procesos de modernización, desde la perspectiva de un continente polarizado entre el sueño socialista abierto por la Revolución Cubana y alimentado por la activación de los movimientos de liberación nacional a nivel continental, y el recrudecimiento del autoritarismo y la intervención norteamericana en América Latina.

Creo que Rama escribe desde una posicionalidad conflictiva tributaria, por un lado, del mito del mesianismo de izquierda de los años setenta pero intrigada por analizar los grados posibles y las consecuencias probables de la cooptación del intelectual en sus nuevas modalidades de articulación con el Estado y las instituciones culturales, incluida la praxis de la literatura.

Entre vanguardia y criollismo Rama ve planteada no solamente la lucha por el poder representacional, ni tan sólo una nueva instancia en la redefinición de las identidades colectivas (sectoriales, regionales, nacionales o continentales), sino sobre todo el surgimiento de subjetividades transnacionalizadas que alteran el mapa cultural e ideológico vigente hasta la primera postguerra. En otras palabras, advierte una forma diversa y a su juicio inédita de afiliación letrada a los proyectos múltiples de la modernidad, que cancela la distribución tradicional de roles, temas, y usos de la lengua sobre la que se habían organizado hasta entonces las culturas nacionales.

Ni tan inédita en sus procedimientos ni tan diversa en su significación cultural a otras prácticas coloniales y neocoloniales, la transculturación enfatiza la mediación letrada como praxis de apropiación y re-presentación de contenidos culturales exógenos e internos, que al confluir se integran dialécticamente dando lugar a totalizaciones que son más que la suma de sus partes. Partes que como resultado de esa fusión resultan ellas mismas definitivamente contaminadas por la alteridad: Hernán Cortés nombrado como "la Malinche" por los mexicas que reconocen al conquistador a partir de su relación con Malitzín, la "lengua" que instrumenta su penetración en el imperio azteca, o los *Comentarios reales* como proyecto historiográfico de apropiación de códigos renacentistas y tradiciones incas, o el Barroco de Indias, como producción híbrida a través de la cual el letrado, portador de una modernidad racionalista, autoritaria y eurocéntrica, corroe los códigos imperiales con contenidos y formulaciones gestadas en el interior de las totalidades coloniales. Ejemplos múltiples de una transitividad cultural que está en la naturaleza misma de la condición (neo)colonial y en las narrativas de la otredad americana. Todas ellas emplazan a su modo la "originalidad" de los modelos culturales que penetran con el paquete del Poder en las culturas "interiores" del continente y que al modificarlo se modifican a su vez.

La novedad de los transculturadores del medio siglo consiste, según Rama, en la reducción de la distancia, en la producción de una escritura "desde adentro" que favorece el polo de los sujetos representados, respeta la identidad, legitima las influencias exógenas al utilizarlas para afinar el instrumento crítico y representacional.[8]

Coincido con Schmidt en que el énfasis del sistema literario latinoamericano como sistema unificado sobreimpone al objeto de estudio una organicidad reductivista que no contempla, como en la teoría de Cornejo-Polar sobre heterogeneidad y totalidades conflictivas, la coexistencia de diversos sistemas a nivel nacional y regional, los cuales no pueden ser considerados como meras variantes del sistema hegemónico (sistemas populares o en lenguas nativas, subculturas urbanas, etc.). La subyacente ideología del mestizaje como fórmula conciliatoria y niveladora reduce en la teoría de Rama lo cultural a lo letrado, lo letrado a lo urbano, lo latinoamericano a lo hegemónico, reforzando en este mismo movimiento la posicionalidad del intelectual en los procesos culturales, como representador, traductor e intérprete del sustrato de lo popular, categoría teórica —ideológica— situada a priori en el espacio utópico del interior de la nación, vale decir, en la interioridad de la teoría.

Creo que el modelo de lectura que propone Rama con su estudio de la transculturación narrativa se completa en el análisis de La ciudad letrada, que recorre los procesos de institucionalización cultural de la Colonia a nuestos días en una exploración que sumariamente analiza los efectos y modalidades de la centralidad letrado-escrituraria, y la índole de sus protagonistas. Analiza también los vaivenes y procesos de la inversión simétrica de Horkheimer y Adorno del mito en iluminismo y del iluminismo en mito de la civilización burguesa a los que alude en su trabajo sobre la transculturación narrativa. Y vuelve sobre Borges, figura paradigmática de una modernidad cosmopolita y periférica que injerta, como había querido Martí "en nuestras repúblicas el mundo", a través de su universalismo orillero, híbrido, fronterizo y transculturado.[9]

El reclamo martiano: "pero el tronco ha de ser el de nuestras repúblicas" subyace intacto en la teoría de la transculturación, sólo que la fusión transculturadora que salva "el alma" nacional —como había querido Arguedas en su discurso de 1968 titulado "Yo no soy un aculturado" — con la representación desde adentro de contenidos populares matiza el antiimperialismo político de "Nuestra América" con un nacionalismo y un americanismo que se hacen cargo, como había recordado Mariátegui, de la inevitable matriz liberal de las nacionalidades latinoamericanas.

Las nociones de "aculturación", "desculturación", "reculturación", "neoculturación", "transculturación" que Rama baraja son, obviamente, más que variantes semánticas etapas de un proceso que va de lo cosmopolita a lo genuinamente nacional, siguiendo aquí también la secuencia que Mariátegui reconociera al analizar los modos posibles de integración de lo popular y de lo exógeno en formaciones sociales no homogeneizadas ni étnica, ni económica, ni lingüística, ni políticamente.

En Rama, la estrategia transculturadora resuelve provisionalmente —culturalmente, simbólicamente— el drama de la modernidad, desesencializa el tema de la identidad y la otredad latinoamericana y canaliza las antinomias nacionales ciudad/campo, hegemonía/subalternidad, sin cancelar las problemáticas de fondo.

Puede aducirse, sin embargo, que el esquema es parcial (urbanista, letrado, nacionalista, funcionalista, dicotómico) y que el arrastre liberal de la propuesta de alguna manera falla por su base, en la identificación de lo popular con lo rural como reducto idealizado y permanente, que existe "en estado de naturaleza" en la periferia de los proyectos y de los centros modernizadores.

En lo esencial, la teoría de la transculturación explora a su manera un vacío principal juzgado por algunos la gran "anomalía" de la teoría marxista aplicada a América Latina: el de la formación de naciones en tanto etapas previas a la instancia internacionalista y el de la formación y coexistencia de diversos proyectos y subjetividades colectivas capaces de interpelar a la nación burguesa desde adentro.

El tema del estatuto de lo popular en las formaciones sociales de la modernidad y de la diseminación y articulación de sus contenidos dentro de los discursos dominantes continúa siendo un desafío para la crítica cultural. La microsociología populista de García Canclini, como los análisis de la modernidad periférica en la obra de Beatriz Sarlo intentan avanzar por el camino de la globalidad analizando las diversas formas culturales como respuestas horizontales a la modernización dando por tierra con el remanente dependentista y los enfoques cerradamente nacionalistas. Quizá nada de esto sería posible sin los aportes fundamentales de Ángel Rama, que desde la balcanizada América Latina de los años setenta trató de apresar utópicamente, desde "ningún lugar", la totalidad y la organicidad de las formaciones sociales del continente, el mismo Rama que en tantas de las teorizaciones actuales es un "interlocutor silenciado" pero de innegable fecundidad.[10]

143

¹ Como se sabe, la noción es tomada por Rama del libro del etnógrafo cubano Fernando Ortiz, *Contrapunteo cubano del tabaco y el azúcar* (1940), prologado por el antropólogo de origen polaco Bronislaw Malinowski, quien alaba el uso del término "transculturación" para hacer referencia a los intercambios culturales en las formaciones sociales latinoamericanas. El término corrige la noción de pérdida de la cultura original que sugiere la noción de "aculturación" y da cuenta de las nuevas síntesis y del proceso de construcción continua de las culturas neocoloniales.

² En su "Prólogo" a *La novela en América Latina. Panoramas 1920-1980* Rama indica: "Ocurre que si la crítica no constituye las obras, sí construye la literatura, entendida como un *corpus* orgánico en que se expresa una cultura, una nación, el pueblo de un continente, pues la misma América Latina sigue siendo un proyecto intelectual vanguardista que espera su realización concreta" (15-16).

³ En *Transculturación narrativa en América Latina* (1982) Rama reúne artículos de los años setenta sobre el tema. Su estudio "Los procesos de transculturación en la narrativa latinoamericana" fue publicado originalmente en *Revista de Literatura Iberoamericana* 5 (Abril 1974), Maracaibo, Venezuela, Universidad del Zulia, Escuela de Letras.

⁴ Sobre los intercambios disciplinarios y las influencias del estructuralismo y la crítica de la industria cultural en la teoría de la transculturación ver de la Campa y Spitta.

⁵ Según Osorio, en la propuesta de Rama se percibe la influencia de la propuesta sartreana de contrarrestar con una concepción sintética el "espíritu de análisis" que caracteriza al pensamiento burgués, y por el cual se descomponen las totalidades en elementos simples. Según el crítico chileno, Rama habría retomado esta idea presentada en *Les Temps Modernes* como punto de partida para su crítica integradora y globalizante (Osorio 157). Schmidt se hace eco de esta opinión (194).

⁶ Schmidt ha notado este aspecto de Rama en su análisis comparativo de la teoría de la transculturación y los conceptos de Cornejo-Polar de "heterogeneidad" y "totalidad conflictiva".

⁷ D'Allemand contrapone la propuesta de Rama a la de Sarlo, viendo en esta última una superación de las restricciones "nacional-populistas" del crítico uruguayo preocupado por el tema de las identidades nacionales.

⁸ Ver al respecto el análisis de Larsen en su apartado "Magical Realism Revised: From Transubstantiation to Transculturation" (54 y sgtes.).

⁹ Osorio cita la conocida frase de Martí en su fundamentación de que la visión comprensiva de la literatura tiene en Rama notorios y conocidos antecedentes en la obra del poeta cubano, tanto como en la de Pedro Henríquez Ureña y Mariano Picón Salas (Osorio 157-158).

¹⁰ D'Allemand habla de Rama como el "interlocutor silenciado" en la obra de Beatriz Sarlo.

Alonso, Carlos. "Rama y sus retoños: Figuring the Nineteenth Century in Spanish America". *Revista de Estudios Hispánicos* 28 (1994): 283-292.

D'Allemand, Patricia. "Hacia una crítica literaria latinoamericana: nacionalismo y cultura en el discurso de Beatriz Sarlo". *Estudios. Revista de Investigaciones Literarias* I, 2 (julio-diciembre 1993): 27-40.

de la Campa, Román. "Hibridez posmoderna y transculturación: políticas de montaje en torno a Latinoamérica". *Hispamérica* 69 (diciembre 1994): 3-22.

Franco, Jean. "Ángel Rama y la transculturación narrativa en América Latina". *Sin nombre* 14, 3 (1984): 68-73.

Larsen, Neil. *Modernism and Hegemony. A Materialist Critique of Aesthetic Agencies.* Minneapolis: University of Minnesota Press, 1990.

Leenhardt, Jacques. "Ángel Rama, une figure clé de la critique latino-américaine". *Nuevo Texto Crítico* VII, 14/15 (julio 1994-junio 1995): 201-209.

Moraña, Mabel. "De la *ciudad letrada* al imaginario nacionalista: contribuciones de Ángel Rama a la invención de América" en *Esplendores y miserias del siglo XIX. Cultura y sociedad en América Latina.* Beatriz González Stephan (comp.) Caracas: Monte Ávila Editores, 1995. 41-51.

Osorio T., Nelson. "Ángel Rama y el estudio comprensivo de la literatura latinoamericana". *Casa de las Américas* 148 (enero-febrero 1985): 153-158.

Rama, Ángel. *La crítica de la cultura en América Latina.* Caracas: Biblioteca Ayacucho, 1985.

_____ *La ciudad letrada.* Hanover, NH: Ediciones del Norte, 1984.

_____ *Transculturación narrativa en América Latina.* México: Siglo XXI, 1982.

Roffé, Reina. "Ángel Rama. Más allá de la ciudad letrada". *Espejo de escritores.* Notas y prólogo de Reina Roffé. Hanover, NH: Ediciones del Norte, 1985.

Ruffinelli, Jorge. "Ángel Rama: la carrera del crítico de fondo". *Escritura* VIII, 15 (enero-junio 1983): 123-131.

Schmidt, Friedhelm. "¿Literaturas heterogéneas o literatura de la transculturación?". *Nuevo Texto Crítico* VII, 14/15 (julio 1994-junio 1995): 193-199.

Sosnowski, Saúl. "Ángel Rama: un sendero en el bosque de palabras". Prólogo a Ángel Rama, *La crítica de la cultura en América Latina.* Caracas: Biblioteca Ayacucho, 1985. ix-xxiii.

De la transculturación (a/en) lo transnacional

Abril Trigo

Dos problemas teóricos se anuncian en la distinción preposicional del título: el relevo, dentro del aparato crítico cultural latinoamericano, del concepto acuñado por Ortiz y desarrollado por Rama, por otras categorías supuestamente más idóneas a la instancia transnacional, tales como *hibridación* o *heterogeneidad*; y su posible actualización epistemológica y reinserción pragmática en dicho marco.

Indudablemente, la *transculturación* ortiziana fue proyectada por Rama como el dispositivo teórico que ofrece una base epistemológica más sofisticada a las variopintas ideologías del mestizaje, como sostiene Cornejo-Polar ("Mestizaje" 369). Formulada en el implícito marco ideológico de la teoría de la dependencia, a la sombra de la neoadorniana crítica del imperialismo cultural y del ya claudicante análisis estructural, y heredera de la centenaria tradición autonomista hispanoamericana, la *transculturación* proponía simultáneamente una teoría de la modernidad y una estrategia de modernización cultural para la periferia. Aun cuando "se advierte, en los últimos años, una popularización considerable del término", según sostiene Román de la Campa, ésta respondería menos a su competencia epistemológica propiamente dicha, que a sus resonancias ideológico-afectivas, en tanto "evoca un sentido impreciso pero generalizado de autoctonía y autenticidad latinoamericana" (13-14). Es decir, a lo que tiene precisamente de caduco. Este uso, nostalgioso y rutinario, que se ampara en la generosa riqueza alusiva del término que tanto atrajera a Rama y que, como observan de la Campa y Benítez Rojo, constituye un notable anticipo de diseminación textual, obnubila sus aporías y, por ende, deja el campo abierto a aquellas categorías que ofrecen una respuesta a los cambios de la hora. ¿Acaso esta baja cotización epistemológica de la *transculturación* implica que la modernidad o su problemática hayan sido superadas? Todo lo contrario. Pero responde obviamente a la obsolescencia que, bajo el impacto de la transnacionalización (con la correlativa devaluación de los estados nacionales), y de los discursos posmodernos (con su descalificación de los macrorrelatos), mina los paradigmas modernamente utópicos en que se apoyara. En otras palabras, la *transculturación modernizante* de Rama se habría vuelto anacrónica envuelta en el fracaso del "proyecto epistemológico de los 70" (Cornejo-Polar, *Escribir* 14), y bajo el efecto

combinado de las transformaciones operadas en la realidad socio-
cultural, de las transformaciones en la comprensión e interpretación de
dicha realidad, y de la necesariamente distinta interpretación de la
transculturación, teoría que pretendía explicar aquella realidad.

Según Neil Larsen, sin duda entre sus más incisivos críticos, la
transculturación constituiría una suerte de hegemonía putativa, una
estrategia de contención de los sectores subalternos por un Estado que
se escamotea detrás de un esteticismo populista; en otras palabras, la
transculturación sería una de las manifestaciones ideológicas de la
modernidad periférica. Pero sin necesidad de incursionar ahora en la
cuestión de su idoneidad en cuanto herramienta hegemónica moderna,
es preciso constatar que la *transculturación* de Rama devenía anacrónica
casi al instante mismo de su sistematización. Es particularmente
sintomático que fuera elaborada entre las catástrofes neofascistas en el
Cono Sur, que parecían poner punto final al revolucionarismo de los
sesenta, y la tregua a la esperanza de la revolución sandinista. Propuesta
inicialmente en una serie de artículos de mediados de los setenta, al ser
éstos desarrollados en libro hacia 1982, seguía siendo una teoría de los
setenta. En tal sentido, registraba en negativo y dramáticamente las
mutaciones englobadas bajo la posmodernidad, fundamentalmente la
fractura diversidad/diferencia, que así es captada desde la posición
poscolonial de Homi Bhabha:

> Cultural diversity is an epistemological object —culture as an object
> of empirical knowledge— whereas cultural difference is the process
> of the *enunciation* of culture as "knowledge*able*", authoritative,
> adequate to the construction of systems of cultural identification. If
> cultural diversity is a category of comparative ethics, aesthetics or
> ethnology, cultural difference is a process of signification through
> which statements *of* culture or *on* culture differentiate, discriminate
> and authorize the production of fields of force (34).

Esta fractura, que en América Latina parte las aguas de la
antropología y la sociología, como señala García Canclini (*Culturas
híbridas* 228ss), y nutre los discursos sobre la formación del *otro* subalterno,
desde la psicología anticolonial de Franz Fanon hasta la ética metafísica de Enrique Dussel, es medular a la revolución epistemológica
posmoderna: crisis de paradigmas, erosión de los campos disciplinarios,
iliquidez de los macrorrelatos, pasaje de la noción de identidad, como
totalidad discreta e inmutable, a id/entidad, constructo coyuntural,
cotidianamente negociado en prácticas político-discursivas que
desenmascaran la inscripción de lo auténtico en la instrumentación de
diferencias.

148

Encabalgado entre ambas epistemes, Rama procura negociar la rigidez de la primera recurriendo a la "plasticidad cultural" propuesta por Vittorio Lanternari como respuesta al impacto de la modernización. Dicha plasticidad permitiría a las culturas endógenas superar tanto un inicial acantonamiento en el tradicionalismo ("rigidez cultural") como su indiscriminada aculturación a lo exógeno ("vulnerabilidad cultural"), produciendo en cambio "una rearticulación global de la estructura cultural" (*Transculturación* 31). Pero la plasticidad cultural, demasiado próxima al sincretismo y al mestizaje, no previene la resolución esencialista de la espiral desatada por los binarismos en juego. Rama, asomado al abismo, sólo atina a resolver la aporía modernizante entre *transculturación urbana o cosmopolita* y *transculturación regionalista o transculturada* apelando a la maniquea dicotomía de Darcy Ribeiro entre culturas auténticas y espurias, que sólo se destraba mediante un corrimiento analéctico *à la* Dussel y su impretendida fetichización de lo subalterno *qua locus* de la autenticidad, según critica Larsen (xliii). Lo cierto es que aun cuando se esfuerce por abrir el cerrojo epistemológico fundacionalista, e historice incansablemente sujetos y procesos, Rama termina restableciendo la primacía ontológica de "las capas recónditas de las regiones internas", primacía que se funda, en última instancia, en el solipcismo tautológico de la autenticidad: "Lo original de cualquier cultura", dice, "es su misma originalidad" (*Transculturación* 97). Ambigua, históricamente condicionada autenticidad, como insiste de la Campa, pues "lo autóctono o autónomo no podrá ser un espacio estable de identidades y esencias si participa, 'incesantemente', en un proceso de intertextualidades amplias a través del mercado global de las formas culturales" (16). Este punto ciego explicaría, como una apostilla, que a pesar de la dimensión culturalista de su teoría, o debido a ella quizás, Rama persista en mantenerla amarrada a lo literario, en notable reducción de la fórmula ortiziana, capaz de condensar en un haz metafórico historia y geopolítica, cultura y economía, biología y hábitos populares cotidianos. Del mismo modo, explicaría también su recurrente preocupación por la lógica de los mercados, y que en *Novísimos narradores*, texto que precede a *Transculturación narrativa*, y siempre desde la literatura, vislumbrara ya la emergencia de lo popular masivo transnacional como factor medular en la gestación de una *transculturación popular urbana*, "ensamble de materiales disímiles, provocativamente yuxtapuestos" y no necesariamente sintetizables (*Novísimos narradores* 41).

Es precisamente la irrupción coligada de ambos factores, lo masivo y lo transnacional, lo que hace necesaria y posible, hacia los ochenta, una total revisión del aparato crítico-epistemológico sobre el que se apoyara la *transculturación modernizante*; revisión que abarca desde las funciones del mercado, a la configuración de disímiles modos de producción, circulación y consumo; de la plasmación de agencias, instancias y mediaciones, a la formación de hegemonías e identidades; y, por sobre todo, la existencia, la necesidad y la índole de la modernidad latinoamericana. El mismo Rama retoma en "El boom en perspectiva" una línea de análisis que aplicara exitosamente al modernismo, para estudiar las contradicciones entre regionalismo y cosmopolitismo a partir de las transformaciones operadas en el mercado editorial. La transnacionalización y la masificación de la demanda habrían impuesto, de acuerdo a su análisis, un nuevo modo de producción a un escritor cosmopolita finalmente profesionalizado, lo que le valdría los reproches del despechado transculturador regionalista condenado a hablar "desde otro tiempo y desde un punto marginal del circuito mercantil": es la polémica Arguedas/Cortázar (274). La modernización operada desde el mercado transnacionalizado, insinúa Rama, pone en jaque las estrategias de transculturación regionalista.

Pero la revisión no podía realizarse desde el reducido enfoque literario; se requería el concierto de otras disciplinas, como los estudios comunicacionales, la sociología y la antropología, abriendo camino a la transdisciplinariedad de los estudios culturales. Pero de cualquier modo, aun cuando es preciso insistir en la obsolescencia de la *transculturación modernizante*, debida fundamentalmente a su ambivalente anclaje fundacionalista, causa perplejidad, no obstante, la escasa exploración teórica de su convertibilidad a lo transnacional. Parte de esta crítica, que he discutido en "On Transculturation: Toward a Political Economy of Culture in the Periphery", ha contribuido a su progresiva sustitución por otros paradigmas que, a mi entender, resultan igualmente problemáticos. Una reciente excepción serían los ya citados artículos de Cornejo-Polar y Román de la Campa. La estrategia de este último consiste en establecer similitudes y sugerir una cierta genealogía entre la *hibridez* y la *transculturación*, de manera que la "reconversión cultural" propuesta por García Canclini devendría sinónimo de una transculturación novedosamente ampliada a un campo cultural más vasto y más plural. Es otra mi estrategia. Quisiera relevar, en lo que sigue, algunas instancias en este proceso, indagando no en las continuidades sino en las rupturas, no en las certezas, sino en las aporías, mediante una serie de rodeos que, espero, refracten nueva luz sobre la poco inexplorada dimensión de la transculturación en lo transnacional. Este ensayo debe leerse, por tanto, como una abierta, inacabada, quizás inacabable, reflexión en proceso.

A diferencia de otras teorías sobre lo transnacional producidas desde los países metropolitanos, como el *world-system* de Immanuel Wallerstein, cuya *geoculture* reproduce y refleja, en un plano remozadamente superestructural, la estructura geopolítica de un nuevo sistema económico global, y del posmodernismo de Fredric Jameson, elevado a dominante cultural (norma hegemónica y fiel de la balanza) del capitalismo tardío, el colombiano Jesús Martín-Barbero rastrea en el desarrollo histórico mismo de la cultura de masas la genealogía de lo transnacional en América Latina. Tanto Wallerstein como Jameson, a pesar de advertir insistentemente que en su teoría "the *cultural* and the *economic*, thereby collapse back into one another and say the same thing, in an eclipse of the distinction between base and superstructure" (xxi), permanecen amarrados a un estructuralismo estructuralmente etnocéntrico. Martín-Barbero, por su parte, aplicando un método inductivo más que deductivo, genealógico que no sistémico, nos ilumina mucho más sobre el estatuto de la modernidad latinoamericana. El eje de su argumento pasa por considerar la industria cultural como un dispositivo y la cultura masiva como el ámbito de constitución de la sociedad de masas, el mercado, el estado y la cultura nacionales. En una palabra, como complejo campo de lucha donde se dirime la hegemonía económica, política y simbólico-cultural. Esto implica, obviamente, una doble ruptura: "con el positivismo tecnologista, que reduce la comunicación a *un problema de medios*, y con el etnocentrismo culturalista que asimila la cultura de masa al problema de la *degradación de la cultura*" (95); es decir, con la apología de la cultura de masas (à la McLuhan) y con su demonización como industria cultural (à la Adorno) y punta de lanza del imperialismo (à la Mattelart), teorías privilegiadas por la crítica cultural latinoamericana durante los sesenta y setenta. Tres etapas distingue Martín-Barbero en la construcción de lo masivo latinoamericano: la primera, entre los treinta y los sesenta, establece culturas nacionales bajo la inestable hegemonía de los populismos de estado; la segunda, que se gesta a partir del agotamiento del modelo de sustitución de importaciones, base de dichos populismos, se caracteriza por la privatización y consecuente mercantilización de los medios, es decir, por su metamorfosis de aparatos culturales del estado en industria cultural propiamente dicha (179ss). La transnacionalización de este fenómeno, que acarrea la erosión de las fronteras culturales nacionales, manifiesta hacia los ochenta la tercera etapa del proceso, en la cual las tecnologías de la comunicación y la industria cultural adquieren un papel decisivo tanto económica cuanto ideológicamente a nivel global (Martín-Barbero 224-5). Es lo transnacional, fenómeno cualitativamente distinto a lo multinacional (Renato Ortiz 150), que el viejo paradigma del imperialismo cultural no puede aprehender, como admiten hoy día los mismos Mattelart (175ss). La globalización económica (desterritorialización del capital y de la mercancía que fluyen en un mercado mundial donde se con-funden las fronteras nacionales) implica la configuración de un nuevo "*global imaginary* that speaks English, but a broken, contaminated one", nos guiña Stuart Hall (28; Born 286), una auténtica "visâo de mundo" para novísimos "ciudadãos mundiais", como anota Renato Ortiz (29). Éste es el sentido que para él tiene la "cultura internacional-popular", una *macrocultura transnacional* cuyo rasgo más notable, en cuanto caldo de cultivo de una identidad colectiva global, es que se constituye —como toda identidad— en base a una profundización del olvido de las memorias colectivas locales, regionales y nacionales (111ss). La "modernidade-mundo", más que homogeneizar, isomorfiza, como dirían Deleuze y Guattari: "Enquanto modernidade, ela significa descentramento, individuaçâo, diferenciaçâo; mas o fato de ser mundo aponta para o extravasamento das fronteiras" (181); lo global y lo local en un combinado movimiento centrípeto y centrífugo, de estandarización y segmentación, de nivelación y diferenciación. La ineludible, insoslayable macrocultura transnacional isomorfiza, pues, erosionando las memorias —y las fronteras— nacionales, mediante la integración de los sectores con capacidad adquisitiva a un mercado —y a un imaginario— global, fenómeno correlativo a la simultánea marginación de las mayorías más pobres (Ortiz 137-9; 179-181). La resistencia a esta transnacionalización no opera, por lo tanto, a partir de unidades culturales discretas, ontológicamente autenticables, sino de matrices residuales de una memoria popular que Martín-Barbero detecta en los mecanismos de interpelación del melodrama, por ejemplo, en una ingeniosa fusión del *habitus* bourdieuano con las tácticas consumidoras de de Certeau. Aun cuando la teoría del reconocimiento de Martín-Barbero, y más aún la especificidad latinoamericana que le asigna ("¿No estará ahí la conexión secreta del melodrama con la historia del subcontinente latinoamericano?" (*Televisión* 27)), sean, cuando menos, discutibles, importa su destaque de los *usos* como instancia de recuperación de modos culturales subalternos subyacentes en textos hegemónicos como si se tratara de un palimpsesto.

LA OPCIÓN PREFERENCIAL POR LAS CULTURAS HETEROGÉNEAS

La categoría de *heterogeneidad cultural*, propuesta desde los setenta por Antonio Cornejo-Polar, también registra la fractura epistemológica posmoderna en una trayectoria semejante a la teoría de la *transculturación*. De hecho, es Cornejo-Polar uno de los contados críticos en señalar la contribución epistemológica de esta última y en instar a su renovado debate desde una crítica puntual. Aun cuando admite que se trata de un concepto "harto más sofisticado que el de mestizaje y que tiene una aptitud hermenéutica notable", la *transculturación* no constituye para él una propuesta epistemológica que supere, mas por el contrario, continúa, profundiza y refina las ideologías del *mestizaje* ("Mestizaje" 369; "Condición" 101). En consecuencia,

> Si la transculturación implicara efectivamente la resolución (¿dialéctica?) de las diferencias en una síntesis [...] habría que formular otro dispositivo teórico que pudiera dar razón de situaciones socio-culturales y de discursos en los que las dinámicas de los entrecruzamientos múltiples *no* operan en función sincrética sino, al revés, enfatizan conflictos y alteridades. En una primera instancia, en este nivel, habría que reflexionar sobre la categoría de hibridez (García Canclini) que no obvia las instancias sincréticas pero las desenfatiza y las sitúa en una precaria temporalidad situacional que tan pronto las instaura como las destruye [...] También cabría discutir mi propuesta sobre la heterogeneidad ("Mestizaje" 369-370).

Cornejo ha venido rumiando el término por casi dos décadas en busca de un dispositivo teórico capaz de superar la síntesis dialéctica y "esclarecer la índole de procesos de producción discursiva en los que al menos una de sus instancias dif[iere], en cuanto filiación socio-étnico-cultural, de las otras", siendo todas interiormente heterogéneas ("Mestizaje" 370). Es su propósito formular un concepto que, en lugar de representar una totalización hegemónica, exprese una pluralidad antagónica, la tensa coexistencia de culturas diversas, cuya heterogeneidad se realiza mediante la participación segmentada en disímiles sistemas de producción. Particular atención le merecen los desajustes entre emisor, referente y receptor en la literatura indigenista, ya analizados por Rama en tanto ideología del mestizo, es decir, la apropiación y la representación del indígena por intelectuales mestizos, grupo social emergente en control de la escritura (*Transculturación* 142ss). Estas relaciones de producción generan una peculiar ambigüedad, estupendamente sintetizada en la dedicatoria de la novela *Plata y bronce* de Fernando Chávez: "Para quien no leerá nunca estas páginas porque una desigualdad absurda cegó sus pupilas ..." (en *Escribir* 175; ver *La novela* 60-63); ambigüedad que permite concluir a Cornejo-Polar que la verdad del indigenismo "no reside tanto en lo que dice cuanto en la contradicción real que reproduce discursivamente": no en el producto, sino en su producción (*Escribir* 206).

153

En definitiva, Cornejo-Polar busca un concepto que encarne en la cotidianidad de las culturas locales y, para ello, en coincidencia con Rama, parte de la premisa de que existen entidades culturales discretas portadoras de una discursividad alternativa, porque "en una sociedad dividida en clases y grupos étnicos no todas las culturas tendrán el mismo valor con respecto al concepto de nación. Unas son de verdad nacionales y otras no lo son" (*La cultura nacional* 21). ¿Otro anclaje fundacionalista o una *strategic metalepsis*, como sugiere Gayatri Spivak? ¿Un momento anadialéctico de identificación con el prójimo, según la ética de Enrique Dussel, o una estratagema política, como el *arbitrary closure* que propone Stuart Hall?

El parentesco de la *heterogeneidad cultural* con la *transculturación modernizante* de Rama, sin embargo, no se limita a su axiología de la subalternidad. Como argumenta Françoise Perus al proponer la recuperación actualizada —es decir historizada, contextualizada— de ambos conceptos, la *transculturación* intenta aprehender en el ámbito de la literatura la *heterogeneidad cultural* "de espacios, tiempos y movimientos, que reproduce las discontinuidades, las rupturas internas y los entreveros de procesos de modernización periférica" (43). En otras palabras, mientras la *heterogeneidad cultural* describe los efectos histórico-sociales de la modernización en la periferia, "la *transculturación* centra la problemática en torno a las respuestas y soluciones artísticas [...] encontradas por la literatura a las dificultades planteadas por esta misma *heterogeneidad cultural*" (44).

CULTURAS HÍBRIDAS: ¿COMODÍN HERMENÉUTICO POSMODERNO?

Pero el mismo fundacionalismo que subyace a la concepción de *heterogeneidad cultural* y de *transculturación*, contamina también el concepto, supuestamente indeterminado y flotante, de *hibridez cultural*, popularizado en los estudios culturales latinoamericanos por Néstor García Canclini. Amparándose en la genealogía de la modernidad latinoamericana trazada por Martín-Barbero, según la cual ésta sería el resultado no ya del desarrollo de los medios masivos, sino del "acceso de las masas a la escena social", García Canclini construye un discurso que vale la pena reproducir por su compleja intertextualidad. Escribe: "Entre lo indígena y lo occidental, lo tradicional y lo moderno, argumenta Jesús Martín-Barbero —siguiendo a Arguedas— 'la clave de la configuración cultural del subcontinente y de cada nación' es el mestizaje". E inmediatamente añade:

La transnacionalización no es simple abolición de las diferencias; es también la creación de espacios híbridos en los que, al ritmo de los conflictos, tanto los sectores hegemónicos como los subalternos refuncionalizan los objetos y las prácticas dominantes. Por lo tanto, la reconstrucción o la fundación de la teoría que necesitamos debe concretarse en ese territorio de mezclas, de "apropiaciones polimorfas", de contradicciones, en las que hoy se constituye y se transforma lo popular urbano (García Canclini, "Comentarios" 151).

De acuerdo a esto último, la *hibridez* consistiría en una suerte de complejización —propiciada por la mutación de los conflictos y las diferencias bajo el impacto de lo transnacional— de una hojaldrada heterogeneidad anterior, compleja articulación de tradiciones y modernidades diversas, desiguales, donde coexisten múltiples lógicas de desarrollo (*Culturas híbridas* 23; Martín-Barbero, *Televisión* 12). ¿Sería la *hibridez*, en tal sentido, la manifestación (posmoderna) de la transculturación popular urbana desatada al impacto de lo transnacional que Rama detectaba en *Novísimos narradores* o, en términos más generosos, el resultado de la heterogeneidad desatada por el encuentro de lo transnacional con lo local (Poblete 124)? Puesto de otra manera, ¿sería la *hibridez* de García Canclini el nuevo instrumento epistemológico que Cornejo-Polar reclama o una versión reciclada de viejos mestizajes?

Parece afirmarse en tiendas académicas cierto consenso en cuanto a que la *hibridez* constituiría ese instrumento capaz de registrar con mayor felicidad el quiebre epistemológico bajo lo transnacional. Aun cuando tendría una dimensión transhistórica ("tiene un largo trayecto en las culturas latinoamericanas" (*Culturas híbridas* 305)), García Canclini resiste a la idea de la indeterminación de lo híbrido e insiste en su anclaje histórico (Mier 363). La única definición explícita al respecto, en conspicua nota a pie de página, ofrece una deliberada ambigüedad:

> Se encontrarán ocasionales menciones de los términos *sincretismo*, *mestizaje* y otros empleados para designar los procesos de hibridación. Prefiero este último porque abarca diversas mezclas interculturales —no sólo raciales a las que suele limitarse "mestizaje"— y porque permite incluir las formas modernas de hibridación mejor que "sincretismo", fórmula referida casi siempre a fusiones religiosas o de movimientos simbólicos tradicionales (*Culturas híbridas* 14-15).

Ambigüedad no obstante, los usos del término conforman al marco de la modernidad periférica globalizada: una articulación compleja de tradiciones y modernidades bajo la hegemonía de la macrocultura transnacional. Aun cuando García Canclini oscila entre su empleo teórico amplio y su puntual aplicación empírica, la especificidad transnacional de la *hibridez* (que en ocasiones califica "posmoderna") provendría de una suerte de intensificación de los cruces culturales, de la transgresión

155

de límites y categorías, y de la descaecimiento de los paradigmas de la modernidad (*Culturas híbridas* 363 y 307). Dos rasgos principales sintetizarían la *hibridez* bajo lo transnacional, pues: la descolección (y la correlativa prominencia de los usos) y la desterritorialización (transnacionalización y transmigraciones). La confluencia de ambos nutriría una productividad liminal, intersticial y ubicua donde residiría, en forma bastante próxima a la *hybridity* de Homi Bhabha, la productividad de la *hibridez*:

> Lo híbrido designa una liminaridad, una materia cuya existencia exhibe la afirmación dual de una sustancia y su falta de identidad, lo que está en el intersticio, lo que se perfila en una zona de penumbra, lo que escapa, cuando menos en su surgimiento, a la repetición. Lo híbrido es el nombre de una materia sin identidad, el nombre de una condición evanescente. Lo híbrido sería entonces un nombre muy afortunado, por la densidad de sus evocaciones (Mier 361).

Tanto su diseminante etimología como su implementación impresionista por García Canclini hacen a la opulencia connotativa de la *hibridez*, que si ha contribuido a su meteórica popularidad también señala sus limitaciones epistemológicas. Esta extraordinaria ductilidad descriptiva la convierte, sin duda, en instrumento idóneo para la aprehensión fenomenológica de la compleja realidad cultural latinoamericana bajo lo transnacional, pero al momento de su formulación teórica, García Canclini indefectiblemente se refugia en las metáforas del mestizaje, precisamente aquellas que Rama pretendía superar con su dialéctica transcultural, cuyos ecos le reprocha Cornejo-Polar.

Este desajuste entre prodigalidad empírica y pobreza hermenéutica motiva la crítica —fundamentalmente metodológica— de José Joaquín Brunner, la filípica —doblemente ideológica— de Neil Larsen, y la discusión —francamente epistemológica— sobre la muy posmoderna resistencia teórica de la *hibridez*, provocada quizá por el vértigo que produce su interminable diseminación significante, traída a colación por Mier, Piccini y Zires (352-357). En otras palabras, ¿no sería la misma amplitud fenomenológica del concepto, su vertiginoso despliegue de significados, lo que estaría bloqueando su teorización? Esto debería leerse, y en forma mucho más minuciosa que la que aquí realizo, en relación a las ocasionales recurrencias de García Canclini a cierto neopositivismo disciplinario ("la bifurcación entre la antropología y la sociología corresponde a la existencia de dos modalidades separadas del desarrollo cultural" (*Culturas híbridas* 234)) para luego abjurar de la "artificialidad" de las disciplinas, de su baja consistencia teórica y de su alto grado de subordinación ideológica (351). Aun cuando propone un enfoque "transdisciplinario (más que interdisciplinario)", totalmente compartible, su eclecticismo metodológico, en lugar de transgredir y subvertir las disciplinas, o de crear un nuevo espacio, abierto, "in abeyance", como sugiere Chambers (122), se des(em)peña en varias a la vez, de modo de mantener cierta tensión entre las epistemologías "anarquistas" (posmodernas) y "neopositivistas" (modernas) (357-358).

Pero la densidad fenomenológica de la *hibridez* reduce claramente su precisión analítica, al punto que al abarcar todo no califica nada, con lo cual podríamos preguntarnos que si la hibridez satura todo lo cultural, ¿el adjetivo en *culturas híbridas* no se reduciría a un puro pleonasmo, a un gesto trivial y tautológico? ¿Qué designa lo híbrido cuando nada es auténtico o, dicho de otro modo, cuando todo lo es? ¿No sería una coartada más, ante la ausencia de identidades discretas, para crear pivotes emancipatorios? Esta es, a mi entender, la paradoja —piedra de toque y cuadratura del círculo— que García Canclini procura resolver: cómo preservar espacios emancipatorios sin recaer en fundacionalismos. Esta paradoja es ostensible en la definición de cultura popular que García Canclini propone en *Las culturas populares en el capitalismo*, definición que precede y sustenta su posterior concepción de la hibridez, y según la cual "veremos las culturas de las clases populares como resultado de una apropiación desigual del capital cultural, la elaboración propia de sus condiciones de vida y la interacción conflictiva con los sectores hegemónicos" (*Culturas populares* 17; "Cultura transnacional" 49). Esta definición está en el centro de su conocida polémica con José Joaquín Brunner, quien le critica su ecléctica mixtión de la reproductividad bourdieuana y la hegemonía gramsciana, dos teorías a su entender incompatibles, con la última de las cuales García Canclini pretendería salvaguardar "un espacio de maniobra desde el cual las prácticas populares puedan continuar entendiéndose como prácticas contrahegemónicas, de alternativa, resistentes" (*Espejo* 153). Pero el privilegio que asigna García Canclini a la reproducción sobre el conflicto genera "una interpretación no suficientemente gramsciana de la visión de Gramsci sobre la cultura" (159), según la cual

> lo *popular* de la cultura (popular) consistiría nada más que en una apropiación desigual de los códigos culturales dominantes [...] En breve, en esta visión no cabe el elemento lucha de *hegemonías*; hay, en el mejor de los casos, una definición *posicional relativa* de las diversas culturas, donde una (la subalterna o popular) se halla relativamente subordinada a la otra (hegemónica) (155).

Dicho de otro modo, García Canclini otorga estatuto de cultura (que en términos gramscianos implicaría una concepción de mundo elaborada por intelectuales orgánicos a una clase social con capacidad organizativa propia (156-158)) a lo que en puridad describe como una "heteróclita asociación de elementos estratificados que rigen prácticamente la conducta y las creencias" de las clases subalternas (163). Es decir, a lo que en términos gramscianos es mero *folklore*, una no-cultura, por carecer de una visión del mundo y un proyecto contrahegemónico coherentes.

Por cierto, para preservar un espacio emancipatorio, García Canclini incurre en cierta reificación de lo popular *qua* cultura popular, aun cuando explícitamente, en su respuesta a Brunner, define lo popular como un campo de lucha entre diversas subculturas y contraculturas, residuales y emergentes, hegemónicas y subalternas, que "no puede definirse por una serie de rasgos internos o un repertorio de contenidos tradicionales, premasivos, sino por una posición, la que construye frente a lo hegemónico" (García Canclini, "Cultura transnacional" 41). Así resume, en dicho trabajo, su posición al respecto:

> Nuestra hipótesis es que existen culturas populares porque la reproducción desigual de la sociedad genera: a) una apropiación desigual de los bienes económicos y culturales por parte de diferentes clases y grupos en la producción y en el consumo; b) una elaboración propia de sus necesidades en los sectores excluidos de la participación plena en el producto social; y c) una interacción conflictiva entre las clases populares con las hegemónicas por la apropiación de los bienes ("Cultura transnacional" 49).

La inconsistencia teórica de García Canclini consistiría en afirmar la posicionalidad subalterna de lo popular en los numerales a) y c), para consignar simultáneamente la existencia de una cultura popular discreta en el numeral b). Brunner, tomando a Gramsci en forma literal, se enmaraña en un doble neopositivismo, al entender "cultura" como una entidad discreta, homogénea, ajustada a una ideología, y al identificar los usos gramscianos de "folklore" y "cultura nacional popular" con tradición y modernidad respectivamente. Argumento este último que resume "una teoría evolucionista y unilineal del desarrollo latinoamericano", como retruca García Canclini ("Comentarios" 150), según la cual la inevitable modernización, asociada a la cultura de masas transnacional, haría irrelevante la preservación de las culturas tradicionales. Pero García Canclini, conciente de las inconsistencias de su discurso, que reproducen, en cierto modo, aquéllas criticadas a Bourdieu por de Certeau (56-60), introduce en el numeral c) un ajuste gramsciano al reproductivismo del numeral a), para insertar, como una cuña, el numeral b), donde incluye a aquellos sectores sociales menos integrados a la cultura hegemónica masiva, ya sean indígenas de eco-cultura autosuficiente, comunidades tradicionales campesinas, o subculturas marginales urbanas. Cabrían aquí aquellos casos disfuncionales, residuales o excluidos del desarrollo desigual del capitalismo, que no obstante se imbrican, aun cuando tangencialmente, a la cultura hegemónica. Y García Canclini se pregunta: "¿Estas maneras de reproducir la vida generan relaciones nuevas entre la producción y el consumo? ¿Cambian, en la estructura del consumo, su papel económico y simbólico?, ¿aumenta el peso de la integración y la comunicación en detrimento de la diferenciación y la distinción?" ("Cultura transnacional" 59). Preguntas claves que apuntan a la ausencia de una adecuada teoría del consumo, problema que plantea en "Cultura transnacional y culturas populares" y encara más a fondo en su más reciente *Consumidores y ciudadanos*.

Bajo lo transnacional, al convertirse el mercado en el espacio privilegiado de transmisión de bienes simbólicos, se produce un reemplazo de las agencias hegemónicas y, por ende, una radical transformación del carácter de la hegemonía. La escuela (los aparatos ideológicos del estado) ha sido desplazada por la televisión (la industria cultural), el imaginario nacional va siendo subsumido en un imaginario transnacional, y el ciudadano deviene consumidor (García Canclini, "Cultura transnacional" 32; Brunner, *Espejo* 70 y *Cartografías* 96). Si el mercado regula la producción de bienes simbólicos, el consumo se erige en la instancia privilegiada de realización, reproducción y disputa hegemónica. De allí que García Canclini lo defina como "el lugar en el que los conflictos entre clases, originados por la desigual participación en la estructura productiva, se continúan a propósito de la distribución de los bienes y la satisfacción de las necesidades. Es, por tanto, uno de los espacios donde se constituye la cultura de las clases populares y se marcan sus diferencias respecto de las otras" ("Cultura transnacional" 52; Yúdice 20). Luego de desechar la concepción naturalista del consumo como satisfacción de necesidades (valor de uso) y la concepción instrumentalista de los bienes (valor de cambio), García Canclini arriba a cinco postulados que extrapola de diversas fuentes. El consumo sería: 1) el lugar de reproducción de la fuerza de trabajo y de expansión del capital; 2) donde las clases luchan por la apropiación del producto social; 3) donde las clases se distinguen social y simbólicamente; 4) donde se objetivan los deseos; 5) en un sistema de integración y comunicación ("Cultura transnacional" 53-55). La fuerte tónica bourdieuana de esta ecléctica caracterización del consumo, cuyo énfasis reside en la reproducción ideológica y la integración (con distinción) de clases (no admite otros agrupamientos), reduce la capacidad de maniobra del subalterno a la lucha por la apropiación (desigual, obviamente) de los bienes.

En *Consumidores y ciudadanos*, sin despojarse del eclecticismo anterior, propone una definición simultáneamente amplificatoria y reductiva: "el consumo es el conjunto de procesos socioculturales en que se realizan la apropiación y los usos de los productos" (42-43). Esto le permite concluir, siguiendo a Mary Douglas y Baron Isherwood, que "consumir es hacer más inteligible un mundo donde lo sólido se evapora", porque "las mercancías sirven para pensar" (48). Como resulta obvio, García Canclini no cuestiona qué epistemología ponen en juego, ni desde qué ideología hacen pensar, como si mercancía/producto y consumo/uso fuesen categorías de libre intercambio.

Por supuesto, García Canclini arriba a conclusiones empíricamente evidentes, como que el mercado reemplaza al Estado, al menos parcialmente, en tanto espacio de disputa hegemónica y negociación de identidades. Pero pese a introducir ajustes a la concepción del mercado (ya no "simple lugar de intercambio de mercancías sino [...] parte de interacciones socioculturales más complejas") y del consumo ("no como la mera posesión individual de objetos aislados sino como la apropiación colectiva, en relaciones de solidaridad y distinción con otros, de bienes que dan satisfacciones biológicas y simbólicas, que sirven para enviar y recibir mensajes" (53)), termina por legitimar, en forma tácita, el paradigma clásico liberal. Esto se manifiesta en su provocativa redefinición de la nación como una "*comunidad interpretativa de consumidores*" (50-51).

No obstante que algunas de las ideas de García Canclini son plenamente compartibles, como la necesaria redimensionalización del consumidor en cuanto ciudadano, y la de una mayor participación de la sociedad civil en la regulación del consumo, sus propuestas concretas vuelven a girar en torno a viejas políticas, como la creación de un mercado común latinoamericano donde el capitalismo de mercado sea amortiguado con un decidido proteccionismo cultural (128-130; 160-161). En el fondo, el consumo, para García Canclini, sigue siendo una instancia determinada por y desde la producción (y sus agentes hegemónicos) que, carente de productividad, oblitera todo espacio a la emancipación. Su replanteamiento como fenómeno social, no ya sólo individual, y cultural, además de económico, no resuelve, obviamente, el problema.

UNA HETEROGENEIDAD CULTURAL HETERÓNOMA

Una de las más rotundas teorizaciones del clivaje diversidad/diferencia, cuyo objeto es romper radical y sistemáticamente con los variados anclajes fundacionalistas (macondismos, los llama), la proporciona José Joaquín Brunner, para quien la heterogeneidad cultural

160

latinoamericana, "que se refleja en el collage, en el pastiche, en los injertos y alegorías 'postmodernistas' de nuestra modernidad es igual que esta última un producto del mercado internacional" (*Debates* 38). La heterogeneidad registra así un doble fenómeno "de participación segmentada en el mercado mundial de mensajes y símbolos", y "de participación diferencial según *códigos locales de recepción*" cuya expresión paradigmática sería el *collage*, tal como lo describe sugerentemente Carlos Monsiváis. Por ello,

> Heterogeneidad cultural significa, en fin, algo bien distinto que culturas diversas (subculturas) de etnias, clases, grupos o regiones, o que mera superposición de culturas, hayan éstas o no encontrado una forma de sintetizarse. Significa, directamente, participación segmentada y diferencial en un mercado internacional de mensajes que "penetra" por todos lados y de maneras inesperadas el entramado local de la cultura, llevando a una verdadera implosión de los sentidos consumidos/producidos/reproducidos y a la consiguiente desestructuración de representaciones colectivas, fallas de identidad, anhelos de identificación, confusión de horizontes temporales, parálisis de la imaginación creadora, pérdida de utopías, atomización de la memoria local, obsolescencia de tradiciones (*Debates* 39-40).

La *heterogeneidad*, para Brunner, sería pues un subproducto de las sucesivas modernizaciones de/sobre las sociedades periféricas (efecto de una diferencia), que no debe confundirse con la acepción más difundida de "superposición de entidades histórico-culturales, a la manera de capas geológicas" (sedimentación de la diversidad cultural) (37). Brunner, obviamente, se refiere al privilegio de matrices culturales anteriores en tanto portadoras de la autenticidad de los orígenes. Pero la distinción no es tan nítida, a menos que adoptemos un cierto astigmatismo metodológico que achate la dimensión histórica en el plano sincrónico y comprima las diferencias sobre un único eje, pues ¿cómo diferenciar "el entramado local de la cultura" de un mapeo exhaustivo de las subculturas diversas de etnia, clase, grupo o región? La crítica de Brunner a los esencialismos (autoctonismos, indigenismos, mestizajes, calibanismos), y a las coartadas ideológicas correspondientes (enmascaramiento, esquizofrenia, neocolonialismo, dependencia, y utopías varias), se compendia en lo que denomina "macondismos": "Macondo sería la metáfora de lo misterioso, o mágico-real, de América Latina; su esencia innombrable por las categorías de la razón y por la cartografía política, comercial y científica de los modernos" (*América Latina* 52-3; ver *Espejo* 246-256; *Cartografías* 191-210). Arremete así contra las "tesis de las diferencias específicas", utilizadas para justificar una identidad profunda sepultada por "las sucesivas y prematuras modernizaciones". Pero resulta obvio que la coetaneidad de sociedades, tiempos históricos y modos de producción disímiles no constituye de ninguna manera un rasgo específico latinoamericano, sino una constante de las modernidades periféricas. La *heterogeneidad cultural* latinoamericana, así entendida, queda limitada a una relación transnacional>nacional, sin dar cuenta de la multiplicidad de conflictos, ni de las matrices culturales históricamente constituidas (producto de diferenciaciones y no ontológicamente diversas) al interior de las sociedades nacionales, o regionales, o locales, etc. La *heterogeneidad cultural* latinoamericana resulta así de una gestión unidireccional, unidimensional; mecánico producto de una modernidad heterónoma (*Espejo* 197): una actualización, culturalista a su pesar y parcialmente invertida, del determinismo dependentista detrás del cual asoma, remozado, el paradigma desarrollista, cuasi-neoliberal: "las culturas de América Latina, en su desarrollo contemporáneo, no expresan un orden —ni de nación, ni de clase, ni religioso, ni estatal, ni de carisma, ni tradicional, ni de ningún tipo— sino que reflejan en su organización los procesos contradictorios y heterogéneos de conformación de una modernidad tardía, construida en condiciones de acelerada internacionalización de los mercados simbólicos en un nivel mundial" (*América Latina* 37-8; ver Arturo Escobar 26). Por ello, la cultura latinoamericana contemporánea adopta la forma del *pastiche*, "una configuración heteróclita de elementos tomados virtualmente de cualquier parte, pero siempre fuera de su contexto de origen [...] Imitación, mímica de estilos y formas, de valores y contenidos, hecha seriamente, sin pretensión de parodia o ironía, sin distancia, sino como única forma de participar en una experiencia (la modernidad) que viene impulsada por el mercado y por el poder, por la difusión de necesidad y de consumo" (*Espejo* 197-198).

Al descartar la supuesta negatividad, en sentido adorniano, de las culturas populares locales, y sostener, desde un gramscismo duro, su necesaria superación por formas superiores de cultura moderna, éstas, siguiendo su propia lógica, convergerían hoy en lo "moderno transnacional" (178). Poco espacio para la emancipación deja, sin duda, el determinismo de Brunner, pues si la *heterogeneidad cultural* resulta de la imposición externa y constante de la modernidad occidental (premisa de Rama), y descartamos la existencia de entidades culturales auténticas (la aporía de Rama), ¿en qué consistiría lo diferencial latinoamericano? ¿En la *non-contemporaneousness* de sociedades cronológicamente simultáneas? Éste es el principio sobre el cual la modernidad occidental asienta su hegemonía, según Peter Osborne, en notable coincidencia con la colonialista *denial of coevalness* registrada por Johannes Fabian.

¿Sería posible una modernidad latinoamericana que no fuera mera réplica, encogida y opaca, de la modernidad occidental? Quizás la aporía pudiera resolverse rastreando lo diferencial en las respuestas/propuestas locales a la transnacionalización, sean o no, como quiere George Yúdice, "the contestatory projects for political, economic, and cultural decolonization, and [the] strategies for survival such as informal economies". La heterogeneidad, irreductible a mera heteronomía, so riesgo de introyectar una modernidad hegemónica, sería entonces un constante proceso de articulaciones "at the intersection of several modes of production, various cultures, different administrative apparatuses, and the struggle for survival and for hegemony" entre los distintos actores sociales (Yúdice, "Postmodernity" 1-4). Sería, dicho de otro modo, no el simple resultado de una inserción diferencial a nivel estructural sino la consecuencia de operaciones al macro y al micronivel (Poblete 124).

CINCO TRAYECTORIAS LINYERAS

Luego de estos, por momentos, errabundos rodeos, y atendiendo a las aporías epistemológicas que presentan los distintos abordajes analizados, no encuentro razones suficientes para desechar el instrumental hermenéutico ofrecido por la *transculturación*, concepto que debidamente actualizado como *transculturación (en lo) transnacional*, o *transculturas híbridas*, o *heterogeneidad transcultural*, captaría aventajadamente el carácter procesual de los fenómenos culturales en la hora actual. Pero no es una cuestión de términos, por cierto. Cualquiera sea el que se adopte para designar estos fenómenos, ha de ser capaz de responder epistemológica y pragmáticamente a los siguientes afinamientos.

1) Del mestizaje a la migrancia

En el tercer capítulo de *Escribir en el aire* Cornejo-Polar reflexiona sobre "la condición migrante", dimensión insuficientemente atendida en la obra de Arguedas que luego reelabora en "Condición migrante e intertextualidad cultural". Lo que para Arguedas fuera "forasterismo", yo prefiero, por su espesor connotativo y siguiendo a Iain Chambers, denominar *migrancia*:

> Migrancy [...] involves a movement in which neither the points of departure nor those of arrival are immutable or certain. It calls for a dwelling in language, in histories, in identities that are constantly subject to mutation. Always in transit, the promise of a homecoming —completing the story, domesticating the detour— becomes an impossibility (5).

163

La migrancia no desplaza al mestizaje, dice Cornejo, mas lo subsume, desde que amalgama en el presente de la memoria las instancias y estancias diferidas, trastocando así el "afán sincrético" del *mestizaje* y la *transculturación modernizante*, de modo que mientras "el mestizo trataría de articular su doble ancestro en una coherencia inestable y precaria, el migrante, en cambio [...] se instalaría en dos mundos de cierta manera antagónicos por sus valencias: el ayer y el allá, de un lado, y el hoy y el aquí, de otro" (*Escribir* 209). De tal modo, la *migrancia* no conduce a síntesis, fusiones e identidades estables, sino a una suspensión de culturas en conflicto, siempre en vilo, en las cuales el migrante es un ave de paso enajenada de todas. Esto promueve una identidad dual, *a double consciousness*, diría Du Bois, pues "el migrante habla desde dos o más *locus* y —más comprometedoramente aún— duplica (o multiplica) la índole misma de su condición de sujeto" (*Escribir* 209), como si estuviese situado "simultaneously between two looking-glasses, each presenting a sharply different image of himself" (Stonequist 145). A diferencia del inmigrante, sedentario y moderno, cuyo fin, dentro del espacio internacional en que se mueve, es aclimatarse, asimilarse, identificarse, en fin, con la sociedad receptora, el migrante transnacional siempre está yéndose, aun cuando permanezca para siempre. Es el *stranger* de Santayana, el *nómade* de Deleuze y Guattari, el *marginal man* de Stonequist que "leaves one social group or culture without making a satisfactory adjustment to another [and] finds himself on the margin of each but a member of neither" (2-3). O, trasponiendo el muy sutil análisis de la hibridez del pachuco que hace Octavio Paz, se podría decir que el migrante vive "una oscilación psíquica entre dos mundos irreductibles y que vanamente quiere conciliar y superar" porque "no quiere ser" ni lo uno ni lo otro (19).

2) De las fronteras a la frontería

La *migrancia*, en tal sentido, adquiere una dimensión cultural que excede la mera traslación geográfica (campo-ciudad, interior-exterior, periferia-centro), y flexiona un *locus* enunciativo inestable, portátil, a partir del cual se generan usos particulares de la(s) cultura(s) a mano, en los cuales se constituyen sujetos disgregados, difusos y heterogéneos (Cornejo, "Condición" 104). O trashumantes, tránsfugas y transculturados, podríamos decir siguiendo a Ticio Escobar (29). Sujetos pluralizados cuya *praxis* cultural no se formula en términos metafóricos (*mestizaje, transculturación*), sino metonímicos (*migrancia, frontería*), que transgreden "la problemática de la 'integración nacional', o de la nación como cuerpo social uniformemente homogéneo" para instalarse, como imaginara Arguedas, en un espacio posnacional donde se "puede vivir, feliz, todas las patrias" (*Escribir* 218; Arguedas 198). La frontera, convertida en hábitat migrante, deviene frontería: más espacio que línea, más ámbito que mojón, más liminalidad que límite: la inscripción de senderos, múltiples y borrosos, sobre un lugar desterritorializado por el contrabando y la transmigración. Transitoriedad, transitividad, translocalidad que alimentan quizá el perspectivismo del exilio en el que Rama percibía una nueva productividad transcultural (*Novísimos* 17), más en línea con la productividad del exilio de Kristeva que con la liminaridad del *marginal man* de Stonequist, que encaramado en la diferencia misma de culturas "is the object of a difference that looks almost the same, but not quite". Una epistemología del exilio, forjada a partir de la experiencia misma de las multitudes migrantes, como quiere Cornejo, que no el exilio epistemológico del intelectual diaspórico que hace de la academia transnacional el *locus* de una muy posmoderna indeci(di)bilidad poscolonial.

3) Productividad del filo

La frontería no fomenta una identidad mestiza, síntesis acabada de entidades discretas, sino una id/entidad agonista y agónica, excéntrica más que descentrada, liminal cuando no liminoide, siempre sobre el filo: una id/entidad circunstancial, portátil, articulante, más productividad que producto, más *praxis* que *ethos*. Éste es el sentido que adquiere, hoy, la observación de Rama en cuanto a la intersticialidad fronteriza de los personajes de Arguedas (*Transculturación* 184; 281). No es fortuito, sin embargo, que hayan sido posmodernistas chicanos como Guillermo Gómez-Peña quienes más han contribuido a una teoría de la frontería, por cuanto la frontera méxico-norteamericana constituye el *locus* candente de una cultura del margen (borde, filo, abrupta señalización del abismo) y de la margen (zona acuosa, fluida, de flujos y reflujos), en la distinción de Eliana Rivero.

Es precisamente esta doble calidad de *frontería* y *migrancia* como instancias privilegiadas de productividad cultural lo que recuerdan la genealogía de la *transculturación* trazada por Fernando Ortiz, quien luego de insistir machaconamente en el "desgarramiento" del "transplante" y el trauma del "desgajamiento" y la "transmigración", sintetizaba:

> No hubo factores humanos más trascendentes para la cubanidad que esas continuas, radicales y contrastantes transmigraciones geográficas, económicas y sociales de los pobladores, que esa perenne transitoriedad de los propósitos y que esa vida siempre en desarraigo de la tierra habitada, siempre en desajuste con la sociedad sustentadora. Hombres, economías, culturas y anhelos todo aquí se

sintió foráneo, provisional, cambiadizo, "aves de paso" sobre el país, a su costa, a su contra y a su malgrado (Ortiz 95).

Aun cuando fiel a un proyecto nacionalista que implícitamente demandaba una síntesis neocultural, Ortiz intuía un excedente que se le escurría entre los dedos y al que alude en nerviosa adjetivación ("variadísimos fenómenos", "complejísimas transmutaciones", "intrícadísimas transculturaciones"). Estos residuos no sintetizables, suplementos originados en la conjunción de lo tradicional y lo moderno, plusvalía que excede a la asimilación del inmigrante (metáfora de la modernidad), se materializan en la permanente provisionalidad del migrante (metonimia de la posmodernidad, cuya versión latinoamericana *avant la léttre* Ortiz capta con magistral intuición).

4) Los nuevos modos de la hegemonía

Sin sobredimensionar la ya referida polémica entre Brunner y García Canclini, ésta importa en la medida que registra una problemática que trasciende a sus ocasionales contendientes. Brunner, recordemos, critica la inconsistencia teórica de García Canclini, al introducir un erróneo ajuste gramsciano a una concepción primordialmente bourdieuana de la cultura que borra de plano la lucha por la hegemonía. García Canclini, claro está, elabora esta concepción reproductivista de hegemonía en un doble distanciamiento de las apocalípticas teorías de la dependencia, del imperialismo cultural y de la cultura de masas, a las cuales atribuye una concepción "teológica" del poder y desdeñosa del consumidor, así como de las corrientes gramscianas duras que, en reacción a las anteriores, ponían el énfasis en la resistencia contrahegemónica de las clases subalternas, diametralmente enfrentadas a la cultura dominante. El núcleo del argumento de García Canclini, compartido por Brunner, es la necesidad de superar "la oposición dominación/dependencia" por una más matizada "relación de hegemonía-consenso" donde "una clase o sector logra una apropiación preferencial de las instancias de poder en alianza con otras clases, admitiendo espacios donde los grupos subalternos desarrollan prácticas independientes y no siempre 'funcionales' para la reproducción del sistema" ("Cultura transnacional" 22). A diferencia de Brunner, que suscribe las posiciones gramscianas duras pero rechaza la supuesta autenticidad negativa de lo popular, García Canclini parece salvaguardar esta última, cuando en verdad acota espacios de permisibilidad y contención de una supuestamente autónoma cultura subalterna. Al poner el énfasis en la reproducción cultural y concebir la hegemonía como consenso, debilita el carácter oposicional de la *hibridación*,

166

reduciéndola a cierta aposicionalidad culturalista, al estilo del *biculturalism* de Gustavo Pérez Firmat.

A fin de resolver esta aporía es necesario reflexionar sobre los modos, más que sobre los modelos, de formación hegemónica bajo lo transnacional. Si la *transculturación modernizante* de Rama constituyera, como afirma Larsen, "a cultural surrogate for hegemony rather than a hegemonic culture" (xxxvii), ¿la *transculturación (en lo) transnacional* no debería reconsiderarse, a partir de las tesis de Ernesto Laclau y Chantal Mouffe, como la producción cultural de articulaciones hegemónicas, procesos en los cuales agentes sociales antagónicos negocian nuevas formaciones político-culturales inherentemente inestables, relacionales, de sutura imposible? Esta concepción de hegemonía como un movimiento totalizante incesantemente destotalizado, debidamente corregida dando adecuado énfasis al conflicto socio-cultural, ¿no nos permitiría superar el *telos* dialéctico y la aporía fundacionalista que maniataba a Rama, y munirnos, al tiempo, de un instrumental idóneo ante la transnacionalización?

5) Los nuevos modos de producción cultural

La reivindicación del consumo como instancia productiva, epistemológicamente asociada a la crítica de los paradigmas modernos, es uno de los ejes de los estudios culturales. Quizás nadie haya sintetizado tan consumadamente la productividad del consumo, caracterizado como prácticas micropolíticas cotidianas enfrentadas a la producción racional centralizada, como Michel de Certeau. Esta revolucionaria refocalización desde las instancias de producción a las instancias del consumo convierte a las mercancías culturales en materia prima de un segundo momento productivo instalado en el consumo o, en otras palabras, transforma al consumidor de receptor pasivo en productor activo. Tan atractiva formulación implica riesgos, obviamente, desde el marginocentrismo (la apropiación reificada de los márgenes desde posiciones centrales, operación atribuíble al mismo de Certeau, según sugiere Yúdice ("Marginality")), al fácil deslizamiento de la reivindicación del consumo a la celebración del consumismo (como parece ocurrir a John Fiske). Por ello, resulta imprescindible pensar toda esta problemática desde una economía política de la cultura, lo que implica, en una palabra, un modo de producción cultural en el cual el consumo no se reduzca a una apropiación desigual de los bienes, como concluye García Canclini, ni al reconocimiento de matrices culturales de incierta autenticidad, como plantea Martín-Barbero.

Propongo tres concurrentes avenidas de reflexión. La primera la ofrece el mismo Martín-Barbero al definir "lo popular como modo de existencia de competencias culturales diferentes a la hegemónica" (*Televisión* 20); la segunda se compendia en la concepción del texto popular como "producerly", un texto abierto a la productividad de la recepción, idea que Fiske elabora a partir de Barthes (103ss); la tercera, residiría en el modo de *producción consumidora*, o producción producida en la instancia del consumo, esbozado por Marx en los *Grundrisse* como complemento y correctivo dialéctico a la hegemonía del *consumo productivo*, instancia productiva propiamente dicha. En tanto este último reproduce la primacía del productivismo capitalista, aquélla ofrece un espacio de autonomía productiva. Es Neil Larsen quien señala la analogía entre el modo de producción transcultural y el *consumo productivo*, por un lado, y entre el modo de producción antropofágico-tropicalista brasileño y la *producción consumidora*, por otro. Ello explicaría el fracaso de la *transculturación* en crear un mercado consumidor y un modo de consumo *ad hoc*, reducida a una suerte de sustitución de importaciones culturales que termina reproduciendo el productivismo capitalista. Esto parecería confirmarlo el mismo Rama al insistir en que "no deberíamos olvidar nunca que el escritor es, ante todo, un productor" (*Transculturación* 116). ¿Es posible que la insistencia de García Canclini en la centralidad del consumo apunte en la dirección de un modo de *producción consumidora*? Quizá. En todo caso, la teorización de la *transculturación (en lo) transnacional* desde la óptica de la *producción consumidora* evitaría, a un tiempo, la fetichización invertida de la mercancía que hace a Larsen concluir en la imposibilidad de aprehender la totalidad real desde la periferia, y la reificación del consumo como instancia autónoma en los procesos de producción. La exploración combinada de estas tres avenidas nos permitiría, espero, diseñar una adecuada teoría de los modos de consumo para la *transculturación (en lo) transnacional*.

BIBLIOGRAFÍA

Arguedas, José María. *El zorro de arriba y el zorro de abajo*. Lima: Horizonte, 1988.
Bonfil Batalla, Guillermo. *México profundo. Una civilización negada*. México: Secretaría de Educación Pública, 1987.
Bhabha, Homi. *The Location of Culture*. Londres: Routledge, 1994.
Born, Georgina. "Afterword: Music Policy, Aesthetic and Social Difference". Tony Bennet, Simon Frith, Lawrence Grossberg, John Shepherd y Graeme Turner, eds. *Rock and Popular Music. Politics, Policies, Institutions*. London: Routledge, 1993. 266-292.
Brunner, José Joaquín. *Cartografías de la modernidad*. Santiago de Chile: Dolmen Ediciones, 1994.

_____ *América Latina: cultura y modernidad.* México: Grijalbo, 1992.

_____ *Un espejo trizado. Ensayos sobre cultura y políticas culturales.* Santiago de Chile: FLACSO, 1988.

_____ *Los debates sobre la modernidad y el futuro de América Latina.* Santiago de Chile: FLACSO, 1986.

Certeau, Michel de. *The Practice of Everyday Life.* Cambridge: Polity Press, 1984.

Cornejo-Polar, Antonio. "Condición migrante e intertextualidad multicultural: el caso de Arguedas". *Revista de Crítica Literaria Latinoamericana* 42 (1995): 101-109.

_____ *Escribir en el aire. Ensayo sobre la heterogeneidad socio-cultural en las literaturas andinas.* Lima: Horizonte, 1994.

_____ "Mestizaje, transculturación, heterogeneidad". *Revista de Crítica Literaria Latinoamericana* 40 (1994): 368-371.

_____ *La formación de la tradición literaria en el Perú.* Lima: CEP, 1989.

_____ "Los sistemas literarios como categorías históricas. Elementos para una discusión latinoamericana". *Revista de Crítica Literaria Latinoamericana* 29 (1989): 19-23.

_____ *La cultura nacional: problema y posibilidad.* Lima: Lluvia Editores, 1981.

_____ *Literatura y sociedad en el Perú: la novela indigenista.* Lima: Lasontay, 1980.

Chambers, Iain. *Migrancy, Culture, Identity.* London: Routledge, 1994.

de la Campa, Román. "Hibridez posmoderna y transculturación: políticas de montaje en torno a Latinoamérica". *Hispamérica* 69 (1994): 3-22.

Deleuze Gilles y Félix Guattari. *A Thousand Plateaus.* Minneapolis: University of Minnesota Press, 1994.

_____ *El Anti-Edipo. Capitalismo y esquizofrenia.* Barcelona: Paidos, 1985.

Dussel, Enrique. *Philosophy of Liberation.* Maryknoll, NY: Orbis Books, 1985.

Escobar, Arturo. "Imagining a Post-Development Era? Critical Thought, Development and Social Movements". *Social Text* 31/32 (1992): 20-56.

Escobar, Ticio. "Identidad, Mito: Hoy". *Third Text* 20 (1992): 23-32.

Fiske, John. *Understanding Popular Culture.* Boston: Unwin Hyman, 1989.

García Canclini, Néstor y Rafael Roncagliolo, eds. "Cultura transnacional y culturas populares. Bases teórico-metodológicas para la investigación". *Cultura transnacional y culturas populares.* Lima: IPAL, 1998. 17-73.

_____ *Culturas híbridas. Estrategias para entrar y salir de la modernidad.* México: Grijalbo, 1995 (1990).

169

_____ "Narrar la multiculturalidad". *Revista de Crítica Literaria Latinoamericana* 42 (1995): 9-20.

_____ *Las culturas populares en el capitalismo.* México: Nueva Imagen, 1989 (1982).

Hall, Stuart. "The Local and the Global: Globalization and Ethnicity". Anthony D. King, ed. *Culture, Globalization and the World-System.* Binghamton: SUNY, 1991.

Jameson, Fredric. *Postmodernism or The Cultural Logic of Late Capitalism.* Durham: Duke University Press, 1991.

Larsen, Neil. "La teoría crítica brasileña y la cuestión de los 'Cultural Studies'". *Revista de Crítica Literaria Latinoamericana* 40 (1994): 155-164.

Martín-Barbero, Jesús y Sonia Muñoz (coordinadores). *Televisión y melodrama.* Bogotá: Tercer Mundo, 1992.

_____ *De los medios a las mediaciones. Comunicación, cultura y hegemonía.* México: G. Gili, 1987.

Marx, Karl. *The Grundrisse. Foundations of the Critique of Political Economy.* London: Penguin, 1973.

Mattelart, Armand y Michele Mattelart. *Rethinking Media Theory.* Minneapolis: University of Minnesota Press, 1992.

Mier, Raymundo, Mabel Piccini y Margarita Zires. "Figuraciones sobre culturas y políticas. Conversación con Néstor García Canclini". Néstor García Canclini, *Culturas híbridas.* México: Grijalbo, 1995. 349-376.

Mignolo, Walter. "Crítica, historia y política cultural: agendas para la próxima década". *Revista de Crítica Literaria Latinoamericana* 40 (1994): 363-366.

Ortiz, Fernando. *Contrapunteo cubano del tabaco y el azúcar.* Caracas: Ayacucho, 1978.

Ortiz, Renato. *Mundialização e Cultura.* São Paulo: Editora Brasiliense, 1994.

Paz, Octavio. *El laberinto de la soledad.* Madrid: Fondo de Cultura Económica, 1993.

Pérez Firmat, Gustavo. *Life on the Hyphen. The Cuban-American Way.* Austin: University of Texas Press, 1994.

Perus, Françoise. "El dialogismo y la poética histórica bajtinianos en la perspectiva de la heterogeneidad cultural y la transculturación narrativa en América Latina". *Revista de Crítica Literaria Latinoamericana* 42 (1995): 29-44.

Poblete, Juan. "Homogeneización y heterogeneización en el debate sobre la modernidad y la pos/modernidad". *Revista de Crítica Literaria Latinoamericana* 42 (1995): 115-130.

Rama, Ángel. *Transculturación narrativa en América Latina*. México: Siglo XXI, 1985 (1982).

_____ "El boom en perspectiva", en *La novela en América Latina. Panoramas 1920-1980*. Colombia: Instituto Colombiano de Cultura, 1982.

_____ *Novísimos narradores hispanoamericanos en Marcha. 1964-1980*. México: Marcha Editores, 1981.

Rincón, Carlos. "Modernidad periférica y el desafío de lo postmoderno: perspectivas del arte narrativo latinoamericano". *Revista de Crítica Literaria Latinoamericana* 29 (1989): 61-104.

Spivak, Gayatri Chakravorty y Ranajit Guha, *Selected Subaltern Studies*. New York: Oxford University Press, 1988.

Stonequist, Everett V. *The Marginal Man. A Study in Personality and Culture Conflict*. New York: Russell & Russell, 1961.

Wallerstein, Immanuel. *Geopolitics and Geoculture*. Cambridge: Cambridge University Press, 1991.

_____ *The Modern World-System*. New York: Academic Press, 1976.

Yúdice, George. "Postmodernity and Transnational Capitalism in Latin America". *On Edge. The Crisis of Contemporary Latin American Culture*. George Yúdice, Jean Franco y Juan Flores, eds. Minneapolis: University of Minnesota Press, 1992.

_____ "Marginality and the Ethics of Survival". *Universal Abandon? The Politics of Postmodernism*. Andrew Ross, ed. Minneapolis: University of Minnesota Press, 1988.

Traición y transculturación: los desgarramientos
del pensamiento latinoamericano

Silvia Spitta

No le sobró a esta pequeña nación más que una "gran
catástrofe de recuerdos" y en medio de ella una realidad
que deliraba y echaba enormes ráfagas de su historia al
rostro de los sobrevivientes ....
—Augusto Roa Bastos, "La narrativa paraguaya en el
contexto de la narrativa hispanoamericana actual".

"Aunque no hay dos momentos iguales, ¿no es el
recuerdo mismo una manera de *ver* el futuro?
                    —Augusto Roa Bastos, "El sonámbulo".

Todo pueblo que se niega a sí mismo está en trance de
suicidio.
                                        —Fernando Ortiz.

De niña me apasionaba "el revés de las cosas". Pasé
muchas horas examinando los resortes de las camas, el
fondo de los sillones, la vuelta de las cortinas y de los
trajes y desarmando juguetes. El hecho de que hubiera
"un revés y un derecho" me preocupaba tanto, que
cuando por fin logré aprender a leer, lo hice aprendiendo
a leer "al revés".
        —Elena Garro, "A mí me ha ocurrido todo al revés".

Ángel Rama en sus estudios sobre la transculturación narrativa en
América Latina, basándose en las investigaciones etnológicas de
Fernando Ortiz y de José María Arguedas, postula una singular imagen:
la del individuo, narrador y/o etnólogo—en todo caso estudioso e
intérprete de la heterogeneidad cultural: el transculturador. Un Eneas
americano, el transculturador es un individuo que se propone servir de
puente y crear vínculos entre dos culturas, no sólo como proyecto político,
como postura académica y narrativa, sino también a nivel personal.
Rama sitúa al transculturador como la contraparte individual de los
continuos procesos de transculturación que se dan a partir de 1492 y
que se componen de pérdidas, selecciones, redescubrimientos e
incorporaciones que llevan a una "reestructuración general del sistema
cultural" (Rama, *Transculturación* 39). En efecto el transculturador es
un mestizo—o más importante aún: es un individuo que se *identifica*

como mestizo. Es alguien entonces, que al igual que José María Arguedas, llega "al reconocimiento de las mediaciones mestizas entre las dos esferas culturales tan drásticamente separadas" y trata de replicarlas en la literatura y en la antropología (Rama, *Transculturación* 121). Sin embargo, la creación híbrida, neocultural, mestiza del transculturador no es una mera adición de elementos contrapuestos "sino una construcción nueva que asume los desgarramientos y problemas de la colisión cultural" (Rama, *Transculturación* 116). No se trata entonces en la transculturación de asumir ninguna clase de mestizaje o sincretismo fácil y reconciliador. Se trata de *asumir*—no de reprimir—*el desgarramiento* como proyecto intelectual y personal.

En el fondo, según la teoría de la transculturación, toda cultura vital implica múltiples transculturaciones—y más marcadamente en América Latina debido al choque cultural y la concomitante heterogeneidad cultural a partir de la Conquista. Estos procesos están inacabados, y son, hasta por definición, inacabables, dado el continuo estado dinámico y procesal que subyace toda cultura vital. La postura del transculturador entonces, es una postura *activa*, histórica, creadora, visionaria incluso, de mediación inter e intracultural política y personal, frente a la heterogeneidad cultural, racial, y lingüística de América Latina. Ya que la transculturación se inicia a partir de la recuperación de un pasado bimembrado ésta remite siempre a un futuro inalcanzable por definición (Rama, *Transculturación* 206). Se trata de llegar al futuro a través de la recuperación de la memoria (afán que se vislumbra en el título de la primera novela de Garro *Los recuerdos del porvenir* y que también aparece como el nombre de un bar en la selva en *Los pasos perdidos*). El proyecto del trans-culturador es entonces el de conjugar dos culturas y dos tiempos históricos: el presente y el pasado de las diferentes culturas indígenas de América y sus correspondientes sistemas culturales con la historia y cultura occidentales. Para decirlo más contundentemente: la transculturación siempre pasa a través de la recuperación de la historia—o más acertadamente, las historias—y el transculturador es el/la que las pone en juego y de esta manera, como veremos más adelante, asume el desgarramiento implícito en la ideología del mestizaje.

Ya en el párrafo introductorio a su *Transculturación narrativa en América Latina*, Rama señala la dificultad, y el afán utópico, a la vez rescatador y reconciliador de la diferencia y la heterogeneidad histórica y cultural que implica la postura del transculturador, postura que rompe con una larga tradición de desmemoria:

> Nacidas de una violenta y drástica imposición colonizadora que—ciega—desoyó las voces humanistas de quienes reconocían la valiosa

"otredad" que descubrían en América; nacidas de la rica, variada, culta y popular, enérgica y sabrosa civilización hispánica en el ápice de su expansión universal; nacidas de las espléndidas lenguas y suntuosas literaturas de España y Portugal, las letras latinoamericanas nunca se resignaron a sus orígenes y nunca se reconciliaron con su pasado ibérico (Rama, *Transculturación* 1).

Situado entre dos aguas, por un lado la valiosa "otredad" de América y por otro la "sabrosa" civilización hispánica, el transculturador, es el que trata de independizar el imaginario latinoamericano de la desmemoria colonial al efectuar una reconciliación entre las culturas indígenas y la tradición hispánica. Reconciliación problemática, utópica tal vez, que en el fondo lo único que tratará de alcanzar es una nueva idea de nación, (que en el caso del regionalismo conjuga "región" y patria/atraso rural y modernización); es decir, un imaginario nacional que incluya "todas las sangres" y que de esta manera logre finalmente independizarse del legado colonial. No es un accidente entonces, el que tantos de los textos escritos por los transculturadores sean aproximaciones, revisiones y reflexiones de la historia. Lo que está en juego no es sólo una "pelea infernal con la lengua" en palabras de Arguedas, sino también una pelea por redefinir la nación, el concepto de identidad y a partir de allí, de la historia—de poner al imaginario nacional "en crisis" y "obligar a la nacionalidad a aceptar nuevas proposiciones" (Rama, *Transculturación* 158).

Sin embargo, Rama, aparte de mencionarlo *en passant* elabora muy poco sobre el lado utópico—por imposible— de esta gesta. Es decir: nos dice poco sobre lo que podría realmente significar *vivir o asumir el desgarramiento*. Al contrario, pone el énfasis en la labor creativa del transculturador de "echar mano de las aportaciones de la modernidad, revisar a la luz de ellas los contenidos culturales regionales y con unas y otras fuentes componer un híbrido que sea capaz de seguir trasmitiendo la herencia recibida" (Rama, *Transculturación* 29). De allí que la chicana Gloria Anzaldúa, sin al parecer conocer los trabajos de Rama, vea su trabajo como "nueva mestiza" o transculturadora, como el proceso creativo de "despojar, degranar, quitar paja, pasar la historia a través de un filtro" que le permite "desechar las mentiras y lo que no vale", para luego conjugar todo lo que le sirve en la creación de una nueva historia e identidad (Anzaldúa 82). Hasta ahora lo que tenemos en efecto, es la descripción de la función creativa, innovadora, transcendental del transculturador. Pero el otro lado de esta gesta—el del desgarramiento— lo estudia Rama sólo indirectamente en un ensayo "El escritor latinoamericano como traidor" publicado en 1988 y que en efecto es un estudio sobre la traición basado en "El sonámbulo", un cuento de Augusto Roa Bastos.

"El sonámbulo", cuento de poca circulación, publicado en las ediciones exclusivas de Franco María Ricci, trata de la Guerra de la Triple Alianza (1865-1870) durante la cual los ejércitos del Imperio del Brasil, la Argentina y el Uruguay destruyeron el Paraguay. Mataron a dos terceras partes del pueblo paraguayo ("exterminaron" dice Roa Bastos en el ensayo citado en el epígrafe), se apropiaron de gran parte del territorio, y dejaron un legado que esta pequeña nación aún no ha superado. Este texto, que en efecto trata de un trauma histórico, acompaña reproducciones de las pinturas de esta guerra hechas *in situ* por el argentino Cándido López (1840-1902). El texto es encontrado por el Compilador—muy a lo *Yo el supremo*—en 1947 en la Fiscalía General del Estado y se presenta como una polémica historiográfica. Escrita por Silvestre Carmona, el escribano del dictador Francisco Solano López, ataca una versión, "un libelo", de esta guerra escrita por el Fiscal de esa época titulada *Un tirano del Paraguay*. En efecto, el Fiscal es la voz de la "historia oficial" en el texto. Historia según la cual la Guerra de la Triple Alianza es justificada como guerra que libraron tres naciones "civilizadas" contra un tirano "bárbaro" que fue Solano López hijo "la tercera persona" como escribe el Fiscal, "de la Santísima Trinidad del Poder Absoluto que, con Gaspar Rodríguez de Francia y Carlos Antonio López, convirtió al Paraguay en un país de idiotas y cretinos" (Roa Bastos, "El sonámbulo" 30).[1]

Se trata entonces, de dilucidar quién tuvo la culpa de la destrucción del Paraguay. En un ensayo, Roa Bastos afirmará, en oposición a la historia oficial presentada en el cuento por el Fiscal, que "el atraso material, cultural y social del Paraguay es el resultado ... de la confabulación neocolonial". Esta nación había llegado a ser, hacia la segunda mitad del siglo diecinueve, uno de los países más avanzados de América Latina. Con el pretexto de liberar a los paraguayos de la dictadura, la Guerra de la Triple Alianza, en una guerra neocolonial tramada y financiada "por la política de dominación del imperio británico en connivencia con las oligarquías de Buenos Aires y los centros financieros del Brasil" volvió a este próspero país "en una isla rodeada de tierra" (Roa Bastos, "La narrativa" 12-13). Las palabras ("hecatombe", "epicidad trágica", "primera víctima propiciatoria de la confabulación neocolonial", "dolor paraguayo", "gran catástrofe de recuerdos") que emplea para describir la guerra fratricida más sangrienta de Latinoamérica sobrepasan los límites de cualquier acción individual. Evidentemente, la culpa de la destrucción del Paraguay no la puede tener un individuo, como lo afirma la versión de la historia del Fiscal, sino todo un sistema neocolonial. Efectivamente, Silvestre Carmona describe la Gran Guerra no como el intento de liberar al Paraguay de la dictadura, sino como una guerra de "independencia" en que el pequeño país luchó hasta la última gota de sangre contra el neocolonialismo de la Triple Alianza. El mismo Silvestre Carmona, apegado a las ideas del liberalismo victoriano inglés, suprime su crítica y sus dudas sobre la dictadura—su alma doble—y combate "con el espíritu de lealtad, la exaltación y el fanatismo que nos poseían a todos" (Roa Bastos, "El sonámbulo" 70). Hasta el padre del escribano le insiste reiteradas veces a su hijo, tratando de menguar el deslumbramiento de Silvestre Carmona ante el dictador: "No hay Poder Absoluto en un hombre solo..." (Roa Bastos, "El sonámbulo" 42). En efecto, lo que el cuento demuestra es que el que defiende el Paraguay hasta la última gota de sangre es el pueblo y los que la traicionan son la oligarquía, la misma familia del dictador, y por último el escribano en la última batalla de Cerro-Corá.

Este estudio de la defensa de la nación por parte del pueblo y su traición por obra de la oligarquía es absolutamente radical para su época y se adelanta en más de dos décadas ("El sonámbulo" apareció en 1977) a los estudios de Nelson Manrique y Florencia Mallón que demuestran, al contrario de lo que se piensa, que los que defienden a la nación son los campesinos indígenas. En el estudio realizado por ambos investigadores en Huancayo, ciudad de la sierra central del Perú, encontraron que durante la Guerra del Pacífico (1879-1884) los campesinos fueron los que formaron guerrillas que combatieron ferozmente contra Chile, mientras que las oligarquías fueron las primeras en aliarse con el ejército invasor en su afán de evitar la destrucción de sus propiedades. Así concluyen que una historia escrita del lado de los subalternos nos lleva a conclusiones radicalmente opuestas a la versión hegemónica de la nación o, para decirlo en otras palabras: que no hay sólo un discurso sobre la nación sino que hay varios alternativos que rebaten al hegemónico. Además de esto, Mallón concluye que la idea de nación sólo se puede comprender en relación al colonialismo.[2]

En "El sonámbulo", en efecto, lo que hay es un "aterrador examen de la traición" como lo afirma el Compilador en su Nota Preliminar, pero no la de Silvestre Carmona que es lo que afirma el texto y lo que reitera Rama en su crítica, sino la de una tra(d)ición historiográfica de estirpe sarmientina que nos viene contando que las masas son las traidoras de la nación y que los que defienden la nación son las oligarquías. En el fondo, la traición revelada en las últimas líneas del cuento es inocua. El escribano defensor del dictador, ex-coronel, octogenario, inválido y mendigo a la hora de escribir, revela que fue él quien condujo a los ejércitos enemigos a Cerro-Corá donde se encontraba lo poco que quedaba del ejército paraguayo—mujeres, niños, soldados inválidos la mayoría, y todos sin provisiones. Así, su traición meramente apresura la última batalla con la que queda sellada la suerte del país. Según Rama, la revelación de este secreto en las últimas líneas del cuento es tan sorprendente e inesperada —borgeana— que tenemos que volver al comienzo y releer el cuento con otros ojos. "Efectivamente", constata, "las referencias a la traición ocupan un lugar importante en los hechos de la guerra, a partir de las primeras derrotas" (Rama, "El escritor" 201). Lo que es más, encuentra que el escribano Silvestre Carmona es despreciado por su padre por su intelectualismo como "soñador" y así falto de hombría, y en su primer encuentro con el dictador es llamado "alma doble". A su vez, las familias acomodadas de la capital son vistas como "perpetuo nido de traidores" por su educación europea, su cultura letrada y su afán extranjerizante; a pesar de que el mismo Solano López habla francés e inglés, se pasea ostentosamente por Europa y acaba casándose con la irlandesa Madame Lynch. Muy a lo *Yo el supremo*, novela publicada tres años antes que "El sonámbulo", la atracción extranjerizante —malinchista diría Paz— "es vista en el intelectual pero no en el Jefe Supremo" (Rama, "El escritor" 202).

De allí que emerja, según Rama, la siguiente oposición estructurante del cuento: traidor/intelectual/extranjero encarnada por el escribano y las clases letradas y la de patriota/inculto/nacional encarnada por el dictador y el pueblo de la que es ventrílocuo. Esta capacidad del dictador de interpretar y, sobre todo, "simbolizar, las aspiraciones profundas de la comunidad, popular, analfabeta, hablada" hace que su poder trascienda los límites de una individualidad restricta. Ya que el escribano había sido en el colegio uno de los "fiscales de las aulas" y como tal el encargado de delatar y castigar a los estudiantes que encontraba hablando guaraní y, al final de la guerra, después de su traición y durante la última batalla de Cerro-Corá, una bala le atraviesa la quijada y escupe la lengua, emerge otra oposición aún más importante: "de un lado pueblo, habla, lengua autóctona, cultura analfabeta, del otro, individuo, escritura, lenguas clásicas y modernas europeas, cultura alfabeta, extranjerismo" (Rama, "El escritor" 204). Rama concluye que dentro de este esquema "el intelectual es fatalmente un traidor, a partir de su definidor ejercicio de la escritura y, con ella, del sistema racionalizado, individualizado y egoísta, que llevó adelante el mundo europeo al promover la revolución burguesa. No hay otra solución para él. Siempre será traidor y todo ejercicio de la escritura será una traición más" (Rama, "El escritor" 206). Sin embargo, a diferencia de *Yo el supremo* que meramente invierte el esquema sarmientino intelectual/civilización/nación, en "El sonámbulo" hay algo nuevo, que por así decirlo, "salva" al cuento de la mala fe que caracteriza, según Rama, a la mayoría de escritores latinoamericanos que toman como modelo a Jean-Paul Sartre sin percatarse de que son incapaces de integrarse a la comunidad a partir de la cual hablan.

A diferencia de Arguedas, que sí había tenido éxito en su afán mediador entre dos mundos al lograr estructurar su novela *Los ríos profundos* según las pautas musicales del mundo andino (la "ópera de los pobres"), Rama culpa a Roa Bastos con las mismas palabras que había empleado Silvestre Carmona para criticar al Fiscal de mala fe, de ser uno de "aquellos que sobreviven sentados sobre la media verdad, ésa que queda sobre un solo filo del sable" (Roa Bastos, "El sonámbulo" 30). Rama asume estas palabras, a su vez, para criticar a Roa Bastos: "también él traidor, también él sentado sobre la media verdad, sobre el medio filo del sable, consumido y desgarrado por esta consciencia" (Rama, "El escritor" 207). Lo que salva a Roa Bastos de una crítica demasiado dura es la consciencia de su posición imposible y el hecho de ser el primer escritor latinoamericano que asume la consciencia agónica del artista en la modernidad europea: "La función del escritor contemporáneo pasa así" concluye Rama, "a ser la denuncia del escritor, su radical incompatibilidad con las fuerzas que mueven a la comunidad, su incapacidad para integrarse a ellas. Los dos términos se neutralizan, constituyendo la consciencia agónica que ignoró por completo Sarmiento: es capaz de comprender y aun racionalizar explicativamente las fuerzas que mueven a los pueblos y por esa misma función es radical y constitutivamente, traidor a ellas" (Rama, "El escritor" 207). Como si estuviéramos dentro de un juego de espejos que nos remite siempre a la traición, y tratando de evitar ser acusado de lo mismo de lo que acusa a Roa Bastos y de lo que el escribano acusa al Fiscal, Rama comenta que en esta consciencia agónica (el "*Je suis la plaie et le bourreau*" de Baudelaire) sorprendente e inesperadamente "resuena una concepción que no pertenece a la vida intelectual de las zonas marginadas, sino al centro mismo de las metrópolis ecuménicas" (Rama, "El escritor" 207).

Como si le estuviera contestando a Rama, Roa Bastos escribe en un texto autobiográfico aparecido un año antes que el ensayo de Rama: "No he traicionado a nadie ni a nada" (Roa Bastos en Tovar 12). Aunque no estoy de acuerdo con Rama en su lectura de "El sonámbulo", que me parece muy de su tiempo en su afán de deconstruir las dicotomías subyacentes en el cuento y, a fin de cuentas, ajeno a la problemática del cuento en su lectura del origen de la consciencia agónica en este escritor, sí creo que es importante comentar la ecuación transculturación/traición que subyace su crítica del escritor paraguayo y que conformaría la otra cara del proceso creativo, mediador de los transculturadores; esfuerzo utópico, épico incluso, cuyo lado positivo enfatiza en su *Transculturación narrativa en América Latina* pero cuyo lado distópico, desgarrado, se puede sólo vislumbrar aquí en una crítica un poco al margen de la problemática elaborada en el cuento.

En efecto, "El sonámbulo" es una reflexión sobre el trabajo del transculturador que traslada el universo de la rica tradición oral guaraní al sistema de la gramatología. Roa Bastos, en sus estudios críticos y a través de *Yo el supremo*, describe su labor como el de traducir la rica tradición oral que es "un texto subyacente en el humus matricial del mundo mestizo". Un texto en el que uno no piensa, pero que lo "piensa" a uno..." (Roa Bastos "La narrativa" 15). A diferencia de los demás escritores paraguayos, que para poder escribir en lengua "culta" reprimen y rechazan este texto, al igual que Arguedas, trató "de incorporar y fundir la voz de la oralidad en la escritura, si no en su materia fónica, en su radiación mítica y metafórica, al menos en su riqueza semántica, en sus modulaciones sintácticas que hablan musicalmente de la naturaleza, de la vida, de las nociones primordiales de una cultura milenaria; nociones y mitos que aún están ahí, al alcance de las manos y del espíritu, al pie del televisor ..." (Roa Bastos, "La narrativa" 18).

Se ha escrito mucho ya sobre la oposición oralidad/escritura y no quisiera adentrarme en este debate. Sin embargo, es interesante recalcar que aún en el caso de un crítico tan al día con las teorías posestructuralistas como lo fue Rama, éste escriba en su *Transculturación narrativa en América Latina* que la escritura implica el "atroz empobrecimiento" de la rica tradición oral. Lo que es más, describe la escritura como "sistema de signos gráficos despojados de voz y de piel" (Rama, *Transculturación* 87) al igual que "El Supremo" — intelectual anti-intelectual por excelencia — para quien la escritura es el afán imposible de recuperar el son-ido de la oralidad (Roa Bastos, *Yo El Supremo* 111). O como lo describe Augusto Roa Bastos, la escritua transcultural implica la traducción de "lo vivo del acervo oral a lo muerto de la escritura literaria" (Roa Bastos, *Las culturas condenadas* 14). Esta reflexión sobre la virtual imposibilidad de la escritura transcultural hace que Silvestre Carmona trate de contrarrestar la idea de que la escritura se equipara a la muerte y la oralidad a la vida cuando dice, *mientras escribe*, que "lo hablado perdura" y que lo escrito puede ser dejado de lado y olvidado fácilmente (Roa Bastos, "El sonámbulo" 33). El afán de darle vida a la escritura explicaría construcciones imposibles en el texto tales como la siguiente: "Declaro bajo juramento que digo como verdad lo que escribo en este testimonio" (Roa Bastos, "El sonámbulo" 34). Este afán también podría tal vez, explicar el hecho de que el único comentario de naturaleza sensorial por parte de Silvestre Carmona sea la observación de que le crecían las uñas de manera fantástica y/o grotesca mientras escribía.

El resultado del esfuerzo transculturador de traducir la oralidad a la escritura es en el fondo muy problemático. Como lo expresa tan acertadamente el dicho italiano "*traduttore, tradittore*", esta escritura, al traducir la heterogeneidad, es decir un sistema lingüístico-cultural a otro, traiciona a ambos. Se lee vuelta al revés, como una "mala traducción" (Roa Bastos, "La narrativa ..." 17). Y no puede ser de otro modo ya que la posición desde la que hablan los transculturadores es bastante inestable y ambivalente. ¿A partir de dónde habla un escritor como Arguedas? ¿A partir del mundo andino que lo ve como "blanco" o el mundo limeño que lo ve como "aindiado"? En "El sonámbulo" esta disyuntiva se representa haciendo que el escribano tenga que escribir a partir de la mutilación (Saad 101-108). Escribir literalmente es perder la lengua. El cuento acompaña la reproducción de las pinturas de la Gran Guerra de Cándido López, artista que perdió la mano derecha en la guerra y siguió pintándola con la izquierda. Este paralelismo entre la mutilación de ambos artistas, el narrador-soldado y el pintor-soldado, nos lleva a una reflexión sobre lo que es la historiografía en América Latina que se traduce hoy en día (como vimos en los trabajos de campo de Nelson Manrique, Florencia Mallón y muchos otros) en el esfuerzo de escribir la historia desde el punto de vista de los subalternos. Es decir, muy a lo Walter Benjamin, debemos escribir la historia "contra el grano", al revés, o como en el cuento: sin lengua y con la mano izquierda. Este escritura es también un modo de escribir en contra del olvido. Como lo explica Marta Dujovne en su presentación de la edición en la que aparecen las reproducciones de Cándido López y el cuento de Roa Bastos: "El fin del tirano Solano López, la extrema defensa de los paraguayos y su exterminio, habrían merecido sin duda los colores de un Plutarco y de un Tito Livio: la periferia en que vivieron, en cambio les valió nuestro olvido absoluto. Sólo nos quedan los cuadros de Cándido López, pintor-soldado que se obstinó en pintar con la mano izquierda una guerra en la que había perdido la derecha" (Dujovne, *Cándido López* 13). De aquí se puede deducir una equiparación importante entre periferia y desmemoria que acordaría el privilegio de la memoria a las metrópolis colonizadoras. Esto explicaría porqué en el imaginario hegemónico primermundista, el "tercer" mundo se corresponde a los pueblos sin historia (Wolf).

Si recordamos que está implícito en Rama que la transculturación siempre pasa a través de la recuperación de la historia, no es sorprendente que tantos cuentos latinoamericanos sean revisiones y reflexiones históricas. Sin embargo, lo que demuestra un cuento como "La culpa es de los Tlaxcaltecas" de Elena Garro, para tomar otro ejemplo, es que el presente, y el mestizaje del presente, tienen que ser vistos como una traición al pasado. Sobrevivir la conquista en "La culpa es de los Tlaxcaltecas" es inscrito como no querer "morir junto con la fecha" y así traicionar la terrible catástrofe que fue la conquista y escaparse al presente por una "grieta en el tiempo". Además de esto, el mestizaje del presente se caracteriza por la selectividad de la memoria—o desmemoria—ya que Garro demuestra que lo que se recuerda del pasado son las raíces ibéricas, mientras que se reprime el legado indígena.[3] Este estado de cuentas sigue vigente. Mejor que cualquier otra ilustración, la expresa la terrible ironía desapercibida de la placa conmemorativa que vi en la Universidad Popular Autónoma de Puebla—colocada en los años ochenta—que agradece a los españoles el haber traído la civilización a México.

Más importante aún, y esto ya está implícito pero no elaborado con tanta intensidad en otras partes, "El sonámbulo" se aproxima a la historia en América Latina como a la historia de un *trauma*. De allí que el narrador sea un sonámbulo y el cuento empiece con el epígrafe de Lucrecio: "Duerme aunque parece despierto; está a dos pasos de la muerte, aunque parece vivir y ver". (En "La culpa es de los Tlaxcaltecas" de Garro, los personajes que no recuerdan el pasado viven en el presente con los "ojos muertos"). Este vivir sin memoria que equivale a un vivir sin vivir o un vivir sin asumir "todas las sangres" es descrito por el escribano usando palabras idénticas a las que había usado Roa Bastos para describir la Gran Guerra: "Los paraguayos continuamos sumidos aún en aquella interminable pesadilla como entre el polvo de una gran catástrofe de recuerdos ... todos seguimos girando en el delirio de una fiebre fría en torno a esa inmensa tumba, los ojos pesados de tierra; enfermos de una profunda enfermedad en la que los vivos se diferencian poco de los muertos ..."(Roa Bastos, "El sonámbulo" 32).

La filósofa Susan Brison ha llegado a una revisión del pensar filosófico sobre la identidad y el ser a través de un estudio de los testimonios de sobrevivientes del Holocausto, de la guerra de Vietnam, y de la ex-Yugoslavia. Lo que se encuentra reiteradamente—obsesivamente—en estos testimonios es el mismo sonambulismo que alega el escribano. Un veterano de la guerra de Vietnam afirma "morí en Vietnam"; una sobreviviente de Auschwitz le dice a su psiquiatra "morí en Auschwitz pero nadie se ha percatado de ello", y otra víctima de los campos de concentración dice que vive su realidad como si estuviera flotando "en un presente vacío de realidad"; una amiga refugiada de Bosnia describe su nueva vida en Nueva Inglaterra como la de un "cadáver". Estos son ejemplos tomados de toda una literatura testimonial de Occidente. Se encuentra lo mismo en los testimonios de la Guerra Sucia de Argentina, de Chile, de madres de desaparecidos en el Perú y en Centro América. También se encuentra lo mismo en todas las historias contadas por escritoras latinoamericanas sobre la culpa del malinchismo, que tienen que asumir como una carga que las lleva a señalar la violación como el Urtext que subyace a toda la historia de Latinoamérica.

Muchas de estas víctimas de trauma describen un proceso de auto-defensa que les permitió separarse emocionalmente de la parte abusada y así dicen que "no son ellos mismos" o que "viven al lado de sí mismos". Como contraparte de estas tácticas de separación, anestetización y auto-defensa, lo que más parece ayudar a estas personas es la habilidad de crear una narrativa alrededor del trauma es decir: reconstituirse a partir del caos y la fragmentación del ser. Es por eso que el escribano, "el sonámbulo", así como tantas otras víctimas de traumas, siente la necesidad imperiosa de escribir, de contar su historia. De más importancia aún, lo que subyace este afán, es la consciencia de que se necesita un testigo que crea *su* versión de la historia cualquiera que sea la forma que ésta adquiera, para que completar el circuito testimonial (Brison).

A lo que voy es que la narrativa transculturadora, al asumir el desgarramiento, tiene que ser vista como una escritura a partir del trauma—histórico o personal. El problema, según Brison, y según lo demuestra la necesidad en los sesentas y setentas de compilar testimonios, o en la versión contemporánea de escribir la historia subalterna, es que nuestra cultura nos impide ver el trauma desde el punto de vista de las víctimas (Brison 19). Es decir, estas historias se pierden ante la ausencia de un lector/testigo. Como sabemos: para que una narración se complete y para que haya una cura—en la medida en la que es posible "curar" un trauma—se requiere que se cierre el círculo entre el texto y el lector. No es accidental entonces el que Rama, en uno de los pocos artículos que he visto sobre "El sonámbulo", haya pasado por alto la historia de una catástrofe nacional alrededor de la cual se compone el texto.

Donde tienen éxito los narradores transculturales, sin embargo, es en el desgarramiento, la experimentación lingüística, la "apertura" del lenguaje hacia otros horizontes, que acompaña el narrar una historia traumática. Esto se ve en lo que es en el fondo una escritura de "vanguardia" en escritores transculturadores como Arguedas y Roa Bastos. Es decir, los textos transculturales viven para contar su historia a pesar de que los escritores mismos se sientan desfallecer frente a la imposibilidad de escribirlos y se lamenten, como Roa Bastos, de que se leen como "una mala traducción", o como Arguedas que caracteriza su escritura como "una pelea infernal con la lengua". Sin embargo, donde pierden es en su falta de público/testigo, no sólo dado el catastrófico grado de analfabetismo en Latinoamérica, sino que también ante la ausencia de un público dispuesto a servir de testigo frente a estos testimonios. Así, se entiende mejor la disputa—que a primera vista podría parecer mezquina—entre los narradores de la transculturación y los del *boom*; entre Arguedas que acusa a Cortázar de ser un escritor "profesional" y la crítica parecida de Roa Bastos.

Dentro de este contexto ¿quién traiciona a quién? El escritor que traduce/traiciona una rica tradición oral a la escritura y así, en palabras de Silvestre Carmona, se ve forzado a poner lo más suyo de sí mismo "en lo que hay de más ajeno a uno: la palabra escrita" o el público lector que no se presta a servir de testigo? ¿Y qué decir de la ecuación que hace Rama entre traición y transculturación y su acusación a Roa Bastos de ser traidor — acusación que refleja en un texto crítico la serie interminable de traiciones en "El sonámbulo"? ¿O es que nos encontramos dentro de un juego de espejos donde todos somos definidos a partir de la traición? Es decir, ¿estamos todos dentro de una lógica, legado de la colonización, donde la traición subyace todo nuestro pensamiento y todas nuestras relaciones sociales?

Dentro de esta lógica, asumir cualquier postura política sería vista como una traición. Así, el mismo Rama, a pesar de ser el crítico latinoamericano de más envergadura de su época, al tanto de la producción intelectual europea y norteamericana (el estructuralismo, el posestructuralismo, la deconstrucción, etc.) se sitúa a sí mismo del lado de los transculturadores como los que rescatan la rica oralidad latinoamericana y la "traducen" al lenguaje muerto de la escritura. Vista desde Latinoamérica, esta postura que desde otro punto de vista podría parecer paradójica — retrógada incluso — se justifica políticamente ya que implica la defensa de un mundo indígena que, como lo demuestra hoy en día la guerra en Chiapas, está luchando por su supervivencia. Afirmar que la oralidad es más rica y más importante que la escritura no sólo es un gesto político sino que también es signo de la impotencia del narrador frente al alto grado de analfabetismo en Latinoamerica. Si el libro más influyente de Rama ha sido *La ciudad letrada*, su libro más importante, sería *La ciudad iletrada* que se vislumbra entrelíneas y en el desgarramiento y las reflexiones ausentes en su pensamiento.

Es importante asumir estos tipos de desgarramiento que he estado describiendo a lo largo de este ensayo y situarlos en la base misma del pensamiento latinoamericano. El hecho es que el Urtext que subyace la teoría de la transculturación y a cualquier otra reflexión sobre América Latina, es la ideología del mestizaje y la escena primordial de la que proviene: la violación de mujeres indígenas por parte de los españoles y la carga negativa asociada al mestizaje. Fruto de la violación, la bastardía de muchos mestizos es usada como pretexto por la administración colonial española para negarles el acceso a puestos administrativos y al clero. Estos son los hijos de la Malinche — traicionera como Eva en el Paraíso — y madre de una serie interminable de traidores. En efecto, lo que no dice Paz en *El laberinto de la soledad*, es que el "pecado" bíblico se ha secularizado; a partir de 1492, la cultura latinoamericana nace a través de la traición — traición que, como hemos visto, también subyace el esfuerzo transculturador de mediar entre dos culturas heterogéneas.

Antonio Cornejo-Polar ha teorizado la confrontación cultural de la que nace Latinoamérica en términos de "heterogeneidad" y de "totalidades conflictivas". En palabras de Raúl Bueno, habría aquí una heterogeneidad "de base" que se dio con la conquista y una heterogeneidad "secundaria" que serían con el mestizaje, "los *resultados* polares de la transculturación" (Bueno 21-36). Esta propuesta sobre la heterogeneidad, paralela al de la transculturación de Rama y formulada en la misma época, ha dado lugar al gran debate contemporáneo sobre la cultura latinoamericana. Dados los traslapos semánticos a los que inevitablemente llevan los términos "mestizaje", "heterogeneidad", "transculturación", todos, de una manera u otra estamos tratando a la vez de conjugar los términos, de deslindar su respectivo radio de acción, y de justificar porqué consideramos que uno tiene más poder explicativo que otro. En mi trabajo de investigación he optado por el de transculturación porque me parece más abarcador. Sin embargo, estoy de acuerdo con Cornejo-Polar de que en cualquier situación de contacto de culturas lo primero que hay es heterogeneidad y que la transculturación resultaría de los procesos de mediación entre las dos culturas. Esto a un nivel teórico. Sin embargo, ¿se puede realmente hablar de heterogeneidad en situaciones de tremenda violencia colonizadora cuyo móvil, en efecto, es borrar, exterminar, al otro aunque Cornejo-Polar incluya tal violencia en su concepción de la heterogeneidad? ¿Se puede hablar de heterogeneidad en casos de represión política cuando los testimonios de torturados reiteran que no es, como se presenta, un modo extremo de obtener información, sino más bien un proceso implacable de borrar la identidad del torturado? ¿Hay "heterogeneidad" en estos casos extremos? Sospecho entonces que la heterogeneidad sólo se puede pensar a partir de valoraciones positivas de la alteridad, del otro.[4]

Debemos recordar también que la política del mestizaje como ensayo de legislar la alteridad y de proteger a las mujeres indígenas de abusos sexuales se dio muy temprano en la colonia a raíz del incidente en Fuerte de Navidad y la destrucción indígena en 1493 de este primer asentamiento español en las Antillas. La corona no desoyó el mensaje implícito en este incidente y ya hacia 1501 había legislado el contacto sexual entre españoles e indígenas para que, si se llevaba a cabo el mestizaje—aunque esto nunca fue su proyecto político—fuera "de voluntad de las partes e no por fuerza" (García Sáiz). Sin embargo la política colonial fue muy ambivalente hacia los mestizos apelando a la implícita bastardía del mestizo para marginarlo; ambivalencia, como veremos más adelante, que fue meramente traducida a términos raciales en el siglo diecinueve. Lo importante de la propuesta de Antonio Cornejo Polar sobre la heterogeneidad — aunque él no lo articula de esta manera — es haber transferido este subtexto a la crítica en su lectura de la ambi-valencia de la textualidad y cultura latinoamericanas ("su doble estatuto sociocultural") que me ha llevado a describir el desgarramiento de la escritura transcultural que elaboro aquí.

No encuentro mejor ejemplo — por extremo — que el de Vasconcelos para ilustrar la ambivalencia de la ideología del mestizaje a la que aludo. Este gran defensor del mestizaje, impulsor del renombrado muralismo mexicano representante de ese mestizaje hispano-indígena, formula en los años veinte su ensayo *La raza cósmica*. Esta idea tan radical en su tiempo, sin embargo, está endeudada con las teorías raciales europeas decimonónicas, la ciencia de la eugenesia, y la afición de Vasconcelos por el intuicionismo, irracionalismo y apego al romanticismo alemán (Bernal). José Joaquín Blanco, en su magnífica biografía de Vasconcelos rastrea su trayectoria política de progresista a partidiario nazi ; desde su primera autocaracterización en *Indología* (1926) como mestizo hasta sus declaraciones, diez años más tarde, de ser "hispánico" y criollo puro en el *Ulises criollo* (Blanco 17). Cabría destacar aquí, para apoyar mi argumento de que la heterogeneidad sólo se puede pensar a través de una valoración positiva del otro, que la autoidentificación de Vasconcelos como mestizo se ve acompañada por una postura política progresista, mientras que su afirmación de ser "hispánico" acompaña una postura fascista.

Blanco sitúa los cambios en el pensamiento de Vasconcelos — que lo llevan del progresismo al nazismo y de lo cósmico a lo cómico — bajo el signo de lo contradictorio y lo disonante (Blanco 9). Yo creo que debe ser leído al revés — lo disonante y lo contradictorio no como excusa de una falta de rigor académico y crítico, o de alguna suerte de *lapsus* mental y/o político, sino que debemos leer *La raza cósmica* como uno de los documentos más elocuentes sobre la dificultad y virtual imposibilidad de Vasconcelos (así como de tantos otros pensadores latinoamericanos) de liberarse de las imposiciones coloniales. Es decir, debemos leer *La raza cósmica* no como un texto "coherente" sino rastreando su ambivalencia y las huellas de su desgarramiento. Una lectura coherente de su ensayo señalaría que Vasconcelos es radical al señalar lo evidente: que en ningún otro continente como en América se han encontrado y mezclado las razas — la blanca, la negra, la asiática o mogol, como la llama, y la indígena o roja. Y que han sido los blancos con sus respectivos imperios (principalmente el británico, el español y el portugués) los que han servido de puente y los que han facilitado el vertiginoso mestizaje americano. Como parte del discurso que opone latinidad y sajonismo, — característico de su época y vinculado a la guerra del '98 —

surge la obsesión con tratar de explicar el contraste entre el progreso del norte y el relativo atraso de Latinoamérica. La respuesta la halla en la eugenesia y en el legado de dos políticas coloniales muy diferentes. Mientras que en Estados Unidos los sajones exterminaron a las poblaciones nativas y marginaron a los negros, en Latinoamérica ha habido un mestizaje entre razas demasiado diferentes que lleva a un "mestizaje degenerativo" (Vasconcelos 11).

El traslapo del concepto de raza al de cultura, especialmente en lo que concierne a cuestiones de colonización es tan preponderante, que aunque Vasconcelos esté consciente de su impacto, le es imposible liberarse de él. Así, señalando el signo del desgarramiento bajo el cual se puede situar su pensamiento, critica las teorías raciales europeas decimonónicas de la siguiente manera: "Nosotros nos hemos educado bajo la influencia humillante de una filosofía ideada por nuestros enemigos, si se quiere de una manera sincera, pero con el propósito de exaltar sus propios fines y anular los nuestros. De esta suerte nosotros mismos hemos llegado a creer en la inferioridad del mestizo, en la irredención del indio, en la condenación del negro, en la decadencia irreparable del oriental" (Vasconcelos 45). Para contrarrestar la manipulación colonizadora de estos conceptos raciales para subordinar a las poblaciones hispanas, no le queda otra a Vasconcelos que postular lo opuesto: el mestizaje ya no va a ser un mestizaje degenerativo sino superlativo.

Entiende así su *La raza cósmica* como un ensayo de reconstituir "nuestra ideología y organizar conforme a una nueva doctrina étnica toda nuestra vida continental" (Vasconcelos 46). Es decir, incorpora una postura esencialmente anti-colonial. Eso por un lado. Por otro, al no lograr crear conceptos nuevos para explicar las culturas latinoamericanas, Vasconcelos se ve forzado meramente a invertir los términos y a darle una carga positiva a conceptos raciales cargados de negatividad y así al fin y al cabo no evade el racismo inherente a tales teorías. Por eso, en *La raza cósmica* a los chinos se les debe prohibir la inmigración a Latinoamérica porque vienen a "degradar la condición humana" porque se "multiplican como ratones"; ya que aún no han alcanzado un grado de civilización superior donde se regulan "los bajos instintos zoológicos"; los negros y amarillos tienen "su tufo"; los negros son "ávidos de dicha sensual, ebrios de danzas y desenfrenadas lujurias"; y el mogol con el misterio de su ojo oblicuo "toda cosa la mira conforme a un ángulo extraño". También habla de la melancolía y enfermiza sensualidad musulmana y de estrías judaicas. No se salva nadie. Excepto los blancos sajones que poseen "la mente clara ... parecida a su tez" e "ideales superiores" y los latinos que "poseen mayor facilidad de simpatía con los extraños" (26) y menor grado de repulsión que los sajones a gente con sangre "extraña" (Vasconcelos 29, 31, 35).

La raza cósmica entonces, de acuerdo a este pensamiento controvertido, será el resultado del entrecruzamiento de las "potencias superiores" de los blancos sajones y latinos. Es decir, hasta 1920 el mestizaje había sido degenerativo y el factor que había contribuido más que cualquier otro al atraso de Latinoamérica. Inexplicablemente esto iba a cambiar. Ya no se iban a juntar las potencias inferiores de cada raza, sino las superiores. *La raza cósmica* de Vasconcelos entonces, en el fondo, es un mestizaje de blancos con blancos.[5] Eliminados quedan todos los demás. Pero no por una política genocida sino, muy convenientemente, por cuenta propia y de acuerdo a una misteriosa eugenesia "del gusto estético" que reemplazará una eugenesia científica. "Los muy feos no procrearán, no desearán procrear". Y para Vasconcelos, de acuerdo a una lógica de castas, los feos son los pobres. En esa utopía "se verá repugnante ... parecerá un crimen el hecho hoy cotidiano de que una pareja mediocre se ufane de haber multiplicado miseria" (Vasconcelos 41). Hay que recordar su política como Ministro de Educación, muy a lo Clorinda Matto de Turner, de hacer desaparecer a los indígenas a través de la cultura y su castellanización. En conclusión: los cuerpos pobres, feos que siempre se corresponden a los que no son blancos — cuerpos monstruosos (él los llama monstruosos) deformados por la ignorancia y la pobreza se volverán conscientes de su propia fealdad y optarán por desaparecer de la faz de la tierra. Una selección por el gusto reemplazará una selección "brutal" darwiniana (Vasconcelos 41-43).

Estos momentos tenebrosos en el pensamiento vasconceliano que nos llevan vertiginosamente de lo cósmico a lo cómico van acompañados por momentos de gran lucidez. "La derrota", escribe "nos ha envilecido a tal punto que, sin darnos cuenta, servimos los fines de la política enemiga .... No sólo nos derrotaron en el combate, ideológicamente también nos siguen venciendo" (Vasconcelos 18). *La raza cósmica* puede ser leído entonces como uno de los documentos más elocuentes de esta derrota ideológica y, a la vez, un gran intento de superarla.

En conclusión, si el transculturador, según Rama, es un individuo que se identifica como mestizo y traslada las mediaciones del mestizaje en América Latina a su propia gesta intelectual y práctica escrituraria, tiene que asumir, como vengo argumentando, toda la carga positiva y negativa que subyace esta ideología. Por eso, el subtexto de la transculturación acaba siendo la traición; carga negativa que viene arrastrando la ideología del mestizaje desde la Colonia. Esto explicaría porqué Rama destacó la traición de Roa Bastos y el escritor latinoamericano contemporáneo en su crítica de "El sonámbulo". El mismo Roa Bastos, consciente de esta disyuntiva, establecerá un paralelismo entre mestizaje y escritura en América Latina cuando escribe que los escritores paraguayos "sentimos que debemos asumir también plenamente los defectos y las virtudes de la cultura mestiza, su homogeneidad y sus incoherencias; sus valores específicos pero también la *patológica duplicidad de su naturaleza escindida*; los desequilibrios de la comunicación desgarrada entre la masa de los oprimidos y la violenta y altanera minoría de los opresores" (Roa Bastos, "La narrativa paraguaya" 18, énfasis mío).

El que mejor le da expresión a la idea de escritura transcultural como proceso equiparable al mestizaje con toda la carga positiva y negativa que conlleva el término es "el supremo" cuando, en un ensayo de escritura automática, le ordena a su escribano Patiño cerrar los ojos, olvidar todo lo que sabe y le guía hipnóticamente: "El vaivén de la pluma es cada vez más rápido. Penetra hasta el fondo ... voluptuosamente el papel se deja penetrar en las menores hendiduras. Absorbe, chupa la tinta de cada rasgo que lo rasga. Proceso pasional. Conduce a una fusión completa de la tinta con el papel. La mulatez de la tinta se funde con la blancura de la hoja. Mutuamente se lubrican los lúbricos. Macho/hembra. Forman ambos el principio de la mezcla. Eh, ah no gimas tú, no jadees. No, Señor...no jodo. Sí jodes. Esto es representación. Esto es literatura" (Roa Bastos, *Yo El Supremo* 162). Es decir, el mismo acto de escribir es descrito en términos de mestizaje y de violación. Al igual que toda la literatura y crítica de la transculturación lo que también se vislumbra en esta cita es el afán utópico, épico, de hallar una nueva expresión, que sea, verdaderamente, sin traicionar, una expresión de Latinoamérica.

NOTAS

[1] Tomado del libro editado por Marta Dujovne. El resto de las citas de este texto aparecerán de la misma manera.

[2] Ver el capítulo 1del libro de Florencia Mallón.

[3] Para un análisis más detallado de este cuento, ver mi ensayo "La traición de la tradición. ¡Qué pinche ser Malinche! Ensayo de una crítica feminista de la teoría de la transculturación a raíz de un cuento de Elena Garro", en *Estudios*, 1997.

[4] Aunque Raúl Bueno no está de acuerdo conmigo aquí, sin embargo destaca que "la heterogeneidad de que habla Cornejo-Polar no es el mero contacto de culturas, ni la pluralidad conflictiva de mundo, o la totalidad contradictoria que él señala en otros lugares; ni el mestizaje cultural (o su isótopo, la hibridación), ni los procesos de transculturación: es el acto semiótico que surge de la heterogeneidad básica o de mundo y que implica la *comprensión profunda y honesta de la cultura alternativa* [que entraña] la posibilidad de una falsa representación" (Bueno 12).

[5] Esta observación, así como muchas otras en este ensayo, reflejan un constante diálogo con Raúl Bueno—colega y amigo.

189

Anzaldúa, Gloria. *Borderlands/La frontera: The New Mestiza Writes.* San Francisco: Spinsters/Aunt Lute Press, 1987. 82.

Bernal, Martin. *Black Athena: The Afroasiatic Roots of Classical Civilization.* Vol. 1: *The Fabrication of Ancient Greece 1785-1985.* New Brunswick: Rutgers University Press, 1987.

Blanco, José Joaquín. *Se llamaba Vasconcelos: Una evocación crítica.* México: Fondo de Cultura Económica, [1977] 1983.

Brison, Susan J. "Outliving Oneself: Trauma, Memory, and Personal Identity". *Feminists Rethink the Self.* Diana T. Meyers, ed. Boulder: Westview Press, 1997.

Bueno, Raúl. "Sobre heterogeneidad literaria y cultura en América Latina". *Asedios a la heterogeneidad cultural: Libro de homenaje a Antonio Cornejo Polar.* José Antonio Mazzotti y U. Juan Zevallos, eds. Filadelfia: Asociación de Internacional de Peruanistas, 1996.

Cornejo-Polar, Antonio. "El indigenismo y las literaturas heterogéneas: su doble estatuto sociocultural". *Sobre literatura y crítica latinoamericanas.* Caracas: UCV, 1982.

Dujovne, Marta, ed. *Cándido López y un texto de Augusto Roa Bastos.* Milano: Franco Maria Ricci, 1984.

_____ "Presentación". *Cándido López y un texto de Augusto Roa Bastos.* Milano: Franco Maria Ricci, 1984.

García Sáiz, María Concepción. "Introducción". *Las castas mexicanas: Un género pictórico americano.* Madrid: Olivetti, 1989.

Mallón, Florencia. *Peasant and Nation: The Making of Postcolonial Mexico and Peru.* Berkeley: The University of California Press, 1995.

Rama, Ángel. "El escritor latinomaericano como traidor (Más allá de *Yo el supremo*)". *Nuevo texto crítico,* I/2 (Segundo Semestre, 1988): 201.

_____ *Transculturación narrativa en América Latina .* México: Siglo Veintiuno, 1982.

Roa Bastos, Augusto. *Yo El Supremo.* Milagros Ezquerro, ed. Madrid: Ediciones Cátedra, 1987.

_____ "Introducción". *Las culturas condenadas.* México: Siglo XXI, 1987.

Saad, Gabriel. "Vacío semántico, relato, mutilación. Del cuento como encuentro con un traidor". *Revista de Crítica Literaria Latinoamericana,* x/19 (1984): 101-108.

Tovar, Paco, ed. *Augusto Roa Bastos: Antología narrativa y poética. Documentación y estudios. Anthropos:* Suplementos, 25 (Barcelona, 1991). "Fragmentos de una biografía relatada".

Vasconcelos, José. *La raza cósmica: Misión de la raza iberoamericana: Argentina y Brasil.* México, D.F.: Espasa Calpe, [1948] 1992.

Wolf, Eric. *Europe and The People Without History.* Berkeley: University of California Press, 1982.

Transculturación narrativa y la polémica posmoderna

Maribel Ortiz-Márquez

El estudio del libro *Transculturación narrativa en América Latina* que me propongo, no se aleja de mi interés inicial: examinar la ensayística de Ángel Rama en relación al concepto de la modernidad que se desprende de ella. Ahora, diferenciándose de otros trabajos donde se examinó lo que considero una primera etapa de su obra crítico-ensayística, en este ensayo estudio con particular interés aquellos aspectos que señalan una ruptura, aunque parcial, respecto a su inscripción en el discurso de la modernidad. Es decir, examino la relativización de algunas de las premisas que caracterizaron su discurso, y por ende, el discurso de la modernidad, evidenciando ciertas fisuras en ambos. Complementando esta lectura, consideraré las revisiones que ha hecho la crítica posmoderna de la misma,[1] y el posterior debate que ha generado en América Latina.[2]

De este modo, este proyecto se instala desde un principio en una doble coyuntura crítica: parte de la misma crítica de la modernidad y de sus discursos, que Rama comienza a ejercitar en el último período de su obra, y de ahí, retoma los debates actuales problematizando su pertinencia en el contexto latinoamericano. Pretende concluir, sin embargo, en una apreciación general de la "crítica cultural" que comienza a practicar el autor en el Uruguay de los años sesenta, constituyéndose como una sistemática rearticulación del *corpus* literario latinoamericano, y que continuó en el exilio a lo largo de dos décadas, aunque reconociendo los cambios que se han operado en ésta.[3]

LAS FISURAS DEL DISCURSO DE LA MODERNIDAD

Dentro de la amplia bibliografía de Ángel Rama, me parece difícil encontrar otro texto que se inscriba de forma tan explícita al discurso de la modernidad.[4] El programa de integración nacional elaborado en *Transculturación narrativa* establece una relación estrecha con los numerosos proyectos modernos decimonónicos, dificultando la construcción de un espacio alterno donde se pueda elaborar una teoría sobre la cultura latinoamericana que no responda a un proyecto sintetizador de las diferencias.[5] Y sin embargo, es posible argumentar que en el mismo texto, publicado en 1982, residen varias claves para romper con ese discurso que sólo serán plenamente desarrolladas en las últimas reflexiones latinoamericanas sobre la cultura popular y la re-democratización de la cultura.

Si la posmodernidad es una "comprensión" distinta de la modernidad, es decir, "una condición en la cual se está repensando lo que ha sido la modernidad, condición en la cual nos damos cuenta de que ha habido varias modernidades ... varias manera de encarar los modos de implantación y transformación del capitalismo, el cual proporciona los términos en que se definen las modernidades" tal como lo ha observado George Yúdice (110-111), y si a su vez, ésta implica la expansión del modelo moderno que rechaza la posmodernidad como una etapa diferenciada, antagónica de la misma (Ernesto Laclau), diría que varios aspectos de la discusión de *Transculturación narrativa* anticipan una posición crítica de la modernidad y de sus discursos que si no puede caracterizarse como posmoderna, al menos adelanta algunas de las proposiciones críticas que van a elaborarse en América Latina a partir de los años ochenta y particularmente, a partir de su último libro publicado póstumamente *Las máscaras democráticas del modernismo*. Evidentemente, esto no quiere decir que Ángel Rama asumiera una "posición posmoderna" en el libro de 1982, ni que el autor fuera un posmoderno *avant la lettre*, sino que a partir de los trabajos de los setenta el escritor uruguayo comienza a evidenciar fisuras en el discurso moderno y los aspectos totalizadores que lo fundamentan. Estos aspectos, a su vez, coinciden con algunos de los discutidos en las propuestas que se han caracterizado como posmodernas, y que sin embargo, como ha señalado Julio Ramos, ya se encontraban parcialmente elaboradas en las críticas a la modernidad por autores decimonónicos latinoamericanos.

Los cuatro aspectos de la discusión de la "propuesta transculturadora" que podrían ofrecer una posición crítica de la modernidad comparable con la que están articulando algunos teóricos de la modernidad y la posmodernidad en América Latina son: primero, el reconocimiento de una "heterogeneidad de formaciones económico socio-culturales irreductibles a una modernidad monológica" (George Yúdice); segundo, el intento de romper con los esquemas elitistas que habían propuesto las culturas letradas en América Latina, favoreciendo la "heterogeneidad cultural" que exhibe el continente americano en sus manifestaciones regionales y acercándose a una propuesta democratizadora de las culturas del mismo; tercero, la postulación de una "crítica textual" de la antropología que coincide con los planteamientos de la "etnografía posmoderna", siendo ésta complementada por el intento de incorporar los textos antropológicos al sistema literario latinoamericano; y cuarto, el interés en relativizar

194

algunos de los conceptos claves de las "meta-narrativas modernas" (en especial, la relativización del uso del concepto de clase en el estudio de la cultura y la narrativa regionalista). Como se puede notar, estos cuatro aspectos que se desprenden de la discusión sobre las culturas regionales *no* constituyen la marca principal de texto, sin embargo, comienzan a hacer sumamente problemática la autoridad del discurso moderno, y por lo tanto, la misma viabilidad de la propuesta ramiana como demostraré posteriormente.

I

No es de extrañarnos que el reclamo de una cultura democrática haya sido uno de los aspectos más endosados por los teóricos de la modernidad y la posmodernidad en Latinoamérica durante los últimos años. A partir de los años ochenta, y con el fin de las dictaduras militares en los países del Cono Sur (Argentina, Chile y Uruguay), la re-democratización de la cultura y el sistema gubernamental constituye uno de los reclamos más urgentes en los discursos culturales y políticos.[6] La represión, tanto política como cultural, que desataron los gobiernos militares en su intento de consolidar su poder político, generó, y sigue generando, respuestas que atienden al restablecimiento de la democracia.[7] Aunque ésta ha tenido que ser redefinida a partir de la experiencia de los golpes, sigue siendo la palabra emblemática en los reclamos por una sociedad menos represiva y autoritaria.

Considerando que Ángel Rama escribió los ensayos que componen el libro de 1982 durante los años setenta, probablemente un poco antes de que tuvieran lugar los golpes militares (si no en el mismo año),[8] la perspicacia de su análisis sorprende porque apunta hacia una revaloración de las culturas latinoamericanas que implicaba, entre otras cosas, una ampliación de los tradicionales círculos letrados que se habían establecido desde la Colonia en los centros urbanos, y en cierta medida, una democratización de la cultura que no había podido lograr el proceso modernizador finisecular (de ahí el título de su último trabajo *Las máscaras democráticas del modernismo* y el pesimismo que se evidencia en *La ciudad letrada*).

En efecto, la revaloración que se propone Ángel Rama toma como punto de partida las categorías elaboradas por la antropología cultural para problematizar el proyecto de una cultura (y por ende, de una literatura) integrada latinoamericana fundamentado en la aparente homogeneidad cultural heredada de la Colonia. En un primer nivel, el autor argumentará que las divisiones nacionales ya señalan una diversidad de culturas con base en las pautas unificadoras que caracteriza la composición de los estados nacionales. Sin embargo, si efectivamente esta división ha logrado cierta homogeneidad entre los sujetos que habitan dentro de sus parámetros —cualidad que el autor atribuye al uso de una lengua en común, a la participación en un sistema educativo elaborado en relación a una política educativa uniforme, entre otras cosas (58) — ésta no explica satisfactoriamente la diversidad que se puede documentar dentro de los mismos ni la que caracteriza el conglomerado continental. Por lo tanto, es necesario articular un sistema de diferenciación complementario que vaya más allá de las fronteras nacionales y que sea capaz de incorporar la posibilidad de una agrupación superior "acreditada por la existencia de regiones culturales" (57).

De este modo, el autor propone un sistema de diferenciación que si no se opone al sistema que lo precedió con anterioridad —permitiendo la unidad de los países latinoamericanos en oposición a los de origen anglosajón, especialmente Estados Unidos— al menos cuestiona sus fundamentos para darle mayor fuerza y viabilidad (60). El sistema de diferenciaciones no cancelaba ninguna de las posibilidades que enunciaba (latinoamericanismo/regionalismo) aunque evidentemente va a problematizar su viabilidad en cuanto proyecto debido a la ausencia de una *base cultural nacional* real que lo sustente. Es decir, cuestiona su existencia dado que las culturas nacionales no representaron ni representan la diversidad cultural que exhibe el continente. En la medida en que su formación y articulación correspondieron a un proyecto político, social y cultural de la clase *burguesa* en su afán de lograr cierta hegemonía que facilitara el triunfo de las diversas hazañas que emprendieron durante el siglo XIX y el XX, (desde la emancipación política de España hasta el impulso modernizador del fin de siglo), éstas no registran en su interior "fuentes nutricias" que correspondan a desarrollos alternos y que apunten hacia "la peculiaridad cultural desarrollada en lo interior, la cual no ha sido obra única de sus élites literarias sino el esfuerzo ingente de vastas sociedades construyendo lenguajes simbólicos" (12).[9]

Una de las reflexiones más importantes que se desprende del trabajo será entonces el intento de legitimar una definición más amplia de las culturas latinoamericanas que incluya tanto esos desarrollos alternos regionales mencionado anteriormente como los urbanos y, aún, los que se han considerado "nacionales". Los emblemas que van a constituir esa definición son "unidad/diversidad", pero especialmente "diversidad", siendo ésta, en palabras del autor, "una definición más precisa del continente". Ahora, si esta reflexión se ampara en dos elementos que convergen en todos sus trabajos —la importancia del impacto modernizador en las zonas del interior, dando lugar a una elaboración crítica de parte de las subculturas regionales que han sobrevivido los diversos embates de las capitales y que, a partir del mismo proceso, pueden sostener sectores intelectuales que respondan al impacto; y la preponderancia de estas subculturas durante toda la historia cultural del continente a pesar de los intentos de restringir su participación en la cultura nacional por los círculos letrados— no deja de sorprendernos cuán relevante es este aspecto de la discusión ramiana en los debates actuales sobre la redemocratización de la cultura y sobre la posibilidad de "construir una posición desde América Latina en la actual polémica sobre modernidad y postmodernidad" (García Canclini 40).

Por un lado, volviendo al trabajo de Yúdice, habría que señalar que la posmodernidad "se tiene que analizar al menos en dos dimensiones: una que tiene que ver con la heterogeneidad de formaciones económico-socio-culturales irreductibles a *una* modernidad monológica y *otra* que considera las posibilidades de participación democrática en estas formaciones heterogéneas" (Yúdice 107). En los trabajos de Rama encuentro estas dos dimensiones que Yúdice le atribuye a la posmodernidad en un intento de legitimar algunos aspectos de su propuesta en la discusión de las culturas latinoamericanas, aunque inscritas en un proyecto diferenciado. Una vez que la trayectoria de la modernidad comienza a adquirir espesor a través de la discusión del impacto del proceso modernizador en las áreas del interior que se encuentra en *Transculturación narrativa*, la interpretación de una modernidad monológica como emblemática de la experiencia latinoamericana es efectivamente problematizada. La misma comienza a vislumbrarse como diferenciada, adquiere un carácter múltiple, "variado" que se relaciona de forma directa con la heterogeneidad cultural característica del continente (74). Pero en la medida en que se empieza a considerar la posibilidad de que las respuestas al impacto modernizador fueran distintas como consecuencia de la heterogeneidad cultural que existe en el continente, estas subculturas representarían una opción democratizadora respecto a los círculos letrados dado que cuestionan el carácter monolítico que éstos han asumido en su intento de consolidarse.

Por otro lado, habría que señalar que el proceso modernizador desigual expone la urgencia de examinar las relaciones entre la tradición y la modernidad en sociedades donde coexisten manifestaciones de ambas. Dado que estas relaciones constituyen una parte esencial en la definición del proceso modernizador latinoamericano, hay que considerar la posibilidad de formular un método que sea capaz de articular ambas tendencias. Así pues, en la taxonomía regional amparada en la combinación del estudio antropológico y sociológico que abogaba Rama, el autor cree encontrar la posibilidad de articular una posición desde la cual se pueda discutir la relación entre la tradición y la modernidad rompiendo con los exclusivismos disciplinarios que habían caracterizado tanto los estudios sobre las regiones del interior (especialmente atendidos por la antropología) como los de las zonas urbanas (donde se había atendido a las formaciones sociales y económicas con menor atención a los comportamientos culturales). La importancia de este planteamiento es trascendental dado que apunta a uno de los aspectos que relaciona la discusión del autor uruguayo con otras propuestas de los ochentas. Aunque no hay duda que el interés principal de Rama lo constituye la elaboración de un método que facilite el estudio de la sociedad regional como él ha señalado claramente (66),[10] la confección de este método tiene repercusiones mayores porque permite ampliar el estudio de las expresiones culturales e incluir manifestaciones que se han considerado ajenas al dominio literario. Más aún, en este aspecto de su discusión encuentro una manera de formular la conflictiva relación entre la tradición y la modernidad que la crítica cultural latinoamericana comienza a considerar indispensable en el estudio de las culturas populares.

En su ensayo de 1987 titulado "Antropología versus sociología. ¿Un debate entre tradición y modernidad?", Néstor García Canclini presenta una hipótesis similar a la que he discutido en relación al trabajo de Ángel Rama. El autor problematiza el exclusivismo que ha caracterizado el trabajo antropológico y el sociológico —el primero dedicado principalmente al estudio de "los pueblos indígenas y campesinos" mientras el segundo "se desarrolló, la mayor parte del tiempo, conociendo problemas macrosociales y procesos de modernización"— para señalar que esta práctica ha dificultado una comprensión más general de los procesos de interacción entre las culturas populares y las formas hegemónicas de la cultura dominante. En opinión del autor, la interacción entre ambas disciplinas nos ofrecería la posibilidad de analizar las mismas como formas "híbridas" donde se yuxtaponen elementos de diversos orígenes, aunque al mismo tiempo, evidenciando los procesos que llevan a cabo para "simbolizar los conflictos, de usar las alianzas culturales para construir pactos sociales o para movilizar cada nación en un proyecto propio" (43).[11]

El ensayo de García Canclini apunta hacia uno de los aspectos más difíciles de resolver en la ensayística ramiana: ¿cómo hacer una crítica efectiva de los procesos de interacción entre los sectores culturales dominantes y aquéllos que habían estado tradicionalmente marginados sin dejar de tomar en cuenta tanto los procesos que mediatizan esta relación como son la modernización, la educación, etc., como aquéllos que envuelven una respuesta activa de parte de los sectores afectados? Para Rama, como he señalado, la solución es la *transculturación* porque implica la articulación de estos dos procesos aparentemente antagónicos: el impulso modernizador al cual están expuestas las subculturas regionales, haciendo relativa la autonomía de estas culturas;[12] y la capacidad modeladora de las subculturas regionales para responder al mismo.[13] Sin embargo, a diferencia de lo que postula García Canclini en el ensayo antes mencionado, y reconociendo que Rama señala brevemente que la postura diferenciada de las subculturas regionales se relaciona con la posición desventajosa que han ocupado respecto al caudal cultural,[14] el autor ampara su discusión en cierto esencialismo respecto al origen y a la existencia de las subculturas regionales. Es decir, les transfiere cierta autenticidad que el autor cree inexistente en las culturas que han elaborado los grupos urbanos.[15] El lugar privilegiado que ocupan las subculturas regionales en la reflexión ramiana nos presenta, entonces, otra disyuntiva: por un lado, cómo justificar la presencia de sectores culturales con características diferenciadas sin reconocer ciertos valores esenciales que los configuran; por otro, cómo salir del entranque que representa esta posición, asumiendo una visión no esencialista de la mismas que articule en su interior la posibilidad de una democratización de la cultura que no se logró durante el período modernizador.[16] La respuesta la vuelvo a encontrar en un trabajo posterior de García Canclini titulado *Culturas híbridas: estrategias para entrar y salir de la modernidad.*[17]

En su libro, García Canclini señala que la existencia de formaciones sociales heterogéneas en la historia socio-cultural latinoamericana ha dificultado la elaboración de una política cultural adecuada para una diversidad de sectores.[18] Analizando la intervención del estado —y posteriormente, la industria privada— en el intento de formar una conciencia cultural generalizada, García Canclini examina los límites de esa propuesta en la medida en que atiende a una concepción del arte y la cultura correspondiente a los sectores cultos de la población. Es decir, esta práctica ha privilegiado —aún cuando intenta democratizar el acceso a través de campañas televisadas informativas que develen el significado de las obras presentadas— las formas de consumo de las elites. Fundamentado en el estudio de varias exposiciones de museos y las impresiones del público participante en las mismas, el autor llega a la conclusión de que los esfuerzos de parte de los emisores culturales han resultado inoperantes en la medida en que siguen legitimando sólo las prácticas exegéticas barajadas por un sector hegemónico. Entonces ¿cómo se podría llegar a una verdadera democratización de la cultura considerando la diversidad socio-cultural de los sectores enfrentados? Es decir, ¿cómo resolver el problema esencial que se planteó Rama en su libro de 1982?

Para García Canclini, la respuesta reside en el estudio "cualitativo" de la recepción cultural de diversos sectores que lleve, a su vez, al reconocimiento de la variedad de necesidades e interpretaciones en una comunidad heterogénea de receptores. Pero asimismo, implica formas de transmisión y difusión del material cultural que no fueron previstas ni analizadas por Rama:

> una política democratizadora no es sólo la que socializa los bienes 'legítimos', sino la que problematiza lo que debe entenderse por cultura y cuáles son los derechos de lo heterogéneo. Por eso, lo primero que hay que cuestionar es el valor de aquello que la cultura hegemónica excluyó o subestimó para constituirse. Hay que preguntarse si las culturas predominantes — la occidental o nacional, la estatal o la privada — son capaces únicamente de reproducirse, o también puede crear las condiciones para que sus formas marginales, heterodoxas, de arte y cultura se manifiesten y se comuniquen (*Culturas híbridas* 148).

Como se puede observar, la propuesta de García Canclini define el proyecto democratizador en términos específicos. Por un lado, su propósito principal reside en la "problematización" de aquellos aspectos que han permitido la perpetuación del poder de las prácticas hegemónicas. Por otro, la propuesta enuncia la posibilidad de que, aún cuando las prácticas hegemónicas triunfen en su intento de reproducirse (excluyendo aquellas formas culturales marginales), éstas sean incapaces de lograr un control total del campo cultural. Por lo tanto, existe la posibilidad y la necesidad de crear espacios alternos donde la heterogeneidad cultural pueda manifestarse. Más aún, el autor concluye señalando que:

> Una política es democrática tanto por construir espacios para el *reconocimiento* y el *desarrollo colectivos* como por *suscitar las condiciones reflexivas, críticas, sensibles para que sea pensado lo que obstaculiza ese reconocimiento*. Quizá el tema central de las políticas culturales sea hoy cómo construir sociedades con proyectos democráticos compartidos por todos sin que igualen a todos, donde la disgregación se eleva a diversidad y las desigualdades (entre clases, etnias o grupos) se reduzcan a diferencias (148, énfasis mío).

A la luz de estos planteamientos, la pregunta que se impone es ¿en qué medida los procesos constitutivos de la democratización de la cultura que ha señalado García Canclini se encuentran articulados en Rama? Quizá sería más importante preguntarse por la legitimidad de este cuestionamiento cuando el autor uruguayo vislumbró el proceso democratizador en el ámbito específico de la producción literaria, aunque con implicaciones socio-culturales. Sin embargo, al considerar las opciones democratizadoras que el autor uruguayo examinó en su libro *Transculturación narrativa*, me percato de que el mismo no previó las posibilidades enunciadas por García Canclini. Es decir, aunque reconozco que articuló simultáneamente la necesidad de democratizar los bienes culturales como la urgencia de "problematiza[r] lo que se reconoce como cultura," éste sólo atendió a las manifestaciones literarias otorgándoles un lugar privilegiado en la formación de la nacionalidad. Este aspecto se vuelve evidente en su argumentación a favor de la incorporación del material antropológico al *corpus* literario latinoamericano.

En efecto, al reclamar la urgencia de expandir el sistema literario para que incorpore textos antropológicos, tales como el libro *Antes o mundo não existia* de los escritores desânas Umúsin Panlõn Kumu y Tomalãn Kenhíri, el autor apunta que:

> El monumental *corpus* de mitos y leyendas recogidos por los antropólogos prácticamente no ha rozado a la literatura, ni ha provocado el interés de los estudiosos contemporáneos, ni aun de aquellos que vienen proponiendo una renovación del concepto de literatura pero siguen estudiando las que tradicionalmente se han llamado *obras literarias*, según la pauta cultista de esta indesarraigable "ciudad letrada" que rige al continente desde los albores de la colonización hasta hoy (*Transculturación narrativa* 89).

Como se puede observar, la discusión de este aspecto nos lleva al tercer elemento que identifico como constitutivo de la problematización del discurso moderno que encuentro en *Transculturación narrativa*. En un primer momento, es preciso señalar que la importancia del reclamo reside en dos niveles diferenciados: por un lado, un nivel teórico que defiende el desplazamiento que sufren los textos (históricos, hagiográficos, etc.) en el transcurso del desarrollo de un corpus literario, ya sea nacional o continental; por otro, un nivel que llamaré práctico porque le atribuye al corpus antropológico una función específica que el autor identifica con la democratización de las prácticas literarias.

En efecto, en un primer nivel tenemos que señalar que el autor parece cuestionar la afirmación de que existen características propiamente literarias en los textos más allá de las que el autor defiende como constitutivas del corpus; es decir, la gratuidad del material que ha permitido que se incorporen una diversidad de textos una vez sean considerados superados en las disciplinas de origen. Sin embargo, al continuar la línea de argumentación propuesta por el autor me percato de que éste no es el caso. Si efectivamente el autor cree que los textos se desplazan entre varias disciplinas, lo que lo identificaría con algunas posiciones deconstructivistas,[19] al mismo tiempo reclama el carácter literario de los mismos en un tono que polemiza con las propuestas estructuralistas de Lévi-Strauss. Es a este aspecto al que se refiere el autor al señalar que las "rejillas intelectuales epocales y las primitivas de los antropólogos", todas ellas:

> pecan de desatención para los aspectos estrictamente literarios del mensaje, los aspectos poéticos diría Jakobson, debido a que fijan el interés en la comunicación de significaciones para someterlas luego a una lectura de símbolos en una suerte de evemerismo (*Transculturación* 91).

Como vemos, la cita va a puntualizar, una vez más, en el interés primordial de Rama: defender el carácter literario de los textos antropológicos, lo que a su vez permite su incorporación en el *corpus* literario. Pero asimismo, la cita nos lleva a una discusión paralela en los textos desânas que le otorga mayor dinamismo a su argumento. Al corroborar el interés propiamente en la producción de estos textos y la producción de significantes que los sustenta, más que la de significados en éstos, ("Es impensable —dirá el autor— un texto en que no cumplan una función los significantes, ni actúen sobre la producción de sentido") me percato de que en esta actividad Rama vislumbra los límites que develan las prácticas antropológicas dado que no reconocen el empobrecimiento que experimentan los textos míticos y teatrales, entre otros, en el proceso de transcripción. Según el autor, una vez que los textos son transcritos según las pautas disciplinarias, se empobrece una variedad de registros presentes durante su actualización oral. De este modo, sólo la atención a los elementos que los caracterizan como *escritura,* que atiende a los "habituales métodos de simbolización" podría recuperar esa ausencia percibible en los mismos, recreando su pertenencia al "imaginario colectivo" de los pueblos.

No hay duda que esta posición representa un distanciamiento respecto al discurso de la modernidad y la división que este discurso estableció entre las prácticas cognoscitivas. Dado que la antropología y, en particular, la etnografía, habían participado de esta misma configuración, reclamando su parcial pertenencia al discurso científico, éstas habían podido lograr cierta legitimidad entre otras prácticas cognoscitivas carentes de esta relación.[20] Sin embargo, a partir de la revisión que se han hecho de los discursos antropológicos (influenciada por las teorías posmodernas), la validez de sus reclamos ha comenzado a ser cuestionada. El aspecto escriturario comienza a cobrar importancia en tanto determina y altera el valor intrínseco que se le había otorgado a la "observación". El trabajo etnográfico, dirá James Clifford, no comienza con recopilación de datos ni con la observación, sino con la "escritura" ("Introducción" 2).

El énfasis en el aspecto escriturario, "literario" le llamará Rama, presupone un cuestionamiento de los reclamos que había hecho la antropología en cuanto discurso científico. Implica, a su vez, una revaloración del rol que pueden asumir los antropólogos en cuanto a "agentes culturales," ya no meros recopiladores "neutral[es]" de información sino participantes del destino de las comunidades que entrevistan.[21] Ahora, si bien ésta constituiría la lección más importante de Rama, llevándonos a una incorporación de voces que habían estado silenciadas y que habían recibido poca atención en los círculos literarios, esta posición resultaría limitada dado que sólo reconoce una expansión de la literatura sin problematizar los mismos fundamentos que han dado lugar a su surgimiento.[22] Esta posición se vuelve evidente en la discusión de los textos indígenas:

> Los productos literarios indios que pertenecen al cauce de la resistencia cultural son los que diseñan los límites de la literatura en América Latina, pues manifiestan, como ninguna otra comunicación lingüística, la otredad cultural. Por lo mismo postulan una nueva funcionalidad de la literatura, a la cual competería la integración de estos discursos en un marco homogéneo. La literatura ha servido a múltiples funciones dentro del continente y (en el mundo) y del mismo modo que en la Colonia fundó la occidentalización y en la República fundó la nacionalidad, bien puede fundar en este siglo los mensajes culturales, prestándoles la homogeneidad de su discurso (*Transculturación* 93-94).

Como vemos, en el centro de "la nueva funcionalidad de la literatura" sigue estando ese afán integrador que caracteriza toda su propuesta. A diferencia de los textos discutidos (García Canclini, Yúdice y los trabajos del grupo de *Writing Culture*), el texto ramiano sigue proponiendo nuevas posibilidades pero circunscritas al proyecto moderno donde la literatura ha ocupado un puesto privilegiado en la "homogeneización" de los mensajes culturales. Para Rama, la diferencia siempre implica una síntesis, una política cultural homogénea, integradora de las diferencias.

Sin embargo, es posible argumentar que *Transculturación narrativa en América Latina* constituye un texto "umbral" que encabalga dos epistemes conflictivas, difíciles de resolver. Aunque la supremacía del discurso de la modernidad es indiscutible durante todo el texto, es posible, una vez más, señalar que en su discusión, los "elementos recusadores" de su propuesta surgen como espacios antagónicos que el autor no logra reconciliar y que es posible identificar con una reflexión profunda sobre la necesidad de superar o, quizá sea más exacto decir, actualizar el discurso moderno.[23]

Finalmente, nos falta por mencionar la relativización del concepto de clase en el análisis "socio-cultural" como expresión de lo que Ernesto Laclau ha llamado "un debilitamiento de las pretensiones metafísicas y racionalistas de la modernidad, a partir del desafío al 'status' fundacional de ciertas narrativas" ("Politics and the Limits of Modernity" 65). A manera de prefacio, es importante recalcar que Rama elabora el análisis "socio-cultural" como respuesta a las insuficiencias que representaban tanto el análisis antropológico como el sociológico en el estudio de la cultura regional. Como argumentaría García Canclini posteriormente, la adquisición de ambas perspectivas, la antropológica con énfasis en el análisis cultural horizontal y la económica-sociológica, le ofreció la oportunidad de romper con el exclusivismo metodológico que aplicaba una u otra perspectiva según las zonas que estudiase. En la opinión de Rama, tal apreciación lograría una perspectiva más amplia al poder testimoniar tanto las diferencias que se producen en las articulaciones culturales dependiendo del nivel social y económico a que pertenecen los individuos como el manejo del marco cultural general al que están expuestos sus integrantes.

Con la relativización de las premisas de ambas tendencias, Rama reconoce que la articulación y consumo de los productos culturales van a estar modificados por los sectores o clases a que pertenezcan los individuos, sin determinarlos completamente. Aunque este análisis es aplicable a las zonas rurales o a las urbanas —ya que en ambas se experimentan estratificaciones sociales, modificando su manejo del legado cultural—, es importante destacar que en las zonas rurales/regiones estas diferencias no van a ser tan drásticas. Estas van a evidenciar "la superior potencia integradora ..., por lo mismo que tienen un desarrollo histórico que puede remotarse a siglos y se ejerce sobre comunidades de muy escasa movilidad social ..." (*Transculturación* 66). Esta condición particular de la cultura regional justifica la prioridad que se le da al análisis antropológico en su estudio.

A partir de esta breve síntesis de su propuesta propongo argumentar que es posible hacer una lectura complementaria que señale que la relativización del concepto de clase tiene implicaciones mayores al cuestionar el "status" totalizador de uno de los conceptos claves en una de las "metanarrativas" modernas por excelencia. La relativización ramiana del concepto efectivamente está relacionada con el intento de establecer una metodología para el estudio de las "subculturas regionales". Sin embargo, esta relativización no sólo está vinculada con este cuestionamiento que podría presentarse como indicativo de los cambios en el "horizonte socio-cultural" característicos de la época posmoderna — si no posmoderna, al menos representativo de las fisuras del discurso de la modernidad que nos hemos propuesto estudiar en este ensayo— sino que se refiere a una discusión que obsesionó al autor durante su carrera crítico-ensayística: la función de los agentes sociales y su relación con las clases sociales, especialmente los sectores medios.

En efecto, Rama argumenta que el *indigenismo* impulsado por Mariátegui le ofrecía a Arguedas una visión dicotómica de los grupos sociales que "no rinde justicia a la mayor complejidad de la estructura social del Perú, ni reconoce la importante contribución de nuevos sectores (mestizos) ni admite importantes matices diferenciales dentro de las clases enfrentadas (muy distintos tipos de comunidades indígenas, muy distintos tipos de terratenientes)", (*Transculturación* 181) dificultando el entendimiento de la realidad social. Como vemos, en el centro de la discusión se encuentra el hecho fundamental de que en la medida en que no se reconoce la posibilidad de estudiar a los mestizos a partir de las características que los identifican como "clase", por lo tanto, inscritos en un sistema económico con intereses diferenciados, no es posible teorizar sobre su función como agentes de cambio social. Paradójicamente, Rama cree que a Arguedas le fue posible llegar a identificarlos con una clase social, no a través del análisis socio-económico que proponía Mariátegui,[24] sino a partir del estudio de su cultura, una cultura diferenciada, heredera de los incas pero expuesta a un proceso de transculturación significativo:

> El lazo que permitía vivir a una sociedad oprimida y que le confería esa singularidad que hizo de ella un legítimo motivo para la reivindicación contra la entera estructura de dominación (social, económica, política, cultural en su justo significado) radicaba justamente en la conservación de pautas culturales que podrían filiarse en el antiguo Tawantinsuyu, comenzando por la lengua, aunque habían tenido transformaciones notorias. Pero en todo caso esas comunidades disfrutaban de una cultura cuya funcionalidad se presentaba como evidente e imprescindible (*Transculturación narrativa* 150).

Las implicaciones de esta cita son varias. Por un lado, es evidente que lo que se propone Rama es señalar que la identidad cultural puede ser el vehículo a partir del cual se van a articular los reclamos (sociales, económicos, políticos, culturales) de un sector social. Más aún, a pesar de que Rama no elimina de su teorización el uso de la categoría de clase —ya que sigue afirmando con Arguedas que los mestizos son capaces de constituirse como tal—, una vez que problematiza el uso exclusivo del concepto, y una vez que comienza a argumentar que la "cultura" puede ser asimismo otro *origen* capaz de fundamentar y darle coherencia a esos reclamos, el autor uruguayo permite la expansión de la operatividad del discurso marxista pero también del antropológico, y, teóricamente, de otros discursos que articulan sus reclamos a partir de otras categorías. Evidentemente, en el caso particular de *Transculturación narrativa*, Rama va a privilegiar el concepto de "cultura" en la articulación de los reclamos de un grupo social dentro de las regiones determinadas por la antropología cultural. Pero la teorización del método socio-cultural sugiere que este privilegio se inscribe en el funcionamiento específico de la sociedad regional, por lo tanto, no implica una aplicación total, indiscriminada del mismo.

Por otro lado, tendremos que concluir preguntándonos en qué medida este reclamo (es decir, la necesidad de privilegiar una categoría particular que no ha sido impuesta *a priori* en el estudio de un sector social) nos permite anticipar la postura que tomaría el autor en sus próximos trabajos. Como ya sabemos, sus últimos libros *La ciudad letrada* y *Las máscaras democráticas del modernismo* no van a fundamentarse en las proposiciones teóricas que desarrolló en *Transculturación narrativa*. Esto nos hace sospechar que estos trabajos fueron reflexiones simultáneas o quizá, nos permiten ver el libro de 1982 como un hiato dentro de su ensayística. En cualquiera de los casos, las aportaciones del concepto de la "transculturación" y el método "socio-cultural" han permitido comenzar un diálogo diferente donde Rama surge como uno de los teóricos fundamentales.[25] A pesar de que en ese diálogo se comienzan a evidenciar sus limitaciones,[26] afirmaremos con Laclau (refiriéndose a Marx) que lo importante es comprender "su respuesta como una síntesis parcial y limitada, al mismo tiempo que aprecio con más claridad el sentido original de sus preguntas" ("Politics and the Limits of Modernity", 66). Si nuestro ensayo ha logrado recuperar el "sentido original" que lo llevó a formularse diferentes preguntas sobre los agentes sociales y sus posibilidades de concluir el proyecto inconcluso de la modernidad — es decir, la construcción de la nacionalidad — diría que ha logrado su propósito inicial.

NOTAS

[1] Me referiré particularmente al ensayo de Ernesto Laclau "Politics and the Limits of Modernity".

[2] Me refiero a las diferentes articulaciones latinoamericanas que han surgido a raíz de la crítica "posmodernista" y los debates que ha generado: Hugo Achugar; George Yúdice; Carlos Rincón; José Joaquín Brunner y Ticio Escobar.

[3] Es importante destacar que la *rearticulación* que se propuso Rama, aunque ambiciosa y en muchos sentidos, excepcional, fue limitada. Como ya ha observado Marta Traba, éste no consideró la producción literaria de escritoras latinoamericanas: "It is as if they didn't exist. Look at Ángel [Rama], whom I

believe to be one of the critics who knows most about Latin American literature; he doesn't take women into account. It's as if they didn't exist". Asimismo podría decirse del total desinterés por la cultura de masas como lo ha expresado Jean Franco.

⁴ Para una bibliografía completa, los refiero al trabajo de Carina Blixen y Álvaro Barros Lémez.

⁵ Este aspecto se estudia en la primera parte del capítulo III de mi tesis doctoral: "La modernidad conflictiva: Ángel Rama y el estudio de la literatura latinoamericana". En este capítulo examino, particularmente, la relación entre el proyecto integrador ramiano y las propuestas artiguistas del siglo XIX que cobraron carta de ciudadanía entre algunos intelectuales uruguayos relacionados con la revista *Marcha*. Me refiero al ensayo de Washington Reyes Abide, Oscar Bruschera y Tabare Melogno "El programa artiguista de integración nacional".

⁶ Para una visión plural del impacto de la dictadura los refiero a la compilación de Saúl Sosnowski *Represión, exilio y democracia. La cultura uruguaya.*

⁷ Para un análisis de los gobiernos militares en el Cono Sur y de las diferencias que ostentaron respecto a golpes anteriores los refiero al ensayo de Alan Ángel "Military Rule and Popular Resistance".

⁸ Los golpes militares de Chile y Uruguay tuvieron lugar en el año 1973, seguidos por el golpe en Argentina el año siguiente. Aunque no podemos encontrar ninguna referencia explícita a la traumática situación del setenta y tres, llevándonos a considerar la posibilidad de que fueran escritos antes de la experiencia del golpe, (sin olvidar que en su mayoría fueron publicados en los años 1974-1975), al menos sabemos que en 1974 Ángel Rama estaba participando del "Comité de información sobre la represión en Uruguay".

⁹ Para un resumen de sus propuestas, los refiero al ensayo de Jesús Díaz Caballero "La transculturación en la novela regionalista: El caso sur andino peruano y la obra de Arguedas".

¹⁰ Es importante señalar que para Rama, el desarrollo del análisis "socio-cultural" le ofrecía una forma alterna para acercarse a las culturas regionales: "Sólo la introducción de esta perspectiva socio-cultural puede permitirnos reconstruir con mayor rigor el funcionamiento de la sociedad regional, pues a los valores comunes que la impregnan a través de un largo proceso evolutivo, se agregarán los diferenciales clasistas o sectoriales que bocetarán subculturas dentro de una subcultura" (*Transculturación* 66).

¹¹ El análisis del autor concluye señalando la urgencia del uso de tal metodología. Al referirse a la "bifurcación" entre el modelo antropológico y el sociológico, el autor va a señalar que: "Aunque esta precisión tiene cierta pertinencia, deja sin resolver los problemas básicos de una reconstrucción de las relaciones entre tradición, modernidad y postmodernidad, que debe ser a la vez un replanteo de los vínculos entre antropología y sociología". Sin embargo, García Canclini señala claramente que el énfasis debe estar en el análisis de lo "atípico", de lo "premoderno" dado que los procesos de racionalización y secularización de la sociedad que ejemplifican el proceso modernizador no se impusieron totalmente en América Latina.

¹² Habría que recordar que para Ángel Rama sólo las áreas modernizadas pueden sostener "tendencias separatistas". Por lo tanto, las subculturas regionales aunque se oponen al proceso homogeneizador serían incapaces de sustentar

esta posición: "Tanto las teorizaciones indigenistsa peruanas, como las negristas que se conocieron en la zona antillana coetáneamente ..., como el Primer Congreso Regionalista de Recife, indican el desarrollo de fuerzas autónomas capaces de oponerse a la dominación homogeneizadora de las ciudades dinámicas o de sus valedores extranjeros ..., aunque no de inspirar tendencias separatistas que sólo se podían permitir las regiones modernizadas" (*Transculturación* 68).

[13] En este sentido, nuestra posición estaría más a tono con la que ha desarrollado George Yúdice y el mismo García Canclini que la que ha elaborado Juan Villegas en su ensayo "La estrategia llamada transculturación". A diferencia de los ensayos antes señalados, Villegas señala que: "El término 'transculturación' entendería la cultura dominante como generadora y la marginal como imitadora". Nos parece que la elaboración del término antes señalado no implica una valoración negativa de las culturas marginadas. Por el contrario, en el trabajo de Rama parece ocurrir lo opuesto. Las culturas regionales constituyen, en su opinión, una versión más sofisticada de la cultura latinoamericana, por lo tanto, entraría en otro esencialismo que el mismo García Canclini reprocha en su trabajo.

[14] En efecto, esta posición es evidente cuando señala que: "La positividad cultural que el indigenismo vio en estas comunidades, puesto que ellas sí habían resguardado la originalidad de una cultura autóctona mostraba su trágico reverso: esa conservación era hija de una explotación secular contra la cual combatía por otro lado el indigenismo, sin plantearse las consecuencias del proceso del cambio..." (*Transculturación* 167).

[15] Esta tesis se impone en todo el trabajo. Particularmente, al señalar los alcances de la "hazaña" transculturadora: "Si la transculturación es la norma de todo el continente, tanto en la que llamamos línea cosmopolita como en la que específicamente designamos como transculturada, es en esta última donde entendemos que se ha cumplido una hazaña aun superior a la de los cosmopolitas, que ha consistido en la continuidad histórica de formas culturales profundamente elaboradas por la masa social, ajustándola con la menor pérdida de identidad, a las nuevas condiciones fijadas por el marco internacional de la hora" (*Transculturación* 75).

[16] Es importante señalar que, para García Canclini, este tipo de análisis constituye una prioridad. Al referirse a los trabajos de la "sociología de la cultura", el autor va a señalar que: "Esta perspectiva tiene el mérito de clausurar las idealizaciones generadas por una excesiva autonomización de las culturas subalternas cuando se las ve como manifestaciones de la capacidad creadora de los pueblos o como acumulación autónoma de tradiciones previas a la industrialización" ("Antropología versus sociología: ¿un debate entre la tradición y modernidad?" 42). Este punto parece ser el que con más claridad diferencia la propuesta ramiana de la de García Canclini. Es evidente que la del autor argentino tiene propósitos muy diferentes como son la elaboración de una política cultural que no esté amparada en una interpretación esencialista de las culturas populares.

[17] Al discutir el trabajo de García Canclini tenemos que hacer varias salvedades. El mismo cubre una variedad de manifestaciones culturales sin fundamentarse exclusivamente en la literatura como es el caso de *Transculturación narrativa*.

[18] En esta sección resumo las ideas planteadas en el capítulo III titulado "Artistas, intermediarios y público: ¿innovar o democratizar?" (95-148). Nos hemos beneficiado particularmente de las conclusiones de la última sección del capítulo "¿Cultura para todos?" (141-148).

[19] Me refiero en particular a la propuesta de Paul de Man elaborada en el ensayo "Literary History and Literary Modernity". En el texto, el autor señala que: "To become good literary historians, we must remember that what we usually call literary history has little or nothing to do with literature and what we call literary interpretation — provided only it is good interpretation— is in fact literary history. If we extend this notion beyond literature, it merely confirms that the bases for historical knowledge are not empirical facts but written texts, even if these texts masquerade in the guise of wars or revolutions" (165).

[20] En este sentido, es importante destacar las contribuciones del volumen titulado *Writing Culture: The Poetics and Politics of Ethnography*, editado por James Clifford y George E. Marcus. En estos trabajos existe un profundo cuestionamiento respecto a las posibilidades objetivas de cualquier discurso, particularmente, respecto a las pretensiones que ha caracterizado al discurso etnográfico. Según James Clifford, con la crítica al colonialismo, y como consecuencia, con la críticas de los límites de la representación que han proliferado durante los últimos treinta años desde diferentes prácticas discursivas, la etnografía ha tenido que reconsiderar sus estatutos, y por lo tanto, comenzar a definir sus alcances y sus límites: "The impact of these critiques is beginning to be felt in ethnography's sense of own development ... Rather, the new histories treat anthropological ideas as enmeshed in local practices and institutional constraints, as contingent and often 'political' solutions to cultural problems. They construe science as social process. They stress the historical discontinuities, as well as continuities, of past and present practices, as often as not making present knowledge seem temporary, in motion. The authority of a scientific discipline, in this kind of historical account, will always be mediated by the claims of rhetoric and power". ("Introduction: Partial Truths" 12).

[21] Esta posición ha sido elaborada posteriormente por Stephen A. Taylor, "Postmodern Ethnography: From Document of the Occult to Occult Document". En su ensayo, Taylor argumentará a favor de una participación mayor de la comunidad en la escritura de los textos. Para esto, el autor propone varios cambios en el modo tradicional de llevar a cabo la transcripción de la investigación etnógrafa: 1) relativizar la supremacía de la voz del/ de la antropólogo/a para dar lugar a una polifonía de voces ("dialogismo"); 2) romper con la dinámica de observador-participante; 3) relativizar las perspectivas; y 4) dejar de "ejercitar control total sobre el discurso". El propósito de la etnografía será entonces "terapéutico" "evocando una realidad participatoria" (128).

[22] En este sentido, es necesario distinguir tanto al género testimonial teorizado originalmente por Miguel Barnet en el prólogo de *La canción de Rachel*, como la tarea de otros periodistas y antropólogos (Berta Ribeiro, Elizabeth Burgos y Moema Viezzer). Asimismo, es importante destacar el papel primordial que ocupó la Revolución Cubana y las revistas culturales como Casa de las Américas en la difusión y promoción del género.

[23] En este sentido, es posible afirmar con Laclau que "es precisamente el '*status*' *ontológico* de las categorías del discurso de la modernidad, y no su *contenido*, lo

209

que está en juego; que esa erosión del 'status' es expresada a través de la sensibilidad 'posmoderna'; y que esa erosión, lejos de constituir un fenómeno negativo, representa una ampliación enorme del contenido y la operatividad de los valores de la modernidad, posibilitando que se cimente en fundamentos mucho más sólidos que aquéllos que constituyeron el proyecto de la Ilustración (y sus varias refomulaciones positivistas o hegelianas-marxistas)" (Laclau 66, traducción mía).

[24] Rama va a decir claramente que Mariátegui "fue fiel a una interpretación exclusivamente socioeconómica, que desdeñaba los restantes elementos componentes de la vida social, que incluso perdía de vista la capital importancia de una cultura, logrando así claridad, simplicidad, categoricidad, pero también mesticismo" (*Transculturación* 150).

[25] Carlos Alonso parte de esta premisa para analizar los límites de *La ciudad letrada*.

[26] Me refiero particularmente a la reconstrucción ramiana del "sistema literario latinoamericano" donde están ausentes tanto las escritoras como la cultura popular. Dentro de este comportamiento que caracterizó su crítica, debemos de reconocer dos casos excepcionales: el libro *La generación crítica* y el ensayo sobre "Roberto Walsh: La narrativa en el conflicto de las culturas", *Literatura y clase social*. Agradezco al Profesor Julio Ramos esta última observación.

BIBLIOGRAFÍA

Achugar, Hugo. "Postmodernity and fin de siècle in Uruguay". *Studies in 20th Century Literature* 14/1 (Invierno, 1990): 45-59.

Alonso, Carlos. "*Rama y sus retoños*: Figuring the Nineteenth Century in Spanish America". *Revista de Estudios Hispánicos* 28 (1994): 283-292.

Angel, Allan. "Military Rule and Popular Resistance". *Sociology of "Developing Societies"*. *Latin America*. Eduardo P. Archetti, Paul Commack y Bryan Roberts, eds. New York: Monthly Review Press, 1987. 277-294.

Blixen, Carmen y Álvaro Barros Lémez. *Cronología y bibliografía de Ángel Rama*. Montevideo: Fundación Ángel Rama, 1986.

Brunner, José Joaquín. "No me diga usted que somos modernos". *Punto de Vista* 10/5 (noviembre-diciembre 1987): 2-5.

Clifford, James y George E. Marcus, eds. *Writing Culture: The Poetics and Politics of Ethnography*. Berkeley: University of California Press, 1986.

_____ "Introduction: Partial Truths". *Writing Culture: The Poetics and Politics of Ethnography*. James Clifford y George E. Marcus, eds. Berkeley: University of California Press, 1986. 1- 26.

de Mann, Paul. "Literary History and Literary Modernity". *Blindness and Insight*. Minneapolis: University of Minnesota Press, 1971.

Díaz Caballero, Jesús. "La transculturación en la novela regionalista: El caso sur andino peruano y la obra de Arguedas". *Revista de Crítica Literaria Latinoamericana* XIII/25 (1er semestre de 1987): 155-172.

Escobar, Ticio. "Posmodernismo/Precapitalismo". *Casa de las Américas* 168 (mayo-junio, 1988): 13-19.

Franco, Jean. "Ángel Rama y la transculturación narrativa en América Latina". *Sin Nombre* 14/3 (abril-junio 1984): 68-73.

García Canclini, Néstor. "Antropología versus sociología: ¿un debate entre tradición y modernidad?" *David y Goliat* 17/52 (1987): 40-44.

_____ *Culturas híbridas: estrategias para entrar y salir de la modernidad.* México, D.F.: Grijalbo, 1990.

Laclau, Ernesto. "Politics and the Limits of Modernity". *Universal Abandon? The Politics of Postmodernism.* Andrew Ross, ed. Minessota: University of Minessota Press, 1989. 63-82.

Ortiz, Maribel. "La modernidad conflictiva: Ángel Rama y el estudio de la literatura latinoamericana". DAI, SUNY, Stony Brook, 1993.

Rama, Ángel. *La crítica de la cultura en América Latina.* Selección y prólogo de Saúl Sosnowski y Tomás Eloy Martínez. Venezuela: Biblioteca Ayacucho, 1985.

_____ *Las máscaras democráticas del modernismo.* Montevideo: Fundación Ángel Rama, 1985.

_____ *Transculturación narrativa en América Latina,* segunda edición. México: Siglo XXI editores S.A., 1985.

_____ "Roberto Walsh: La narrativa en el conflicto de las culturas". *Literatura y clase social.* México: Folios Ediciones, 1984. 195-230.

_____ *La generación crítica.* Montevideo: Arca, 1972.

Reyes Abide, Washington, Oscar Bruschera y Tabare Melogno. "El programa artiguista de integración platense". *Cuadernos de Marcha* 2 (agosto 1967): 41-50.

Ramos, Julio. *Desencuentros con la modernidad en América Latina. Literatura y política.* México: Tierra Firme, 1989.

Rincón, Carlos. "Modernidad periférica y el desafío de lo postmoderno: perspectivas del arte narrativo latinoamericano". *Revista de Crítica Literaria Latinoamericana* XV/29 (1989): 61-104.

Sosnowski, Saúl. *Represión, exilio y democracia. La cultura uruguaya.* Montevideo: Universidad de Maryland/Ediciones de la Banda Oriental, 1987.

Taylor, Stephen A. "Post-modern Ethnography: From Document of the Occult to Occult Document". *Writing Culture: The Poetics and Politics of Ethnography.* James Clifford y George E. Marcus, eds. Berkeley: University of California Press, 1986. 122-140.

Traba, Marta. "Interview". *Women Voices from Latin America. Interviews with Six Contemporary Authors*. Evelyn Picón Garfield, ed. Detroit: Wayne State University Press, 1985. 117-140.

Villegas, Juan. "La estrategia llamada transculturación". *Conjunto* (julio-septiembre 1991): 3-7.

Yúdice, George. "¿Puede hablarse de postmodernidad en América Latina?". *Revista de Crítica Literaria Latinoamericana* XV/29 (1989): 105-128.

José María Arguedas y el fin de la transculturación

Alberto Moreiras

I.

La palabra "transculturación" tiene dos usos fundamentales: uno antropológico, que designa cierta mezcla de culturas según definición variable, y otro crítico, que mienta un mecanismo específico de producción simbólica. Ángel Rama teoriza este segundo sentido a partir del sentido antropológico fijado por Fernando Ortiz. Para Rama, la transculturación literaria es:

> un examen revitalizado de las tradiciones locales, que habían ido esclerosándose, para encontrar formulaciones que permitan absorber el influjo externo y disolverlo como un simple fermento dentro de estructuras artísticas más amplias en las que se siga traduciendo la problemática y los sabores peculiares que venían custodiando ("Procesos" 207).[1]

La transculturación es así para Rama una forma de "plasticidad cultural" que regula "la incorporación de nuevos elementos de procedencia externa ... mediante una rearticulación total de la estructura cultural propia (regional)" (208). Es por lo tanto un aparato de promoción de supervivencia cultural, emprendida siempre como respuesta reactiva a los procesos de modernización sufridos por las culturas periféricas o semiperiféricas en la contemporaneidad global. Su función principal en América Latina, al menos desde el punto de vista propio a Rama, es la de reforzar o co-constituir el "sistema literario latinoamericano, entendido como un campo de integración y mediación, con una funcionalidad capaz de autorregulación en un margen considerable" ("Procesos" 217).[2]

En tal definición la noción de transculturación ha venido a cumplir un papel fundacional para la crítica cultural latinoamericana contemporánea. En cuanto tal, la transculturación es y no es un retorno a los orígenes culturales latinoamericanos. No es un retorno porque, como sostiene Silvia Spitta en su libro reciente, los transculturadores post-Ortiz —es decir, precisamente la gente sobre la que Rama escribió su libro sobre transculturación— "le abren la puerta a una reescritura radical de la tradición" (10). Pero es un retorno porque, una vez tal reescritura sea consumada, quedaría establecido que la transculturación está fenomenológicamente en la fuente traumática de todo lo que es literario y no-tan-literario en América Latina: en otras palabras, al final teleológico del proceso transculturador, su uso técnico, crítico o literario revertirían a su uso antropológico.

Si la insistencia crítica en la transculturación se opone al emblanquecimiento colonialista de la cultura latinoamericana contra el que advirtió Ortiz, los transculturadores buscarían ahondar en la empresa de Ortiz mediante la reinterpretación y reconstrucción de la tradición, de forma que el sujeto de transculturación latinoamericano pueda sobrevivir en cuanto tal dentro de una representación genealógica suficientemente conocida o trazable. La corrección de Rama al esquema de Ortiz consiste en postular una epistemología política mediante la que el análisis de la transculturación avanza más allá de la descripción fenoménica y su celebración hacia la interferencia crítica en sus condiciones de posibilidad. Rama postula una transculturación guiada intencionalmente y puesta al servicio de la redención de culturas subordinadas por la modernidad. Pero esto implica que la transculturación no es ya simplemente entendible como una respuesta a la modernización, a su vez entendida como "influencia externa", sino que es también necesariamente una relación crítica con respecto de ella.

Ahora bien, tal relación crítica está sujeta a ciertas limitaciones que Rama puede no haber visto con la claridad necesaria. Por ejemplo, la transculturación está, al fin y al cabo, en sí misma siempre de antemano transculturada: esto es, la palabra "transculturación" no nombra, a pesar de todo, un hecho primario o "natural", sino que es más bien una representación comprometida: como concepto hermenéutico, la transculturación resulta tan producida históricamente como los fenómenos que busca interpretar.[3] En la medida en que la transculturación no es un metaconcepto totalmente fijable, aunque aspire a serlo, sino que está necesariamente atrapada en el círculo hermenéutico, no existe la posibilidad de una reinterpretación o reconstrucción estables de la tradición o de una genealogía apropiada y final del sujeto de transculturación; tampoco por lo tanto de sus contrapartidas lógicas, puesto que toda genealogía implica una teleología y toda postulación de orígenes un sentido de futuro. No hay transparencia en la transculturación, la transculturación no puede entenderse exhaustivamente a sí misma, lo cual implica que en la transculturación simbólica siempre hay un resto que está fuera de control, y que la coloca siempre más allá de su función como mecanismo técnico para la integración de influencias externas a una empresa de preservación o renovación cultural. Pero este último es precisamente el sentido en el que Rama generalmente la teoriza.

En cuanto aparato crítico-genealógico para una cierta expresión cultural e histórica, la transculturación se encontrará siempre con extremas dificultades a la hora de protegerse de la historia que intenta vencer o criticar por mor de la historia que trata de preservar en forma mediada. Ambas historias, y no solamente la segunda, son simultáneamente parte de su propia constitución: la transculturación no puede dividirse o salir de sí misma para establecer distinciones objetivas o no-comprometidas; tampoco puede, sin embargo, dejar de tratar de hacerlo. Como concepto radical, en su versión crítica y no meramente antropológica, en la medida en que se orienta hacia una posible restitución, preservación o renovación de orígenes culturales, y no hacia una fenomenología de la cultura, la transculturación se topa con el muro o la barra que marca sus condiciones de posibilidad como heterogéneas con respecto de sí mismas: el concepto crítico de transculturación, paradójicamente, en su misma dimensión crítica, no parece en realidad originarse en el concepto antropológico, sino más bien en un reino alternativo, en sí no transculturado o susceptible de transculturación, de verdad postulada como original y plena: el precario pero siempre activo reino de la ideología. No hay transculturación crítica sin un fin o un límite de la transculturación, a través de cuyo examen el concepto hermenéutico de transculturación se muestra como algo ligera o pesadamente otro de lo que pretende ser.[4]

Es ese fin o exceso en el uso auto-consciente y simbólico de la transculturación el que me interesa fundamentalmente en este ensayo, que lo indagará de dos formas contrapuestas pero complementarias: por un lado, el "fin" de la transculturación crítica será entendido como posible sometimiento histórico a la modernidad eurocéntrica; por otro, ese mismo "fin" de la transculturación será también entendido como un mecanismo susceptible de sufrir una radicalización operativa tal que, a partir de ella, la transculturación, abocada a la aporía del sentido, deba dejar paso a otros modos de enunciación simbólica y a formas alternativas de enfrentarse a la materialidad de la historia en su precipitado cultural.

En su prefacio a la traducción al inglés de *Culturas híbridas*, de Néstor García Canclini, Renato Rosaldo observa a propósito de la hibridización cultural que hay siempre una polaridad conceptual implícita en ella:

> la hibridización puede implicar un espacio entre dos zonas de pureza, como en el uso biológico que distingue dos especies concretas y las seudoespecies híbridas que resultan de su combinación ... La hibridización puede [también] entenderse como la condición prevalente en todas las culturas humanas, que no contienen zonas de pureza porque están atravesadas por procesos continuos de transculturación (xv).

El concepto de transculturación está asimismo atrapado en la misma polaridad irresuelta y en el fondo irresoluble. La versión crítica o militante de la transculturación debe postular un grado cero y un grado pleno de transculturación, un punto de origen y una meta, ambos igualmente inalcanzables, pero sin los cuales la noción misma quedaría privada de razón teleológica para su práctica. Por otro lado, es cierto que el uso fenomenológico de transculturación puede sobrevivir seguro dentro de la segunda polaridad, pero eso lo hace redundante o tautológico, en el sentido de que si todo es transculturación entonces el concepto en sí no tiene validez crítica. El intento de distinción de un más o un menos transculturante dentro del concepto antropológico sólo puede realizarse a partir de la primera polaridad, lo cual prueba la necesidad teórica de la doble polaridad aporética.

Las condiciones de posibilidad de la transculturación crítica, en la misma medida en que refieren a la transculturación antropológica como a su suelo o fundamento natural, son por lo tanto aporéticas: el concepto crítico es sólo posible mediante la invocación de una razón intencional o activa para la transculturación, pero tal razón está en sí siempre más allá de la transculturación como tal. ¿Cómo pues pensar esa razón? La salida del conflicto aporético siempre es pragmática: el fin, o el límite, de cada práctica o análisis transculturante determina en cada caso su relevancia específica como mecanismo hermenéutico. Pero la solución en cada caso pragmática no nos excusa de la necesidad de pensar la dificultad teórica.

En la definición de Spitta, "el sujeto transculturado es alguien que, como [José María] Arguedas, está consciente o inconscientemente situado entre al menos dos mundos, dos culturas, dos lenguas, y que media constantemente entre ambas" (24). La transculturación organizaría ese "espacio ambivalente e indeterminado" (24) en el que el artista o el crítico transculturante quedaría libre para entregarse a la tarea de, en palabras de Rama, "recomponer sobre aquellos materiales [previamente dados] un discurso superior que se homologa[ra] y enfrenta[ra] a los productos más jerarquizados de una literatura universal" ("Procesos" 228). Pero nuestro tiempo histórico, diferente del de Rama, ya no nos aconseja o permite ser tan arriesgadamente entusiastas en la evaluación del poder cultural de la semiperiferia del planeta —al menos no en el sentido invocado por Rama. Puede invertirse tal telos celebratorio de la transculturación mediante una simple pregunta: ¿qué pasaría si ese espacio indeterminado o entrelugar probara ser, no el proveedor de una nueva coherencia histórica, como Rama quiso, sino más bien un espacio mestizo de incoherencia? Para Claudio Lomnitz-Adler, por ejemplo, "el mestizaje es el proceso mediante el cual ciertas comunidades son extraídas de sus culturas de origen sin ser asimiladas a la cultura dominante. Este es un proceso que supone fracturar la coherencia de la cultura ... subordinada. También implica socavar las condiciones para la creación de una nueva cultura coherente e independiente" (39).

¿No ha presumido la teoría de la transculturación durante demasiado tiempo que el sentido siempre está de antemano disponible, que siempre puede ser encontrado o producido? Tal insistencia viene dada a costa de cierta represión. Como queda mostrado más arriba, cualquier proceso dado de transculturación puede entenderse también, no como un camino hacia el sentido, sino como un camino hacia la indagación aporética, que es también la destrucción del sentido. Postulemos entonces una práctica concreta de transculturación que esté orientada hacia el lugar de su imposibilidad aporética, y no hacia el lugar de su posibilidad pragmática. Es quizá una mera cuestión de énfasis, pero tiene fuertes implicaciones. Rama prefirió construir su teoría a través de la posibilidad optimista o celebratoria de las prácticas transculturantes mediante la presentación de la transculturación como la posibilidad de "superar con holgura las proposiciones modernizadoras" desde una perspectiva regional o latinoamericana ("Procesos" 15). Quizás le tocó hacerlo por necesidad histórica, en aras de su tiempo. Pero es hora ya de examinar el lado siniestro o desfamiliarizante de la transculturación. La tesis que quiero proponer es que la transculturación crítica, en la medida en que es realmente radical y llega hasta el fondo de sí misma, como debe hacer siguiendo su propia lógica conceptual, y en ese fondo explora su propio límite y descubre su exceso respecto de sí misma, encuentra su verdadera posibilidad teórica al tiempo que sufre parálisis o colapso. José María Arguedas, el autor peruano en el que Ángel Rama basó tantos de sus propios descubrimientos y formulaciones, nos ha dado quizá el ejemplo paradigmático en la tradición latinoamericana de esa final "transculturación de la transculturación" —de su vencimiento o inversión, que constituye, en última instancia, su más propia radicalidad teórica.

Para probarlo exploraré algunos aspectos de la dramática escenificación arguediana de la destrucción del sentido de la transculturación en su última novela, publicada póstumamente, *El zorro de arriba y el zorro de abajo* (1971). Roland Forgues ha expresado con concisión el gran conflicto teórico con el que Arguedas hubo de enfrentarse en el tiempo de escritura de *Los zorros*:

> Al observar la mutación profunda que sufre la sociedad en Chimbote, una mutación que cuestiona radicalmente las ideas que había formulado anteriormente sobre el mestizaje y la integración social y

cultural de los indios y de los sectores marginados, el escritor se ve enfrentado con una puesta en tela de juicio de lo que hasta ahora había constituido los fundamentos mismos de su obra ("Por qué" 314).

Mi propósito es usar la novela de Arguedas para empezar a leer algunas de las conclusiones que establece para la historiografía cultural y literaria latinoamericana.[5] La fuerte versión optimista que Rama ofreció de la escritura de Arguedas en su dimensión transculturativa ha contribuido a oscurecer la ya oscura verdad que Arguedas entrega en su último trabajo: una verdad que desestabiliza no sólo el supuesto fundamento del trabajo anterior de Arguedas, sino, más concretamente, la lectura que Rama nos ofreció, y por ende la versión del concepto crítico de transculturación que es todavía dominante en el pensamiento latinoamericano.

II.
La transculturación crítica, esto es, el macroproceso de traducción cultural por medio del cual ciertos elementos de una cultura vienen a ser intencionalmente naturalizados en otra cultura, no sin sufrir al mismo tiempo varios cambios, insiste en la conciliación, la conjunción, o la unificación dialéctica del campo cultural global. Propone pues un modelo productivo, pero es también un modelo que funciona a costa del borramiento sistemático de lo que no entra en él. En el análisis histórico de Rama, el grupo de narradores que él llama "los transculturadores" (fundamentalmente, Juan Rulfo, João Guimarães Rosa, José María Arguedas, Gabriel García Márquez) constituyen una forma particular de respuesta a la crisis de la modernización acelerada y a la integración forzada en el sistema mundial causadas por el desarrollismo, que fue adoptado como modelo socio-económico por todos los estados latinoamericanos a partir de la segunda guerra mundial. En este sentido histórico específico, la transculturación retiene del paradigma regionalista, previamente dominante en América Latina, la necesidad de "la conservación de aquellos elementos del pasado que habían contribuido al proceso de singularización cultural" e intenta "transmitirlos al futuro como manera de perservar la conformación adquirida" ("Procesos" 205). Pero esta preservación condicionada o mediada sólo se consigue a cierto precio.
La transculturación es una máquina de guerra, que se alimenta de la diferencia cultural, cuya principal función es la reducción de la posibilidad de heterogeneidad radical. La transculturación debe por lo tanto ser entendida como parte sistémica de la ideología o metafísica produccionista occidental, que todavía retiene un fuerte poder

colonizante con respecto de campos simbólicos alternativos en el campo cultural. La destrucción arguediana de la posibilidad mediadora o conjuntiva en *Los zorros* es un gesto contra la transculturación trazado desde el límite mismo de la indagación transculturante: al devolver la heterogeneidad a su pertenencia, Arguedas desenmascara la táctica reconciliadora de la transculturación como cura sintomática, o como lo que Jean Franco ha llamado "apropiación y desafío" (212). En una breve pero importante ponencia pronunciada en octubre de 1968, en la ceremonia de entrega del Premio Inca Garcilaso de la Vega, Arguedas dijo: "Yo no soy un aculturado; yo soy un peruano que orgullosamente, como un demonio feliz, habla en cristiano y en indio, en español y en quechua" ("No soy" 257). Para Arguedas, la transculturación, al menos hacia el fin de su vida, no podía ser más que una terapéutica aplicada tras el triste hecho de la aculturación. Y tiene fuertes palabras contra lo último: "que la nación vencida renuncie a su alma ... y tome la de los vencedores" (257). El demonio de Arguedas es la desfamiliarizante voluntad de hablar las dos lenguas, de vivir en las dos culturas, de sentir con dos almas: un demonio doble, un demonio del desdoblamiento, quizás feliz, pero también travieso como veremos. En su afirmación del desdoblamiento Arguedas hace manifiesto su rechazo de la ideología de conciliación cultural diciendo que, al nivel cultural, no puede haber conciliación sin subordinación forzosa. Arguedas escribía su última novela en el momento de la entrega del Premio Garcilaso. Sabía ya que se lo jugaba todo en su intento acerbo de encontrar una forma de lidiar con la problemática experiencial que desde siempre había formado el corazón de su escritura, y sabía al mismo tiempo que todos sus intentos anteriores no le servirían más: se acercaba a una peligrosa frontera donde tanto la teoría como la vida estaban cobrando un extraño sabor a plomo.

Los zorros es en apariencia sólo la presentación de la vida en un nuevo centro industrial de la costa peruana del Pacífico. En Chimbote se desarrolló un enorme conglomerado industrial durante los años sesenta cuyo principal propósito fue procesar la riqueza pesquera del Pacífico sudamericano en la elaboración de harina de pescado para usos agrícolas y de otras clases. Antes de que esto sucediera, Chimbote no era sino una pequeña y aislada playa del Perú. Pero durante el *boom* de la harina de pescado creció, mediante la inmigración masiva, hasta convertirse en una ciudad de decenas de miles de personas, la mayor parte de ellos campesinos recién proletarizados. Los conflictos socioculturales que se originaron como consecuencia fascinaron y horrorizaron a Arguedas, que llegó a entender Chimbote como una especie de apoteosis simbólica del futuro de los pueblos andinos. Para Arguedas se ofrecía una labor de drástica urgencia si tal vez ya desesperada: reapropiar, resimbolizar la vida en Chimbote hacia una posible construcción utópica que vendría a ser la única esperanza para el futuro.[6] La máquina transculturadora o real-maravillosa quedaba emblemáticamente en pie: pero en esa situación límite la transculturación, vendría a constatar Arguedas, sólo podía ocurrir propiamente como el fallo de la transculturación, y a través de ese mismo fallo.

La presentación novelística del universo de Chimbote está demonizada de dos maneras específicas y plenamente diversas: primero, mediante la interpolación en el texto de fragmentos de diario en los que Arguedas manifiesta obsesivamente su intención de poner fin a su vida a menos que la escritura misma de la novela viniera a salvarle; segundo, de formas que podríamos considerar consistentes con el repertorio mágico-realista tradicional, mediante la presencia enigmática en el texto de los dos zorros, el zorro de arriba y el zorro de abajo, obviamente dos *huacas* o deidades menores que hacen aparición breve pero significativa en la crónica de Huarochirí, compuesta en el siglo XVI, de donde Arguedas los toma. En la narración propiamente dicha se alternan descripciones de situaciones de vida como Arguedas las había percibido en el curso de sus sucesivos viajes de investigación a Chimbote con momentos mágico-reales en los que el conflicto de culturas se tematiza con fuerte violencia, y también con momentos autorreflexivos en los que ciertos personajes hablan con calma o desesperación sobre su situación.

El texto de Arguedas, y la misma locación del texto, Chimbote, la playa en la que Perú se encuentra con el capitalismo transnacional, se presentan como agujeros de lo real, pozos o heridas oscuras del mundo, donde se gesta una catástrofe planetaria. El texto dice que el rico capitalista Braschi y los otros empresarios harineros (que no son simplemente hacedores de harina sino hacedores de locura, puesto que la producen en sus trabajadores) han llevado las cosas "hasta donde no hay sol ni luna" (116). Han por lo tanto llevado las cosas más allá del reino del sol negro, al lugar donde, en palabras de Sigmund Freud, la sombra del objeto ha caído sobre el sujeto. En Chimbote, en el infierno textual arguediano, donde la misma noción de sombra, puesto que todo es sombra, ha perdido su sentido, la melancolía es una ilusión optimista, un alivio respecto de la posibilidad siempre cerniente y ominosa del colapso psicótico. *Los zorros* es un texto escrito en el pliegue de una pulsión de muerte, cuyo sentido más íntimo, legible en los diarios, puede haber sido para Arguedas defenderse de un colapso psicótico que no habría tenido implicaciones meramente personales. Es aquí donde las dos dimensiones fundamentales de la novela, la etno-ficcional y la autobiográfica o autotanatográfica, se juntan sin sutura.[7] La psicosis narcisista arguediana encuentra su símbolo catastrófico en Chimbote. Por eso Chimbote, en la representación arguediana, es un mundo postsimbólico en el que la conciliación ha cedido el paso a la renuncia: un mundo límite, donde Arguedas va a librar la batalla perdida de la resignificación.

La última palabra de Arguedas sobre la posibilidad de resignificación no viene a nosotros a través de la demonización mágico-real, sino a través de su contrapartida textual: a través del suicidio como el "fin" de la transculturación. Es el suicidio lo que en Arguedas lee lo mágico-real, no al revés. Que no sea al revés constituye un hecho crucial no sólo para la historia de la literatura latinoamericana, sino para el entendimiento teórico de los límites de la transculturación. El suicidio de Arguedas debe ser leído, no como el fin de la novela en el sentido pragmático, sino como su "fin" en el sentido teleológico o teórico.[8]

En una carta cuya definitiva redacción tiene lugar el cinco de noviembre de 1969, después de que Arguedas haya tomado ya una decisión final respecto de su muerte, se dice:

> Yo no voy a sobrevivir al libro. Como estoy seguro de que mis facultades y armas de creador, profesor, estudioso, e incitador, se han debilitado hasta quedar casi nulas y sólo me quedan las que me relegarían a la condición de espectador pasivo e impotente de la formidable lucha que la humanidad está librando en el Perú y en todas partes, no me sería posible tolerar ese destino (250).

Esa "formidable lucha", que no es sólo una lucha de la gente quechua, no sólo una lucha peruana, sino la lucha misma de la humanidad, es la lucha por el nuevo comienzo en el que Arguedas había querido creer, y que había tratado de conjurar a existencia durante toda su vida. Otro texto epistolar, también, como el acabado de citar, incorporado a la novela misma, es todavía más claro:

> Quizá conmigo empieza a cerrarse un ciclo y a abrirse otro en el Perú y lo que él representa: se cierra el de la calandria consoladora, del azote, del arrieraje, del odio impotente, de los fúnebres "alzamientos", del temor a Dios y del predominio de ese Dios y sus protegidos, sus fabricantes; se abre el de la luz y de la fuerza liberadora invencible del hombre de Vietnam, el de la calandria de fuego, el del dios liberador, Aquel que se reintegra (245-46).[9]

El nuevo comienzo arguediano, en el que la noción del viejo Tawantinsuyo sobre el *pachacutyi* o ciclo cósmico está bien activa, su creencia en el nuevo comienzo, que le fuerza a quitarse de en medio al darse cuenta de que ya no es lo suficientemente fuerte como para participar en la "lucha sangrienta de siglos que ha empezado a romper" (246), domina la totalidad de la construcción textual en *Los zorros*. Al principio de la novela, cuando conversan los zorros, se cuentan el uno al otro que esta es no más que la segunda vez que se encuentran en dos mil quinientos años, ominoso suceso (49).

La locura y el suicidio de Arguedas son resultado de su lucha vital por salir de un sistema de razón autoconstituido en y mediante la exclusión del campesino quechua de la posibilidad misma de cordura. Si Martin Lienhard tiene razón al decir que "en la poesía quechua contemporánea" hay una "presencia casi obsesiva" de mesianismo andino, de profecía y utopismo, si ese mesianismo debe ser entendido como siempre promisorio de una ruptura histórica, y si tal ruptura puede asociarse consistentemente al *pachacutyi* (Lienhard, *Voz* 221), entonces un trabajo escrito en el horizonte de la ruptura y conducente hacia el agotamiento vital no puede catalogarse como síntoma exclusivamente personal. Más bien hay que concluir que lo personal en Arguedas es político, y que su economía libidinal está cifrada en el contexto de la difícil o tal vez imposible (re)formación de una alegoría nacional cuya necesidad, en el Perú contemporáneo, no precisa énfasis.

Arguedas nació en 1911 en Andahuaylas, una pequeña aldea de los Andes peruanos, y sufrió a los tres años la muerte de su madre. Su padre, un juez itinerante, tuvo que dejar a su hijo durante largos períodos al cuidado de sirvientes quechuas. El quechua fue por lo tanto su primera lengua, y con ella aprendió también su diferencia social, un descubrimiento doloroso en su recuento que le habría de marcar a lo largo de su vida, a través de su profesionalización (primero como profesor de castellano, después como etnólogo de la cultura quechua, y por fin como escritor de literatura), de sus inclinaciones políticas, y posiblemente hasta su muerte. Roberto González Echevarría, entre otros, no ha dudado en señalar que Arguedas "sintió en sí mismo las contradicciones y la tragedia inherentes en la relación entre antropología y literatura con una intensidad que en 1969 lo llevaron a elegir el suicidio" (15). Para Arguedas, por supuesto, el conflicto entre antropología y literatura fue siempre algo más y algo menos que un conflicto disciplinario, puesto que también fue el conflicto violentamente sentido entre dos partes de su ser, y como tal el productor de una seria herida narcisista que Arguedas paradójicamente acabaría por amar con demasiada pasión: más que a la vida misma.

¿Puede leerse el suicidio de Arguedas en tanto acto de "desescritura" como los que González Echevarría sostiene que están implicados en todas las modificaciones del "archivo" latinoamericano? Si la antropología, o el deseo antropológico, marcaban en 1969, en la argumentación de González Echevarría, el paradigma literario hegemónico en América Latina, ¿es *Los zorros* simplemente otro ejemplo de tal dominación o, por el contrario, anuncia el fin del paradigma antropológico y al hacerlo así prefigura una reconfiguración del "archivo" cuya ruptura con la configuración previa va más allá que nada de lo visto desde 1492? La desescritura arguediana de sí mismo, su auto-tachadura, que es también, como veremos, una forma portentosa de auto-inscripción, no está lejos de identificarse con toda literalidad con las fisuras o faltas de archivo que ha teorizado el crítico cubano-americano.[10]

La transculturación encuentra su momento teórico final, o su momento de fisura, el 28 de noviembre de 1969. Ese día José María Arguedas se suicida en su propio despacho de la Universidad Agraria de La Molina en Lima. Un intento previo y fallido, que había tomado lugar en abril de 1966 (había habido otro en 1944), había quedado mencionado en la primera línea de *Los zorros*: "En abril de 1966 ... intenté suicidarme" (7). *Los zorros* termina con las siguientes palabras:

> 28 de Nov. 1969. Elijo este día porque no perturbará tanto la marcha de la Universidad. Creo que la matrícula habrá concluido. A los amigos y autoridades acaso les hago perder el sábado y el domingo, pero es de ellos y no de la U. J. M. A. (255)

Tras escribir Arguedas se metió dos tiros en la cabeza, dos afirmaciones finales de su voluntad de muerte. La novela se constituye como tal en el fallo de su proyecto terapéutico mismo: salvar al escritor de su anunciada, temida y largamente deseada muerte.

III.

Los zorros abre un ciclo nuevo de escritura latinoamericana porque cierra la posibilidad de escritura antropológica en el sentido de González Echevarría, o incluso en el sentido en el que Lienhard, uno de los principales eruditos arguedianos, ha teorizado lo que llama "etnoficción".[11] No es que después de *Los zorros* la narrativa etnoficcional o antropológica haya dejado de ser posible, sino que *Los zorros* se ofrece como un texto decisivo en el que las condiciones de imposibilidad de la ficción antropológica vienen a mostrarse como tales —condiciones de imposibilidad, sin embargo, en la medida en que las hagamos depender de una cierta parálisis epistémica, no en un sentido ético o político. *Los zorros* marca el fin teórico de la etnoficción porque *Los zorros* lleva la ficción antropológica a un punto de ruptura. En ese punto el realismo mágico o la operación transculturadora se hacen añicos epistemológicamente hablando porque quedan revelados como inexorablemente dependientes de la subordinación de culturas indígenas a la máquina transculturante quintaesencialmente occidental y hegemónica: la modernización.

Refiriéndose a las extensas investigaciones de Lienhard sobre elementos quechua en *Los zorros* Antonio Cornejo-Polar arriesga la siguiente afirmación: "En *El zorro de arriba y el zorro de abajo* los componentes andinos son de tal magnitud y ejercen tan decisivas funciones que es legítimo pensar que en esa novela, por primera vez, la racionalidad indígena es la que da razón de la modernidad" ("Ensayo" 303). Que pueda ser legítimo pensar así da idea de hasta qué punto la novela está comprometida en una indagación de carácter epocal. Pero no tenemos que aceptar la verdad literal de la afirmación de Cornejo para entender que la intencionalidad de la que habla orquesta en buena medida la escritura del texto. Al otro lado del fallo terapéutico de la novela hay el don de un instrumento cultural en el que, por primera vez, como subrayan Lienhard y Cornejo, la racionalidad opresora del mundo andino viene a quedar al menos tendencialmente contenida por una forma de entendimiento otro (el entendimiento subalterno) de la que no puede darse razón desde sus parámetros.

El suceso o acontecimiento epocal que *Los zorros* ofrece es el hecho de que tal inversión tendencial de perspectivas no es una simple inversión, sino que está necesaria e irrevocablemente enmarcada en el aura catastrófica de un suicidio que suspende absolutamente todo sentimiento de victoria o liberación: y por lo tanto toda posibilidad de "logro," a menos de que entendamos en "logro" un logro de negación de forma parecida a la de la teología negativa (que es por cierto objeto de un tratamiento más bien secreto pero extenso en el libro). Para decirlo con más claridad: si los dos disparos al final del texto señalan la siniestra equivalencia simbólica entre *Los zorros* y el cuerpo muerto de Arguedas, entonces es innegable que Arguedas muere porque paga el precio, o piensa que paga al precio, que la escritura le impone; y que tal precio es literalmente la imposibilidad de pagar el precio: coyuntura aporética. La inversión de la perspectiva cultural dentro del texto, la substitución del pensamiento dialéctico por lo que Forgues llama pensamiento trágico, y de la racionalidad española u occidental por una forma de pensar desde la experiencia indígena o desde su fantasmatización, todo eso lo agotó, y le hizo sospechar que su autoinmolación o sacrificio resultaba esencial para que la novela lograra lo que tenía que lograr — negativamente, pero bajo la forma de un suplemento significante que no se dejaría sin embargo reconstruir en términos de significación.

El logro epocal de Arguedas contra toda transculturación, es decir, la producción de un texto literario en el que puede decirse que una racionalidad contrahegemónica da razón, o da el principio mismo de razón, de la modernidad, tal logro, en el que quizá no puede pensarse lo bastante, por razones esenciales, no podrá ser leído más allá o aparte del suicidio textual, literal, de Arguedas. En el momento en que la tensión interna de Arguedas le hace posible avanzar, negativamente, hacia una resolución de la problemática textual, la contradicción entre racionalidades que forma la base del fenómeno transculturador se invierte, y a partir de esa inversión, aunque no en ella, se produce la catástrofe. El resultado catastrófico no es, por cierto, que un momento puntual de no-contradicción o de verdad metahermenéutica surja, sino que una fisura aporética se abre en el sentido, y que la disyunción ofrece, para Arguedas, pérdida incalculable y parálisis de producción.

Con ello la máquina transculturadora latinoamericana llega a su fin, en el sentido doble de que culmina y de que se agota históricamente. En ese sentido, en el sentido del doble sentido, la novela triunfa mediante su mismo fallo. Quizás a ello apunta Cornejo al decir: "Paradójicamente, el más alto interés y el valor más encumbrado de la última novela de Arguedas deriva de ser, trágica pero esclarecedoramente, el testimonio más auténtico de ... contradicciones irresueltas y de configurarse, como obra de arte, en la realización minuciosa y casi inmisericorde de ... conflictos" (301). Excepto que las contradicciones no quedan irresueltas: el momento más extremo de la transculturación, la transculturación de la transculturación, resulta, y se resuelve, en pérdida aporética e irreconstruible.[12] En él el suicidio de Arguedas marca el comienzo de un sistema de escritura alternativo: ya no la apropiación desafiante de Rama o Franco, sino una especie de *desafío de la desapropiación*, una escritura del des-afecto y de la renuncia, escritura antimoderna y contramoderna mediante la que su texto viene a presentarse como el significante apasionado del fin de la significación. Pero el fin de la significación todavía no es la palabra última.

Arguedas se quita de en medio, el último hombre del viejo ciclo, para que un nuevo ciclo pueda comenzar. Por eso en una carta escrita el 27 de noviembre, esto es, el día anterior al de su suicidio, e incluida en la novela, Arguedas menciona, casi circunstancial o marginalmente, que su novela está "casi inconclusa" (252). Está "casi inconclusa" porque todavía no se había matado, pero había ya tomado la decisión irrevocable de hacerlo. Tras el suicidio de Arguedas la novela estará y no estará acabada, simultánea e indecidiblemente: no hay otra interpretación posible de "casi inconclusa", aunque me doy cuenta de que tal interpretación está basada sobre la ilegibilidad misma de la frase arguediana. El suicidio de Arguedas es así, propiamente hablando, el fin de su libro. La radical desincorporación arguediana es también la *inversión* de su libro, mediante un acto insólito de identificación con el aura fantasmática de su identidad melancólica y fisurada: que por lo tanto testifica sobre la imposibilidad final de la transculturación como procedimiento resolutivo o redentor. En el suicidio, las condiciones de posibilidad literaria de *Los zorros* se abren a sus condiciones de imposibilidad. Estamos lejos ya del "amplio vencimiento de la modernización" en el sentido de Rama.

IV.

Según la argumentación que presenta Franco Moretti en *Modern Epic. The World System from Goethe to García Márquez, Los zorros*, igual que *Cien años de soledad*, habría de ser leída como "novela del desarrollo desigual y combinado" y constituiría una respuesta específica a la situación que emerge cuando

> la presión del sistema mundial fuerza su país hacia una más completa ... integración. Las mil y una posibilidades se convierten verdaderamente en mil y un callejones sin salida; la multiplicidad de posibles caminos al desarrollo, en una ruta fija. Es la hora de la magia negra: un "increíble" que ya no está ligado a un torbellino de extrañas combinaciones, sino a la enormidad de los crímenes cometidos (245).

La lectura morettiana de *Cien años* postula que la novela de García Márquez se construye en una complicidad elidida entre "magia e imperio", mediante la que la "retórica de la inocencia" propia de la novela moderna lleva su estrategia de denegación y encubrimiento hasta el corazón mismo de la víctima. Si la "retórica de la inocencia" había sido uno de los grandes descubrimientos del *Fausto* de Goethe, se convierte después de él en el medio o el procedimiento técnico a través del cual Occidente, al tiempo de ser "lúcido en el reconocimiento de la necesidad de ejercer la violencia para garantizar su propia civilización", establece también y simultáneamente "la necesidad de su denegación ... para la [tranquilidad de la] conciencia civilizada" (26). Para Moretti el realismo mágico garcíamarqueziano incorpora tal retórica a los mecanismos literarios de la semiperiferia del sistema mundial. En *Cien años*, dice Moretti, "la modernización forzosa [se convierte] en una historia de extraordinaria delicia" (249). Diríamos que hay ahí una cierta forma de apropiación superadora, una cierta operación de transculturación en el sentido de Rama. Pero tanto la apropiación como la transculturación han tenido lugar al precio del sometimiento a la hegemonía histórica de Occidente, y constituyen por lo tanto no una superación de la modernización sino una sumisión a ella. Tal sumisión es el precio de la apropiación transculturante.

El argumento fundamental de Moretti es que el realismo mágico, como operación señalada de transculturación literaria, ha funcionado históricamente como aparato para la captura de la nosincronicidad, de la contemporaneidad heterogénea, a través de la incorporación de las "reservas de magia" de la periferia a una empresa global de "reencantamiento" del mundo que viene a servir de justificación ideológica del sistema mundial (249). Su innovación técnica fundamental sería el amalgamamiento de la retórica de la inocencia y de la ideología del progreso y de la modernización: "Puesto que en el realismo mágico la heterogeneidad del tiempo histórico es también, por primera vez, interesante narrativamente: produce argumento, suspense. No es simplemente el signo de una historia compleja y estratificada, sino que es también el síntoma de una historia en progreso" (243). El texto transculturador latinoamericano, que es para Rama el síntoma de una modernidad inacabada pero en trance de encontrar acabamiento simbólico, se vuelve en Moretti el camino hacia una disolución corrosiva de la heterogeneidad cuya función última es la relegitimización sin fisura del dominio metropolitano.

He tratado de mostrar en este ensayo que la novela póstuma de Arguedas sigue un camino diametralmente opuesto al denunciado por Moretti y apoyado contraintencionalmente por la teoría ramiana de la transculturación. Arguedas introduce una nueva posibilidad de escritura latinoamericana a fuerza de radicalizar su indagación teórica, que, como tantas veces ocurre, fue también una indagación afectiva que no pudo en última instancia ser soportada por su entramado anímico. La novela de Arguedas abre la teoría de la transculturación, en su límite, a la presencia de un acontecimiento silencioso e ilegible: el nacimiento de una fisura del sentido, una fisura entre lengua y significación. Tal pérdida del sentido en la narrativa organiza ese acontecimiento silencioso en el corazón del lenguaje como instancia de desnarrativización. El suicidio de Arguedas, el fin de su narrativa, es un momento de desnarrativización. Tiene una importancia epistemológica que afecta a la tradición literaria al nivel del archivo. La desnarrativización de la narrativa dentro de la narrativa, en el suicidio de Arguedas, debe entenderse, si se acepta esta lectura, como el momento más intenso de la transculturación literaria latinoamericana. Porque lleva la transculturación a su consumación última, rompe la transculturación, y la aboca a su final narrativo. Señala así también el final del paradigma antropológico para la práctica literaria: de modo que el ciclo de la calandria de fuego pueda, quizá, comenzar desde un campo simbólico-afectivo alternativo.

NOTAS

[1] Para el desarrollo de la noción en Fernando Ortiz ver *Contrapunteo* 129-35. Ver también el ensayo de Gustavo Pérez Firmat sobre Ortiz, *Cuban* 16-33 y el de Fernando Coronil, "Transculturation" ix-lvi. El ensayo presente constituye una

versión reducida y adaptada por razones editoriales, aunque en algunos aspectos quizá también enriquecida, de otro titulado "The Ends of Magical Realism: José María Arguedas's Passionate Signifier [*El zorro de arriba y el zorro de abajo*]", que está actualmente en prensa y por publicarse en *Journal of Narrative Technique*.

[2] Hay bibliografía creciente sobre transculturación en el sentido de Rama. Entre lo reciente más interesante ver Schmidt, D'Allemand, Moraña y Silvia Spitta.

[3] Tomo prestada la noción de "representación comprometida" de Stephen Greenblatt: "toda representación es ... en sí misma una relación social, vinculada a entendimientos de grupo, status, jerarquías, resistencias y conflictos que existen en otras esferas de la cultura en la que circula" (6).

[4] Otra forma de decirlo: aunque Rama, por ejemplo, es consciente de la diferencia entre la transculturación antropológica y la literaria, para él la transculturación es todavía algo "para ser logrado", en lugar de algo que simplemente ocurre. En ese sentido Rama pensó siempre en el trabajo de Arguedas como un "modelo reducido de la transculturación, donde se podía mostrar y probar la eventualidad de su realización de tal modo que si era posible en la literatura también podía ser posible en el resto de la cultura" ("José María Arguedas" 15). Todo esto depende profundamente de la noción ramiana de que la transculturación es necesariamente sólo transculturación exitosa, esto es, transculturación en la que la cultura dominada es capaz de registrarse o inscribirse en la dominante. Ahora bien, que la inscripción en la cultura dominante en cuanto tal pueda considerarse un éxito (y la no-inscripción por extensión un fracaso) implica una fuerte toma de posición ideológica respecto de la transculturación como fenómeno cotidiano. Para Rama y para muchos otros críticos, por lo tanto, y no sólo para Rama, la transculturación es siempre excesiva respecto de sí misma, y siempre incorpora una cierta meta o propósito. Los que no tengan tal meta no son transculturadores en el sentido crítico, sino sólo en todo caso en el antropológico.

[5] Tales conclusiones han desde luego comenzado a ser sacadas en la tradición crítica. Ver por ejemplo, entre otros, Forgues, Rowe, Cornejo-Polar o Lienhard. Pero han permanecido apenas leídas en el sentido de que no han todavía comenzado a informar la tradición histórico-literaria latinoamericana más allá de la crítica arguediana.

[6] Sobre Chimbote ver Caviedes.

[7] Sobre el tema general de la autobiografía literaria en Arguedas ver Díaz Ruiz. Ver también Vargas Llosa sobre literatura y suicidio en Arguedas.

[8] Con su precisión habitual dice Cornejo-Polar: "la muerte del narrador ... conduce ... a la interpretación de ese hecho atroz que permea desde su irreducible misterio todo el discurso que la precede y la anuncia" ("Ensayo" 304).

[9] Gustavo Gutiérrez nota que, para Arguedas, decir que ese segundo ciclo está por empezar no significa que el primero haya concluido: "Su propia vida cayó presa del choque entre esos dos ciclos" (*Arguedas* 37). Para una interpretación extensa de los dos ciclos y su imaginería como referencia a un "giro antropocéntrico [que] no implica la desaparición de la dimensión mítica ni de la dimensión religiosa" ver Pedro Trigo 236 y passim, así como el comentario de Arguedas a Trigo, "Entre las calandrias", passim. José Miguel Oviedo sugiere que la noción del comienzo del ciclo de la calandria de fuego puede tener algo que ver con la situación política que se gestaba en Perú en el tiempo de la escritura: la "revolución militar" y su retórica indigenista (145).

[10] La "desescritura" de la historia latinoamericana señala para González Echevarría el comienzo de la escritura del Archivo, "un modo más allá de la antropología" (15). La escritura de archivo o archival es, en su opinión, el borramiento de las "mediaciones varias a través de las cuales ha sido narrada América Latina, de los sistemas de los cuales la ficción tomó prestadas sus formas productoras de verdad" (17). Para González Echevarría "lo que queda para la novela tras *Los pasos perdidos* y *Cien años de soledad*" es simplemente "la ficción misma" (18). El "vaciamiento de la mediación antropológica" (20) resulta en "una memoria inmisericorde que desmantela las ficciones del mito, de la literatura, e incluso de la historia" (23), pero tal memoria no es sino el sistema literario como sistema ficcional. El poderoso modelo de González Echevarría no llega a poder desarrollar distinciones internas respecto de la escritura archival. Por ejemplo, hay un sentido en el que Arguedas, vaciando la mediación antropológica, también llega a desestabilizar el archivo como sistema literario. Si *Los zorros* es escritura de archivo, lo es en la medida en que es anti-archival, puesto que muestra la pretensión misma de construcción del archivo como siempre insuficiente, siempre invertida en un proyecto de "vencimiento de la modernización" a través de una intensificación del modernismo.

[11] Ver Lienhard, *Voz* 190-200.

[12] Guido Podestá comenta también *Los zorros* desde una perspectiva aporética (101 y ss.).

BIBLIOGRAFÍA

Arguedas, José María. *El zorro de arriba y el zorro de abajo*. Eva-Marie Fell, ed. Madrid: Archivos, 1990.

Caviedes, César. "The Latin American Boom-Town in the Literary View of José María Arguedas". *Geography and Literature: A Meeting of the Disciplines*. William Mallory & Paul Simpson-Housley, eds. Syracuse: Syracuse University Press, 1987. 57-77.

Cornejo Polar, Antonio. "Un ensayo sobre *Los zorros* de Arguedas". *El zorro de arriba y el zorro de abajo*. José María Arguedas. (Eva-Marie Fell, ed.) Madrid: Archivos, 1990. 297-306.

_____ *Los universos narrativos de José María Arguedas*. Buenos Aires: Losada, 1973.

Coronil, Fernando. "Transculturation and the Politics of Theory: Countering the Center, Cuban Counterpoint". *Cuban Counterpoint: Tobacco and Sugar*. Harriet de Onís trad. Durham: Duke University Press, 1995. ix-lvi.

D'Allemand, Patricia. "Ángel Rama: El discurso de la transculturación". *Nuevo texto crítico* 8 (1995-1996): 133-51.

Díaz Ruiz, Ignacio. *Literatura y biografía en José María Arguedas*. México: UNAM, 1991.

Forgues, Roland. "Por qué bailan los zorros". *El zorro de arriba y el zorro de abajo*. José María Arguedas. (Eva-Marie Fell, ed.) Madrid: Archivos, 1990. 307-15.

_____ *José María Arguedas, de la pensée dialectique a la pensée tragique. Histoire d'une utopie.* Toulouse: Ed. France-Ibérie Recherche, 1986.

Franco, Jean. "The Nation as Imagined Community". *The New Historicism.* H. Aram Veeser, ed. Nueva York: Routledge, 1989. 204-12.

González Echevarría, Roberto. *Myth and Archive. A Theory of Spanish American Narrative.* Cambridge: Cambridge University Press, 1990.

Greenblatt, Stephen. *Marvelous Possessions. The Wonder of the New World.* Chicago: University of Chicago Press, 1991.

Gutiérrez, Gustavo. Alejandro Romualdo & Alberto Escobar, *Arguedas: Cultura e Identidad Nacional.* Lima: EDAPROSPO, 1989.

_____ "Entre las calandrias". Pedro Trigo, *Arguedas: Mito, historia y religión.* Lima: Centro de Estudios y Publicaciones, 1982. 240-77.

Lienhard, Martin. *La voz y su huella. Escritura y conflicto étnico-cultural en América Latina 1492-1988.* Lima: Horizonte, 1992.

_____ "La 'andinización' del vanguardismo urbano". José María Arguedas. (Eva-Marie Fell, ed.) Madrid: Archivos, 1990. 321-32.

_____ *Cultura popular andina y forma novelesca. Zorros y danzantes en la última novela de Arguedas.* Lima: Tarea Latinoamericana Eds., 1981.

Lomnitz-Adler, Claudio. *Exits from the Labyrinth. Culture and Ideology in the Mexican National Space.* Berkeley: University of California Press, 1992.

Moraña, Mabel. "Ideología de la transculturación". (En este volumen).

Moretti, Franco. *Modern Epic. The World System from Goethe to García Márquez.* Quintin Hoare, trad.. Londres: Verso, 1996.

Ortiz, Fernando. *Contrapunteo cubano del tabaco y el azúcar.* Barcelona: Ariel, 1973.

Oviedo, José Miguel. "El último Arguedas: testimonio y comentario". *Cuadernos Hispanoamericanos* 492 (June 1991): 143-47.

Pérez Firmat, Gustavo. *The Cuban Condition. Translation and Identity in Modern Cuban Literature.* Cambridge: Cambridge University Press, 1989.

Podestá, Guido. "*El zorro de arriba y el zorro de abajo*: Las paradojas de una literatura menor". *José María Arguedas: Vida y obra.* Hildebrando Pérez y Carlos Garayar, eds. Lima: Amaru, 1991. 97-105.

Rama, Ángel. "Los procesos de transculturación en la narrativa latinoamericana". *La novela en América Latina. Panoramas 1920-1980.* Veracruz: Universidad Veracruzana/Fundación Ángel Rama, 1982. 203-33.

_____ *Transculturación narrativa en América Latina.* México: Siglo XXI, 1981.

_____ "José María Arguedas transculturador". José María Arguedas, *Señores e indios.* Montevideo: Arca, 1976. 7-40.

Rosaldo, Renato. "Foreword". Néstor García Canclini, *Hybrid Cultures. Strategies for Entering and Leaving Modernity*. Christopher Chiappari & Silvia L. López, trads. Minneapolis: University of Minnesota Press, 1995. xi-xvii.

Rowe, William. *Mito e ideología en la obra de José María Arguedas*. Lima: Instituto Nacional de Cultura, 1979.

Schmidt, Friedhelm. "¿Literaturas heterogéneas o literatura de la transculturación?". *Nuevo texto crítico* 7 (1994-95): 193-99.

Spitta, Silvia. *Between Two Waters. Narratives of Transculturation in Latin America*. Houston: Rice University Press, 1995.

Trigo, Pedro. *Arguedas: Mito, historia y religión*. Lima: Centro de Estudios y Publicaciones, 1982.

Vargas Llosa, Mario. "Literatura y suicidio: El caso Arguedas (*El zorro de arriba y el zorro de abajo*)". *Revista Iberoamericana* 110-11 (1980): 3-28.

ESCRITURA, PODER Y ESPACIOS DISCURSIVOS: COLONIA Y MODERNIDAD.

Revisando un modelo:
Ángel Rama y los estudios coloniales

Gustavo Verdesio

Un trabajo dedicado a evaluar la contribución de Ángel Rama a los estudios coloniales no puede ignorar que algunos de los problemas que él plantea a los especialistas en esta área son comunes a otros períodos de la cultura latinoamericana. De ahí que, a veces, en este trabajo se toquen problemas teóricos cuyo alcance no es exclusivo a dicha área de estudio.

Un trabajo de este tipo no puede prescindir de dos conceptos fundamentales en la obra del crítico uruguayo: ciudad letrada y transculturación. Si bien Rama toma este último concepto, como es bien sabido, del antropólogo cubano Fernando Ortiz, a él se debe la recuperación para el área de los estudios literarios y discursivos. A pesar de que se ha usado sobre todo para dar cuenta de períodos históricos posteriores a la Colonia, su aplicabilidad en el área colonial resulta obvia. Un concepto que permite apreciar el intercambio entre dos culturas como un proceso en que ambas se encuentran activas, abre las puertas a una perspectiva que no privilegia un punto de vista exclusivamente europeo, sino que presta atención también a las prácticas culturales de los vencidos en el encuentro colonial. De esta manera, la noción apunta en dirección a ese cambio de paradigma (enmarcado en un contexto de descolonización) de los estudios coloniales, del que hablan Mignolo ("La letra") y Adorno ("Nuevas perspectivas"). Otra ventaja adicional de la noción de transculturación es que permite una mayor flexibilidad al analista, que ya no se ve obligado a plantearse las cosas en términos del "yo" y el "Otro", al aparecer en el escenario colonial una cultura y, por lo tanto, un sujeto/agente cultural de carácter híbrido (Adorno, "Arms, Letters").[1] Es decir que, al abandonar un tipo de análisis que plantea el problema del encuentro de culturas en términos de invasor/activo e invadido/pasivo (porque la transculturación es un proceso en el que la cultura agredida tiene un papel activo, a través de las actividades de selección y creación, Rama, *Transculturación* 38), se abren las puertas para un estudio más atento a la diferencia cultural y menos mitificador de ese choque de culturas.

Si bien su reelaboración del concepto de transculturación tiene gran utilidad (aunque poco uso, por ahora) para esta área de estudios, su idea de la ciudad letrada es tanto o más relevante que aquélla para el período colonial.[2] Sin embargo, la discusión más reciente del concepto ha provenido desde otro campo de estudios. Me refiero a los trabajos de Julio Ramos y Carlos Alonso, que si bien discuten las consecuencias de *La ciudad letrada* en los estudios sobre el siglo XIX, incluyen , en mi opinión, reflexiones útiles para comprender las posibles repercusiones de ese texto en el área colonial. Según Alonso, se puede percibir un "efecto Rama" en muchos de los trabajos actuales sobre el siglo XIX latinoamericano (284) que consiste, entre otras cosas, en abrir la posibilidad de reinterpretar la cultura latinoamericana de una manera tal que eliminaría la visión maniquea que planteaba su historia en términos de héroes y traidores (285). El problema de esta nueva perspectiva, según Alonso, es que produjo una comprensión inmanente del letrado, corriéndose así el peligro de caer en un análisis ahistórico de la actividad cultural en Latinoamérica (287). Julio Ramos ve problemas similares y, en un análisis más detallado del asunto, sostiene que la narrativa propuesta por Rama "representa el campo del poder, el campo literario y su mutua relación, en términos de la permanencia de relaciones y estructuras en un bloque histórico de más de dos siglos" (69-70). Para este crítico, esta operación genera algunos problemas, ya que soslaya los cambios radicales que hubo durante ese tiempo en la cultura latinoamericana (Ramos 69). Para demostrar esta carencia en el modelo de Rama, aduce que, por ejemplo, la figura del letrado no permanece incambiada y por lo tanto no se puede poner en la misma bolsa a un Sarmiento y a un Rodó:

> Pensar que tanto Rodó como Sarmiento son 'letrados' porque en ambos opera la 'función ideologizante' o porque ambos fueron servidores públicos, no toma en cuenta los diferentes campos discursivos presupuestos por sus respectivos lenguajes; no toma en cuenta que ambos escritores están atravesados por sujetos, por modos de autorización diferentes (Ramos 70).

Estas críticas no sólo son atendibles sino también compatibles. Sin embargo, mi intención en este trabajo no es evaluar la solidez o perfección del modelo teórico de Rama sino más bien ver qué utilidad podría tener para aquellos que trabajamos en el área colonial. Como creo que su contribución está dada por el gran poder explicativo que tiene su modelo, aun con sus carencias e inconsistencias, voy a sugerir una lectura del mismo que vaya más allá de lo afirmado explícitamente por el texto; es decir, una lectura que interprete los silencios significativos (y fructíferos) de *La ciudad letrada*. Por ello me parece más productivo, para el fin que persigo, tratar de explicar lo que se esconde detrás de esa permanencia de la figura del letrado.

Me parece que lo que Rama vio como nadie fue la forma en que operó la cultura europea transplantada a América. Vio así, claramente, al letrado como una necesidad generada por el tipo de sociedad/cultura en la que estaba inserto. Es decir, la cultura letrada, de origen europeo, a la que pertenecía el letrado (o como quiera llamarse al custodio de la letra), se define (especialmente cuando se la pone en contacto con culturas que funcionaban de manera distinta) precisamente por esa constante: la praxis de la escritura. De modo que en el modelo de *La ciudad letrada*, el modo de producción cultural europeo (en América) se presenta como fuertemente basado en el soporte brindado por el registro escrito. Cuando Rama llama la atención sobre esta forma de funcionamiento de la cultura europea y sobre su agente privilegiado (el letrado) está apuntando, más bien, hacia afuera de la ciudad que lo cobija: está señalando la presencia amenazante de otro modo de producción cultural que mora fuera de las murallas de la ciudad letrada.[3] Me refiero, obviamente, a las culturas orales que no participaban del mundo escriturario. La sugerencia de que en América Latina hay dos modos de producción cultural diferentes y antagónicos es, creo, uno de los grandes aportes de Rama al área de estudios (algo que han reconocido Mignolo ("Colonial and Postcolonial") y Adorno ("Reconsidering Colonial Discourse") recientemente y que se refleja también en los aportes más significativos de Cornejo-Polar). El partido que se le pueda sacar a esa forma de ver y representar la cultura latinoamericana es, sin embargo, responsabilidad nuestra.

Tal vez el error de Rama haya estado en buscar esa continuidad de la dictadura de la letra en un agente histórico privilegiado, el letrado. Quizá habría sido más fructífero y menos problemático el centrar el análisis de la producción cultural latinoamericana en la forma de organizar el mundo que tenía la episteme europea y en su herramienta principal: la escritura. Lo que en el libro cristaliza en la forma de una figura transhistórica (ese letrado casi inmutable), en un análisis más atento puede interpretarse como un intento (fallido) de explicar la influencia modeladora de la letra y sus ejecutantes en un contexto histórico donde dos tipos de organización cultural estaban (y están todavía) en conflicto.[4]

Ya que he utilizado varias veces el término cultura, conviene aquí detenerse en otra de las críticas que el texto de Rama ha recibido. Me refiero a la afirmación de que *La ciudad letrada* se presenta como un trabajo excesivamente basado en una perspectiva culturalista en la cual

los procesos de institucionalización literaria y las prácticas culturales elaboradas durante la colonia y la república tienden a autonomizarse del proceso histórico, político y económico que se sobreentiende como *background* sobre el cual la sociedad va formalizando su imaginario (Moraña 4).

Un culturalismo que opera por momentos

> como un procedimiento de sobrevaloración de la cultura desprendida de condicionamientos o variantes históricas e ideológicas. El reduccionismo del proceso cultural del continente a la peripecia cultural institucionalizada ha sugerido, en efecto, particularmente en el enfoque de la colonia y el siglo XIX, un grado de homogeneidad y autonomización de la praxis cultural que debe ser, sin duda, matizado (Moraña 4-5).

Creo que estas objeciones son válidas también. Sin embargo, es posible todavía obtener frutos del modelo de Rama si nos ayuda a ver las diferencias fundamentales entre las formas de organización de las sociedades en pugna en la época colonial. Es decir, si (independientemente de la autonomización que sufre, en su modelo, la cultura con respecto a lo histórico, lo político y lo económico) entendemos "cultura" en un sentido más antropológico, como el término que designa a esa compleja urdimbre que organiza a una sociedad determinada y que diferencia su funcionamiento del que otras sociedades presentan.[5] El triunfo militar y político de una de las culturas (es decir, una de las formas de organizar la vida social y el mundo) en pugna en el momento del encuentro colonial, la europea, determinó que las formas de organización y funcionamiento de la vida social en territorio americano cambiaran sustancialmente. Para poder adaptarse a estas nuevas formas de interacción social era necesario participar del mundo escriturario, que estaba en la base, en la estructura de la cultura europea. A pesar de las desviaciones culturalistas (en el sentido en que Moraña usa la expresión), el enfoque de Rama puede ser todavía fructífero si sirve para recordarnos que a partir del encuentro cultural colonial el saber legítimo, el saber válido, quedó limitado al que se producía dentro de ciertos parámetros culturales y que esos parámetros exigían que el conocimiento se expresara en forma escrita. Por lo tanto, el acceso a esa técnica no era un problema menor: "Si en un momento dado el analfabetismo de importantes sectores poblacionales es parte estructural de una formación social, resulta que una particular forma de conocimiento —leer y escribir— se produce y se distribuye de manera desigual" (Mariaca 10). Es la conciencia de esta distribución desigual, de este desequilibrio entre las culturas en pugna, uno de los aspectos que me interesa rescatar del libro de Rama.

En resumidas cuentas: a pesar de las muy fundadas críticas de Ramos, Alonso y Moraña (inmutabilidad del letrado, autonomía

238

excesiva de la cultura), me parece posible recuperar el esfuerzo de Rama por contextualizar el *locus* de enunciación del sujeto europeo letrado (entendido en tanto que representante y ejecutor de un modo de producción cultural y no en la forma generalizada y transhistórica que adquiere en *La ciudad letrada*), en cualquiera de sus avatares. Y digo en cualquiera de sus avatares sin ánimo de apoyar la inmutabilidad del letrado propuesto por Rama, sino porque, a pesar de las diferencias específicas (certeramente señaladas por Ramos) constatables entre los letrados de distintos momentos históricos, todos responden a criterios europeos y logocéntricos, porque sus mutaciones, en última instancia, se producen dentro de la economía escrituraria de la ciudad y la espisteme europeas. El letrado cambia (tal vez por eso habría que encontrar otros términos para designar a los distintos agentes discursivos europeos/europeizantes alfabetos que se suceden en el tiempo), lo que permanece es un modo de organización de la cultura que, a pesar de que también sufre mutaciones (la episteme europea no es idéntica a sí misma a lo largo de la historia, obviamente), sigue diferenciándose de esas culturas a las que se tuvo que enfrentar y dominar, cuya forma de organización era oral.

Otro problema que Alonso ha visto en el esquema propuesto por Rama es que una concepción que demoniza al letrado y a la escritura, no prevé salidas contestatarias para la situación, ya que postula un universo escriturario que no tiene un afuera (288-289). Sin embargo esta afirmación parece invalidada por la existencia misma del texto de Rama que él critica. *La ciudad letrada* es, precisamente, una obra que denuncia los mecanismos de poder ejercidos desde la ciudad y la escritura; que deconstruye las diferentes retóricas y proyectos discursivos de los distintos avatares del letrado a través de la historia latinoamericana. Cabe recordar aquí que en el contexto cultural que propone Rama, gracias al progresivo papel hegemónico de la cultura y episteme europeas, todas las luchas por el poder se dan en el campo de la escritura (Rama, *La ciudad* 52), porque "en las sociedades dependientes la crítica del poder está condenada, si quiere ser mínimamente efectiva, a ejercer el poder de la escritura como recurso prioritario contra el imperio de su propia hegemonía" (Mariaca 45). Por supuesto que esto merece ser relativizado, ya que, como la experiencia ha demostrado una y otra vez, no todas las luchas significativas por el poder en América Latina se dan en el terreno de la escritura (baste como ejemplo la sublevación indígena de Chiapas, que ha combinado inteligentemente la escritura tradicional y la virtual —ya que el Subcomandante Marcos tiene acceso al correo electrónico— de sus manifiestos con actividades sociales y militares sin las cuales sus reivindicaciones habrían sido, probablemente, ignoradas). Lo que interesa es, me parece, señalar ese lado subversivo de la escritura que Alonso parece no ver, esa posibilidad de sublevarse desde dentro mismo de la episteme escrituraria. Es precisamente desde adentro, desde el corazón mismo de la ciudad letrada, que Rama se dedica a desmontar sus estructuras. Al ponerlas al desnudo, nuevas formas de conciencia escrituraria se hacen posibles y la importancia de analizar textos culturales que no pertenecen al universo letrado se hace patente.

Si bien Rama no hace ni propone ésto (ya veremos luego cómo se contenta con mostrar cómo funcionan el sistema y los textos hegemónicos), creo que si los que trabajamos en el área de los estudios coloniales leemos el libro de esta manera, a contrapelo, un análisis de la sociedad colonial que se limite a los documentos escritos nos parecerá insuficiente, ya que ignorará las manifestaciones culturales que tenían lugar fuera del modo de producción hegemónico.

Una de las consecuencias que esta actitud ante los estudios culturales ha tenido (y tiene) es la incorporación al canon colonial de "textos" orales y gráficos que tenían la entrada, hasta hace poco, vedada. Es interesante ver, sin embargo, cómo la mera incorporación de textos de naturaleza no escrituraria al canon es a veces insuficiente para restablecer la variedad de discursos existentes en la época colonial. Veamos un ejemplo que ilustra el desarrollo de este tipo de razonamiento que, si bien el libro de Rama no propone explícitamente, al menos prefigura.

La ciudad letrada funcionaba no sólo gracias a la escritura, sino también (y sobre todo) al orden que los mensajes escritos transmitían. Pero, como bien señala Rama, ese orden a imponer estaba prefigurado, también, en la disposición espacial de las ciudades: "La traslación del orden social a una realidad física, en el caso de la fundación de las ciudades, implicaba el previo diseño urbanístico mediante los lenguajes simbólicos de la cultura sujetos a concepción racional" (*La ciudad* 6). Por ello: "Una ciudad, previamente a su aparición en la realidad, debía existir en una representación simbólica que obviamente sólo podían asegurar los signos" (*La ciudad* 8). Los planos urbanísticos, entonces, eran también estructuras portadoras de un orden que se intentaba imponer a una realidad social dinámica que se resistía a ese *corset* que se le estaba aplicando. El estudio de la organización del mundo físico a través de los signos, propuesto por Rama, a través de los planos de la ciudad (*La ciudad* 3- 4), abre las puertas, por extensión, para el estudio de ese otro orden espacial más amplio que el urbano, el del territorio en general, representado en los mapas. Un análisis de las formas europeas de organización del espacio es, sin duda, un paso adelante para la comprensión del rico universo semiótico colonial. Pero es, solamente, un paso adelante. La verdadera polifonía a recuperar no se logrará con la incorporación y estudio de planos y mapas europeos al canon colonial. Por eso Mignolo ("Misunderstanding", entre otros artículos) ha intentado confrontar representaciones espaciales indígenas (mesoamericanas y andinas) a los mapas europeos que legitiman el poder de sus portadores, a fin de restablecer en parte el equilibrio semiótico entre los dos tipos de cultura en conflicto. Pero incluso es posible, todavía, declararse insatisfecho con el tipo de estudios que propone Mignolo, ya que de esa manera quedarían fuera del campo de estudio aquellas representaciones territoriales indígenas que no se hayan conservado en forma de "mapa".[6] Parece demasiado soberbio suponer que las culturas que no dejaron mapas en "copia dura" (en superficies más o menos durables) eran incapaces de representar el espacio que practicaban; parece ingenuo suponer que esas etnias no tenían las facultades suficientes para ordenar el territorio en el que vivían.[7] Me estoy refiriendo a la posibilidad de comenzar con una nueva agenda de investigación de las concepciones espaciales que no se limite al estudio de las proporcionadas por la cartografía europea ni al de las presentadas por las "copias duras" indígenas (como las que estudia Mignolo) que se hayan conservado, sino que se aboque a la tarea, por ejemplo, de reconstruir las formas en que los nativos practicaban el territorio (sus itinerarios, sus sitios sagrados, la forma en que los usaban, etc.).[8] Obviamente, la forma en que el ser humano practica el territorio implica, al igual que los planos de la ciudad letrada y de los mapas europeos, un orden, una forma de organizar el espacio y (como consecuencia) la vida social.

Este estudio del espacio como estructura significante es posible hoy en el área de los estudios coloniales en parte gracias a la obra de Rama. Aunque los pasos que se están dando hoy en esa dirección no estaban explícitamente previstos en su libro, su modelo de análisis (que presenta un orden social basado en un orden espacial) dejaba la puerta abierta para un lector dispuesto a interpretarlo a contrapelo y a avanzar la agenda de investigación en una dirección que él mismo no pudo o no quiso tomar.

Otra de las consecuencias de la posición de Rama con respecto al conflicto entre dos culturas que operan de manera tan diferente, tiene que ver con la situación de enunciación del investigador. Dicho de otro modo, la contextualización de la producción escrituraria y del letrado, tiene como consecuencia (para algunos investigadores) una revaloración del posicionamiento discursivo de los practicantes de la disciplina. Para Mignolo, esta toma de conciencia va de la mano del ya citado cambio de paradigma disciplinario, que consiste en la reorganización del campo, entendido ahora en tanto que "semiosis colonial" ("Colonial and Postcolonial" 124-128). La incorporación de textos no escriturarios y

241

no europeos apunta a una concepción del saber disciplinario que no dependa de las limitaciones connaturales a la comprensión hermenéutica; es decir, que no esté limitado por el conocimiento que somos capaces de producir cuando interpretamos textos pertenecientes a nuestra cultura, en este caso la cultura alfabeta (Mignolo, "Colonial and Postcolonial" 126). El investigador debería, entonces, producir un conocimiento de otro tipo (teórico) que sea independiente de las lealtades y limitaciones ideológicas impuestas por el tipo de cultura al que pertenecemos (Mignolo, "Colonial and Postcolonial" 127). Rama nos permite así (al dirigir la atención hacia la situación de enunciación desde la que producimos y, por lo tanto, hacia el modo de producción cultural del que participamos), repensar nuestro posicionamiento en tanto que miembros de una cultura y en tanto que productores de conocimiento disciplinario. Su trabajo nos recuerda, en suma, que somos parte (o herederos) de la cultura hegemónica que arrasó con la existencia de las culturas locales orales y que escribió la historia (su historia) transformándolas en objetos apropiables (y apropiados) por la palabra escrita. Recordemos que en el modelo de Rama el proyecto de creación de las literaturas nacionales empieza precisamente por eso, por la incorporación de las culturas moribundas a la narrativa maestra (y escrita) de la ciudad letrada (86-87). Esta operación que consiste en asignar al Otro (a esas culturas orales moribundas) un tiempo diferente al del emisor del mensaje letrado, al sujeto discursivo hegemónico, es la misma operación que Fabian denomina *denial of coevalness*. *La ciudad letrada* nos recuerda, todo el tiempo, que los escribas de hoy seguimos, mayoritariamente, negando la contemporaneidad a nuestros Otros.

Esa cancelación de aquellas alteridades que no se limitaron al ejercicio de la coexistencia pacífica, de esas culturas orales "museificadas" por la modernidad (Mariaca 47), es claramente señalada por Rama. Sin embargo, su libro se limitó a analizar la forma (los criterios de selección, las operaciones, etc.) en que la cultura letrada construyó su canon, su lista de textos privilegiados (Mariaca 47-48). Como el propio Mariaca señala en otro pasaje, es curioso que un crítico que veía todos esos mecanismos de dominación no se dedicara a estudiar prácticas culturales que, como el testimonio, pusieran de manifiesto precisamente la unidireccionalidad cultural de los criterios de selección canónica emanados de la ciudad letrada: "¿Porqué no proponer una postmodernidad oral —que podría encontrar su modelo en la celebración del testimonio, por ejemplo— para postular una alternativa al imperio de la escritura?" (48). Esta limitación de Rama, creo, se debe a que su proyecto de investigación nunca se planteó ir más allá de una crítica a los criterios logocéntricos de construcción del canon. Lo cual nos lleva a otra de las posibles puertas abiertas, quizá involuntariamente, por *La ciudad letrada* a los estudios coloniales y a la crítica latinoamericana en general.

Me refiero a la tensión permanente que subyace a lo largo de su libro entre la cultura letrada que trata de imponerse y las culturas orales que se resisten a la organización que se les propone. Si bien Rama se dedica fundamentalmente a estudiar los mecanismos, estructuras y retóricas en que el poder letrado se basaba (y se basa), es evidente que del otro lado había otras culturas (las comunidades orales) reaccionando contra aquéllos. Es esta la tensión que está en la base de gran parte de la producción cultural latinoamericana; una tensión que comienza a gestarse, obviamente, durante el período colonial, pero que no ha perdido su papel estructurador hoy. En suma, el carácter heterogéneo de la producción cultural latinoamericana de que ha hablado Cornejo-Polar, puede interpretarse desde una perspectiva que ve a esa producción como el escenario (al mismo tiempo que el resultado) donde tiene lugar una tensión entre dos modos de organización cultural: la letrada y la oral.

La puerta implícitamente (casi por omisión) abierta a la que me refería más arriba tiene que ver con la posibilidad de lograr una versión un poco más vernácula de la deconstrucción; es decir, una variante más antropofágica de la definición y análisis del logocentrismo que la propuesta por algunos investigadores de la literatura latinoamericana que meramente aplican algunas de las ideas de Derrida sin beneficio de inventario y, para peor, fuera de contexto. Es claro que cuando Derrida denuncia al fonocentrismo como agente o manifestación del logocentrismo, lo hace desde una perspectiva filosófica que se limita al análisis de algunos grandes nombres del pensamiento occidental. En estos autores (Platón, Rousseau, De Saussure, Lévi-Strauss) puede apreciarse una actitud que privilegia al discurso oral por sobre el escrito, ya que el primero sería la expresión inmediata del pensamiento, en tanto que el segundo aparece como copia del discurso oral y, por lo tanto, como expresión mediada del pensamiento. Como ya he dicho en otra parte, este edificio ideológico, con origen en la filosofía y el pensamiento crítico, no parece haber tenido mucho predicamento en Latinoamérica (Verdesio, "Tradición y contrato"). Por lo menos no lo ha tenido en el ámbito de lo social. El elogio fonocentrista de la oralidad pierde vigencia cada vez que un indígena alza la voz (no la escritura) para expresar sus quejas o la visión del mundo propia de su etnia o grupo cultural. En otras palabras, la estructura cultural latinoamericana, que se ha caracterizado (y se caracteriza) por la hegemonía de la palabra escrita, ante la necesidad de imponer la norma escrituraria a las culturas orales, no ha desarrollado un logocentrismo en forma de fonocentrismo.[9] A pesar de que Rama, evidentemente, no entendió muy bien a Derrida,[10] su modelo (que sostiene que en América Latina el elemento privilegiado de la dicotomía oralidad/escritura es el segundo, no el primero) nos permite ver que el edificio crítico del filósofo francés (en su forma original) no tiene una aplicación inmediata a Latinoamérica. Sin embargo, creo que las ideas de Derrida sí tienen un lado metodológico que puede resultar de utilidad para la crítica latinoamericana.

Rama no vio que su proyecto de investigación, su análisis cultural podía ir todavía un paso más adelante: podría haberse centrado en el estudio de la presencia de trazas de las culturas orales en los textos dominados por el modo de producción letrado hegemónico. Es decir, podría haber desmontado ese canon, ese sistema de dominación cultural, a partir del estudio del papel constitutivo que esas trazas de los elementos reprimidos en la oposición logocéntrica (me refiero a las culturas orales) tenían y tienen en los textos producidos desde la cultura hegemónica.[11] Un proyecto de investigación de este tipo, basado en el estudio del papel de los elementos cancelados (o reprimidos), que mucho promete al investigador interesado en restablecer cierto equilibrio en la representación y estudio de la producción cultural latinoamericana, está totalmente ausente del libro que nos ocupa. También está ausente el estudio de las diversas manifestaciones (ya sea en forma de testimonio, tradiciones orales, pinturas, representaciones territoriales, etcétera) en que las voces suprimidas por el discurso hegemónico se expresan, fuera de los carriles o instancias establecidas por la cultura dominante. A pesar de estas omisiones, sin embargo, la situación que describe al postular su modelo (la cultura letrada oprimiendo a las culturas orales, el orden social impuesto por los signos y planos que organizan el espacio a partir de la ciudad —creando un adentro y un afuera cultural—, la ausencia —o reversión— del fonocentrismo en América Latina) hace posible, me parece, una revisión y adaptación de las estrategias deconstruccionistas (o como se prefiera llamarlas) que se podrían oponer (por fin) a la apropiación conservadora de que han sido objeto, hasta ahora, en Latinoamérica. Una revisión y adaptación que permita rescatar ese suplemento oral (aparentemente ausente pero que, en realidad, está presente de manera constitutiva) en gran parte de la producción cultural latinoamericana. Pero también un replanteo del quehacer disciplinario que no se detenga en la operación deconstructiva y que postule la necesidad de estudiar y dar cuenta del Otro en tanto que productor de discursos y signos, aunque generalmente corran la suerte de ser ignorados o aplanados por el universo del discurso hegemónico. Tal vez así seamos capaces de ver nuestra(s) cultura(s) desde una perspectiva que admita la existencia de más de una tradición cultural, de más de un lugar de enunciación (es decir, una hermenéutica pluritópica), desde los cuales sea posible producir conocimiento sobre el encuentro colonial.

Quizá, también, nos permita comprender un poco mejor la expresión "Nuestra América", al hacernos reflexionar sobre la situación de enunciación del crítico latinoamericano y, acaso, pueda ayudarnos a develar quiénes somos/son ese "nosotros", y a quien le pertenece.

NOTAS

[1] Si bien Rolena Adorno habla de hibridez en el sentido que le ha dado Homi Bhabha (quien ha tenido cierta influencia en la obra crítica de Adorno), éste es un término que merece una discusión más profunda porque existen otras elaboraciones del concepto; por ejemplo, en Latinoamérica se le ha dado un desarrollo diferente en los trabajos de García Canclini. El alcance, usos, utilidad, *status* teórico de la noción de hibridez es uno de los temas teóricos más discutibles y problemáticos, hoy, en el área de los estudios latinoamericanos y no es éste el lugar para ofrecer un análisis en profundidad sobre el mismo.

[2] Entre las pocas referencias a este concepto en el área colonial, Rolena Adorno ha señalado su importancia para la disciplina en "La ciudad letrada y los discursos coloniales".

[3] Creo no equivocarme al interpretar que Mabel Moraña también lo ve así, cuando dice que la escritura "se opone ... a la oralidad caótica, preinstitucional de los dominados, a su cotidianeidad aculturada, a sus prácticas transgresivas y contrahegemónicas" (3). La escritura, en Latinoamérica, es impensable sin su suplemento, sin ese "Otro" a controlar: la oralidad.

[4] El papel del letrado como propagador de la ideología dominante, como ejecutor de la influencia modeladora de la letra, es especialmente claro en la pintura que hace Rama de la sociedad barroca. Según él, esta es la primera época en la que el letrado funciona como nexo entre el poder y las masas analfabetas, haciendo el papel de "correa de transmisión" de la ideología emanada desde los centros de poder (*La ciudad* 28).

[5] Esto es, en un sentido muy similar al que Foucault le da al término episteme (7). Es decir, como conjunto de presupuestos ideológicos y prácticas sociales que hacen posible la organización y el funcionamiento de un grupo humano determinado y que, por lo tanto, le confieren una identidad diferente a otros grupos.

[6] Las comillas en "mapa" se deben a que una representación espacial indígena mal podría denominarse de esa forma, ya que el vocablo designa a un artefacto cultural de origen regional (i.e.: no universal), forjado por la episteme europea.

[7] Denis Wood argumenta, precisamente, en contra de este tipo de presunciones, que le niega a aquellas etnias sin escritura ni mapas la capacidad de ordenar el espacio. Según este autor, uno de los hechos que hacen pensar en la capacidad humana para representar mentalmente el territorio son algunos estudios sobre comportamiento animal que demuestran que hay varias especies que "mapean" el espacio. Si esto es así, debe pensarse, con más razón, que aquellos seres humanos, que aquellas culturas que no tienen mapas para mostrar, son (eran, en el caso de las etnias aborígenes desaparecidas) sin embargo capaces de elaborar lo que él llama "mapas mentales". Una argumentación detallada puede verse en el capítulo II (Wood 32-34, especialmente). Para el integrante de las etnias aborígenes del continente americano no era indispensable tener una

245

"copia dura" que lo guiara por su territorio, del mismo modo que para un habitante de Baton Rouge no es necesario consultar un mapa impreso para poder llegar a *Tabby's Blues Bar* desde Lousiana State University.

[8] Para un tratamiento de este tema ver: Verdesio, "Las representaciones territoriales", donde se confrontan las representaciones cartográficas europeas con los "mapas mentales" e itinerarios indígenas que, aunque parcialmente, se pueden reconstruir con la ayuda de los hallazgos arqueológicos sumados a la información que aparece (a veces involuntariamente) en las crónicas europeas.

[9] Mignolo argumenta, incluso, que la episteme europea sufrió cambios fundamentales durante el renacimiento y que esos cambios resultaron en una organización del pensamiento que dista mucho de la descripta por Derrida (Mignolo, "When Speaking" 325).

[10] En un pasaje de *La ciudad letrada*, Rama afirma que Simón Rodríguez "se sitúa en una línea pre-saussureana (y anti-derrideana) que reconoce en la lengua 'una tradición oral independiente de la escritura' ... la que le lleva a valorar supremamente al habla" (66). A juzgar por este pasaje, Rama parece creer que Derrida tiene algo contra la oralidad, lo cual indica una clara incomprensión de uno de los programas de investigación del autor francés (me refiero específicamente al que es desarrollado en *Of Grammatology*, cuyos presupuestos son explicitados, especialmente, en el primer capítulo), que consiste, simplemente, en estudiar el andamiaje que sostiene al fonocentrismo en el marco del pensamiento europeo.

[11] Uso la noción de traza en el sentido que le da Derrida: en un universo discursivo dado, ningún elemento puede funcionar independientemente, ningún elemento es pura presencia:

> Este encadenamiento hace que cada "elemento" ... se constituya a partir de la traza que ha dejado en él otro elemento de la cadena o del sistema. Este encadenamiento, este tejido, es el *texto* ... No hay nada, ni en los elementos ni en el sistema, simplemente presente o ausente. No hay, de parte a parte, más que diferencias y trazas de trazas. (*Posiciones* 35-36).

En el texto del conquistador, la pretendida ausencia del elemento reprimido vuelve, en forma de traza, a amenazar la supuesta homogeneidad del discurso hegemónico.

BIBLIOGRAFÍA

Adorno, Rolena. "Reconsidering Colonial Discourse for Sixteenth- and Seventeenth-Century Spanish America". *Latin American Reasearch Review* 28.3 (1993): 135-141.

_____ "Arms, Letters and the Native Historian in Early Colonial Mexico". *1492-1992: Re/discovering Colonial Writing*. René Jara & Nicolás Spadaccini, eds. Minneapolis: The Prisma Institute, 1989. 202-224.

_____ "Nuevas perspectivas en los estudios coloniales hispanoamericanos". *Revista de Crítica Literaria Latinoamericana* 14, 28 (1988): 11- 28.

_____ "La ciudad letrada y los discursos coloniales". *Hispamérica*, 48 (1987): 3-24.

Alonso, Carlos. "Rama y sus retoños: Figuring the Nineteenth Century in Spanish America". *Revista de Estudios Hispánicos*, 28.2 (1994): 3-24.

Cornejo-Polar, Antonio. *La formación de la tradición literaria en el Perú*. Lima: CEP, 1989.

_____ *Literatura y sociedad en el Perú: La novela indigenista*. Lima: Lasontay, 1980

Derrida, Jacques. *Of Grammatology*. Trad. Gayatri Spivak. Baltimore and London: Johns Hopkins University Press, 1976.

_____ *Posiciones*. Valencia: Pre-textos, 1977 [1972].

Foucault, Michel. *Las palabras y las cosas*. Trad. Elsa Cecilia Frost. México: Siglo XXI, 1985 [1968].

Mariaca, Guillermo. *El poder de la palabra: ensayos sobre la modernidad de la crítica literaria hispanoamericana*. La Paz y La Habana: Casa de las Américas, 1993.

Mignolo, Walter. "Colonial and Postcolonial Discourse: Cultural Critique or Academic Colonialism?" *Latin American Research Review* 28.3 (1993): 120-134.

_____ "Misunderstanding and Colonization: The Reconfiguration of Memory and Space". *South Atlantic Quarterly* 92.2 (1993): 209-260.

_____ "When Speaking Was not Good Enough. Illiterates, Barbarians, Savages and Cannibals". *Amerindian Images and the Legacy of Columbus*. René Jara & Nicolás Spadaccini, eds. Minneapolis: University of Minnesotta Press, 1992. 312-345.

_____ "La lengua, la letra, el territorio (o la crisis de los estudios literarios coloniales)". *Dispositio*, 28-29 (1986): 135-160.

Moraña, Mabel. "De *La ciudad letrada* al imaginario nacionalista: Contribuciones de Ángel Rama a la invención de América". *Esplendores y Miserias del Siglo XIX. Cultura y Sociedad en América Latina*. Beatriz González-Stephan, Javier Lasarte, Graciela Montaldo y María Julia Daroqui (comps). Caracas: Monte Ávila Eds. Ediciones de la Universidad Simón Bolívar, 1995. 41-51.

Rama, Ángel. *La ciudad letrada*. Hanover: Ediciones del Norte, 1984.

_____ *Transculturación narrativa en América Latina*. México: Siglo XXI, 1982.

Ramos, Julio. *Desencuentros de la modernidad en América Latina. Literatura y política en el siglo XIX*. México: Fondo de Cultura Económica, 1989.

Verdesio, Gustavo. "Las representaciones territoriales del Uruguay colonial: hacia una hermenéutica pluritópica". *Revista de Crítica Literaria Latinoamericana* 23/46 (1997): 135-161.

_____ "Tradición y contrato en la obra de Titu Cusi Yupanqui". *Bulletin of Hispanic Studies* 72.4 (1995): 403–412.

Wood, Denis. *The Power of Maps.* New York & London: The Guilford Press, 1994.

Rama/Foucault/González Echevarría: el problema de la construcción del espacio discursivo del siglo diecinueve latinoamericano

Juan Poblete

... tengo mi regla para no creer en palabras, esas palabras
que abundan en nuestro siglo de puras palabras.

D. F. Sarmiento[1]

En este ensayo me propongo establecer lo que considero han sido algunos de los aportes fundamentales que *La ciudad letrada* ha hecho a la configuración de lo que he querido llamar aquí el espacio discursivo del siglo diecinueve latinoamericano.[2]

En un excelente artículo, que interesa tanto por lo que dice como por lo que sugiere, Carlos J. Alonso ha tratado de explicar el impacto que la obra de Ángel Rama ha tenido en la conformación de los estudios culturales sobre el siglo diecinueve latinoamericano. Para Alonso, y concuerdo con él en esto, lo que está en juego es no sólo el futuro de dichos estudios sino también el lugar que a la literatura le corresponde en ellos. Alonso postula dos efectos positivos de Rama en el área y apunta sus correspondientes contrapartes o efectos negativos. Los primeros se fundan en dos de las tesis centrales de Rama que Alonso llama el "carácter inmanente de la actividad del letrado" es decir a su concentración en la perpetuación de su propio poder y privilegios; y "la demonización de la escritura", es decir, la relación constitutiva entre escritura y poder, por la cual todo el que ejerce la letra ejerce un poder. Los reversos negativos de estos efectos son respectivamente: la ahistoricidad del concepto de letrado que conservaría en Rama una misma función y locus estructural en quinientos años de historia cultural;[3] y una "stasis ideológica" que haría imposible, incluso potencialmente, el uso letrado del discurso para efectos oposicionales o contestatarios.[4] Hacia el final de su artículo Alonso señala cómo el verdadero valor de Rama residiría en la postulación de una producción cultural latinoamericana (incluyendo a la crítica) que sea capaz de escapar de la simpleza de la mitología autonomista, del callejón sin salida de la supuesta resistencia y de la autoinflingida subalternidad en relación con la teoría y la práctica cultural europeas. Sin embargo, la conclusión de Alonso ("The principal legacy of Angel Rama lies, to my mind, in the clarity with which he defined the task still to be fulfilled" (Alonso, *"Rama y sus retoños"* 291)) debe ser, en mi opinión, relacionada con la forma en que empieza su artículo, es decir, con la influencia de

Michel Foucault en los estudios sobre el siglo XIX. Para Alonso dicha influencia radica en que ha permitido ver e investigar la producción cultural decimonónica en el contexto de la emergencia de nuevas naciones y estados y del subsiguiente proceso de "construcción de la nación", en donde una parte fundamental consistiría en la formación de discursos en instituciones a la vez que de subjetividades colectivas e individuales. Acto seguido Alonso señala:

> But if Foucault's work constitutes the *enabling* background for some of the most interesting scholarly work done nowadays on the Spanish American nineteenth century, it is no less true that the figure of Angel Rama has, and continues *to cast an even larger shadow* over that field (Alonso, *"Rama y sus retoños"* 283).

Creo que es justamente aquí, en los subrayados que he hecho, donde Alonso deshace lo que su evaluación de Rama supuestamente quería proponer. El punto radica en la adversatividad de la conjunción, como si entre Foucault y Rama no hubiera conexión posible sino sólo oposición. Esta contraposición político-gramático-retórica opone el "enabling" efecto de la teorización de Foucault a la gran "sombra" producida por Rama sobre el "campo" y sobre sus propios "retoños." Se reproduce así una política crítica que es crítica en más de un sentido, pues se dicotomiza la esfera de influencia del discurso de Foucault y de Rama en una polaridad que los reduce. Por mi parte, más que descansar a la 'peligrosa' sombra de Rama para defenderlo y así 'convertirme' *ipso facto* en uno de sus oscuros retoños, quisiera revisar lo que Alonso deja como tarea incompleta. Dentro de este marco quiero ocuparme no tanto de la influencia de Foucault en Rama como de la manera en que se puede establecer una relación más productiva entre ambos, para así entender mejor el lugar de Rama en el paisaje del campo de los estudios sobre el siglo XIX.

A diferencia de Alonso entonces, y para adelantar las tesis centrales que organizan este ensayo, yo sostengo que la llamada "demonización de la escritura", lo que Alonso considera su lado negativo es uno de los aportes centrales de Rama al campo. De este modo la crítica de Alonso yerra el blanco aunque enuncia casi literalmente una verdad: no hay una salida simple más allá de la relación entre el poder y la letra. La razón es clara: el sujeto letrado, y en general todo sujeto, no preexiste a su emergencia en un determinado espacio social discursivo fuera o dentro del cual podría posicionarse *a voluntad*. El sujeto letrado y cualquier otro surge *dentro y en el medio de* las prácticas en lucha que configuran dicho espacio. Este carácter constitutivo de la relación entre discurso, poder, y subjetividad es parte de un uso productivo y no sin contradicciones que Ángel Rama hizo en *La ciudad letrada* del horizonte teórico abierto por las categorías analíticas de Michel Foucault. Este esfuerzo le permitió a Rama resituar la literatura y la labor intelectual en general como prácticas sociales concretas y desplazar el análisis del plano de lo ideológico-representacional hacia el nivel de los actos institucionales. En las secciones que siguen he tomado como centro el desarrollo de los análisis de discursos sociales en Foucault, para leer contrastiva y complementariamente las teorías sobre el discurso decimonónico en América Latina elaboradas por Roberto González Echevarría y Ángel Rama.

Es ya costumbre distinguir en la obra de Michel Foucault dos momentos: el arqueológico que culminaría en 1969 con la publicación de *La arqueología del saber*; y el genealógico cuya conceptualización se expresa ya en "Nietzsche, Genealogy, History" Foucault (*The Foucault Reader*).[5] Más que establecer las posibles líneas de continuidad entre estas dos fases de la *oeuvre* foucaltiana, quisiera señalar cómo ellas marcan dos de las posibilidades teóricas mejor exploradas en los estudios sobre el discurso del siglo diecinueve latinoamericano: la del archivo que siguió Roberto González Echevarría (*Myth and Archive*) y la de la escritura y el poder en los discursos y en la formación de subjetividades por la que optó Ángel Rama (*La ciudad letrada*).

En su libro *Myth and Archive. A Theory of Latin American Narrative*, González Echevarría desarrolla una teoría sobre el proceso de la narrativa continental que constituye un aporte notable a la comprensión de ese espacio del discurso decimonónico del que nos estamos ocupando. La estructura general de la tesis de *Myth and Archive* es de sobra conocida, por lo que me limitaré a señalar lo imprescindible. Según González Echevarría tanto la novela en general como la narrativa latinoamericana en particular, se desarrollan a partir de una imitación del discurso de la autoridad, a menudo en su versión notarial. Al primer y largo momento de hegemonía del discurso legal, sucederá en el siglo XIX el dominio en la narrativa latinoamericana del discurso científico-naturalista elaborado por los múltiples viajeros que a la sazón recorrieron el continente; finalmente en el siglo XX, presenciamos la hegemonía del discurso antropológico que propondría como modelo una comprensión, desde adentro, de los mitos fundantes de una cultura determinada y de sus valores. Cada uno de estos "momentos" debe ser entendido como una formación discursiva hegemonizada por un determinado tipo de discurso legítimo y legitimante. Dentro de este esquema *Myth and Archive* propone un modelo convincente (aunque, como veremos, incompleto) de formación discursiva en Latinoamérica en donde la relevancia de un determinado tipo de discurso en la configuración de otro puede ser más crucial que el propio desarrollo "interno" del discurso afectado.[6] Con ello se "abre" el discurso literario hacia lo social para reconocer

251

que sus fuentes de transformación, aunque mediatizadas por ciertas formas internas (y variables) de sanción o reglas discursivas de lo literario, pueden tener poco que ver con lo que una mirada crítico-literaria incapaz de situarse a si misma en sus supuestos culturales, cree "descubrir" en el pasado que estudia. Así, González Echevarría propone que en su genealogía del discurso narrativo decimonónico, *Facundo*, un texto aparentemente no-literario, debe ocupar un lugar considerablemente más determinante que textos, supuestamente literarios, como *Amalia* o *María*, cuya función más relevante en nuestras historias literarias continentales sería simplemente la de disminuir la ansiedad del historiador latinoamericano ante la "lamentable" falta de novelas en el continente.[7] En este contexto el valor del libro de González Echevarría es inmenso pues propone una revisión de los criterios con que la historiografía literaria moderna más tradicional ha escrito la mayoría de las historias literarias nacionales y continentales todavía hoy en uso; a la vez que sugiere un orden, una hipótesis que se puede entonces perseguir tanto en su intensión como en su extensión.

Para acercarnos a nuestro objetivo, justipreciar el impacto y los límites de *La ciudad letrada*, corresponde pasar ahora a una evaluación de los límites del proyecto de González Echevarría. De una manera cuidadosa y llena de autoconciencia sobre la propia participación discursiva en el discurso o formación/formaciones discursivas que quiere describir,[8] González Echevarría repite en la práctica, sin embargo, el gesto del primer Foucault: poner entre paréntesis aspectos tal vez cruciales de los objetos que estudia.

Una de las cosas que deja de lado la primera versión, arqueológica, del análisis de las formaciones discursivas en Foucault, es la directa interrelación entre actos de habla serios (con el respaldo institucional que les otorga el valor-verdad) y actos de habla no-serios o de la vida cotidiana. Foucault tiende, en *La arqueología del saber*, a hablar de actos enunciativos en general cuando en realidad sus formaciones discursivas son exclusivamente relaciones entre enunciados y conjuntos de enunciados serios o sea institucionalizados, lo que comúnmente llamamos hoy "ciencias".[9] Del mismo modo aunque con el beneficio perspectual de las dos décadas que median entre su libro y la aparición de *La arqueología del saber*, González Echevarría parece interesado solamente en el análisis cuidadoso de los discursos oficiales. En este sentido es provechoso seguir con algún detalle cómo describe su relación teórica con Bajtin. A pesar de declaraciones expresas sobre el carácter interdependiente y constitutivo de la relación entre el carnaval popular y los discursos oficiales,[10] González Echevarría señala que a diferencia de Bajtin "I place more emphasis on texts that are part of official culture in the formation of the novel" (*Myth and Archive* 8-9). A partir de esta admisión, por lo demás evidente en el libro, González Echevarría construye, basándose en Foucault, lo que parece ser parte del corazón de su argumentación:

> Here is where I choose to follow Michel Foucault. (...) these hegemonic discourses which oppress, watch, control, and furnish the models parodied later, models without which parody itself could not exist. (*Myth and Archive* 9).

Aunque participa junto a otros discursos en el Archivo, la literatura tiene, entonces, una relación indirecta con la hegemonía y el poder, en tanto consiste en una mimesis de segundo grado sobre los discursos "realmente" hegemónicos. La limitación del procedimiento usado en *Myth and Archive*, consiste, como se ve, en que la conexión entre literatura y poder en el interior de una determinada formación discursiva pareciera residir exclusivamente en lo que podríamos llamar "la mirada hacia arriba". En efecto, el mecanismo de producción y reproducción de la narrativa del continente radica, para González Echevarría, en su adscripción paródica y a la vez repetitiva de los discursos hegemónicos en un momento dado. La mirada "hacia abajo" —hacia otros posibles discursos populares con los cuales la literatura podría haber establecido relaciones de poder— tiende a desaparecer incluso en su versión más abundante, es decir, en el espacio que la mediatización del discurso oficial "proporciona" a otros discursos.[11] De esta manera la participación de la literatura *en* la hegemonía, la relación posible entre literatura y prácticas de poder queda limitada a una sola de sus facetas reales: la mimetización de otros discursos socialmente dominantes. El valor liberador de la parodia de segundo orden —en que, según González Echevarría, el *boom* de la narrativa latinoamericana convirtió sus relaciones con el Archivo discursivo latinoamericano— reside precisamente en su capacidad para subvertir y reutilizar discursos, entendidos aquí como formas de *representación* de identidades, instituciones, culturas, etc.[12] De este modo, la pregunta sobre la existencia real y los usos sociales de un discurso como el literario, es puesta entre paréntesis, desplazada del ángulo arqueológico del estudio. El resultado de esta operación arqueológica de recorte del discurso literario en *Myth and Archive*, es una notable paradoja, donde González Echevarría desplaza con el codo el documento que había escrito con la mano. La paradoja consiste en que, por un lado, su libro amplía el terreno de los discursos sociales pertinentes para comprender el lugar que le corresponde a la literatura en el siglo XIX (incorporando la noción de discursos hegemónicos que regirían al discurso literario o que le proporcionarían la modelización primaria sobre la cual trabajaría); por otro, en cambio, le devuelve a la literatura su literariedad, su esencia interna y exclusiva, que consistiría precisamente en parodiar, transformar y/o dialogar con estos otros discursos en el interior de una formación discursiva. Aunque la idea resulta en extremo sugerente y productiva, cae en la afirmación de una esencia atemporal de lo literario latinoamericano. Los riesgos son, como puede adivinarse, muchos. A partir de esta idea de esencia, por ejemplo, es posible afirmar la existencia de un gran momento (el *Boom*) en donde este tipo de relectura de los discursos tradicionales se concibió a sí misma como tal. De allí a la conclusión de que toda obra que no se conforme al patrón definidor de lo literario en América Latina, resulta ser una desviación o algo irrelevante, hay sólo un paso, muy fácil de dar.

Tras establecer algunas de las limitaciones que el libro de González Echevarría hereda de su inscripción fundamental en el momento arqueológico de Foucault, podemos ahora preguntarnos, cómo superó el propio Foucault (si es que lo hizo) dichas limitantes del modelo del Archivo, para pasar luego al examen de *La ciudad letrada.*

Aunque la noción de formación discursiva y de discurso es desarrollada ampliamente en *La arqueología del saber,* recibe su formulación más clara e influyente en lo que podríamos llamar el comienzo del momento transicional de la obra de Foucault. El texto clave es *El orden del discurso*[13] que, no por casualidad, es el discurso de Foucault al incorporarse en diciembre de 1970 a lo que comúnmente se describe como la más prestigiosa institución académica de Francia, el College De France.

Sin entrar en la repetición completa del esquema de este escrito foucaltiano, para nuestros propósitos bastará señalar aquí que Foucault distingue dos tipos de reglas en la formación de discursos: externas e internas. Las reglas externas que controlan el deseo y el poder en el discurso, se fundan en el principio de exclusión y son tres: la separación entre lo que se puede nombrar socialmente y lo que es tabú; la distinción entre lo que es razonable y lo que es irracional o demente; y la voluntad de saber, fundada en la diferencia entre lo verdadero y lo falso. Las reglas internas son procedimientos de rarefacción del discurso pues controlan su producción desde "adentro", como una suerte de gramática, una normatividad que permite la articulación de enunciados con sentido. Para Foucault, son tres: el comentario, que se ejerce para re/descubrir permanentemente el sentido de los textos canónicos (o sea, socialmente considerados relevantes); en segundo lugar, el autor o mejor la función-autor que da a un grupo de textos (percibidos como partes de la "obra" del autor) una coherencia y una significación socialmente sancionadas; y, en tercer lugar, las ciencias que Foucault redefine como "disciplinas", para poner de relieve su función de políticas del saber. En un grado de formalización más alto que a la vez contradice y participa de las reglas del comentario y la función-autor, a las disciplinas les corresponde definir los criterios básicos de los discursos que las constituyen: verdad, coherencia, error (por oposición a sinsentido) y, sobre todo, las condiciones mínimas para que una proposición sea "científica", dentro del espacio social de la verdad.[14]

A estas reglas internas y externas, Foucault agrega un tercer tipo que resultaría parcialmente redundante para nuestros efectos, si no fuera porque se refiere a las formas sociales de selección de los sujetos y de los contextos de uso legítimo del discurso. Se trata de los rituales de enunciación y de las formas concretas y desiguales de circulación y distribución del saber en un espectro que recibe su consagración socialmente aceptada en los diferentes niveles del sistema educativo.[15]

El interés de estas reglas de constitución interna, de constitución externa y de uso del discurso, resulta para nuestros efectos evidente. En tanto clarificación sintética de las reglas internas y externas que parcialmente había ya estudiado en *La arqueología del saber*, *El orden del discurso* es, en su concisión, insuperable. Sin embargo, lo que, para nuestros propósitos, es realmente novedoso en este texto de Foucault es la aparición subrepticia de ese apéndice, de ese tercer tipo de reglas que se refieren a los procedimientos y espacios de uso del discurso. Tras el anuncio de las reglas externas que se discuten primero, el lector de *El orden del discurso* espera su complemento lógico en la discusión de algún tipo de regla interna. Tal expectativa no es, como vimos, defraudada, pues Foucault pasa de inmediato a su tratamiento. La sorpresa que destruye el sentimiento de belleza simétrica del lector cartesiano es, precisamente, este tercer tipo de reglas que no pudiendo ser internas ni externas parecen condenadas al limbo de lo inclasificable. En efecto, la adición de las reglas de uso concreto en el espacio ya no simplemente escriturario sino social, evidencia el esfuerzo de un Foucault que trata de lidiar con la extraña sensación de obsolescencia instantánea con que él mismo parece haber considerado después *La arqueología del saber* (1969, en el original francés) a la luz de los sucesos de Mayo de 1968 en Francia. La irrupción violenta de la historia produce en Foucault, por un lado, la visión de las limitaciones de su arqueología y, por otro y paradojalmente, la comprensión de que la violencia no debe confundirse con el poder.[16] La violencia física es muda y directa y se aplica a los cuerpos y a los objetos. El poder, en cambio, habla, produce, constituye, es más indirecto pero se aplica no sólo al presente sino que también al futuro; recae sobre las acciones y limita así las posibilidades de la libertad, que requiere para manifestarse como tal poder.[17] Estas tecnologías que al constituirnos como sujetos limitan nuestra libertad, son usos concretos del saber/ poder que, aunque posibilitados en parte por las reglas internas y externas que regulan los discursos que las fundan y hacen posibles como prácticas, no deben ser confundidos con aquellas. Sobre estas tecnologías constitutivas de la sujeción/subjetividad, volveremos más adelante, para retornar en un momento a González Echevarría.

Este Foucault del *Orden del discurso* es, entonces, el que empieza a hacer la transición desde la pureza teórica del análisis discursivo en *La arqueología del saber*, hacia las formas concretas y los usos tecnológicos del saber/poder que estudiará en *Vigilar y castigar*. Las tensiones entre los dos procedimientos (arqueológico y genealógico) son evidentes en el texto de Foucault (*The Discourse on Language*), pero sólo nos interesan ahora en tanto ponen de relieve tensiones homólogas en el texto de González Echevarría. Aunque los usos del poder/saber forman parte del vocabulario empleado en *Myth and Archive*, a través de nociones como la de hegemonía, son claramente obviados por una definición arqueológica de las reglas del discurso que pone entre paréntesis todo lo que pueda entorpecer la pureza teórica del sistema enunciativo. En el caso de González eso habría significado pasar del plano de la representación de discursos dentro de otros discursos a las formas de uso social de esos discursos tanto en sus formas "puras" como en sus versiones "miméticas".

Si Foucault pasa de la teoría del discurso (*qua texto*) al análisis de prácticas discursivamente organizadas operantes en la realidad; si la diferencia es así la que va del discurso (como objeto textual-teórico) a la práctica discursiva (como poder/saber en acción) en tanto centro de la atención de Foucault; entonces, para quienes decidamos ocuparnos del discurso como práctica, el problema será pasar del análisis del discurso en sí mismo y en sus reglas de formulación y constitución al estudio de las prácticas discursivas y sus efectos de poder sobre el espacio en que se desarrollan. Este paso es análogo al que Foucault describe en relación al cambio desde la arqueología a la genealogía. No se tratará tanto ahora de preguntarse por las condiciones de posibilidad del discurso, es decir, en un cierto sentido, de su aspecto controlador limitante y negativo; como de lidiar con la productividad del poder hecho discurso o del discurso hecho poder. Es el aspecto positivo y organizado en microtecnologías de poder/saber el que reclama nuestra atención.[18] Estudiando la centralidad de la letra o sea del discurso escrito en el ámbito colonial para comprender el impacto de la obra de Ángel Rama, Rolena Adorno da precisamente en el clavo cuando afirma:

> la prueba máxima del argumento de Rama no se encuentra en las cédulas y edictos reales sobre la política lingüística de la época, sino en las reacciones a ella por parte de los representantes de los grupos subyugados (22).

Para "hablar" con alguna posibilidad de éxito en el régimen colonial, muchos colonizados llegaron a la conclusión aparentemente necesaria de que había que hablar en la lengua del poder, para así entrar al espacio social de lo decible, de lo que tenía sentido.[19] La coexistencia secular en el espacio de la ciudad, fue, por otro lado, revelando poco a poco, y como consecuencia también de las necesidades del desarrollo económico de la sociedad decimonónica, que las posibilidades de apropiación del discurso y de las tecnologías asociadas con el discurso escrito, eran bastante promisorias al menos para un sector de los grupos subalternos. El espacio social como espacio de coordenadas interrelacionadas se define, entonces, como una superficie relacional en donde las identidades resultan de la diferente adscripción cartográfica, de la posicionalidad relacional en dicho espacio. Aquí, como ya advirtió Adorno, reside buena parte de la productividad de la imagen de la ciudad en *La ciudad letrada:* los que se enfrentan en su ámbito son subjetividades constituidas relacionalmente por mutua oposición y articulación de diferencias significantes. La "ciudad real" nunca fue menos "real" que hacia el fin del siglo diecinueve. Lo que había empezado a cambiar hacia el final de la centuria era que poco a poco esa ciudad real se incorporaba -a través de una serie de prácticas de las que era, a la vez sujeto y objeto- a los límites de lo que Benjamín Vicuña Mackenna había llamado, para el caso de Santiago de Chile, la "ciudad propia"[20] (o la polis *propiamente dicha*, si se me permite *apropiarme* de una expresión que parece *apropiada*).

De este modo quisiera proponer, para entrar a nuestra última sección, que aquella lección que el Foucault del período genealógico derivó del choque entre la historia y las limitaciones de su obra anterior fue comprendida y desarrollada, de forma original y no carente de contradicciones, por Ángel Rama en *La ciudad letrada.*

Desde el punto de vista de este artículo, es decir, desde la perspectiva de su contribución a la elaboración de una teoría del discurso decimonónico latinoamericano, el gran aporte del libro de Ángel Rama es que propone entender el discurso como una práctica realizada por agentes para responder a demandas socialmente definidas (lo que supone productores y un "publico" sujetos de y a esta práctica); de acuerdo a una serie de procedimientos reguladores y prácticas subsidiarias; en un espacio físico concreto y en un momento histórico determinado. Así, entender el discurso como práctica supone detenerse en su materialidad más inmediata y a la vez definidora, comprenderlo como una forma social del hacer.

Obviamente el libro presenta abundantes materiales que, contrariando mi hipótesis, permitirían leerlo como uno más de los tantos análisis "ideológicos" de la literatura. El peligro de la reificación de la escritura, particularmente en tanto literatura —como un discurso todopoderoso que "mágicamente" y por su propia economía textual crearía respuestas uniformadas en sujetos heterogéneos realizando así, por su propio peso, el trabajo de la interpelación ideológica— ronda a ratos el ensayo de Rama, pero creo que se puede afirmar con cierto grado de seguridad que, al menos tendencialmente, en la línea general de su hipótesis y de su orientación, *La ciudad letrada* mira en otra dirección. En este sentido, un segundo aspecto decisivo del texto de Rama que no es sino un corolario del énfasis en la materialidad de lo discursivo, consiste en la postulación, por primera vez con esta claridad teórica, de un objeto transdisciplinario (el letrado y la cultura letrada) para el estudio de lo discursivo en América Latina. Paso ahora a explicarme un poco más en detalle.

Ya hemos visto cómo la imagen espacial de la ciudad letrada rodeada de anillos amenazantes, permitía postular que en un cierto sentido el libro de Rama no era tanto sobre la ciudad letrada en sí misma como sobre sus relaciones con la ciudad real. En efecto, vimos que al menos en tanto identidad negativa que permitía el proceso identitario de la ciudad letrada, la ciudad real era una parte constitutiva de la forma de existencia de aquélla. Del mismo modo, parece posible ahora postular que, por lo menos tendencialmente, *La ciudad letrada* es no sólo un libro sobre la escritura, sino también un libro sobre la dialéctica lectura-escritura.[21] Para entender esto debemos retroceder un poco.

Al llegar al momento modernista y modernizador, Rama se ve enfrentado, tras su descripción del largo recorrido del letrado y su ciudad, a una suerte de disyuntiva que remeda parcialmente aquella que confrontan los letrados de la época: hay dos caminos posibles. ¿Cuál de ellos debería seguir? ¿Será posible seguir los dos? El letrado modernista puede continuar al amparo del poder estatal o derivar hacia la especialización profesional y la independencia económica que un mercado incipiente comenzaba a ofrecer en la forma de periodismo, crónicas y artículos de ocasión. Como sabemos este último fue el curso que Rama estudió en Darío en su libro *Rubén Darío y el Modernismo*, enfatizando sobre todo, aunque no exclusivamente, la posibilidad de independencia económica que la participación en actividades periodísticas le brindó al poeta.[22] Estudiando esta misma encrucijada modernista y basándose principalmente en José Martí, Julio Ramos propuso en su libro una reconsideración de lo que estimaba una cierta ahistoricidad del concepto de letrado en Rama. Para Ramos, más allá de cualquier aparente continuidad entre letrado y escritor (profesional) lo que resultaba realmente definidor era que la base del discurso de legitimación de este último tipo de intelectual había cambiado radicalmente. De sujeto para/semi/estatal de la modernización había pasado a ser un crítico de ese proceso de entrada en la modernidad. La literatura buscaba, según Ramos, un discurso de validación en un campo de lo social que se había fragmentado en saberes específicos que hacían imposible la continuidad sin más de la actividad del letrado tradicional. En tanto "sujeto civil" este último presuponía un espacio discursivo homogéneo en que lo político, lo social, lo artístico, lo religioso se integraban al punto de permitir a cualquier sujeto autorizado (letrado) pasar de un sector al otro casi sin solución de continuidad discursiva. En el nuevo espacio discursivo fragmentado de la modernidad, el modo de autorización del sujeto literario sería específicamente estético. Esto equivale a decir que, muchas veces, se autorizaría a sí mismo como crítico de aquella separación "desintegradora" y de las diferentes prácticas estatales, ambas decididamente modernizadoras.

Entonces, en esta encrucijada a dos niveles (el de los escritores y el de los críticos) los escritores modernistas (por definición) siguieron a Darío. Julio Ramos, por su parte, prefiere seguir a Martí para mostrar como aquí, en el supuesto ejemplo paradigmático de la alternativa "política" a la opción "literaria" de Darío, se imponía también un quiebre radical en el discurso letrado. La opción de Rama en *La ciudad letrada,* demuestra que lo que parecía una bifurcación en el camino al llegar a la altura del fin de siglo, era en realidad una multiplicación de las rutas posibles del trabajo intelectual. Si Ramos se va, en forma brillante, con Martí y Darío por el camino de los literatos, Rama, en cambio, elige esta vez un camino intermedio que sirve mejor al argumento central de su libro sobre la continuidad e importancia de la actividad discursiva del letrado en América Latina. Este camino es el de los que denomina "ideólogos", cuyo paradigma serían los filósofos-educadores-politólogos a la José Vasconcelos.[23] En este desplazamiento sutil y a la vez algo forzado hacia los escritores de prosa no-ficcional, radica paradojalmente uno de los aspectos más iluminadores del libro de Rama. La espacialización del discurso en la metáfora de la *ciudad letrada* hace posible preguntarse lo siguiente: cuando los escritores (literatos) se mudan, y con ellos Julio Ramos, hacia otros barrios de la *polis*; cuando Rama se ve obligado a sostener su tesis con un tipo diferente de letrado; cuando la *polis se politiza*; ¿deja el Poder Estatal (ahora en proceso cada vez más fuerte de consolidación) de tener lo que podríamos llamar con Gramsci, sus intelectuales orgánicos? Obviamente hay una relación directa entre los literatos y el poder modernizador (negativa, diría Ramos); pero la pregunta persiste: ¿quién reemplaza al escritor ahora "marginal —al menos con respecto al lugar céntrico que ocupaba el letrado en el interior del poder"— (Ramos 74); ¿es que ya no hay intelectuales ahí en ese centro alrededor del poder? La respuesta de Ramos: que el estado "ya había racionalizado y autonomizado su territorio socio-discursivo" es insuficiente pues nos deja con la incógnita sobre quiénes llevaron a cabo esta racionalización, quién los formó, dónde estudiaron, de dónde, en suma, salieron.[24] Creo que es aquí donde el desvío forzado de Rama apunta en la dirección adecuada y demuestra la productividad del concepto de letrado. En efecto, el concepto lleva inscrita una relación estrecha con la producción del poder que obliga a Rama a tratar de encontrar el tipo de intelectual que mejor o más claramente encarna esa modulación esencial del término. En este esfuerzo Rama incurre en algunas generalizaciones que justamente motivan la crítica de Ramos.[25] Sin embargo, más allá de estas limitaciones, creo que la insistencia de Rama permite ver en la doble orientación de los filósofos-educadores, y sobre todo en los profesores, su encarnación más abundante y decisiva, algo que siempre había sido verdad pero que sólo ahora cuajaba en forma visible: que la literatura no era simplemente un conjunto de obras y autores, sino un grupo de prácticas discursivas y no discursivas de producción de sentido socialmente determinadas. Prácticas de elaboración, producción y consumo de textos que si ahora se multiplicaban permitiendo aquella división de la ciudad letrada, sólo resultan entendibles a la luz de la continuidad de la labor reproductora (e inevitablemente transformadora) de dichas prácticas en el seno del sistema escolar. Sólo la ampliación del público lector hecha posible por el desarrollo de las contradicciones del discurso nacional que afirmaba a la vez la igualdad y la diferencia de los ciudadanos; sólo el lento proceso de constitución de las literaturas nacionales con su configuración oximorónica, a la vez universal y local, que exigía y construía un público diferente; sólo a la luz de estos desarrollos visualizamos lo que la literatura siempre había sido y ahora solamente perfeccionaba y masificaba; una máquina para la producción de subjetividades, un discurso, una práctica, o sea un poder/saber, una disciplina que pronto pasaría a llamarse, al menos en algunos países, "Castellano".[26] Allí los nuevos letrados acompañarían la labor de los nuevos escritores puros con su trabajo de reproducción tensionada y contradictoria de las diferencias entre el lenguaje de la mayoría y el de unos pocos, entre el lenguaje de la calle y el de los textos, entre las tradiciones aceptadas y las rechazadas. Esta literatura involucraba como siempre había hecho, sólo que ahora con más claridad: definiciones sociales no sólo de la escritura sino también de la lectura, de la legibilidad social, de lo que podía y debía apropiarse cada quien (según su rango y condición) siguiendo el modo *apropiado* de lectura de lo que ya, de antemano, había sido *dicho con propiedad*. Esta es la doble cara de los educadores-filósofos que Rama se ve obligado a perseguir para tratar de continuar en la senda en donde parecía que más cercanamente se aproximaban la letra y el poder. Al hacerlo, Rama reconfigura oblicuamente el ahora casi constituido "campo" de la producción literaria, pues nos lo muestra como una más de las prácticas que conforman ese conjunto llamado, en un cierto punto del espacio y del tiempo, Literatura.

Para decirlo de otra manera, lo que Rama nos señala indirectamente es que el estudio de la Literatura como institución no puede ser simplemente el análisis de los diferentes conceptos de Literatura que operarían, encarnados en obras, en momentos diversos en un mismo país o continente. En esta línea no sería suficiente pasar del concepto neoclásico de la Literatura al romántico y de éste al modernista, etc. Estudiar la literatura como institución moderna, es decir, en la conjunción de un espacio, unos agentes y unas formas de hacer, debería ser entre otras cosas, por ejemplo, la historia de la manifestación de la Literatura en el sistema educacional. Son los usos y las prácticas a través de las cuales se despliega la literatura en el espacio de lo social los que reclaman nuestra atención. La literatura no está ligada, o por lo menos no principalmente, a las formas de poder/saber —que fueron el núcleo del foco amplio del estudio de Rama— a través de una relación de tipo representacional-ideológico. La literatura no es *directamente* una ideología cuya función principal sería la producción de sujetos receptivos de su mensaje pacificador. Son los mecanismos sociales e institucionales a través de los cuales *se usan, se despliegan socialmente* determinados textos, los que constituyen a la literatura en sus formas concretas y variables de existencia social. Esto, por supuesto ayuda a comprender algo que todos conocemos: que no basta con (aunque claro, ayuda) agregar nuevos textos a los textos canónicos que se enseñan en la clase de literatura. La clave es la forma de uso, el mecanismo de construcción de ese objeto que llamamos por convención "texto". Si todo texto, literario o no, no puede sino participar de una semiosis que es en principio ilimitada, lo que importa estudiar históricamente es de qué forma "se leen" los textos dentro de los límites que las prácticas institucionales construyen en un momento determinado.[27] Dentro de esta línea de análisis, "leer" un texto es construirlo, es hacerlo significar dentro de un espacio social que establece los umbrales de legibilidad a través de prácticas y de usos muy específicos y variables históricamente.[28] En este contexto se comprende que no es casualidad que el modelo de letrado (con sus funciones fundamentales de reproducción social) que Rama venía persiguiendo desde la Colonia parezca diluirse precisamente cuando en rigor procedía a encontrar su verdadero nicho institucional. El letrado parece tornarse invisible en la figura del profesor (es decir, del intelectual en el sistema educativo) en quien el poder y el saber se funden en la imagen neutra de la verdad y de su causa. Es entonces, cuando el nuevo cariz de la ciudad letrada y de la ciudad real se presenta ahora en su forma nacionalizada, que las funciones del letrado parecieran desplegarse más perfecta y puramente, como un conjunto de prácticas y de usos en donde la distinción entre poder/saber y verdad se torna impronunciable.

A estas alturas sería tal vez apropiado insistir y aclarar en qué sentido mi estudio de Rama desde Foucault, González Echevarría y Alonso ha pretendido ser un aporte a la comprensión cabal del legado y de las limitaciones de *La ciudad letrada* para la configuración del espacio discursivo del siglo XIX latinoamericano. Los aspectos positivos del libro han sido, creo, suficientemente relevados a lo largo de este artículo. Bastará entonces mencionarlos. Ante todo la metáfora de la ciudad como espacio de lo social, lo que (en la versión de Rama, al menos) recuerda los contactos y violencias, pero también las (posibles) negociaciones e incorporaciones que caracterizan a ese espacio de prácticas históricas.[29] Después, el énfasis en la conexión indisoluble entre poder/saber y las formas socialmente determinadas (y normalmente institucionalizadas) de los límites de la verdad. Para decirlo de otro modo: la conexión entre lo decible, lo comprensible y lo legible como límites siempre cambiantes de lo *apropiado y apropiable*. Esta concepción exigía, lógicamente, estudiar la literatura no tanto en sus contenidos ideológicos como en sus formas materiales de existencia. Pensar la conexión entre la letra y el poder lleva tendencialmente en Rama a la entrevisión de dos objetos transdisciplinarios: el discurso (la letra) y el letrado. Vale lo mismo decir: la práctica discursiva y el intelectual como uno de los agentes de esta práctica. Mi hipótesis es que pasar de los discursos como textos a los discursos como prácticas podría tener efectos transformadores en el campo de los estudios culturales sobre el siglo XIX latinoamericano. Reconsiderar el lugar de la textualidad y la intertextualidad en el interior de otras prácticas discursivas igualmente constitutivas de lo literario en un período dado, debería llevar a una destextualización/desestetización del enfoque utilizado;[30] lo que permitiría a su vez la re-incorporación de hecho y de derecho de vastos sectores discursivos cuyas prácticas constituyeron en su momento parte integral de "las letras" del XIX. Pienso, por ejemplo en la oratoria sagrada, en los elogios fúnebres, en el discurso religioso, histórico, de actualidad periodística, etc. Del mismo modo dicha destextualización/desestetización lleva a pensar en las formaciones lectoras como complemento fundamental de las formaciones discursivas (en su sentido restringido) que un enfoque textual reductor ha privilegiado siempre. Si logramos desasirnos del énfasis exclusivo en el polo "productor", comprendemos de inmediato que la Literatura (como institución social existente en un momento determinado) no es sólo y ni siquiera principalmente, un grupo de textos (cerrados) sino el resultado "conceptual" de un conjunto de relaciones sociales operantes en prácticas que incluyen, pero que no se agotan en la escrituraria. Entre estas otras prácticas destacan, por sobre todas, las de lectura.[31]

Desde otro ángulo, como hemos visto, algunos de aquellos elementos positivos y productivos del libro de Rama, esconden otra cara que revela su incompletud y parcialidad. Con por lo menos la misma fuerza con que sugiere una comprensión del discurso como práctica social, Rama insiste, a veces unilateralmente, en la dimensión ideológica de los *contenidos* textuales. De esta insistencia a una reificación de la Literatura *qua* Literatura (=texto) como máquina ideologizante, hay a menudo, sólo un paso. Por otro lado, Rama ve pero no logra estudiar cómo la ciudad letrada se fraccionaba hacia el fin de siglo, en barrios discursivos que construían laboriosamente sus propias formas (necesariamente contrastivas) de legitimidad. Este proceso se daría en una variedad de escenarios y prácticas discursivas y no discursivas de las que Rama apenas logra insinuar dos conjuntos generales: el periodismo y el pensamiento educacional. De este modo, es el esfuerzo por prolongar la propia fuerza de sus tesis lo que le impide desarrollar con más sutileza como el poder y la letra iban poco a poco complejizando sus maneras de entrecruzamiento productivo por medio, a menudo, de esas formas específicas de existencia social del discurso que llamamos instituciones. Es aquí donde el énfasis de González Echevarría demuestra toda su utilidad en la proposición de mecanismos textual-discursivos (sancionados institucionalmente, agregaríamos) para la constitución negociada de una economía interna de lo literario. Del mismo modo, como vimos, es por contraste con la postura de Rama, que la reducción textualizante de la noción social de discurso en González Echevarría demostraba sus limitaciones disciplinarias y disciplinantes.[32]

Más que los aspectos negativos de esta oposición entre González Echevarría y Ángel Rama, yo preferiría destacar cómo, bien entendidas a partir de la reflexión que Michel Foucault hace del desarrollo de su propio teorizar, la propuesta arqueológica de González Echevarría y la propuesta genealógica de Rama resultan ser no sólo complementarias sino imprescindibles para una adecuada postulación del espacio discursivo del siglo XIX latinoamericano. Lo que se requiere es comprender y describir en su variación histórica esos funcionamientos "internos" (pero variables) del discurso literario dentro de una formación discursiva, al mismo tiempo que se los comprende como una práctica más que, junto a otras que rigen la constitución de sujetos y objetos disciplinarios y disciplinados, determinan la identidad social de la Literatura en un momento cualquiera.

A modo de conclusión, digamos que en los aportes y en los límites de la obra de Rama y de su recepción crítica puede, en fin, leerse una tensión tal vez inevitable y saludable entre el "texto" y la "historia", entre una textualización de lo político-histórico y una politización histórica de lo textual.[33] Hay en esto por lo menos dos desafíos: comprender, por una parte, que no se trata de defender a la literatura de los ataques que se le harían por "desconocimiento" de una cierta especificidad (ahistórica); y, a la vez, entender que tampoco se trata de crear un diagrama teórico para el estudio de la literatura que tras inscribirla en uno de los casilleros de los aparatos ideológicos del Estado, supuestamente la "explicaría" (también ahistóricamente) para pasar a otra cosa. Sólo si entendemos que las palabras/discursos son acciones, o sea prácticas que no se oponen como un "afuera" a lo social sino que lo integran; sería posible afirmar con Sarmiento que, en tanto objeto de análisis, el XIX podría ser "nuestro siglo lleno de palabras". Haber propuesto un espacio en que la superación de esta falsa antinomia resulta planteable puede, después de todo, haber sido el gran aporte de Rama a la configuración del espacio discursivo del siglo XIX como objeto de estudio de un acercamiento transdisciplinario al campo de los estudios culturales sobre ese período. Más modestamente, digamos que esa parece una de las maneras en que, hoy, yo he creído posible leer su texto.

NOTAS

[1] Sarmiento 118.
[2] El concepto de discurso que he empleado aquí resulta de la hibridación entre 1) la aproximación lingüístico-pragmática que lo concibe como el lenguaje en su uso social concreto, por oposición al lenguaje como sistema abstracto; y 2) la definición que de él proponen Laclau y Mouffe: "..we will call articulation any practice establishing a relation among elements such that their identity is modified as a result of the articulatory practice. The structured totality resulting from the articulatory, we will call discourse" (Laclau y Mouffe 105). En mi concepto el discurso es una práctica social que articula otras prácticas lingüísticas y no lingüísticas. Aunque Laclau y Mouffe desarrollan interesantes argumentos para proponer que "Our analysis rejects the distinction between discursive and non-discursive practices", yo he preferido conservar una distinción entre prácticas discursivas y prácticas no-discursivas. Esta decisión es sobre todo pragmática pues hacer lo contrario requeriría cada vez de extensas explicaciones sobre la naturaleza de lo social como práctica discursivo-articulatoria. La noción de espacio discursivo quiere aludir a la existencia perenne de un afuera de cualquier discurso y/o formación discursiva que imposibilita el cierre de lo social como espacio de articulaciones posibles. Por formación discursiva entiendo una cierta regularidad de relaciones entre discursos que coagulan en un momento y en un espacio históricos determinados para ofrecer la imagen ilusoria (pero legitimada) de la totalidad. Véase además de Laclau y Mouffe, Foucault (*The Archeology of Knowledge* y *The Discourse of Language*), Bové, Bourdieu (1985) y

(1990). Para descripciones más generales puede consultarse, por ejemplo: Hawthorn y Harris.

[3] La mejor formulación de esta crítica a Rama y a una cierta ahistoricidad del concepto y función del letrado en la cultura latinoamericana, había ya sido hecha por Julio Ramos.

[4] "For if a demonized conception of writing is postulated as the principal vehicle and instrument of the letrado's strength, then there is no way out from the letrado's power, just as there is no way out *for* the letrado, should he wish to apply his mastery of the written word to an oppositional or contestary practice within his society" (Alonso, "*Rama y sus retoños*" 288). Por otro lado, el propio Alonso se ha encargado de probar con su excelente libro *The Spanish American Regional Novel* la operatividad de un enfoque que se concentre en la capacidad autoreproductiva de la actividad discursiva de los intelectuales latinoamericanos.

[5] El texto fue publicado originalmente en 1971.

[6] Ello es posible en la medida en que este supuesto desarrollo "interno" y los límites de un "adentro" y de un "afuera" son siempre una construcción realizada a posteriori por la historiografía literaria.

[7] "Only by applying mechanically a model of literary history, drawn from European sources, can *Amalia* and *María* play a significant role in the history of Latin American narrative" (González Echevarría, *Myth and Archive* X). Es en extremo interesante que esas sean dos de las novelas que Doris Sommer (1991), considerando otras fuentes y formas de poder social, utiliza para describir lo que considera todo un linaje, tal vez el principal, de la narrativa del siglo diecinueve latinoamericano. Véase Sommer (327) donde ella propone que los romances nacionales que intentan, a través de las relaciones de género, lidiar con los problemas irresolutos de la construcción de los estados nacionales del continente, serían una cuarta forma de discurso literario latinoamericano, que se agregaría a las tres descritas por González Echevarría (*Myth and Archive: A Theory of Latin American Literature*): legal, de viajes y antropológica.

[8] "I believe that my texts is part of the economy of texts that it attempts to describe and classify, that my book is also an archival fiction" (González Echevarría, *Myth and Archive* 9).

[9] Sobre los enunciados serios como objeto único del análisis de la *Arqueología del saber*, véase Dreyfuss y Rabinow (101-121).

[10] "Bakhtin conceives of the official as something alien to society (...)But what he calls official is as much a part of society as laughter and carnival; in fact, one could not exist without the other"(González Echevarría, *Myth and Archive* 9).

[11] Para las posibilidades de lectura *against the grain* o "a contrapelo" de discursos subalternos "inscritos" en discursos oficiales, véase Guha.

[12] Véase González Echevarría, *Myth and Archive* 34.

[13] Véase también el interesante artículo "Politics and the Study of Discourse" de Michel Foucault.

[14] Foucault (*The Discourse of Language* 224) refiere la noción fundamental de este *espacio social de la verdad*, a la obra de uno de sus maestros, Georges Canguilhem, en donde aparece como estar "dans le vrai". Que la verdad sea un espacio dentro o fuera del cual se puede, o peor, se tiene que estar, es, en nuestro contexto, crucial. ¿Qué otra cosa es la ciudad en la obra de Rama, sino el espacio socialmente sancionado como relevante y verdadero, la superficie donde la

urbanidad se confunde o pretende identificarse con lo social y la sociedad enteros?

[15] Para la adecuada comprensión de estos tres tipos de reglas del discurso, debe señalarse que Foucault admite expresamente que ellas no agotan la cartografía posible del saber/poder. Sobre el sistema educacional Foucault señala: "Every educational system is a political means of maintaining or modifying the appropiation of discourse, with the knowledge and the powers it carries with it" (Foucault, *The Discourse* 227).

[16] "It is hard to see where, either on the Right or the Left, this problem of power could then have been posed. (...) ...the mechanics of power in themselves were never analysed. This task could only begin after 1968, that is to say on the basis of daily struggles at grass roots level, among those whose fight was located in the fine meshes of the web of power. This was where the concrete nature of power became visible..." (Foucault, *Power Knowledge* 115-116).

[17] "... el poder se ejerce únicamente sobre 'sujetos libres' y sólo en la medida en que son 'libres'" (Foucault, "El sujeto" 239).

[18] "I wish to retain from Foucault, above all, the negative, proscriptive element of his Archive, because interdiction, that is negation, is at the beginning of the law, hence of writing and of the novel" (González Echevarría, *Myth and Archive* 33). Se evidencia aquí el uso jurídico y negativo que González hace del poder. La productividad pareciera estar reservada para esas formas de subversión que llamamos literatura. Con ello se pierden de vista las dimensiones positivas y productivas del poder en el Foucault posterior a la *Arqueología del saber*.

[19] Los grados y las formas de esta adscripción dentro del espacio de la verdad, varían, por supuesto, en un espectro que va, por ejemplo, desde el Inca Garcilaso (estudiado por González Echevarría) hasta Guamán Poma (estudiado por Adorno).

[20] Véase Ramón.

[21] Sin el ánimo de ser exhaustivo, es posible señalar varios momentos en que Rama se refiere al tema en *La ciudad letrada*: página 80 (lectores de diarios y revistas), páginas 154 y siguientes (aparición de un público lector masivo), página 161 (dialéctica entre lectura masiva y escritura letrada). A ello habría que agregar las páginas sobre Simón Rodríguez (61-67) que merecerían un desarrollo particular.

[22] Sabemos también que el objetivo de Rama en dicho libro es doble: por un lado, comprender cómo la división del trabajo y la apertura de un nuevo mercado en el periodismo había significado una ampliación de las posibilidades no sólo de autonomía económica sino también discursivas para el escritor modernista; por otro lado, Rama intentaba mostrar que el supuesto apoliticismo de Darío en su torre de marfil no era sino una construcción teórica errada que compartían tanto la crítica de derecha como la de izquierda. Véase también Ramos (69).

[23] "En tanto ideólogos, les cabía la conducción espiritual de la sociedad mediante una superpolítica educativa que se diseñó contra la política cotidiana, cuyas miserias se obviarían mediante vastos principios normativos" (Rama, *La ciudad* 110). Junto a Vasconcelos, Rama menciona a Francisco García Calderón, Antonio Caso, Alejandro Korn, Carlos Vaz Ferreira. Véase Rama (*La ciudad* 111).

[24] Aunque hay, por supuesto, que reconocer que esta insuficiencia se deriva en lo fundamental de lo que Ramos concibe como la especificidad del foco de su

estudio, que no son los letrados sino la conformación de una esfera discursiva legítima y legitimizada de la literatura en Latinoamérica. En esta área su trabajo, mostrar de qué "poder" se apodera el letrado-escritor para fundar su legitimidad enunciataria, es imprescindible.

[25] Pienso en citas como: "pero creo que no hay duda acerca de esta 'función de ideólogos' que los escritores modernistas se atribuyeron, no sólo entre los escritores-intelectuales que practicaron la ensayística, sino incluso entre los escritores-artistas, como fueron especialmente algunos poetas..." (Rama, *La ciudad* 117) Como bien señala Ramos, Rama parece no ver que el lugar desde el cual hablan estos dos tipos de intelectuales es diferente en sus formas y demandas específicas de legitimación.

[26] Sobre el tema, véase mi "El Castellano. La nueva disciplina nacional", por aparecer en *Revista de Crítica Cultural*.

[27] Véase Bennett *Outside Literature* y "Texts in History: The Determinations of Readings and Their Texts".

[28] Debo aclarar que con la expresión "prácticas y usos que varían históricamente", no me refiero a un mero horizonte fenomenológico de inteligibilidad, sino principalmente a prácticas y espacios de producción, uso, circulación y consumo de "textos" en su única forma de existencia real, es decir, como objetos materiales de algún tipo, sea ésta la del manuscrito, el libro autorizado, el panfleto clandestino, la hoja popular, la nota periodística, etc.

[29] Piénsese, por contraste, en la imagen del Archivo, variable históricamente, pero constante en su carácter cerrado a todo lo que no sea la labor e influencia de los archivistas oficiales, los productores de textos cultivados que llamamos escritores. Para ser justo, debo reconocer que González Echevarría postula su propio momento de violencia en la instalación de la ciudad. Significativamente, sin embargo, lo llama "a clearing in the jungle" que hace posible el espacio discursivo que, por acumulación, se constituirá en el archivo fundacional. Además, este momento de violencia original, este momento de relación directa entre el poder y la escritura, permanece como tal en el esquema de González Echevarría, como un lejano momento de violencia originaria que, aunque explica los comienzos de la escritura, poco pareciera tener que ver con cualquier forma de violencia contemporánea a la época analizada o a la del acto de análisis.

[30] Quiero dejar en claro que esta destextualización no significa el abandono de los textos *mismos* (o más bien de su carácter representacional) para concentrarse en la historia de su uso. Pero sí significa que tanto el texto literario *en sí mismo* como su estudio *estético* son construcciones específicas que resultan de prácticas históricas concretas y variables; es decir, que *texto y estética* aluden al resultado de dos de las muchas prácticas que constituyen a la literatura en un momento dado.

[31] Sobre el asunto, véase Bennett (*Outside Literature*). Ésta es, muy sumariamente, la idea que dirije mi trabajo de investigación sobre el discurso decimonónico en Chile.

[32] Para la opinión de González Echevarría, no muy positiva a mi juicio, sobre *La ciudad letrada*, véase González Echevarría (*Myth and Archive* 193-194). Una de las cosas que hace difícil conciliar algo que claramente reclama una lectura complementaria: es decir, las teorías arqueológicas de González Echevarría que le dan densidad y cierta especificidad histórico-discursiva al espacio del discurso decimonónico que es el que nos ocupa; con las ideas de Rama en *La ciudad*

letrada (sobre la constitución de subjetividades y discursos en relaciones de violencia dentro del espacio de la polis) es la posición que el propio González Echevarría parece sustentar en relación con los estudios literarios de inspiración marxista. Véase González Echevarría donde señala: "The marxism of much of this work is more exhortatory than methodological. (...) With the *possible* exception of some essays by Angel Rama, no major work has emerged from this *politicized criticism*; certainly nothing on the level of, for instance, Octavio Paz's book on Sor Juana" ("Spanish American Literature ..." 453, subrayados míos).
[33] Sobre esta tensión teórica en los estudios *históricos* sobre América Latina en general, véase Mallon.

BIBLIOGRAFÍA

Adorno, Rolena. "*La ciudad letrada* y los discursos coloniales". *Hispamérica*, XVI/48 (diciembre 1987).

Alonso, Carlos J. "*Rama y sus retoños*: Figuring the Nineteenth Century in Spanish America". *Revista de Estudios Hispánicos*, 28/2 (mayo 1994).

_____ *The Spanish American Regional Novel: Modernity and Autochtony*. Cambridge: Cambridge University Press, 1989.

Attridge, Derek et al (editores). *Post-structuralism and the Question of History*. Cambridge: Cambridge University Press, 1987.

Bennett, Tony. *Outside Literature*. London: Routledge, 1990.

_____ "Texts in history: The Determinations of Readings and Their Texts". *Attridge* (1987): 63-81.

Bourdieu, Pierre. *Sociología y Cultura*. México: Grijalbo, 1990.

_____ *¿Qué significa hablar? Economía de los intercambios lingüísticos*. Madrid: Akal, 1985.

Bové, Paul. "Discourse". *Critical Terms for Literary Study*. Frank Lentricchia y Thomas McLaughlin (editores). Chicago and London: The University of Chicago Press, 1990.

Burchell, G. et al. (editores). *The Foucault Effect; Studies in Governmentality*. London: Harvester Wheatsheaf, 1991.

Covington, Paula H. et al. (editora). *Latin America and the Caribbean: A Critical Guide to Research Sources*. New York, Westport, Connecticut, London: Greenwood Press, 1992.

Dreyfus, Hubert y Paul Rabinow. *Michel Foucault , más allá del estructuralismo y la hermenéutica*. México: El Colegio de México, 1988.

Foucault, Michel. "Politics and the Study of Discourse". Burchell et al, 1991.

_____ "El sujeto y el poder", postfacio a Dreyfus y Rabinow, 1988.

_____ *The Foucault Reader*. Paul Rabinow, ed. New York: Pantheon Books, 1984.

_____ *Power/Knowledege: Selected Interviews and Other Writings 1972-1977.*
Colin Gordon (editor). New York: Pantheon Books, 1980.

_____*The Archeology of Knowledge.* New York: Harper Colophon, 1972a.

_____ *The Discourse on Language.* Publicado en inglés como apéndice a
Foucault, 1972b.

González Echevarría, Roberto. "Spanish American Literature. Essay.
Modern Period". Covington , 1992. 449-455. El ensayo, Spanish
American Literature, aparece firmado por Enrique Pupo-Walker
y González Echevarría. En nota al pie de página se aclara que éste
último escribió la sección titulada "Modern Period".

_____*Myth and Archive: A Theory of Latin American Narrative.* Cambridge:
Cambridge University Press, 1990.

Guha, Ranajit. "The Prose of Counter-insurgency". Ranajit Guha
(editor), *Subaltern Studies II. Writings on South Asian History and
Society.* New Delhi: Oxford University Press, 1986.

Harris, Wendell V. *Dictionary of Concepts in Literary Criticism and Theory.*
New York: Greenwood Press, 1992.

Hawthorn, Jeremy. *A Glossary of Contemporary Literary Theory.* London:
Edward Arnold, 1992.

Laclau, Ernesto y Chantal Mouffe. *Hegemony and Socialist Strategy.*
London: Verso, 1985.

Mallon, Florencia E. "The Promise and Dilemma of Subaltern Studies:
Perspectives from Latin American History". *The American Historical
Review,* 99/5 (1994): 1491-1515.

Rama, Ángel. *La ciudad letrada.* Hanover, NH: Ediciones del Norte,
1984.

_____ *Rubén Darío y el Modernismo: circunstancias socio-económicas de
un arte americano.* Caracas: Ediciones de la Universidad Central
de Venezuela, 1970.

Ramón, Armando de. "Santiago de Chile 1850-1900. Límites urbanos y
segregación espacial según estratos". *Revista Paraguaya de Sociología,*
15/42-43 (1978).

Ramos, Julio. *Desencuentros de la modernidad en América Latina. Literatura
y política en el siglo XIX.* México: Fondo de Cultura Económica,
1989.

Sarmiento, Domingo Faustino. *Chile. Descripciones. Viajes. Episodios.
Costumbres.* Buenos Aires: Editorial Universitaria de Buenos Aires,
1961.

Sommer, Doris. *Foundational Fictions. The National Romances of Latin
America.* Berkeley, Los Angeles, London: University of California
Press, 1991.

El saber de la autoridad/la autoridad del saber.
José Pedro Varela: asalto a la ciudad letrada[1]

María Inés de Torres

A bordo del buque "Merrimac" que partió de la bahía de Nueva York el 23 de julio de 1868 con destino a Buenos Aires, fueron compañeros de viaje dos hombres que llegarían a ocupar cargos relevantes en la vida pública de sus países de origen. Uno de ellos era ya una figura política de peso y recibió en el propio barco la noticia de haber sido electo Presidente de la Nación (Sarmiento, *Diario*). El otro, joven y desconocido, vivirá tan sólo treinta y tres años, pero este tiempo le será suficiente para convertirse en el instrumento que el naciente estado uruguayo necesitaba para consolidar uno de los contenidos simbólicos que más perduraría como atributo de esta nación: el de ser un pueblo homogéneamente "ilustrado" que llegaría a tener uno de los índices de alfabetización más altos del continente. La reforma educativa de José Pedro Varela,[2] el joven viajero que regresaba en el mismo barco que Sarmiento, fue llevada a cabo en Uruguay entre 1876 y 1879, y consagró en el país el modelo de educación popular ya vigente en gran parte del continente.

La llamada "reforma vareliana" fue una pieza central del proceso de modernizador (Méndez Vives) de construcción nacional que se lleva a cabo en Uruguay en las últimas décadas del siglo XIX. Esta reforma educativa convertiría tanto al "gaucho, el bárbaro social, como al niño, un bárbaro etario" (Barrán, *Historia* 89) en ciudadanos productivos para el nuevo estado. De este modo, se llevaría a cabo el necesario proceso de disciplinamiento que difundiría en las masas el mito de la nación compenetrándolas de su rol de ciudadanas.[3] En los treinta años que van de 1870 a 1900, Uruguay disminuyó a la mitad su tasa de analfabetismo; la población en edad escolar se triplicó; las escuelas urbanas aumentaron un 60% de 1876 a 1915, mientras que las escuelas rurales se multiplicaron por dieciséis (Barrán y Nahum 123-126). La reforma vareliana consagró la gratuidad y la obligatoriedad de la escuela primaria, y llevó a consagrar, más adelante, la laicidad en el sistema educativo.

En *La ciudad letrada* (Rama), Ángel Rama concede un lugar privilegiado a la figura de José Pedro Varela. En su libro, Rama ubica a Varela en una línea que se inicia con Joaquín Fernández de Lizardi[4] (Moraña 113-126), sigue con Simón Rodríguez,[5] y termina el siglo con la obra del educador uruguayo. El punto en común de estas tres figuras es el de haber sido miembros de la ciudad letrada y al mismo tiempo haber desafiado y cuestionado sus bases. Pero mientras que para Rama las requisitorias de Lizardi y de Rodríguez fracasan (Rama 62), la de Varela acusa un mayor efecto por cuanto efectivamente sacude las bases de la ciudad letrada y lleva a cabo una ampliación de la misma. Este movimiento de ampliación de la ciudad letrada es llevado a cabo por Varela a través de una estrategia doble y complementaria. Por un lado, a través de su reforma educativa, Varela amplía las bases de la ciudad letrada. Pero al mismo tiempo, a través de una polémica de gran repercusión en la época, Varela ataca a la "joya más preciada" (Rama 80) de la ciudad letrada: el enclave universitario. Estas dos acciones (ataque a la casta universitaria/democratización escolar) son dos movimientos complementarios de una misma estrategia que interpela a distintos sectores produciendo clivajes que llevarán a una reformulación definitoria de la estructura social. Es quizás precisamente por su ataque a la universidad que Rama elige como figura paradigmática en este sentido a Varela (y no a Sarmiento), porque el gesto incriminatorio de Varela sobre la casta universitaria acusa un efecto tan fuerte sobre este enclave paradigmático del sector letrado, que solo será respondido institucionalmente con la reforma de Córdoba.

IMÁGENES DIALÉCTICAS / FANTASMAGORÍAS DEL PROGRESO

En 1865, en un texto temprano de su artículo "Los gauchos"[6] Varela escribía:

> No necesitamos poblaciones excesivas; lo que necesitamos es poblaciones ilustradas. El día en que nuestros gauchos supieran leer y escribir, supieran pensar, nuestras convulsiones políticas desaparecerían quizá. Es por medio de la educación del pueblo que hemos de llegar a la paz, al progreso y a la extinción de los gauchos. Entonces el habitante de la campaña a quien hoy embrutece la ociosidad, dignificado por el trabajo, convertiría su caballo, hoy elemento de salvajismo, en elemento de progreso, y trazaría con él el surco que ha de hacer productiva la tierra que permanece hasta hoy estéril, y las inmensas riquezas nacionales, movidas por el brazo del pueblo trabajador e ilustrado, formarían la inmensa pirámide del progreso material. La ilustración del pueblo es la verdadera locomotora del progreso.

Para Varela, como para Sarmiento,[7] la letra es el elemento ordenador del caos de la barbarie. Sin embargo, hay en este texto, una abundancia de imágenes dialécticas a través de las cuales se patentiza la tensión del proceso modernizador. El caballo salvaje traza un surco en la nación y la inscribe y con ese solo acto no solo rotula la tierra y la transforma, sino que él mismo pierde su salvajismo y se domestica convirtiéndose en elemento productivo. A su vez, la imagen del gaucho ecuestre deja su lugar a la del "brazo del pueblo trabajador e ilustrado": el gaucho se proletariza, y la ciudad se impone sobre la campaña. En este nuevo espacio, el hombre deja el lugar a la máquina, la industrialización avanza y la imagen del brazo proletario es absorbida por la de la "locomotora del progreso". La visión horizontal de la llanura estéril se transforma en la imagen ascendente de la pirámide. Caballo, brazo del pueblo, locomotora: tres imágenes sucesivas en la fantasmagoría del progreso. En efecto, esta yuxtaposición de lo orgánico y lo inorgánico, de naturaleza y tecnología (el caballo y la locomotora), construye una teleología que instala el relato en el tiempo del mito de la necesaria modernización.

La nación es esa llanura estéril, sin límites, que debe ser surcada, inscripta, para convertirse en el territorio limitado del estado nación habitado por el ciudadano. La masa informe del gauchaje debía convertirse en la masa regulada del pueblo, porque el espacio abierto de la campaña debía dejar lugar definitivamente al espacio cerrado de la ciudad amurallada en la letra. El hombre solo con la letra no puede soportar el cerco de la infinita masa salvaje del gauchaje o del malón, por eso necesita domesticar a esa masa de signo negativo que es el gauchaje para convertirla en la masa de signo positivo que es el pueblo, otro sustantivo colectivo (como "gauchaje", como "malón") pero que como el letrado que habla, o mejor dicho, que escribe, habita el territorio de la ciudad y por eso de algún modo es su semejante. Por eso el letrado puede soñar a veces que es el pueblo. A través de la letra, el gaucho dejará de actuar "irracionalmente", ya que no se admite otra racionalidad que la que deriva de la escritura: saber "leer y escribir" es saber "pensar", dice Varela.

En el ritual de la yerra, el animal es marcado a fuego con la letra del amo para convertirlo en propiedad privada: ya no será más ganado cimarrón, salvaje; su cuerpo ha sido marcado y esa marca indeleble de la letra lo ha convertido en una mercancía más. Ya no es más idéntico a sí mismo, sino a todos quienes comparten esa marca. Del mismo modo, el gaucho o el inmigrante serán marcados a fuego con la letra para convertirse en ciudadanos a través de la educación. Esa marca es también, entre otras cosas, un acto de apropiación del individuo por parte del estado a través de la letra. A cambio de su cuerpo marcado por la letra se les entrega el sueño de la nación. Con sangre o sin sangre, la letra entrará para poseerlos.

La imagen de la nación como llanura estéril que debe ser surcada por la letra (imagen de lo inmaculado, del territorio virgen, de espacio vacío), alterna en el imaginario republicano con la del continente como caos, como territorio sobreinscripto por una abundancia orgiástica de signos indecodificables, una maraña críptica, desbordante y sin sentido que ahoga el espacio del continente. Dice Sarmiento en *Recuerdos de provincia*:

> Nosotros, al día siguiente de la revolución, debíamos volver los ojos a todas partes buscando con qué llenar el vacío que debían dejar la inquisición destruida, el poder absoluto vencido, la exclusión religiosa ensanchada (Ramos 19)

pero en *Facundo* se había referido al territorio argentino como a un territorio donde "las lavas ardientes (se) revuelcan, se agitan bramando en este gran foco de luchas intestinas" (Sarmiento, *Facundo* 9). Es decir que ambas imágenes coexisten dialécticamente: la nación **es** al mismo tiempo un espacio vacío y un espacio sobreinscripto. El tiempo de la llanura estéril es el del futuro abierto que sembrará la educación; el tiempo del caos es el tiempo circular de la improductividad bárbara: ambas temporalidades serán rotas por la linealidad que instaurará la letra como progreso.

Pero, ¿puede realmente la letra subvertir el caos? ¿Qué es necesario enseñar en un territorio donde "la guerra es el estado normal de la República"? (Varela, *Obras pedagógicas* 35) ¿Qué significa "enseñar" en un territorio donde

> el paisano cuando quiere obtener algo o cuando necesita que lo protejan, no recuerda *la constitución, ni las leyes, ni las autoridades*, sino al caudillo a quien sigue en las épocas de guerra; y éste, si se halla en el poder, sigue sus inspiraciones personales, sin preocuparse de averiguar lo que dicen *todos esos montones de libros* en los que se exponen y se aclaran las doctrinas de gobierno? (Varela, *Obras pedagógicas* 111, énfasis mío)

¿Qué saber es necesario transmitir para sobrevivir al caos?

En un texto polémico en su época, Varela, se vale de una anécdota para responder a esta pregunta:

> Cuando estalló el año 38 la revolución que hizo el general Rivera al Presidente Oribe, preguntaba una persona que se hallaba en una estancia en el Río Negro a un paisano que acababa de llegar: "Qué se dice de la guerra? No sé, señor, contestó; pero he oído que el Presidente Oribe se ha sublevao contra el general Rivera". Así, para él, el jefe nato de la República era el general Rivera, de manera que en el caso de lucha el sublevao debía ser otro, aunque ese otro fuera el Presidente de la República (Varela, *Obras pedagógicas* 102).

De lo cual concluye Varela: "Este hecho ilustra bien *la necesidad de tener ciertos conocimientos, aun para saber dónde reside la autoridad*" (subrayado nuestro). El saber que se debe transmitir, afirma entonces Varela, es el saber de la autoridad, porque si el ciudadano no tiene el saber de la autoridad, tampoco podrá ser sometido a la autoridad del saber, que oficia la letra. Sin el saber de la autoridad, no existen fronteras entre la ley y la anarquía: el presidente puede ser el revoltoso, porque transita la república creyéndose investido por la ley, como el rey de la fábula al que nadie se atrevía a decirle que estaba desnudo, hasta que la voz de un niño o el sable de un bárbaro, le demuestre lo aparente de su (in)vestidura. Del otro lado del espejo, el país de la barbarie contempla la vanidad de la ley donde la ciudad letrada representa sus rituales. Y sabe que la ciudad letrada es la imagen invertida, ilusoria y vana, y que ellos son la realidad.

Es necesario, entonces, construir la ciudadanía para el nuevo estado a través de la educación en el saber de la autoridad. Esta función eminentemente ideologizante de la educación es destacada por Varela como indispensable para el funcionamiento de la maquinaria social. Toma como ejemplo el derecho del ciudadano al voto. Luego de una explicación detallada de las distintas opciones que se le plantean al elector, establece: "... veamos la suma de conocimientos que demanda ese solo acto de organización política, y la manera cómo puede viciarse fácilmente con solo alterar algún detalle en apariencia insignificante" (Varela, *Obras pedagógicas* 108). En la elección el ciudadano puede "elegir bien" o "elegir mal"; para hacer lo primero debe tener lo que Varela llama "criterio bastante", de otro modo su acción puede terminar traicionando su voluntad inicial al desperdiciar su voto por ignorancia de sus propios derechos. Y tener "criterio bastante" es "tener él mismo opiniones formadas" (Varela, *Obras pedagógicas* 103), y esas opiniones deben ser transmitidas por la educación.

Este "saber de la autoridad" que es punto capital de la reforma educativa debe contrarrestar dos saberes sociales más que Varela reconoce y contrapone en su discurso: el saber del ejemplo y el saber letrado, que Varela identifica con el saber universitario.

EL "SABER DEL EJEMPLO": FRAGMENTOS DE UN DISCURSO HETEROLÓGICO

Con respecto a lo que denomina "el saber del ejemplo", Varela manifiesta:

> Pero no solo la escuela instruye y educa, educa e instruye también el ejemplo que se presenta a nuestra vista; y esa enseñanza del ejemplo obra con tanta más intensidad cuanto es mayor la ignorancia del que la sigue. (...) Conocemos el estado de nuestro país con respecto a la cultura que en la escuela se aprende, y con la simple exposición de las revoluciones sucesivas que ha habido desde que nos hicimos independientes,... sabemos también cuáles son los ejemplos políticos

que han ido sirviendo de escuela a las generaciones que ocupan actualmente el escenario, a medida que llegaban a él (Varela, *Obras pedagógicas* 108).

El saber del ejemplo es el espacio de la acción (en oposición al de la letra); y es también el espacio ganado actualmente por la barbarie ("las revoluciones sucesivas"), pero también es un espacio vacío pasible de cambiar de signo y de ser llenado por la civilización en un utópico futuro diseñado por la educación en el que los ciudadanos predicaran con el (buen) ejemplo del civismo. En ese futuro el saber del ejemplo sería la encarnación del saber de la autoridad: la ley encarnaría definitivamente el poder. Mientras tanto:

> Una cosa dicen las leyes y otra los hechos: a menudo las palabras son bellas y los actos malos, y a menudo también la mentira oficial no es ni más audaz ni más evidente que la mentira de los partidos que se hallan fuera del poder (Varela, *Obras pedagógicas* 108).

El "saber del ejemplo" está representado en el texto a través de una serie de anécdotas que reproducen la incursión de la voz del bárbaro en el discurso letrado y que configuran un discurso heterológico en el sentido de Michel de Certau.[8] En la anécdota del paisano que afirma que el presidente de la república "se ha sublevao" contra el general Rivera, hay una doble inversión que cuestiona el orden simbólico de la representación de la alteridad. Hay una voz del letrado que transcribe la del paisano y marca las huellas de este discurso del "otro" al destacar con una grafía diferente algunas de sus palabras intentando reproducir una dicción diferente. Pero a su vez, la voz del bárbaro transcribe e invierte la voz de la ciudad, cuando dice que es el Presidente quien se subleva contra el caudillo. El bárbaro utiliza la palabra traída de la ciudad ("sublevar") pero al reproducirla invierte su sentido al "intercambiar" deliberadamente a los protagonistas. Sin embargo, esta inversión termina formulando una sentencia más real que la de la letra: la autoridad "real" es la del caudillo y la ley termina siendo ilegítima porque rompe la legalidad de la autoridad caudillesca.

Otra anécdota es también representativa:

> Hace veinte años, con motivo de no recordamos qué discusión que se había provocado en las Cámaras, en la que algunos graduados habían hecho gala de dotes oratorias, decía un representante apaisanado, que estaba en contra de ellos, a otro de sus colegas: "Déjelos hablar, amigo, si 'a sentadas' los hemos de correr".[9]

Aquí encontramos otra vez la transcripción de una voz "de la barbarie" que se refiere a un hecho que tiene que ver con la legitimidad de la letra. En este caso, hay un contraste entre las dotes oratorias de los universitarios en las cámaras y el "representante apaisanado". El ámbito es el de la civilización (las Cámaras) al que accede la barbarie a través de la legitimidad que le da la ley escrita (las eleccciones). Mientras el graduado habla *por lo alto* dirigiéndose a la tribuna en lo que es descrito más como un ejercicio narcisístico que como una exposición de ideas, el representante apaisanado habla *por lo bajo* con la certeza de que logrará imponer su voluntad. Aquí el contraste es entre la palabra como instrumento inútil de la civilización, y la acción efectiva de la barbarie.

El "saber universitario" o "la barbarie cubierta de dorados"

El otro saber al que alude Varela, en este caso de modo mucho más directo, es el saber universitario, en lo que Carlos María Ramírez,[10] quien se le enfrentó en una dura polémica[11] a raíz de estas páginas, llama "la paliza a la universidad", y que es un verdadero asalto a la ciudad letrada, dirigido a la institución que, en palabras de Ángel Rama, es "su joya más preciada" (Rama 80).

Es necesario tener en cuenta que Varela es una figura clave en una de las fases del proceso dialéctico de ampliación de la ciudad letrada: aquella que se da durante la modernización. En esta fase, la ciudad letrada se ve sometida a una nueva prueba en la que, una vez más, "un sector recientemente incorporado a la letra desafia(ba) su poder" (Rama 71). Como señala Rama, la preocupación inicial de la ciudad letrada fue la de la formación de sus propios cuadros a través de la fundación de universidades, de manera de retroalimentar su propio poder como institución y así legitimarse. Por eso la letra fue, desde sus comienzos, un privilegio de unos pocos que así podían asentar su poder en un medio mayoritariamente analfabeto. La democratización de la enseñanza es una instancia relativamente tardía en el proceso de ampliación de la ciudad letrada. En este caso, Varela, un letrado no universitario, cuestiona la autoridad de la elite universitaria en su rol de formadora de conciencia. Este cuestionamiento es solo la contracara de su programa educativo: la ampliación del alcance de la educación requiere a su vez el ataque a la institucionalización elitista de la cultura atrincherada en la casta universitaria que vive de espaldas a la sociedad usufructuando de los beneficios que les da el ser amos de la letra.

Como veremos, la acusación de Varela a la universidad tiene como pilar la caracterización de sus cuadros con los rasgos apuntados por Rama para caracterizar a la ciudad letrada. Es un grupo minoritario que se impone sobre una masa analfabeta:

> Aunque muy escasos en número, relativamente al total de la población, los que han hecho estudios y adquirido títulos universitarios, han

obtenido una grande influencia en la dirección general de la sociedad, así como por los privilegios de que gozan, como por ser la Universidad el único centro de cultura intelectual superior que hay en la República (Varela, *La legislación* 112).

Es el grupo que informa ideológicamente a la clase dirigente:

Si recorremos las páginas de nuestra corta historia, y recordamos lo que personalmente hemos podido observar, veremos que es el espíritu de la Universidad el que, desde nuestra emancipación, ha llevado la voz y tenido la dirección, aparentemente al menos, en la prensa, en las asambleas, en los consejos de gobierno, en todas partes (Varela, *La legislación* 113).

Comparten y fomentan un espíritu de casta:

Veamos, sin embargo, cómo se manifiesta entre nosotros ese espíritu extraviado de las universidades privilegiadas, y las causas inmediatas que lo engendran. Necesario es reconocer que la instrucción que se recibe en los primeros años ejerce una influencia poderosa, ya que no absoluta, en la formación de las ideas que tenemos, y que sirven para determinar nuestra conducta. (...) Partimos, pues, de la base de que, si no todos, al menos la gran mayoría de los que siguen los cursos universitarios se sentirán dominados, por todo el resto de su vida, por lo que hemos llamado el espíritu de la Universidad (Varela, *La legislación* 123).

Como clase, los abogados no son mejores que las otras profesiones, ni más morales, ni más justos, ni más desprendidos, ni más patriotas; pero son más atrasados en sus ideas y más presuntuosos. Es este un rasgo genial de todas las castas o de todas las sectas privilegiadas (Varela, *La legislación* 135).

Se autodesignan como conocedores de todas las verdades, aun de aquellas más lejanas a su área de estudio:

Los graduados universitarios, como casta, y hechas las excepciones que deben hacerse, creen representar entre nosotros la ciencia enciclopédica, la suma del saber humano. En el gobierno, en las asambleas, aún en la vida diaria todos hemos podido verlos resolviendo con el mayor desparpajo y la más acabada suficiencia las cuestiones más extrañas a la abogacía, y aquellas en que racionalmente debe suponerse que menos conocimiento tengan. No hay por qué sorprenderse de esto cuando se sabe que es precepto corriente entre la masa de los graduados universitarios que el abogado debe entender de todo; y que el buen abogado es algo como una enciclopedia viva. (...) Los graduados universitarios, se dice por aquellos que quieren explicar esa pretensión de casta, han hecho al menos estudios superiores, y en consecuencia, son más aptos para juzgar aun en cuestiones extrañas a la abogacía, que aquellos que no han recibido una instrucción superior. De ahí que hayamos visto a los graduados universitarios tratando con desenfado y suficiencia cuestiones de comercio, de agricultura o de industria, resolviéndolas a su antojo, y lo que es más, mirando con profundo desdén las opiniones de aquellos que han dedicado su vida toda al comercio, a la agricultura o a la industria (Varela, *La legislación* 124).

Revisten a su labor de un halo sacerdotal:

Al recibir los grados de bachiller y de doctor, los estudiantes se hacen acompañar por un padrino, miembro también de la Universidad, y es de práctica que en ese acto se pronuncien discursos, en los que se trate de los deberes y de los trabajos del futuro abogado. Sin que hayamos encontrado hasta ahora una sola excepción, todos esos discursos, que se repiten a cada año, se apoyan en esta idea que desarrollan implícita o expresamente: "La abogacía es un sacerdocio que tiene por misión defender el derecho y la justicia, auxiliar al débil y libertar al oprimido". Es casi la traducción de los propósitos de la caballería andante: desfacer entuertos y desaguisados (Varela, *La legislación* 134).

Pero la crítica más fuerte que Varela hace a los universitarios es la de haber impuesto como modelo civilizado un tipo de saber, al que él denomina "el espíritu de la universidad", que se caracteriza por estar atrincherado en la letra, y al que acusa de ser responsable directo de la barbarie:

Los pomposos *programas* revolucionarios de los caudillos, los *decretos firmados* por esos mismos caudillos, las *leyes* puestas en vigencia por dictaduras militares más o menos disfrazadas, y toda la *decoración civilizada* con que *se cubren* entre nosotros aun los actos oficiales que menos civilización revelan, han sido y son aún obra de los que recibieron su espíritu y su ilustración en las bancas universitarias (Varela, *La legislación* 113, énfasis mío).

Es decir, acusa Varela, que hay toda una parafernalia compuesta de programas, decretos, leyes —emblemas de la letra— que constituyen una "decoración civilizada" de la propia barbarie. Toda esta "decoración civilizada" es una construcción ideológica de la casta universitaria, que es utilizada por los propios caudillos en su beneficio: "... el caudillo se ha ido *dorando* y encubriendo cada vez más la rudeza de sus procederes en el gobierno" (énfasis mío). En otras palabras, según Varela, la civilización ha dado armas a la propia barbarie para que ésta se legalice y esto porque los intereses de los caudillos coinciden con los de los de la casta universitaria:

> Las leyes que nos rigen han sido dictadas por los que se sentían animados por el espíritu de la Universidad: toda nuestra organización política se ha vaciado en moldes preparados por ellos; se han reservado para sí el campo de las ideas, y los triunfos efímeros del amor propio, estableciendo un divorcio inadmisible entre la teoría y la práctica, y dejando a los elementos que representan las influencias de campaña, la dirección real y el gobierno de los hechos reales.

> Es eso lo que está sucediendo a las clases ilustradas de la sociedad desde que nos hicimos independientes: ellas son las que hablan, las que formulan las leyes, *las que cubren de dorados la realidad*, las que ocupan la administración de justicia: pero son las influencias de campaña las que gobiernan. ¿Cómo podría explicarse ese fenómeno si no fuera porque el espíritu universitario encuentra aceptable ese orden de cosas, en el que reservándose grandes priviliegios y proporcionándose triunfos de amor propio, que conceptúa grandes victorias, deja entregado el resto de la sociedad al gobierno arbitrario de influencias retrógradas?" (Varela, *La legislación* 112-114, énfasis mío).

Por obra de la casta universitaria la barbarie se ha apropiado del instrumento emblema de la civilización: la letra, pero no de su sentido. Cuando el caudillo firma un decreto que legaliza un estado de barbarie, o cuando escribe un programa revolucionario, o cuando se vale de los artilugios de la ley para dejar fuera de la legalidad a sus enemigos, consuma la apropiación de la letra y su vaciamiento. De este modo la letra se aliena, se vacía de sentido, se convierte en un significante sin significado y por lo tanto utilizable como mero objeto o mercancía. Varela dice que esto se produce por un "extravío" del patriotismo de la clase universitaria: la ley se ha extraviado, la letra se ha extraviado, en su doble sentido de perderse y perder el rumbo. Y desde ese punto de vista la civilización se ha extraviado y es responsable de la barbarie porque ella misma actúa bárbaramente. En definitiva, para Varela, los intereses de los caudillos y los de las clases universitarias coinciden y ambos elementos se necesitan recíprocamente para mantenerse en el poder; la oposición es una oposición sólo en el orden de los signos, en el del discurso:

> En las palabras suele haber, pues, antagonismo; pero en la realidad existe la unión estrecha de dos errores y de dos tendencias extraviadas: el error de la ignorancia y el error del saber aparente y presuntuoso.

En conclusión: la civilización a la que ha llevado el espíritu universitario, no es más que la barbarie "cubierta de dorados".

Para Ángel Rama, la figura de José Pedro Varela adquiere una relevancia continental no sólo por sus propuestas pedagógicas sino porque fue un producto típico de la ciudad letrada que sin embargo se animó a desafiarla. Su gesto también pone de manifiesto una vez más la realidad tremendamente contradictoria de los proyectos nacionales y modernizadores. La pacificación preconizada por la educación es posible no sólo por la difusión del principio vareliano del "saber de la autoridad" sino más bien porque el nuevo estado que se está consolidando tiene ahora, a través de la creación de ejércitos y policías nacionales, el poder coercitivo centralizado para ejercer su autoridad política (poder coercitivo acentuado incluso, en tiempos de Varela, ya que su reforma se lleva a cabo durante la dictadura del General Lorenzo Latorre). El proyecto educativo es también un proyecto democratizador pero al mismo tiempo es un proyecto homogeneizador en cuanto es negador de las diferencias, ya que propone una cultura nacional oficial a la cual el ciudadano debe integrarse, un mito de la nación que se debe aceptar para ser parte integral del estado. La educación crea el mito del "ciudadano" como un mito igualitario y democrático, pero construye como sujeto central a un sujeto letrado, blanco, masculino, heterosexual, al padre-patriarca de la familia/nación, y al construir este sujeto constituye una topografía de la nación que se consolida en base a exclusiones.

Sin embargo, para Varela, como para la mayoría de sus coetáneos, educar era el único camino para la pacificación. Por eso, al saber del ejemplo que enseña las guerras fratricidas y al saber universitario que instaura una oposición en un orden meramente sígnico, Varela contrapone el saber de la autoridad. A través del saber de la autoridad, ese conjunto vacío, ese vasto significante sin significado que es la ley, la letra, la nación misma (aquella llanura estéril a la que se refería) saldrá de su extravío y adquirirá finalmente un sentido propio.

NOTAS

[1] Una primera versión de este trabajo fue presentada en la conferencia de la Latin American Studies Association (LASA) en Washington DC, Estados Unidos, en setiembre de 1995.

[2] Sobre la reforma y su influencia, así como sobre la figura de Varela, véase Ardao, DiGiorgi, Lasplaces, Sosa, de Larrobla y Bralich.

[3] En un ejemplar del periódico "El Siglo" en 1874 se lee: "Más que una mitra vale un libro que enseña al niño a ser hombre y al paria a ser ciudadano" (Barrán, *Historia* 89).

[4] Para un análisis de la relación entre Lizardi y la ciudad letrada, véase Moraña.

[5] Para un análisis de Simón Rodríguez en el contexto de la ciudad letrada, véase Rotker.

[6] Citado por Arturo Ardao en "Prólogo" a José Pedro Varela *Obras pedagógicas. La educación del pueblo. Tomo II.* El artículo "Los gauchos" apareció en "La Revista Literaria" (1865) 206.

[7] Para un análisis de la escritura como ordenadora del caos en Sarmiento, véase Ramos 19-34.

[8] De "heteros"=otro; logos=discurso, el "discurso heterológico" es un "discurso sobre el otro" de Certau afirma que en un discurso heterológico existe un poder del texto para componer y asignar lugares, al mismo tiempo que una necesidad del mismo de definirse en relación a la materia tratada. Véase de Certau.

[9] "En las Cámaras orientales se vota poniéndose de pie los que están por la afirmativa y permaneciendo sentados los que están por la negativa" (Nota del autor) (Varela, *Obras pedagógicas* 113).

[10] Véase Varela y Ramírez.

[11] Sobre la polémica en sí, véase Paris de Oddone.

BIBLIOGRAFÍA

Ardao, Arturo. "Prólogo" a José Pedro Varela *Obras pedagógicas. La educación del pueblo. Tomo II.* Montevideo: Ministerio de Instrucción Pública y Previsión Social. Colección de Clásicos Uruguayos (Biblioteca Artigas) Vol. 49, 1964.

_____*Racionalismo y liberalismo en el Uruguay.* Montevideo: Departamento de Publicaciones de la Universidad de la República, 1962.

_____*Espiritualismo y positivismo en el Uruguay.* México: Fondo de Cultura Económica, 1950.

Barrán, José Pedro. *Historia de la sensibilidad en el Uruguay. Tomo 2. El disciplinamiento (1860-1920).* Montevideo: Ediciones de la Banda Oriental/Facultad de Humanidades y Ciencias, 1990.

_____ y Benjamín Nahum. *El Uruguay del Novecientos.* Montevideo: Ediciones de la Banda Oriental, 1979.

Bralich, Jorge. *José Pedro Varela: sociedad burguesa y reforma educacional.* Montevideo: Ediciones del Nuevo Mundo, 1989.

Certau, Michel de. *Heterologies. Discourse on the Other.* Minneapolis: University of Minnesota Press, 1986.

Di Giorgi, Diógenes. *El impulso educacional de José Pedro Varela.* Montevideo: Monteverde, 1942.

Larrobla, Nieves A. de. *José Pedro Varela y los derechos de la mujer.* Montevideo: Ediciones de la Banda Oriental, 1986.

Lasplaces, Alberto. *Vida admirable de José Pedro Varela.* Montevideo: Claudio García, 1944.

Méndez Vives, Enrique. *El Uruguay de la modernización: 1867-1904.* Montevideo: Ediciones de la Banda Oriental, 1975.

Moraña, Mabel. "*El Periquillo sarniento* y la ciudad letrada". *Revista de Estudios Hispánicos* 23:3 (1989): 113-126.

Oddone, Blanca Paris de. *La universidad de Montevideo en la formación de nuestra conciencia liberal.* Montevideo: Publicaciones de la Universidad de la República, 1958.

Oddone, Juan Antonio y M. Blanca Paris de Oddone. *Historia de la Universidad de Montevideo. La Universidad Vieja 1849-1885.* Montevideo: Departamento de Publicaciones de la Universidad de la República, 1963.

Rama, Ángel. *La ciudad letrada.* Hanover: Ediciones del Norte, 1984.

Ramos, Julio. *Desencuentros de la modernidad en América Latina. Literatura y política en el siglo XIX.* México: Fondo de Cultura Económica, 1989.

Rotker, Susana. "Simón Rodríguez: tradición y revolución". *Esplendores y miserias del siglo XIX. Cultura y sociedad en América Latina.* Beatriz González Stephan, Javier Lasarte, Graciela Montaldo y María Julia Daroqui (Comp.). Caracas: Monte Ávila Editores Latinoamericana/Equinoccio. Ediciones de la Universidad Simón Bolívar, 1994.

Sarmiento, Domingo Faustino. *Facundo o civilización y barbarie.* Caracas: Biblioteca Ayacucho, 1977.

_____ *Diario de un viaje de Nueva York a Buenos Aires, del 23 de julio al 20 de agosto de 1868.* Santiago de Chile: Cruz del Sur, 1944.

Sosa, Jesualdo. *Formación del pensamiento racionalista de José Pedro Varela.* Montevideo: Universidad de la República, 1958.

Varela, José Pedro. *Obras pedagógicas. La legislación escolar. Tomo I.* Montevideo: Ministerio de Instrucción Pública y Previsión Social. Colección de Clásicos Uruguayos (Biblioteca Artigas) Vol 51, 1964.

_____ y Carlos María Ramírez. *El destino nacional y la universidad. Polémica.* 2 vol. Montevideo: Ministerio de Instrucción Pública y Previsión Social. Colección de Clásicos Uruguayos (Biblioteca Artigas) Vol. 67-68, 1965.

ÁNGEL RAMA Y AMÉRICA LATINA

La mirada crítica de Ángel Rama

Antonio Candido

Cuando en 1960 conocí a Ángel Rama en Montevideo, me declaró su convicción de que el intelectual latinoamericano debería asumir como tarea prioritaria el conocimiento, el contacto, el intercambio con relación a los países de América Latina y me manifestó su disposición para comenzar este trabajo dentro de la medida de sus posibilidades, ya fuese viajando, o carteándose y estableciendo relaciones personales. Y esto fue lo que paso a hacer de manera sistemática, coronando sus actividades, cuando, exiliado en Venezuela, ideó y dirigió la Biblioteca Ayacucho, patrocinada por el gobierno de ese país, proyecto que resultó ser una de las más notables empresas de conocimiento y fraternidad continental a través de la literatura y del pensamiento. Incluso porque fue la primera vez que Brasil figuró en un proyecto de este tipo y de manera representativa.

Rama mostraba por Brasil un interés poco frecuente entre intelectuales latinoamericanos de habla española y, con la capacidad de lectura casi increíble y la rapidez de percepción que caracterizaban su inteligencia lúcida, llegó a conocer realmente bien nuestra cultura; en especial, nuestra literatura. En 1973 dio un curso breve y memorable en la Universidade de São Paulo, además de participar con nosotros en los trabajos de la revista *Argumento*, que la dictadura militar suspendió a partir del número 4 y que proyectábamos transformar en una publicación de cuño y ámbito latinoamericanos. En 1980 y 1983 estuvo en la Universidade Estadual de Campinas realizando actividades de integración latinoamericana; y en cada uno de estos viajes, compraba más libros, abría nuevos campos de interés y demostraba un conocimiento de Brasil profundo y creciente.

Hago estas observaciones para mostrar que Rama estaba muy bien ubicado para realizar una reflexión teórica sobre las literaturas de América Latina y, también, para señalar la dimensión de la contribución que realizó en este campo mediante trabajos de gran importancia. Incluso porque sabía elaborar con ingual maestría los análisis particulares y las visiones sintéticas, o "panoramas", como las calificaba. Esto lo inmunizó contra el peligro de las generalizaciones esquemáticas e impidió que el interés por el conjunto matase lo esencial del trabajo crítico: la concentración en los textos.

La reflexión teórica a la que aludí presenta problemas peculiares que se le imponen al estudioso latinoamericano. En primer lugar, el concepto de la literatura nacional, que los europeos adoptaron en virtud de la sedimentación histórica de la que resultaron las nacionalidades y países de Europa, pero que, en América Latina, por tratarse de naciones formadas hace relativamente poco tiempo y según causas muchas veces ocasionales, presenta aspectos peculiares. Otro de nuestros problemas es el de la relación con las literaturas de los países centrales, que puede llevar a algunos críticos a afirmar una especificidad absoluta que no existe, porque —como bien lo observaba Rama— somos parte de la misma civilización. Y todavía restan muchas otras cuestiones; como la de la producción en lenguas indígenas, importante en algunos de nuestros países; o como la de determinar si los géneros considerados literarios son los mismos aquí y allá.

La postura de Rama frente a problemas de este tipo se manifestó en estudios de gran fuerza sugerente y —podríamos agregar— cada vez mas correctos y precisos, pues acostumbraba a revisar sus propios escritos, elaboraba versiones diferentes y ampliaba tanto la capacidad de penetración como el espíritu integrador. La muerte lo sorprendió en una etapa de madurez y progreso que lo hubiera llevado a nuevos trabajos y a conclusiones de máxima importancia. Por eso, suelo decir que Rama fue uno de esos pocos hombres que consideramos irremplazables porque, sin ellos, las cosas ya no se harán del mismo modo.

Mi objeto es exponer aquí su posición frente a algunos de los muchos problemas que podemos considerar especialmente relevantes para el estudio de las literaturas latinoamericanas y que requieren un tratamiento específico. Son los siguientes: (1) la posición del escritor y el imperativo de la actitud política; (2) la situación de las literaturas nacionales ante una eventual literatura integrada del subcontinente; (3) la relación entre las sugerencias literarias de los países centrales y las condiciones propias de nuestros países en la dialéctica del proceso cultural. Como muestra usaré apenas algunos de sus escritos: el libro *La generación crítica*, de 1972, que comprende y refunde escritos de 1950 y 1960; el artículo "Diez problemas para el novelista latinoamericano", de 1964; y el largo artículo "Medio siglo de la narrativa latinoamericana (1922-1972)", de 1973.

Un rasgo saliente de las literaturas latinoamericanas lo constituye el cuño militante del escritor, llevado con frecuencia a participar en la vida política y en los movimientos sociales, en buena medida porque las condiciones del medio lo empujan a ello. Esto tiene dos consecuencias. La primera es que la actividad intelectual, por el simple hecho de existir, se vuelve en sí misma un acto de participación, a veces casi de militancia, en la medida en que supone una afirmación cultural en medios poco desarrollados culturalmente; de manera que la producción intelectual, en particular la literaria, se convierte (dentro de una perspectiva "ilustrada" que viene de lejos) en una contribución para construir la nación, otorgándole un sello de grandeza. La segunda consecuencia es que el intelectual tiende con frecuencia a politizarse en el sentido estricto, más que en los países cuya sociedad y cultura están sedimentados desde hace mucho tiempo, como en Europa, o en países que trasplantaron con mayor fidelidad los modelos metropolitanos, como es el caso de Estados Unidos.

En este ámbito resulta importante la contribución que Rama realiza en su libro *La generación crítica*, en el que estudia la situación de Uruguay entre 1940 y 1960 como un caso extremo de participación de los intelectuales, en especial de los escritores, en el proceso de la vida social en transformación; participación a la que denomina "función intelectual". En Uruguay, explica Rama, en vez de haber movimientos espontáneos y emocionales como ocurrió en tantos países de América, hubo una "planificación intelectual" que se manifestó mediante una intensa sindicalización, la que alcanzó no sólo a los trabajadores, sino también a los estudiantes, a los escritores, a los profesionales liberales. Esto derivó en la constitución de un verdadero poder paralelo al del gobierno e, inmediatamente, en la formación de vanguardias revolucionarias reclutadas entre intelectuales, como la de los tupamaros.

La base de este estado de cosas fue la pequeña burguesía, cuyas condiciones de bienestar económico y formación cultural se vieron favorecidas por el régimen de la presidencia de Battle y Ordoñez, sobre todo después de 1911. Fue entonces cuando se constituyó una estructura política democrática y civilista que daba la impresión de haber alcanzado un sistema liberal e igualitario estable. Los problemas —prosigue Rama— surgieron después de 1930, cuando tales sectores medios exigieron la equiparación económica prevista por el battlismo, pero en su propio beneficio. Se sintió entonces que el proletariado estaba excluido de esa "revolución de la clase media", cuyos sectores esclarecidos se unieron a los obreros. Cuando llegó la crisis de los años cincuenta esta tendencia generó movimientos bajo el liderazgo de la pequeña burguesía, que tenía una buena formación debido a la excelente instrucción secundaria. El resultado fue el carácter dirigente de la referida "función intelectual" ejercida por este sector que llegó, inclusive, a trazar los métodos de una eventual toma del poder.

La participación de los intelectuales pequeño-burgueses se dio —de acuerdo siempre con la exposición de Rama— de dos "modos" diferentes y no siempre en armonía: la "imaginación creadora" y la "conciencia crítica". La "imaginación creadora" se consagra a distinguir las rajaduras del sistema dominante y a proponer la imagen del sistema futuro. La imaginación creadora, a diferencia de la romántica (que se centra en el yo), se vuelca hacia la sociedad, valiéndose no solamente de los conocimientos sino también de la ficción y de la poesía.

Por su lado, la "conciencia crítica" desarrolla una actitud de oposición y propone los términos de la lucha. Determina, además, la "función crítica" que, en una primera etapa, apunta a regular los procesos creativos de una sociedad que ella misma vigila y contribuye a orientar. Pero, en una segunda etapa, cuando los organismos dirigentes la rechazan, pretendiendo que sea espectadora y que no intervenga, ella se transforma en actitud militante, generando interpretaciones y fundamentos ideológicos para orientar el enfrentamiento. En este caso, la conciencia crítica de los intelectuales se vuelve un arma extremadamente destructiva. Fue lo que ocurrió en Uruguay, más o menos a partir de 1939, con lo que Rama denomina la "generación crítica", que en este país también se llamó la "generación de *Marcha*", nombre del semanario —del notabilísimo semanario, agrego— que fue el órgano de todos estos intelectuales (1939-1969). En él actuaron escritores como Carlos Quijano y Juan Carlos Onetti, que practicaron una crítica corrosiva, exigente y que, además, bajo el impacto de la urbanización y de los problemas individuales, imprimieron un cambio en la novela. La crítica literaria fue tarea de hombres de orientación muy diversa, pero dotados de la capacidad de hacer análisis desmitificadores, como Ángel Rama, Emir Rodríguez Monegal, Mario Benedetti.

El elemento común de esta "generación crítica" fue la conciencia del fracaso inevitable del régimen liberal, debido al debilitamiento de sus bases económicas, injustas y encubridoras. Como consecuencia, lo denunciaron y atacaron, después de haber comprendido, poco a poco, su verdadera naturaleza. Por eso, comenzaron por una crítica que llamaron "constructiva", pero después formularon propuestas renovadoras que conducirían al fin del régimen liberal, cuyos "sepultureros" —según Rama— fueron los intelectuales.

Una característica importante de *La generación crítica* es que no estudia este proceso por medio del análisis de las ideas, sino a través de las manifestaciones de la "imaginación creadora" y de la "conciencia crítica" en el ensayo, la crítica literaria, el teatro, la narrativa, la poesía que estaban impregnados de este espíritu. Dice Rama:

> Cuando una cultura se incorpora al espíritu crítico, no deja ningún resquicio de las manifestaciones intelectuales sin contagiar del mismo afán: un poema erótico, un cuadro de caballete, una novela

sentimental responden al mismo impulso que un estudio histórico, un editorial periodístico, un diagnóstico sociológico.

Esta conciencia crítica del intelectual, que lo lleva a "participar", surge de la insatisfacción frente al estado de cosas reinante y no se ata necesariamente a un estilo (realista, por ejemplo), o a una filosofía (el marxismo, por ejemplo). En dicha conciencia lo que prevalece, más que un blanco preciso, es el sentimiento constante de desilusión y el ansia de transformación. De ahí surge la posibilidad de manifestarse a través de la alienación aparente, como en la obra de Onetti, en la que sentimos la protesta por medio del aislamiento. Esta conciencia se manifiesta de dos modos en la literatura: (1) el de la demolición del mundo literario precedente y (2) el del desarrollo de los fermentos críticos que este mundo contenía. Según Rama, en ese entonces, el primer modo predominó en Uruguay y el segundo, en la Argentina.

Un rasgo interesante que el propio Rama destaca es el siguiente: esta generación fue acusada de "extranjerismo", de traición al ideal latinoamericano, porque al pasar a asimilar intensamente los libros europeos y norteamericanos modernos, efectuó un reemplazo radical de influencias. Pero, paradojalmente, lo que se dio fue lo contrario: el universalismo llevó a un contacto mucho mayor con este ideal, porque esos escritores se establecieron en el mundo cultural latinoamericano para mostrar que poseían, a su modo, el acento nacional que se les cuestionaba. Así, en vez de mantener la posición retórica y sentimental del pasado, transformaron la cultura latinoamericana en una fecunda mediación entre la dimensión nacional y la dimensión universal.

Las ideas de Rama sobre el problema de las literaturas nacionales del subcontinente resultan valiosas. Entre ellas, las que expone en su artículo "Diez problemas para el novelista latinoamericano", publicado en la revista *Casa de las Américas*, de La Habana, número 26, octubre-noviembre de 1964.

Su presupuesto es perfecto y plantea una posición aún no superada frente a este problema, sobre todo si consideramos el nativismo, con frecuencia deformador, que hace que una buena parte de la crítica latinoamericana escriba como si nuestra creación literaria fuese parte del "fenómeno de la civilización occidental", lo que consideramos propio de su literatura es, en verdad, común a la literatura de Occidente, aunque con marcas diferenciadoras que le son propias. Por eso, es necesario destacar las características que el funcionamiento de la literatura presente entre nosotros. Por ejemplo: el novelista no tuvo aquí, y hasta hace muy poco, una "carrera", tanto que sus libros eran, salvo raras excepciones, productos aislados, sin continuidad.[1] Esto se debe a la ausencia de profesionalización, que, a su vez, se debe a la falta de

291

relaciones con el público, factor que constituye un requisito para la existencia de esa carrera. Según Rama, el novelista latinoamericano escribe para los sectores medios y altos de la clase media, de la cual generalmente proviene; y no escribe para los segmentos inferiores de esa clase ni para los obreros. De aquí resulta la ausencia de la novela de "áureo término medio" en el panorama latinoamericano. De hecho, o el escritor se dirige a un sector refinado o restricto, como Jorge Luis Borges, o trata de captar el gesto regionalista, para lo cual produce obras esquemáticas o rústicas, como Jorge Icaza.

Para explicar este estado de cosas, Rama adopta el concepto de "sistema literario", de cuya constitución dependen las literaturas propiamente dichas, que él llama "literaturas nacionales". En su opinión, éstas no existen en América Latina, con excepción de Brasil y, en parte, de México y de Buenos Aires (no de la Argentina en su conjunto). Para él, los sistemas literarios son totalidades coherentes, "nítidamente diferenciables, con su estructura interna propia, su constelación temática, su sucesión estilística, sus operaciones intelectuales peculiares e históricamente reconocibles".

Las literaturas latinoamericanas responden a divisiones puramente históricas de la actividad literaria según cada nación, pero la realidad es transnacional y remite a ciertas regiones que fueron despedazadas por la "balcanización" y que Rama llama "comarcas". "Comarca" es un segmento del subcontinente en el que se da la homogeneidad de "los elementos étnicos, de la naturaleza, de las formas espontáneas de sociabilidad, de las tradiciones de la cultura popular, que convergen en formas parecidas de creación literaria". Ejemplos de ello: el Caribe; la región pampeana, que reúne partes de la Argentina, Uruguay, Brasil; la región correspondiente al antiguo Tahuantisuyo de los Incas, que va más allá de las fronteras de Perú, de Ecuador y de Bolivia. Dentro de tales "comarcas", la literatura, sobre todo la más embebida en la cultura popular, desempeñó un papel de acercamiento entre los países.

No obstante, hay un elemento que trasciende todas las comarcas y que puede servir como criterio para delimitar un universo literario: la lengua. Rama la toma en cuenta y define el mundo hispanoamericano como un cuerpo separado del cual Brasil queda excluido. Por eso, existen paralelamente dos grandes sistemas literarios separados por la lengua y, quizá también, por elementos constitutivos de variada naturaleza.

Posteriormente, Rama atenuó esta dicotomía Hispanoamérica-Brasil alcanzando en otros estudios una visión unificadora; entre ellos, en su admirable trabajo "Medio siglo de narrativa latinoamericana (1922-1972)", escrito en 1972 y publicada al año siguiente en italiano. En español apareció sólo en 1982, ya con los retoques que el autor le había hecho en 1975.

En este ensayo Rama juega con dos niveles que se interpenetran: el hispanoamericano y otro más amplio, el latinoamericano. Según le parece, aproximadamente a partir de 1910, América Latina desarrolló su propio sistema literario con una dimensión continental, creando así lo que el autor denomina "un único sistema literario común" con respecto al cual Brasil ya no es más un cuerpo paralelo, como en la concepción anterior, sino parte integrante. Pero este sistema único es lo bastante diferenciado como para construir una estructura dual. Ahora bien, como es frecuente en los escritos de Rama, este ensayo es riquísimo, rebosante de ideas, lleno de puntos de vista originales y reveladores; de todos ellos destacaré sólo los tópicos relacionados con la dialéctica de la vanguardia y del regionalismo que él desarrolla de manera magistral y que considero decisivos para aclarar el tercero de los temas teóricos a que me referí: la relación entre las influencias de los países centrales y las necesidades expresivas propias de América Latina. Rama lo aborda con una originalidad y un poder de penetración absolutamente singulares, que parecen dar la última palabra sobre un tema comprometido por la cantidad de ríos de tinta rala que ha hecho correr, y cuyo resultado ha sido un número de consideraciones en su mayoría inocuas.

Según él, los dos focos principales de la vanguardia en América Latina fueron São Paulo y Buenos Aires y en ambos comprueba la ocurrencia de algo que es común a todo el subcontinente: la existencia de lo que llama "dos modos".

El primero de ellos consiste en la pura formulación vanguardista, que representa la ruptura radical con el pasado y la referencia a una realidad virtual que se proyecta en el futuro. Este modo se vincula directamente a las vanguardias europeas que representaban una tendencia "universalista" y que le sirvieron de estímulo, más aún, de modelo. Sin embargo, este "modo" no resultó alienante, como lo habían sido las tendencias decadentistas en el pasaje del siglo XIX al XX: "Lo que [las vanguardias latinoamericanas] recuperaron en París fue la originalidad de América Latina, su especificidad, su acento, su realidad única".

El segundo "modo" consistió en el adentramiento en la realidad local, que tiende al realismo, suscita el regionalismo y, en consecuencia, la continuidad con respecto al pasado, pues el regionalismo presupone la valoración de las tradiciones y cierto sentimiento conservador de nostalgia, que se resiste frente a las innovaciones del mundo contemporáneo. Pero como las tendencias renovadoras a veces se expresaron en los términos del regionalismo, hubo en América latina una "doble vanguardia" que generó cierta duplicidad de difícil solución. Ésta produjo en el escrito de vanguardia una dilaceración de la que los brasileños lograron escapar con más facilidad debido al cuño fuertemente nacional de su literatura, cosa que no ocurría en otras partes del subcontinente. En este sentido, Rama considera *Macunaíma*, de Mário de Andrade, "la articulación más feliz del sistema literario brasileño".

Pero, a partir de esto, señala una consecuencia que puede considerarse el rasgo más original y fecundo de nuestras literaturas en el período actual y que se produjo como desdoblamiento de la "doble vanguardia": la penetración del espíritu y de las técnicas renovadoras en el universo del regionalismo, que condicionó la obra singular de autores como José María Arguedas, Juan Rulfo, Gabriel García Márquez, João Guimarães Rosa. Dichas obras presuponen la fusión de los dos "modos" en conflicto, que se superan mediante una síntesis inesperada (y esto tal vez, según podemos inferir, consituye el motivo principal del impacto de nuestra narrativa en la época del famoso *boom*). Sin duda, se trató de una creación propia de nuestro universo literario y, al definirla tan lúcidamente, Rama logró una formulación madura y superior a los puntos de vista que habían sido sostenidos por otros críticos de manera parcial e incompleta y que nunca habían sido expuestos con originalidad, fuerza integradora y capacidad explicativa tan poderosas.

1993

(Traducción: María Teresa Celada)

NOTA

[1] Un brasileño podría observar que el razonamiento de Rama no se aplica al caso de Brasil, pues aquí siempre hubo "carreras" con continuidad, alimentadas por una producción regular como en los casos de Joaquim Manuel de Macedo, José de Alencar, Machado de Assis, Aluísio Azevedo, a pesar de que todos ellos no eran estrictamente profesionales.

Ángel Rama y la *Casa de las Américas*

Roberto Fernández Retamar

A Marcia Leiseca y Ana Pizarro, que también
lo admiraron y quisieron mucho.

A raíz del accidente que a fines de 1983 costó la vida a Ángel Rama
y otros amigos, escribí unas líneas adoloridas y apresuradas que, con el
título "La cultura, la Casa de las Américas, enlutadas", cerraron la sección
"Al pie de la letra" del número 141 (noviembre-diciembre de 1983) de la
revista *Casa de las Américas*. Después de mencionar a los demás, añadí en
dicha nota:

> Nos estremeció especialmente el tránsito de Ángel Rama, compañero,
> hermano, uno de los hacedores de la Casa de las Américas, y, al morir,
> acaso el crítico más importante de su generación (nació en 1926) en
> nuestra América, y uno de los más activos promotores de cultura de
> esta comarca, para usar un término que le hubiera sido grato. Ángel
> estuvo en la raíz de incontables realizaciones tanto en su país de origen
> como en Cuba y Venezuela, donde animó la extraordinaria *Biblioteca
> Ayacucho* [...] Sus vínculos con la Casa fueron estrechos, [...] y desde
> luego —tratándose de él— polémicos. Polemizar con Ángel fue uno
> de los privilegios que estos años nos han concedido, ya que de los
> choques con este erudito rebelde, inconforme, raigalmente
> latinoamericano, antimperialista, salimos siempre [...] estimulados.
> [...] Nosotros conservamos como un tesoro preciado sus batalladoras
> intervenciones en el que fuera el comité de colaboración de la revista
> *Casa*, sus discusiones de antes y de después, su honestidad de siempre,
> su generosa sabiduría, su poderosa mayéutica.// De su patria de
> nacimiento —donde se formó para siempre— lo arrancó una feroz
> dictadura que lo llevó a Venezuela, donde fue, como de costumbre,
> una fuerza animadora. Radicado más tarde en los Estados Unidos,
> también de allí fue arrancado, esta vez por un proceso macartista
> impulsado por elementos de la lumpenliteratura que en algún
> momento su inadvertencia llegó a defender. Sabíamos que, tras su
> estancia en París, se le esperaba —como el gran profesor que también
> fue— en Inglaterra. No será así. Ángel, en plena e irradiante madurez
> intelectual, queda como un ejemplo, acaso una leyenda y seguramente
> un dolor para quienes tuvimos el privilegio de su amistad, su cariño,
> su luz.

Tales líneas, escritas al calor de una inmensa pena, no contenían sin embargo hipérbole alguna, y las ratifiqué a diez años de la desaparición de Ángel, cuando en el número 192 de *Casa de las Américas* le rendimos, en compañía de algunos de sus múltiples admiradores y amigos, homenaje a su viviente memoria. En el número 150 de *Casa* (mayo-junio de 1985) ya se había publicado el trabajo "La contribución de Ángel Rama a la historia social de la literatura latinoamericana", debido a Alejandro Losada, quien poco antes conociera muerte similar a la de Ángel.

Es innecesario glosar las muchas observaciones agudas y justas tanto del mencionado ensayo de Losada como de las páginas que nos fueron enviadas o dadas por sus autores para el homenaje coral que en la entrega 192 de *Casa de las Américas* le consagramos. Me limitaré a hacer explícitas sus relaciones con la Casa de las Américas, a que aludí en mis líneas de 1983.

Si bien tuve mucho que ver con esas relaciones, mis vínculos personales con Ángel fueron además en varios momentos paralelos a aquéllas. A finales de 1961, cuando participó en varias labores en la Casa de las Américas,[1] me solicitó un trabajo sobre la vida cultural de la entonces incipiente Revolución Cubana, trabajo que el 26 de enero de 1962 apareció en *Marcha*, a cuyas páginas me había llevado el maestro Carlos Quijano, conocido en 1960 en París. Ese año 1962 Ángel presentó con palabras generosas versos de Fayad Jamís y míos en el notable semanario. En 1964 volvimos a encontrarnos, cuando por primera vez fue jurado del Premio Casa de las Américas. El 5 de febrero de ese año ofreció la conferencia "Diez dificultades para escribir novelas, hoy, en América Latina", la cual se convertiría en el texto inicial, "Diez problemas para el novelista latinoamericano", del número 26 (octubre-noviembre de 1964) de la revista *Casa de las Américas*, número que en gran medida él animó. Al año siguiente, en enero de 1965, coincidimos en el congreso de escritores latinoamericanos organizado por el Columbianum en Génova, ocasión en la cual, entre otras cuestiones, se habló de crear una revista (*América Latina*) que al cabo no salió, y se constituyó "en forma provisional" la Comunidad Latinoamericana de Escritores,[2] que entusiasmaba a Rama. Por cierto que en dicha ocasión, al saber Ángel que su compatriota Emir Rodríguez Monegal nos había invitado a almorzar a Cintio Vitier y a mí, para hablarnos de un proyecto de revista que tenía, nos advirtió gravemente a propósito de tal proyecto. Yo estaba entonces insuficientemente familiarizado con la ya vieja querella entre ambos destacados críticos uruguayos, a quienes tanto los unía y tanto los separaba.[3] Y, por supuesto, no podía imaginar la polémica vida futura de aquella proyectada revista, y mucho menos el que iba a ser mi papel en esa polémica. Para entonces, era Ángel y no yo quien tenía estrechísimos nexos con la Casa de las Américas, con la cual mis colaboraciones habían sido esporádicas, si bien se iniciaron tempranamente, en 1959, e incluían el descubrimiento, como miembro que fui del Jurado del Premio Casa en 1962, de un poeta que me iba a ser esencial: Roque Dalton.

De vuelta a Cuba, en marzo de 1965, Haydee Santamaría me propuso la dirección de la revista *Casa de las Américas*. Como parte de aquellos nexos que mencioné, Ángel mantenía ya con la institución una intensa correspondencia, cuyos interlocutores hasta la fecha eran sobre todo Haydee Santamaría y Marcia Leiseca. Con esta última la comunicación era constante, y atañía a las más diversas cuestiones relativas a la Casa y por supuesto a la Revolución Cubana. Esa correspondencia versaba sobre graves cuestiones ideológicas, culturales y políticas, pero también sobre mil detalles prácticos en que aquel hombre de inmensa energía, talento relampagueante y generosidad sin fin hablaba de planes editoriales, ventas de libros y revistas, intelectuales que debían ser invitados, opinando siempre con la sabiduría, el desenfado, el valor (y el cariño) que lo caracterizaron. Me limitaré a señalar algunos ejemplos, a veces desconocidos y otros tergiversados, y ruego que se me excuse que comience por algo personal. En una larga carta que escribió a Marcia y que fue fechando sucesivamente del 27 de marzo hasta el 3 de abril de 1965, al saber por aquélla de mi nombramiento al frente de la revista (la revista era preocupación constante en esa correspondencia), le escribió, con fecha 3 de abril:

> En este mismo momento recibo tu nueva carta de 25 de marzo referida a la conversación de Haydee con Roberto. Me parece la solución perfecta. Nadie mejor en Cuba para dirigir la revista de la Casa, nadie mejor informado de la literatura americana, nadie con mejor equilibrio en lo artístico y en lo político. Es una adquisición de primera magnitud. Felicitaciones a Haydee, felicitaciones a la Casa por la incorporación.

Ya estando yo al frente de la revista, Ángel me escribía constantemente haciéndome sugerencias. Por ejemplo, en carta de 1965 que no fechó (y a la que yo respondí el 18 de junio de ese año), hay esta posdata: "Por favor, haz un editorial sobre la Dominicana, político y fuerte, para señalar que se cumple el vaticinio, '¿tantos millones de hombres habláramos inglés?' Como nunca me he sentido estos días cubano, y mis rabiosas críticas internas se han ido al diablo. Viva la revolución. Patria o muerte. Venceremos". Tal editorial ya lo había escrito yo, y salió en el número 31 (julio-agosto de 1965); en su orientación tendrían también papel importante no sólo Haydee (con quien durante su vida proyecté todos los editoriales que hice) sino Manuel Galich, invaluable consejero. Pero tras recibir las palabras de Rama escribí otro editorial, el del número 32 (septiembre-octubre de 1965) donde se dice: "Esa América nueva puede ya responder a Rubén Darío que *tantos millones de hombres no hablaremos inglés*".

En carta no fechada, que entró en la Casa el 10 de febrero de 1966, me escribió Ángel:

> Otra noticia, que ya sabrás: *Cuadernos* fue sustituida por *Nuevo Repertorio* [al cabo, según es conocido, se llamó *Mundo Nuevo*], que dirigirá en París Rodríguez Monegal, y que intentará el confusionismo por un tiempo. Ha viajado por toda América, —todos los gastos pagados por los americanos— para conseguir colaboraciones dirigiéndose sobre todo a la izquierda no comunista, desde [...] hasta Mario Benedetti, y me temo, por lo que Mario me ha contado, que en algunos casos ha obtenido éxito. Aquí ninguno: ni Benedetti, ni [Carlos] Martínez Moreno, ni ninguno de los escritores importantes de la nueva generación participarán del engendro, y tampoco en Buenos Aires, pero en México ya no sé qué puede ocurrir. Una información más detallada la tendrás por Mario cuando vaya a La Habana. Convendría que averiguaras la situación: no sería raro que pretendiera incluso algún cubano para dosificar la cosa y conseguir una entrada en la izquierda. [...] En Montevideo se abrió el correspondiente Centro del Congreso por la Libertad de la Cultura (aunque ahora resolvieron no usar más este nombre), en Buenos Aires y en Santiago también, y en todos lados están actuando en una nueva forma: proclaman el desgaste de los esquemas ideológicos (las tesis de Lipset, Shils, etc. que salieron del congreso del 55), la necesidad de una creación ajena a la política, el pluralismo ideológico, y se dirigen de preferencia a la izquierda no comunista —claro, en la izquierda están todos los intelectuales y artistas que valen— invitándola. En todas partes han publicado revistas —aquí se llama *Temas*— que se intercambian entre sí y se apoyan, y han cumplido innumerables exposiciones de artistas plásticos modernísimos.// [...] Lo que se viene será todavía peor. Ustedes por allí están tan salvaguardados que no se dan cuenta de la situación y del desaliento en que se mueve ahora el intelectual de izquierda en Latinoamérica: todos los días se presencia una traición, más exactamente una venta a buenos dólares. Esto es infinitamente peor que las carencias de la década del 50; entonces vivíamos abandonados a nuestras fuerzas, llenos de esperanzas y de energía en la lucha; ahora estamos solos, cercados, vemos la inmensa fuerza de los órganos culturales pagados por los norteamericanos y no podemos detener la ola. Estamos retrocediendo casi en todos los frentes, y me temo que, sin tener que creer en las tesis trotzkistas, la misma Cuba se retira de Latinoamérica. En fin, la lucha continúa, nosotros seguimos haciendo lo posible por vincular la vida intelectual a los planteos político-sociales, y aun en desventaja seguir usando con destreza los cartuchos que nos quedan.

Dos días antes había entrado en la Casa de las Américas otra carta de Ángel tampoco fechada, que visiblemente es posterior a la que he citado, pues a ella se refiere en ésta. Me escribió allí:

lo bueno de nuestra amistad es la coincidencia espontánea en asuntos de arte o de política, así estemos separados por mares y continentes. Cuando yo te escribía sobre la nueva revista del Congreso [por la Libertad de la Cultura] la carta que sospecho ya has recibido, tú escribías la carta de respuesta a Monegal que has enviado a José Pedro [Díaz] y él me ha mostrado. De total acuerdo. Pero una advertencia, que a esta altura ya debes haber comprendido por mi carta anterior: son muchos en América, y de los mejores, que no vieron el asunto y que fueron engañados.// Entre estos últimos yo incluiría a [...] que según Monegal están dispuestos a entrar en la revista y en ese juego sucio. Agradecería que le dieras a tu carta *la mayor difusión posible*, entre los mencionados y muchos más, sobre todo el equipo de izquierda que es el que ha sido asignado para el confusionismo de la nueva revista. Estoy dispuesto a publicarla en *Marcha* si a ello me autorizas, enviándome alguna copia, y sugeriría una acción intensa para la zona mexicana que es la que, de todo el continente, me parece la más débil y más sensible a este tipo de conmixtiones.// Te remito un articulito que publiqué en *Marcha* sobre el asunto, y que quizás ya hayas visto, y las declaraciones de Emir en *Primera Plana*, la revista ambigua argentina, donde se subrayan los muchos dólares que pagará la revista —se habla de cien dólares por artículo— para que el cuadro sea completo: la venta es bien pagada.// Creo como tú, y así lo dije en *Marcha*, que el intento, en definitiva, está condenado al fracaso, luego de un período de confusionismo. No es esto lo que me preocupa, sino la magnitud de datos e informaciones que comprueban la violencia y el dinero con que los Estados Unidos han decidido entrar en la vida cultural latinoamericana. Sabés que desde hace un año largo insisto en este punto; eso motivó nuestros diálogos en Génova y la fundación de la Comunidad, eso motivó el plan que en esa Casa discutí con los amigos. No pueden saber ustedes lo difícil que se ha puesto todo, la acción poderosa, a hurtadillas, que viene cumpliendo ese Congreso que se ha sumergido para actuar mejor, la compra de editoriales importantes, diarios, revistas, la compra de escritores y de plásticos, el cerco para los movimientos de izquierda. También esto está previsto en el cuadro, sí, no es eso lo que me asusta, sino las pocas fuerzas con que se cuentan para la lucha. La Comunidad era un buen proyecto que hemos dejado morir lentamente. Carezco de noticias de los mexicanos, salvo las peores sobre la separación del Fondo [de Cultura Económica] de [Arnaldo] Orfila Reynal, que me imagino responde a los mismos intereses que aquí tratan de ahogar a *Marcha*.// Lo que en definitiva me alarma es observar que mientras el imperialismo, comprendiendo la importancia de la frontera ideológica —para llamarla de algún modo—, ha sabido organizarse admirablemente, disponiendo claro está de abundantes recursos para ello, nosotros seguimos separados, sin organismos de expresión eficaces, sin medios de lucha, con difíciles e inseguras comunicaciones.// Soy un activista, como sabes muy bien. Desde aquí hago todo lo que puedo. La revista de la Casa comienza a circular en librerías, los concursos de la Casa tienen en *Marcha* un portavoz efectivo, he montado una editorial [Arca] para movilizar a los escritores en una acción cultural militante, pero todo eso no es suficiente. Se necesita más. Se necesita lo que hace el imperialismo: una revista en París, reuniones periódicas de escritores, acción militante en todas las causas, organismos supranacionales como habíamos encarado. Nada hicimos, y nos hemos confiado a nuestras flacas y exclusivas fuerzas en todo. ¿No es hora de cambiar esta política?

Accediendo a las sugerencias que me hiciera Ángel (quien, como se ve, encabezó el combate contra *Mundo Nuevo*, y a quien acompañé en la justa causa), no sólo accedí a que mi intercambio epistolar con Rodríguez Monegal apareciera en *Marcha*, sino que lo envié a México, donde lo publicó el suplemento cultural de la revista *Siempre!*

En carta de 15 de marzo de 1966 Rama dijo a Haydee:

> Me emociona siempre, y quizás más de lo adecuado, el recuerdo afectuoso de los amigos, y me temo que en este caso ese sentimiento se duplica porque con Uds. se han enredado muchas cosas importantes de mi vida: un afecto personal, como de amigos de siempre, entrañables; un compañerismo de luchadores de causas emparentadas cuando no las mismas; una admiración muy justificada por lo que han hecho y hacen; una reciprocidad al constante afecto que me muestran.// [...] Por carta paralela de Marcia veo cumplirse y hacerse muchas de las cosas que conversamos, veo crecer la Casa en la mejor dirección y acción. Quizás ustedes desde allí no puedan medir la irradiación que su obra va ganando: estos últimos tres años han sido prodigiosos. Bien que me gustaría hacerles también la cuota de crítica a que soy tan propenso, pero como estoy en mora y debo mucho de lo prometido, prefiero callarme.

Se recordará que en carta anterior Ángel nos había reclamado, entre otras cosas, "reuniones periódicas de escritores, acciones militantes en todas las causas". Cuando, en atención a esos reclamos, lo invitamos a la que sería la primera reunión del comité de colaboración de la revista *Casa*, Rama escribió a Marcia el 3 de junio de 1966:

> En tu carta de mayo 12 me hablas de la conveniencia de un viaje para el que me pides rápida respuesta. En la carta de Roberto, de 24 de mayo, esa invitación se ha transformado en una reunión de la Comisión de la Revista: Gran iniciativa, eso es pelear, eso es responder bien a la escalada del enemigo. Sin duda voy, pase lo que pase. Y creo que debemos aprovechar este poco tiempo para pelear bien.

La mencionada reunión del consejo de colaboración de la revista se celebró en enero de 1967. Emitimos en aquella oportunidad una

"Declaración" recogida en el número 41 (marzo-abril de 1967) y republicada en muchas partes. Al término de nuestra reunión, tuvo lugar una cena, llena de conversaciones, con Fidel, y poco después se realizó en Varadero el Encuentro con Rubén Darío (nombre que nos había sugerido Gonzalo Rojas), con motivo del centenario del nacimiento del gran nicaragüense. En aquella ocasión, Ángel improvisó una ponencia, brillante como suya ("Las opciones de Rubén Darío"), cuya transcripción edité, con su acuerdo, y fue una de las piezas principales del bello número 42 (mayo-junio de 1967) de la revista, consagrado al Encuentro. En éste, Ángel, Carlos Pellicer (la cabeza mayor del evento) y Manuel Pedro González propusieron la creación de lo que vino a ser, por una parte, el Centro de Investigaciones Literarias de la Casa de las Américas, fundado y dirigido en sus primeros años por Mario Benedetti; y por otra, la Sala Martí de la Biblioteca Nacional de Cuba, a su vez fundada y dirigida durante un tiempo por Cintio Vitier: la última daría lugar luego al Centro de Estudios Martianos, fundado por mí, donde Cintio comenzó a dirigir la edición crítica de las *Obras completas* del autor de *La Edad de Oro*. Pero aquel año, que se había iniciado con tanta alegría, y donde hubo reuniones capitales, entre ellas la de la Organización Latinoamericana de Solidaridad (OLAS), presidida por Haydee, y la de la Canción Protesta, organizada por la Casa, de donde nacería la Nueva Trova (aunque también tuvimos algún desencuentro con Ángel en reunión sobre la Comunidad de Escritores realizada en México),[4] terminó catastróficamente, pues el 8 de octubre cayó en Bolivia el Che Guevara. Su vasto proyecto liberador, para el que se propuso la creación de un nuevo ejército bolivariano, era el sustrato de nuestras alegrías y nuestras esperanzas. El mundo había comenzado a variar, para mal. El 24 de diciembre de ese año le escribía Ángel a Haydee:

> recibí su carta para Nochebuena, y mucho se la agradezco. Fue una buena palabra, dolida pero valiente, en un fin de año como el nuestro muy lleno de pesadumbre y desaliento también. Si el año fue malo para toda América Latina, lo fue especialmente para nosotros que hemos visto la quiebra total del modelo de la democracia burguesa nacional y el comienzo de los tiempos de dura pelea.// Es normal que esta serie de sucesos aciagos nos provoque desaliento. No lo es, en cambio, que nos haga desertar de la causa única latinoamericana en que estamos empeñados, porque no hacen sino comprobar las dificultades de la empresa y al mismo tiempo lo correcto y justo de nuestras esperanzas.// La muerte del Che ha sido muy dura para todos, y a muchos les costó convencerse de que él no estaría ya como adelantado, guía, tonificador del esfuerzo, limpio y puro héroe de toda nuestra América. Pero a la vez creo que todos sentimos que ha marcado el camino y al abonarlo con su sangre no ha hecho sino engrandecer y forticar al pueblo americano. [...]

Y yo pienso, Haydee, tal como escribía en mi contribución al homenaje,[5] que no se derrama en vano la sangre de un héroe como el Che. Pienso que se pueden modificar todas las tácticas y es necesaria una revisión a fondo, un estudio nuevo de todas ellas, pero simultáneamente no se ha hecho otra cosa que confirmar la vía general, y los hechos subsiguientes lo ratifican.// Hubiera querido estar con Uds. en el Congreso Cultural, sobre todo porque me siento promotor de la iniciativa y porque era la gran oportunidad de conversar con Ud. y todos los amigos de la Casa sobre la situación actual. Lamentablemente mi salud quedó quebrantada luego de un año muy intenso y los médicos me urgieron a que tomara un mes de entero descanso y me sometiera a una pequeña operación. Vi el trabajo preparatorio del Congreso, que me pareció excelente, serio, justo, a fondo. Espero mucho de ese Congreso. [...] La difusión de la obra de la Casa se ha mantenido y ha acrecido sus posibilidades. Como me siento un integrante más parecería impertinente elogiar lo que se ha hecho, pero en verdad es absolutamente admirable de todo punto de vista, cultural, político, humano.

Con la misma fecha de la carta a Haydee, Ángel escribió a Marcia:

inútil, no puedo ir. Me he desesperado un poco pero ahora estoy más tranquilo. La resignación. Quisiera que me imaginaras un poco con Uds. Me siento algo padre de ese Congreso [...] ¡Y tenía tanto que conversar contigo! El Uruguay ha entrado a su destino latinoamericano y aquellos pretenciosos distingos que hacíamos separándolo del resto de nuestra América ya no tienen sentido: el mismo drama, el mismo planteo, las mismas únicas soluciones que para Colombia, Guatemala o Bolivia. Con los matices, quizás más penosos, de sus clases medias extraviadas dispuestas a apoyar un gobierno de fuerza. Como el personaje de Borges podríamos decir "al fin me encuentro con mi destino latinoamericano".// Por lo mismo hubiera querido estar con Uds. La muerte de Che fue un golpe muy duro y hubiera querido conversar con Uds. de todo eso. Ya lo haremos porque lo necesitamos. [...]

El Congreso Cultural (de La Habana) al que se refería Ángel se celebró en enero de 1968. Aunque en gran medida fue resultado de una propuesta hecha en la "Declaración" nacida de la primera reunión del comité de la revista (lo que explica que Rama dijera que se sentía "promotor de la iniciativa", "algo padre de ese Congreso"),[6] había salido de las manos de la Casa de las Américas y tuvo otro perfil que el que le pensamos. Además, sobre todo, el Congreso fue concebido como una especie de apoyo cultural al vasto proyecto que encarnaba el Che. Pero cuando finalmente ocurrió, hacía tres meses que el Che había sido asesinado, por lo que, en cierta forma (al menos así lo sentimos muchos de nosotros), tuvo lugar casi en el vacío, y provocó más que nada malentendidos. Por otra parte, ese año 1968 iba a continuar mostrando el deterioro histórico que se había iniciado con la desaparición física del Che. Baste recordar hechos como el poderoso pero frustrado movimiento estudiantil que incluyó desde la fiesta parisina del Mayo francés (de cuyo seno saldrían luego tantos derechistas "nuevos filósofos" y otros *yuppies*) hasta la masacre de Tlatelolco en México; y la trágica entrada de las tropas del Pacto de Varsovia en Praga, que inevitablemente dividió a la izquierda mundial, y en cierta forma inició el último capítulo de lo que llevaría a la disolución del "campo socialista" europeo. En lo local, ocurrió la primera escaramuza de lo que sería conocido como "caso Padilla": varias ásperas críticas de raíz política motivadas sobre todo por el libro *Fuera del juego*, de Heberto Padilla. Tal "caso", sumado a hechos anteriores, agravó las divisiones en el seno de la intelectualidad de izquierda. Criatura tan alerta como Rama no podía sino vivir hechos así con enorme tensión.

En medio de ese ambiente, Ángel mantuvo sus estrechos vínculos con la Casa de las Américas. Habiendo asistido, en enero de 1969, a un segundo encuentro del comité de colaboración de la revista *Casa*, cuya "Declaración" apareció en el número 53 (marzo-abril de 1969), e integrado el jurado del Premio Literario de la Casa ese año,[7] en reunión tenida el 4 de febrero entre los miembros del jurado y Haydee y otros compañeros de la Casa, Rama hizo útiles sugerencias generales. Las hizo "respondiendo", dijo (según la transcripción que conservamos de la reunión),[8] "a la invitación que nos dirigiera Haydee en el discurso inaugural", donde "señalaba que el Premio se estaba volviendo rutinario y que diez años era una buena fecha para encarar cosas nuevas y darle mayor empuje al Premio". De las muchas propuestas que hiciera entonces Ángel, quizá la más trascendente fue la de que estableciéramos "una colección que se llame Testimonio latinoamericano, es decir, una colección en la cual una novela, un ensayo, la poesía, el cuento, dé testimonio de lo que está pasando en la América Latina y de lo que se está realizando". Ángel sugirió incluso que la Casa pidiera a escritores de la América Latina obras de esa naturaleza, y añadió: "me parece que esa colección puede ser muy rica en posibilidades y nos puede abrir una labor". Aunque no precisamente en la forma de una colección, la sugerencia de Rama, unida a otras hechas en esa y en otras reuniones, llevaría a que en 1970 la Casa convocara, por vez primera en el mundo, a obras del género (¿es en rigor un género?) *testimonio*, del cual había ya muchísimos ejemplos anteriores, pero que a partir de entonces adquiriría la consistencia y amplitud (y desataría las discusiones) que se sabe.[9]

A la tercera reunión del comité de colaboración de la revista, que ocurrió en enero de 1971, Ángel no pudo asistir. El primero de noviembre de 1970 me escribió desde San Juan, Puerto Rico:

Desgraciadamente no puedo trasladarme a La Habana a mediados de enero para la reunión dado que acepté dictar el semestre universitario que aquí empieza el 7 de enero y aunque estoy a una hora de vuelo estoy a muchísimas más de comunicaciones en el mundo de las fronteras del siglo XX. Agregá que la concesión de visados fue tan trabajosa que concluyó con una autorización estrictamente para el período de clases sin poder salir del territorio. [...]

Para dicha reunión habíamos elaborado en la Casa la proposición de ampliar el comité de la revista, el cual tendría en adelante, como escribí a Ángel, treinta o cuarenta miembros, lo que haría imposible nuevas reuniones semejantes a las que tradicionalmente habíamos venido teniendo: pensábamos, en cambio, en nuevos tipos de encuentros y de relaciones, según Rama captaría agudamente. Como ello fue aceptado y recogido en la correspondiente "Declaración", que difundiera la prensa[10] y envié en particular a Ángel, éste me cablegrafió: "Enteramente de acuerdo". El 10 de marzo de 1971 añadió en una carta:

acuso recibo de tu carta de febrero 23. Lo que me sigues debiendo es una larga sobre ti y sobre Cuba, tu vida y la vida de la revolución que ya son un matrimonio que las tormentas y la historia y la esperanza han machihembrado. De veras extraño no verte, hamacándote en la mecedora con el modo nervioso de quien ya está pronto a volar de la reunión, de los seres humanos, de la vida menuda, fumando ávidamente tu cigarro, disfrutándolo, y extraño no conversar contigo polémicamente hasta conseguir que sonrías, porque la amistad está primero y Ángel es un amigo, para luego encontrarnos en ese fervor común que tenemos para algo que será nuevo y verdadero.// Aquí estoy, trabajando en este medio tan decepcionante, en esta experiencia tan jodida, y haciendo lo que buenamente se puede. Estuvimos trabajando con el viejo Manuel Pedro en un Seminario sobre Martí [...] Tuve que leerle su ponencia, porque está casi ciego por unas cataratas, y te digo que luego de tantas vaguedades como las que llenaban sus páginas me vino una especie de calor repentino cuando le vi concluir con un fragmento de "Nuestra América" que no venía a cuenta de nada, pero que como se iniciaba con el famoso "sietemesinos" tenía su claro destinatario y así lo sintieron los cubanos exiliados que en su diarucho nos tiraron la mierda habitual.[...]// Me parece muy bien lo de la ampliación del comité que de cierta manera concluye con el equívoco del nuestro, que aunque era oficialmente "de colaboración" fungía como comité de redacción, responsable de la política y orientación de la revista, cosa imposible dado que ya era historia de amistades, de solidaridades, de momentos de la revolución y no un cuerpo doctrinario coherente. Esto es muy difícil, máxime en un proceso revolucionario que se caracteriza por sucesivas alteraciones de acuerdo a la lección de los hechos, sin contar ese retraso intelectual que ya parece fatal respecto a la acción revolucionaria propiamente dicha. [...]// No sabemos si concluiremos nuestro contrato con la Universidad sin pasar por un conflicto grave. Ya a Marta le han iniciado ese pleito que en todas partes la acompaña: oficialmente la presentan como la representante del Che en Colombia, habiendo alojado al Che en su casa para evitar su detención (????). El infundio viene directamente del Secretario de Educación (municipal) del país que lo pregona en la reunión del consejo de ministros (municipales) de estado asociado en sociedad. En todo caso, si nada grave ocurre estaremos hasta el mes de agosto.

Esa carta llegó a la Casa el 5 de mayo. Una semana después, fechada en San Juan el 5 de abril, nos llegaba la más dramática de las cartas que él nos escribiera. Tal carta había sido precedida por un nuevo capítulo del "caso Padilla", que supuso el encarcelamiento de éste por un mes, y, de momento, una carta abierta a Fidel (copiosamente difundida en los medios capitalistas) sobre el hecho, donde además de abordarlo se hacían muy diversas y a ratos gratuitas y hasta ofensivas conjeturas . La carta llevó la firma no sólo de personas más o menos intrascendentes, sino también de muy destacadas figuras, a algunas de las cuales nos unían lazos profundos de admiración y amistad. Ángel me escribió:

> estaba esperando la respuesta tuya al envío que a través de Julio [Cortázar] te hice para la revista, preparándome a hablarte del plan de una reunión de un pequeño comité de intelectuales en Chile de la que quizás te haya adelantado algo Gonzalo Rojas, cuando me llega la noticia del encarcelamiento de Heberto y [su esposa] Belkis [el de ésta no era cierto]. No necesito decirte el efecto que me produjo.// Sabés muy bien de mi posición respecto a Heberto y su famoso libro, cosas todas que discutimos muy honrada y muy claramente en torno a la mesa de la Casa. Obviamente no es de eso que se trata ahora, sino de un encarcelamiento cuyos motivos no se han hecho públicos, pero que eriza la piel más coriácea. [...] Recibí el mensaje que Cortázar y Sartre firmaron, dirigido a Fidel, quizás demasiado aprensivo en sus términos —entiendo que siempre debe hacerse confianza a la revolución— pero cuya inquietud comparto como la comparten hoy los intelectuales de toda América Latina. No tengo por qué decirte que si por un lado la seguridad y la libertad de Heberto y Belkis me inquietan sobremanera dado que en el pasado que yo les conozco no hay ningún motivo para justificar un encarcelamiento, por otro lado el efecto de esta detención es catastrófico para la revolución. Tú sabes muy bien que no pertenezco a los que se dicen integrantes del mandarinismo intelectual ni me gusta ser el fiscal de los dirigentes revolucionarios, posiciones casi ridículas en nuestro tiempo; por lo tanto es comprensible que si la Revolución debe enfrentar un peligro grave esté dispuesta a pasar por alto sobre los dañinos juicios que eso provoca en el exterior. Pero en este caso la detención de un escritor — cuya obra ha sido objeto de una crítica tan pedestre y deformante

como pasó con su libro y que separado de todo cargo de responsabilidad difícilmente podía perjudicar a nadie— se presenta como un hecho sin justificación que aviva las naturales inquietudes de quienes no hace tanto, apenas dos años, vieron en Checoslovaquia destituir a decenas de escritores y encarcelarlos.// A pesar de mi amistad por Heberto, te confieso que preferiría se le reconociera culpable de secuestro de información secreta o cualquier insensatez semejante (a no ser que la solución paradisíaca, de que todo fue un error, no se produjera) porque no querría vivir una nueva desconfianza intelectual por el socialismo, ni querría que este tuviera que pasar, en su difícil edificación, por la exclusión brutal de los intelectuales o poetas cuya acción pública es bien reducida. Es decir, nada peor que reiterar dentro de América Latina un conflicto que la Europa socialista conoció reiteradas veces pero que hemos deseado y querido que no se produjera en nuestro continente. Del mismo modo que Cuba y sus intelectuales demostraron que no era necesario caer en el realismo socialista para hacer arte, del mismo modo deseo que Cuba y sus intelectuales demuestren que para solucionar los naturales conflictos de la construcción del socialismo, este no deba devorarse a sus propios hijos, como Saturno. [...] Es una hazaña, una exigencia alta de la cultura y yo espero que se la alcance.// En definitiva, Roberto, más que mi aprecio por un hombre y mi estima intelectual por un creador de arte, lo que me importa sobre todo es el socialismo y es Cuba. Y me importa bien egoístamente, porque creo que es parte primera y principal del socialismo latinoamericano: el modelo cubano, por más que se intenten otros, no dejará de ser el primero y servirá de "jurisprudencia" como dicen los peritos, a él se apelará muchas veces.// Te agradezco toda la información que puedas proporcionarme, aunque comprendo bien las limitaciones de este momento. Te agradezco testimonies a Haydee mi inquietud que ella que me conoce bien es posible que descuente, y este deseo mío de que la revolución cubana siga siendo nuestro punto de confluencia, nuestra esperanza, nuestro orgullo. Parece siempre como que todos no cesamos de pedir y hasta de exigir: la única excusa válida es que Uds. los cubanos nos acostumbraron a eso, fraternalmente.

Después de varios años de forcejeos,[11] se había abierto otra etapa de nuestra vida cultural, que tiempo después, desde las páginas de la misma revista *Casa*, Ambrosio Fornet llamaría, en denominación que iba a difundirse, "el Quinquenio Gris", el cual para él abarcó de 1971 a 1975 (Fornet, "A propósito" 150).[12] Tras este último año, hechos como la institucionalización del país y en particular la creación del Ministerio de Cultura comenzarían a clausurar en lo esencial la etapa.

De sobra se sabe que poco antes de la fecha en que recibimos las cartas de Ángel había tenido lugar la lamentable autocrítica pública de Padilla, mera caricatura de los últimos discursos pronunciados por las víctimas de los espantosos procesos de Moscú de los años 30, lo que no todos percibimos en aquel momento.[13] Tal seudoautocrítica, al contrario de lo que sucedió en los casos moscovitas, no fue seguida por asesinato alguno: tras su mes de prisión, el autor de *Fuera del juego* fue excarcelado. Pero el mal estaba hecho, y si a ello se suma que se decidió que tal seudoautocrítica apareciera en la revista *Casa* (aunque fuera en la forma de un "Suplemento" que ni antes ni después volvió a existir), así como materiales emanados del Primer Congreso Nacional de Educación y Cultura, de ese año, fuimos arrastrados a una discusión que contribuyó a desenmascarar al colonialismo cultural, pero en considerable medida resultó estéril o, peor aún, dañina. La gran mayoría de nuestros amigos defendió con nobleza a la revolución de Cuba, pero entre quienes la atacaron, llegando a acusarla de las peores cosas, estuvo un exintegrante del consejo de colaboración de la revista *Casa*, quien hizo pública de manera escandalosa su renuncia a esa condición. Se trató del destacado narrador peruano Mario Vargas Llosa, quien además abandonó sus ideas de izquierda, se convirtió no ya en un censor sino en un calumniador de cualquier intento de auténtica transformación social, fue candidato por la derecha a la presidencia del país donde naciera, y ha asumido otra ciudadanía. Haydee Santamaría le respondió en una memorable carta pública[14] frente a la cual él permaneció silencioso mientras Haydee vivió. Años después de la muerte de ella, sin embargo, cuando ésta no podía responderle, la aludiría en una entrevista de modo violento, y en un reciente libro, dizque de memorias, practica una suerte de macartismo similar al que arrojó a Rama fuera de los Estados Unidos, al denunciar (como hacen otros pariguales suyos) a quienes, profesando ideas de izquierda, ejercen con todo derecho su magisterio en universidades estadounidenses que sólo con mala fe pueden ser identificadas con los designios del Imperio. El caso más doloroso para nosotros fue el del entrañable Julio Cortázar, quien participó de modo complejo en la ruda polémica sin abandonar nunca su lealtad revolucionaria. Como a su muerte le dedicamos el número doble 145-146 (julio-octubre de 1984) de la revista *Casa de las Américas*, a él remito al lector.

En cuanto a Rama, es evidente que discrepó de las decisiones cubanas. Ello lo prueba no sólo la carta de 5 de abril de 1971 que he citado, sino sus artículos sobre la "nueva política cultural cubana" publicados en junio de ese año en *Marcha*. Sin embargo, no es cierto, como se dice por error en la citada *Cronología y bibliografía de Ángel Rama*, que "en carta fechada el 27 de mayo [de 1971], dirigida a Haydee Santamaría, renuncia al comité de colaboración de la revista *Casa*" (42). Como ese texto no aparece en nuestro archivo, la autora de dicha cronología, la compañera Carina Blixen, tuvo la gentileza de enviarnos a solicitud nuestra una fotocopia de la carta. Pero ésta no es tal, sino el borrador (incluso con muchas tachaduras y añadidos a mano) de una "carta abierta" que como todo material de esa naturaleza debió haber tenido vida pública, lo que no ocurrió. Así comienza el borrador: "Visto que los conflictos latentes han estallado, tomando estado público, no nos queda otra vía para fijar nuestras respectivas posiciones que el sistema de las cartas abiertas". Ahora bien: esas cartas se publican (por eso son "abiertas"), y ésta no lo fue. No es dable dudar que Ángel, en uno de sus momentos de cólera que tan bien le conocí, escribió dicho borrador. Tampoco es dable dudar que en otro momento, de generosa reflexión que igualmente le conocí, decidió no enviar a Haydee aquella "carta abierta", aunque varias de sus ideas las retomaría en sus mencionados artículos de junio en *Marcha*. En el borrador, entre criterios a veces injustos y a veces compartibles, escribió: "la Revolución Cubana es mucho más que su literatura y el pueblo cubano es todavía más que su revolución, dado que es artesano de una historia siempre renovada". Añadió por último:

> a diferencia de otras revoluciones culturales, esta se produce en un sector reducido de una más vasta comunidad, la de la cultura hispanoamericana que tiene más de cien millones de integrantes; pertenece a ella y en ella se resuelve de tal modo que su aportación deberá conjugarse dentro de la gran herencia hispánica y en permanente enfrentamiento con el resto de la literatura y el arte de nuestra América. Es en este vasto campo donde seguirá colaborando para luchar contra el criminal bloqueo de la OEA, reiterando que Cuba es parte primerísima de la cultura y la revolución latinoamericana, aunque hoy se equivoque gravemente respecto al funcionamiento crítico de la democracia socialista como respecto a la creación estética.// Con el invariable afecto personal de Ángel Rama.

Afortunadamente, así no terminaron nuestras relaciones con él. Pero antes de aludir a la continuación de tales relaciones, es imprescindible recordar, aunque sea someramente, la situación continental, entre 1971 y 1983, en que ellas se inscribirían. Si las relaciones iniciales ocurrieron en momentos de eclosión y esperanza revolucionarias en la América Latina, y aun más allá de ella, inauguradas en 1959 y llegadas con fuego mayor hasta la caída del Che en 1967, la situación no sería igual después. En lo tocante a Cuba, la etapa que en lo cultural se relaciona con el Quinquenio Gris tiene como sustrato la inserción de la solitaria Cuba en el CAME y el consiguiente fortalecimiento de sus nexos económicos con los países del llamado "socialismo real". Sin embargo, aunque no faltaron intentos, no llegó a implantarse en el país nada comparable al nefasto "realismo socialista". El propio creador del sintagma Quinquenio Gris, Ambrosio Fornet, escribió en el texto en que bautizó la etapa: "Las tendencias burocráticas en el campo de la cultura que se manifestaron en el Quinquenio Gris (1971 a 1975, ambos inclusive) frenaron pero no impidieron el desarrollo posterior de las distintas corrientes literarias".

Tales tendencias, que sin duda existieron, aunque rechazadas por los más valiosos escritores y artistas, al igual que por organismos culturales como el Instituto de Cine (ICAIC), la Casa de las Américas, el Ballet Nacional de Cuba y otros,[15] llegaron a implicar la marginación temporal de hombres y mujeres de cultura en el país;[16] pero, como se ha dicho, a partir de 1976 esas tendencias fueron perdiendo fuerza y dejaron lugar a un reverdecimiento cultural esperanzador aunque desde luego no idílico: ya señalé hace años que el dogmatismo no es sólo una u otra etapa (las cuales, como todas, se extinguen), sino también una línea (Fernández Retamar, "Hacia una intelectualidad" 13).[17]

En cuanto a los nexos económicos a que se forzó a la bloqueada Cuba con los países de la Europa que se decía socialista, tales nexos, que no obligaron a una política cultural afín a la de aquéllos, tampoco obligaron a lineamientos políticos mayores, contrariamente a lo que los enemigos han propalado: por ejemplo, durante esos años Cuba no sólo encabezó el Movimiento de Países no Alineados, sino que mantuvo su admirable y bien conocida solidaridad con los pueblos oprimidos de la Tierra. (De todas maneras, los errores cometidos al calor de aquellos nexos, siguiendo tendencias de cuya peligrosidad para la revolución ya había alertado el Che, serían combatidos desde mediados de los 80, en el llamado proceso de rectificación.)

En otros países de nuestra América (en no pocos de los cuales sobrevivieron proyectos revolucionarios tras la desaparición del Che), a la campaña de penetración en la cultura llevada a cabo por el imperialismo estadounidense, que Rama denunciara y combatiera con tanta lucidez y tenacidad, la acompañó de modo creciente una intromisión abierta o velada para imponer dictaduras militares dóciles a sus intereses . No se trataba de algo nuevo, sino de la Política del Gran Garrote, que con escasos hiatos ha padecido nuestra América desde la intervención militar que en 1898 hizo de Cuba un protectorado o una neocolonia durante sesenta años; y de la hermana Puerto Rico, una abierta colonia hasta hoy. Tal política (sustituida de momento en muchos casos por democracias llamadas vigiladas o tuteladas) se manifiesta desembozadamente cada vez que los intereses del amo se sienten amenazados. En la década del 70, el más resonante de esos hechos fue el derrocamiento en 1973 del gobierno constitucional de la Unidad Popular: derrocamiento que abrió el camino al presunto "milagro" económico de Chile sustentado en la persecución, el encarcelamiento, la tortura y el asesinato de millares de sus ciudadanos, así como en el aumento de la pobreza de los sectores humildes. Otros países sobre todo del Cono Sur conocerían destinos similares, como Uruguay a partir de 1973: ello implicó la desaparición en 1974 del inolvidable semanario *Marcha*, esencial en la vida de Rama y de varias generaciones latinoamericanas, la prisión, la tortura y la muerte para muchísimos compañeros, y el exilio para otros, como el propio Ángel, que no pudo regresar a su patria. Por otra parte, en enero de 1981 el gobierno de los Estados Unidos pasó a manos de una administración que apretaría aún más las tuercas de lo que el Imperio considera su patio de servicio, valiéndose de medios y vocablos diversos. La derecha, que después de la derrota militar del nazifascismo y del eclipse del macartismo original había vuelto a levantar cabeza desde finales de los 60, alcanzaría sitio hegemónico.

Contra ese telón de fondo (mucho más complejo, desde luego) ocurrieron mis encuentros con Ángel a partir de su alejamiento en 1971. Tales encuentros tuvieron lugar en Canadá (Ottawa y Montreal), en 1973, con ocasión del VII Congreso de la Asociación Internacional de Literatura Comparada; en Caracas, en 1974, cuando se fundó la Biblioteca Ayacucho; en 1980, en Venecia, donde se celebró el VII Congreso de la Asociación Internacional de Hispanistas; en 1983, en París, al proyectarse la Colección Archivos. Aunque todos estos encuentros fueron en lo personal tan discutidores como cordiales (así ocurrió desde el inicial en 1961, cuando aún yo no formaba parte de la Casa de las Américas), los dos primeros no implicaron reanudación por Rama de sus vínculos con esta última; ellos sí se reanudaron a partir del encuentro de 1980. La razón de ello no es que supuestas capacidades suasorias mías se hubieran desarrollado en ese caso, sino que para entonces no sólo había quedado atrás en Cuba el Quinquenio Gris, sino sobre todo habían sido ahogadas en sangre casi todas las alternativas renovadoras en nuestra América.

De regreso a los Estados Unidos, Rama me envió, a principios de 1981, un sobretiro de la *Revista Iberoamericana* con su trabajo "Indagación de la ideología en la poesía. (Los dípticos seriados de *Versos sencillos*)", con esta breve nota a su frente:

> Retribuyo (mínimamente) tu bello libro. Estoy instalándome como te dije y me gustaría recibir la revista y las publicaciones. ¿Viste la respuesta a Armand en el número de [*Cuadernos de*] *Marcha*?// No bien me libre de los compromisos urgentes te remitiré algo para la revista.// Como habrás visto se cumplieron todos mis pronósticos sobre la política de este país: mal tiempo a la vista!// Un abrazo.

Ninguno de los dos podía preverlo, pero ese "mal tiempo" en los Estados Unidos (el del gobierno de Reagan) y la polémica a que lo arrastró aquella "respuesta" iban a afectar seriamente la vida de Ángel.

El 30 de julio de ese año 1981, desde Barcelona, el infatigable animador cultural que él fue me pidió que prologara una antología de Ernesto Cardenal que debía aparecer en Suecia. Y al final, aludiendo a una invitación que le habíamos cursado para que participara en el Primer encuentro de intelectuales por la soberanía de los pueblos de Nuestra

América, que organizábamos y se celebraría entre el 3 y el 8 de septiembre de aquel año, añadió:

> Debo llegar a USA antes de fin de agosto en que concluye mi visado y entrar en la pelea para conseguir renovación contando con la ayuda de la Universidad. No podré estar con ustedes y realmente lo lamento. Aunque he llegado al descreimiento total en materia de congresos y declaraciones que me rehúso drásticamente a firmar, me es muy gratificante un encuentro con los amigos, ese pequeño calor de la vida que el exilio ha retaceado.

Pocos días después, el 9 de agosto, también desde Barcelona, insistía:

> vuelvo a escribirte porque concluí un comentario sobre el último libro de Fuentes (que después de tantos años de disgusto con su producción, me reconfortó) y me puse a pensar que quizás, en este tiempo de restablecimiento de diálogo, fuera "fructuoso y oportuno" que apareciera en tu revista. // Se trata de una nota que no sustituye mi prometida colaboración, que sigue en pie (no hago sino atender inmediatas obligaciones del "pane lucrando") y la seguirá, aunque a ti no te parezca adecuado el tema o el momento para publicar este adelanto que te envío adjunto. //[18] Como bien sabes, "el tiempo es un caballero" que limpia asperezas, y aunque cada uno mantendrá sus posiciones quizás convenga resguardar coincidencias valederas en la agitada historia que vivimos.

En la última carta que recibí de él, fechada en Washington el 7 de enero de 1982, me comentaba la recepción de lo que llamaba con su habitual generosidad mi "precioso ensayo sobre Cardenal que es en todo acorde con lo que yo quería",[19] y me comunicaba haber estado tentado de mandarme

> un largo ensayo (35 páginas) sobre Martí que escribí pensando en los homenajes de este año (como recordarás es el centenario del *Ismaelillo* que inició la revolución poética de nuestra lengua americana) pero me ha detenido el enfoque que me pareció muy distante de las actuales preocupaciones allí. El título te lo explica todo: "Martí en el eje de la modernización poética: Whitman, Lautreamont, Rimbaud" y no creas que es exceso admirativo, efectivamente en ese cuadrángulo, donde él representa la positividad hispano-americana, es donde cobra sentido su invención. Todas las demás disquisiciones, que si los españoles, que si Darío, son asuntos de señoritas, así hayan sido tan machos como Marinello. La única que percibió el asunto fue Fina [García Marruz], que no es una señorita sino una mujer.[20] // Temblé cuando todo el horror polaco (que reproduce exactamente la dictadura uruguaya) pensando en Uds. y en los nicaragüenses, pero parece haber privado la sensatez o aquella famosa ley de equilibrio de que hablaba Martí.

311

Le escribí ese año 1982 dos cartas que no sé si llegaron a sus manos. Una en mayo, desde Nueva York, y otra en octubre, desde La Habana. No tengo copia de la primera, que fue manuscrita; y en la segunda le dije: "He sabido que te has visto enzarzado en alguna triste polémica. Triste de veras". Más no podía decirle sin lastimarlo —antes que ayudarlo— con cartas que provenían de la satanizada Cuba.[21]

Me encontré con Ángel nuevamente en mayo de 1983, en París, donde se radicó luego de su exclusión de los Estados Unidos. Participamos entonces, según dije, en la reunión, convocada por nuestro común amigo Amos Segala (quien también había convocado la reunión genovesa del Columbianum, en 1965), en que se diseñó la Colección Archivos. Como era previsible, puesto que siempre ocurría, no sólo coincidimos en unos puntos, sino también discrepamos en otros: creo (¡sorpresa!) que esta vez tocantes a Sarmiento y Martí. Los que no nos conocían, y nos habían visto cruzar ideas con vehemencia, se sorprendieron al vernos salir de las reuniones conversando con toda cordialidad. Una noche, Marta Traba y él nos invitaron a cenar en su departamento. Estábamos (que yo recuerde) el argentino Damián Bayón, el brasileño Roberto Pontual, la venezolana Susana Rotker y Adelaida y yo: un conjunto latinoamericano cosmopolita muy del gusto de los raigales latinoamericanos cosmopolitas que fueron Ángel y Marta. Entre las cosas de que hablamos, se encontró la realización de un simposio en Managua sobre Martí, Darío y la nueva literatura latinoamericana y caribeña que al cabo se celebró en 1985, tras su muerte (y en camino al cual murió Alejandro Losada). Aquella noche fue la última vez que vi a Rama.

Muchísimas cosas perdimos con su desaparición, no obstante la enorme riqueza de lo que nos había dado, y de la que se habla en los trabajos del número 192 de *Casa* que antecedieron a esta desordenada evocación, la cual consideré mi deber hacer, por imperfecta que fuera, al rendirle homenaje. No puedo dejar de pensar que la Casa de las Américas, además, durante un largo e innecesario período se había perdido la cercanía personal de nuestro mayor crítico literario, un animador cultural que parecía una fuerza de la naturaleza, una criatura de excepción. Por supuesto, no siempre hubiéramos estado de acuerdo: más bien hubiéramos incrementado nuestras fértiles discusiones. Habían pasado sólo tres años de haberse restañado (en lo que toca a la Casa toda) esa cercanía personal, cuando la muerte nos lo arrebató. Dicho sin una gota de retórica, su presencia no acaba, sin embargo, como no acaba la de pariguales suyos a los que ni siquiera llegamos a ver, y que también nos orientarán y estimularán siempre: no en balde suele surgir constantemente, cuando se menciona con limpieza el nombre de Ángel Rama, el de otro maestro: Pedro Henríquez Ureña.[22] No concibo mayor homenaje —ni verdad mayor— que juntar sus memorias. El propio

Ángel comprendió esa filiación cuando escribió en 1979 estas palabras con que voy a concluir, trenzando citas del uruguayo y el dominicano que son de todos los que creemos en nuestra América:

> un día, descubrí en mi camino a Pedro Henríquez Ureña a quien no pude conocer, y sentí que él había dicho lo que confusamente había vivido y buscado: que nosotros los hombres latinoamericanos sólo podemos existir con una viva conciencia utópica, si por ella se entiende la satisfacción de nuestros apetitos humanos y espirituales: "Dentro de nuestra utopía —decía él—, el hombre llegará a ser plenamente humano, dejando atrás los estorbos de la absurda organización económica en que estamos prisioneros y el lastre de los prejuicios morales y sociales que ahogan la vida espontánea; a ser, a través del franco ejercicio de la inteligencia y de la sensibilidad, el hombre libre, abierto a los cuatro vientos del espíritu".// Y comprendiendo, por haberla vivido a través de sus largos años en diversas patrias americanas, la aspiración a un universalismo que nada amputa a las energías vivas y creadoras de la nación, agregaba estas palabras que me siguen pareciendo válidas: "El hombre universal con que soñamos, a que aspira nuestra América, no será descastado: sabrá gustar de todo, apreciar todos los matices, pero será de su tierra; su tierra y no la ajena le dará el gusto intenso de los sabores nativos, y esa será su mejor preparación para gustar de todo lo que tenga sabor genuino, carácter propio. La universalidad no es descastamiento: en el mundo de la utopía no deberán desaparecer las diferencias de carácter que nacen del clima, de la lengua, de las tradiciones, pero todas estas diferencias, en vez de significar división y discordancia, deberán combinarse como matices diversos de la unidad humana. Nunca la uniformidad, ideal de imperialismos estériles; sí la unidad, como armonía de las multánimes voces de los pueblos" (Rama, "Otra vez la utopía" 80-81).[23]

NOTAS

* Escribí la primera versión de este texto para el homenaje que a diez años de su muerte le rindió la revista *Casa de las Américas*: "Ángel Rama, presencia que no acaba" (No. 192, julio-septiembre de 1993). En dicho homenaje participaron también Hugo Achugar, Mario Benedetti, Raúl Bueno, Antonio Candido, Antonio Cornejo-Polar, Guillermo Mariaca Iturri, José Ramón Medina, Ana Pizarro, Jorge Ruffinelli e Ivan A. Schulman.
[1] Según el archivo de la Casa de las Américas, a finales de ese año 1961 Ángel ofreció en ella dos conferencias sobre la novela latinoamericana (25 de septiembre y 10 de noviembre) y tuvo una conversación con novelistas cubanos (4 de diciembre). Estos datos no aparecen en la *Cronología y bibliografía de Ángel Rama* que realizaron Carina Blixen y Alvaro Barros-Lémez. Con frecuencia, en este libro —por demás valioso— la cronología suele ser inexacta tocante a las relaciones de Ángel con la Casa. Por ejemplo, afirma que en 1962 él presidió un coloquio

organizado por la Casa del que nada sabemos; asegura que fue jurado del Premio Literario de la Casa en 1963, lo que no ocurrió (el 16 de enero de ese año le escribió a Haydee Santamaría desde Santiago de Chile: "Una repentina afección [...] me impide [...] trasladarme a La Habana para participar en las tareas del Jurado del Concurso Literario [...] y me impide volver a recorrer la isla"); omite que sí fue Jurado en 1964; da por cierto que en 1971 envió a Haydee una carta abierta que no llegó a existir, etc. Tales informaciones erróneas habían aparecido ya en la importante antología de Ángel Rama *La crítica de la cultura en América Latina* (cosa explicable, pues la cronología de dicho libro la hizo la Fundación Ángel Rama); y el último dato (sobre el que volveré), tomado de la misma fuente, según me dijo la autora, lo repite Ana Pizarro en el cálido ensayo suyo que apareció en el mentado número 192 de *Casa*. Decidí pues atenerme en el presente trabajo a las informaciones que tenemos en la Casa de las Américas sobre las relaciones de Rama con ella.

[2] Véase Roberto Fernández Retamar, "Génova: un Congreso, una revista, una comunidad", y "Declaración latinoamericana de Génova". Este fue el primer número de la revista que dirigí. Ya en dicho número transformé el previo consejo de redacción en un consejo de colaboración. Rama formó parte de ambos.

[3] Aporta muchos datos sobre la historia de esa querella, que fue tanto cultural como política y alcanzó vastas proporciones, el libro de Pablo Rocca *35 años en Marcha* (*Crítica y literatura en Marcha y el Uruguay 1939-1974*), cuyo conocimiento agradezco al autor y a Wilfredo Penco.

[4] Véase "Sobre el Segundo congreso latinoamericano de escritores", *Casa de las Américas*, No. 43 (julio-agosto de 1967). Allí aparece el trabajo de Rama "Los desacuerdos de una Comunidad".

[5] Ángel Rama, "Ahora le erigirán justificados monumentos".

[6] La primera "Declaración del comité de colaboración de la revista *Casa de las Américas*" concluyó "con un llamamiento a los intelectuales de los países subdesarrollados para que concurran a un debate sobre su problemática en esta hora, que es la hora de nuestra América, de todo el Tercer Mundo" (Tales eran el lenguaje, la esperanza de la época.).

[7] El primero de febrero de ese año 1969, en un ciclo sobre nueva narrativa latinoamericana, Rama ofreció una conferencia sobre "Fantasmas, delirios y alucinaciones", y en otras fechas integró los paneles de tres conferencias.

[8] La parte de esa transcripción que atañe al testimonio (e incluye intervenciones de Rama, Isidora Aguirre, Hans Magnus Enzensberger, Manuel Galich, Noé Jitrik y Haydee Santamaría) se publicó en *Casa de las Américas*, No. 200 (julio-septiembre de 1995), con el título "Conversación en torno al testimonio". Dicha "Conversación" fue precedida por la nota de Jorge Fornet "La Casa de las Américas y la 'creación' del género testimonio". A J.F. se debe la edición de las intervenciones.

[9] En 1979 escribió Rama: "Yo, que fui proponente del premio 'testimonial' de los concursos literarios de Casa de las Américas [...]" (Rama, "Otra vez" 79). Ángel repitió la idea (hablando no de "género" sino de "categoría" para "testimonio") (*Literatura y clase social* 220).

[10] Habiendo aparecido en periódicos en enero de 1971, se republicó, con el título "Tercera declaración del comité de colaboración de la revista *Casa de las Américas*", en el No. 200 de *Casa*, precedida de mi nota "Dos textos y la Casa (con una carta de Roque Dalton)".

[11] Véase por ejemplo "Diez años de revolución: el intelectual y la sociedad". Se trata de una mesa redonda en la que participamos Roque Dalton, René Depestre, Edmundo Desnoes, Ambrosio Fornet, Carlos María Gutiérrez y yo, y que ese año se publicó también, como libro, en México, D.F.

[12] Un enjuiciamiento más severo del período lo realizó Fernando Martínez Heredia en "Izquierda y marxismo en Cuba", *Temas. Cultura, Ideología, Sociedad*. A esta luz se aprecian mejor los artículos que a la "nueva política cultural cubana" dedicó Rama durante junio de 1971 en *Marcha*.

[13] Véase sobre estos hechos, incluso las dos cartas abiertas a Fidel (ninguna de las cuales fue firmada por Rama), mi trabajo "Calibán revisitado" y la entrevista que me hiciera Jaime Sarusky y apareció en el No. 200 de *Casa* con el título "Desde el 200, con amor, en un leopardo".

[14] Haydee Santamaría: "Respuesta a Mario Vargas Llosa", que incluye la carta abierta de Vargas Llosa. La respuesta de Haydee se adelantó en un suelto incluido en la entrega anterior de *Casa*. Ambas cartas abiertas tuvieron amplia difusión.

[15] Esto lo ha recordado Alfredo Guevara en polémica entrevista aparecida en *La Gaceta de Cuba*, julio-agosto de 1993.

[16] Véase el testimonio de un protagonista de nuestra literatura afectado por aquellas tendencias burocráticas, en la también polémica entrevista a Pablo Armando Fernández incluida en el libro de Raquel Ángel *Rebeldes y domesticados. Los intelectuales frente al Poder*.

[17] Roberto Fernández Retamar, "Hacia una intelectualidad revolucionaria en Cuba", *Casa de las Américas*, No. 40 (enero-febrero de 1967) 13. El ensayo había aparecido antes en *Cuadernos Americanos* (noviembre-diciembre de 1966), y lo recogí en *Ensayo de otro mundo* (La Habana, 1967; 2a. ed., Santiago de Chile, 1969) y en la 2a. ed. de *Para el perfil definitivo del hombre* (La Habana, 1995).

[18] La nota de Rama es "*Agua quemada*, de Fuentes: el retorno a casa".

[19] Se trata de mi trabajo "Prólogo a Ernesto Cardenal".

[20] Fuera o no polémico el trabajo (y los de Rama solían serlo), al recibir esta carta no entendí el criterio según el cual dejó de mandármelo ("me ha detenido el enfoque que *me pareció* muy distante de las *actuales* preocupaciones allí. *El título te lo explica todo* [?]"); y lo entendí menos cuando, tras su muerte, leí el ensayo en la *Nueva Revista de Filología Hispánica* (tomo XXXII, Núm. 1, 1983), la cual tuvo la suerte de recibirlo y, como hubiera hecho *Casa* encantada, de publicarlo. La conjetura de Rama (a propósito de un trabajo suyo que en cierta forma desarrolla ideas de su ponencia en el *Encuentro con Rubén Darío*, y en que textos de Cintio Vitier y Fina García Marruz son citados como estímulos) me ratificó en la opinión de que Ángel, a partir de su alejamiento en 1971, dejó de tener con respecto a la cultura cubana la información copiosa que a él, lector voraz, lo caracterizara. Aunque debo reconocer que algunos de los textos que se habían publicados aquí a partir de aquel alejamiento no eran como para entusiasmarlo a él, —ni a mí.

[21] Aunque el proceso que llevó a la expulsión de Ángel de los Estados Unidos es bien conocido, no está de más releer las líneas justas en que Jorge Ruffinelli sintetizó aquel proceso: véase su "La ciudad letrada", anexo a "La carrera del crítico de fondo".

[22] Es útil recordar que en 1916 tropas estadounidenses arrojaron de la presidencia de la República Dominicana a un hombre digno que era el padre de Pedro Henríquez Ureña, quien no olvidó la afrenta, la cual pesó mucho en su vida. En

una breve nota autobiográfica, póstuma, escribió: "Finalmente, a veces he escrito de política: por ejemplo, para defender a mi país contra coerciones injustas de fuera, en 1916 y años subsiguientes, o para declarar cómo concibo el compromiso moral de nuestra América en el futuro, 'la utopía de América'" (xix).

[23] Ángel Rama, "Otra vez la utopía en el invierno de nuestro desconsuelo", cit. en nota 9, páginas 80-81. La independencia de criterio de Ángel se puso de manifiesto al discrepar también, llegado el caso, de su admiradísimo Henríquez Ureña (de quien compiló, junto con Rafael Gutiérrez Girardot, su mejor antología: *La utopía de América* [Caracas: Biblioteca Ayacucho, 1978]), véase, por ejemplo, de Ángel Rama, "La modernización literaria latinoamericana (1870-1910)", *La crítica de la cultura en América Latina*, citado en nota 1, página 91.

BIBLIOGRAFÍA

Ángel, Raquel. *Rebeldes y domesticados. Los intelectuales frente al Poder.* Buenos Aires, 1992.

Blixen, Carina y Álvaro Barros-Lémez. *Cronología y bibliografía de Ángel Rama.* Montevideo: Fundación Ángel Rama, 1986.

"Diez años de revolución: el intelectual y la sociedad". *Casa de las Américas* 56 (septiembre-octubre, 1969).

Fernández Retamar, Roberto. "Ángel Rama, presencia que no acaba". *Casa de las Américas* 192 (julio-septiembre 1993).

_____ "Calibán revisitado". *Casa de las Américas* 157 (julio-agosto, 1986).

_____ "Prólogo a Ernesto Cardenal". *Casa de las Américas* 134 (septiembre-octubre, 1982).

_____ "Hacia una intelectualidad revolucionaria en Cuba". *Casa de las Américas* 40 (enero-febrero, 1967).

_____ "Génova: un Congreso, una revista, una comunidad". *Casa de las Américas* 30 (mayo-junio, 1965).

_____ "Declaración latinoamericana de Génova". *Casa de las Américas* 30 (mayo-junio, 1965).

Fornet, Ambrosio. "A propósito de *Las iniciales de la tierra*". *Casa de las Américas* 164 (septiembre-octubre, 1987).

Gutiérrez Girardot, Rafael. *La utopía de América.* Caracas: Biblioteca Ayacucho, 1978.

Henríquez Ureña, Pedro. *Observaciones sobre el español en América y otros estudios filológicos.* Buenos Aires, 1976.

Martínez Heredia, Fernando. "Izquierda y marxismo en Cuba". *Temas. Cultura, Ideología, Sociedad* 3 (Nueva época) (La Habana, julio-septiembre, 1995).

Rama, Ángel. *La crítica de la cultura en América Latina.* Caracas: Biblioteca Ayacucho, 1985.

_____ "*Agua quemada*, de Fuentes: el retorno a casa". *Casa de las Américas* 130 (enero-febrero, 1982).

_____ "Otra vez la utopía, en el invierno de nuestro desconsuelo". *Cuadernos de Marcha. Uruguay. Encierro, destierro o encierro* Segunda época 1/1 (México, mayo-junio, 1979).

_____ "Ahora le erigirán justificados monumentos". *Casa de las Américas* 46 (enero-febrero, 1968).

_____ "Sobre el Segundo congreso latinoamericano de escritores". *Casa de las Américas* 43 (julio-agosto, 1967).

_____ "Los desacuerdos de una Comunidad". *Casa de las Américas* 43 (julio-agosto, 1967).

Rocca, Pablo. *35 años en Marcha (Crítica y literatura en Marcha y el Uruguay 1939-1974)*. Montevideo, 1992.

"Rodolfo Walsh: la narrativa en el conflicto de las culturas", *Literatura y clase social* (México, 1984) 220.

Ruffinelli, Jorge. "La ciudad letrada". "La carrera del crítico de fondo". *Texto Crítico* 31-32 (enero-agosto, 1985): 20-21.

Santamaría, Haydee. "Respuesta a Mario Vargas Llosa". *Casa de las Américas* 67 (julio-agosto, 1971).

Ángel Rama en Caracas:
una pulcra iniciativa cultural y un feliz hallazgo crítico

Dario Puccini

Algunos amigos caraqueños (Rafael Di Prisco y Vilma Vargas, en este caso) podrían describir quizás con muchos más detalles y mayores informaciones todo lo que estoy al punto de referir en estas páginas. En cambio, yo tengo la ventaja de hablar de un asunto concreto, desde un punto de vista lejano y con una visión neutral y casi objetiva; y desde luego puedo añadir a mis palabras algo personal e inédito: los reflejos de una conversación con Ángel Rama sobre los dos temas que aquí voy a tratar.

Ángel Rama —que en 1977 "por decreto del poder ejecutivo obtiene la nacionalidad venezolana, que había solicitado ante la negativa de la dictadura uruguaya de renovarle su pasaporte" (Rama, *La crítica* 392) se quedó en Caracas varios años (1970-1980) dejando una huella importante, pero sería justo llamarla imborrable, en la vida cultural y universitaria de Venezuela. No sé si fue gracias a una sugerencia suya que se creó el Centro de Estudios "Rómulo Gallegos"; pero estoy seguro que fue suya (aunque no sólo suya, por cierto) la idea de una escuela-laboratorio crítico como ha sido, sin suficientes alabanzas, el "Rómulo Gallegos". Suya fue también la creación de una revista, "Escritura" (1975) que, después de su muerte prematura y accidental, sigue publicándose, guardando la buena calidad de su inicio.

Si no me consta como cierto que el "Rómulo Gallegos" haya sido obra de Rama, una cosa, al contrario, resulta cierta y documentada con suma precisión, y es la suguiente: "con motivo de la conmemoración del sesquicentenario de la Batalla de Ayacucho, el presidente de Venezuela, Carlos Andrés Pérez, a través del decreto 407, da vida a la Biblioteca Ayacucho. Ángel Rama que había sido el principal promotor del proyecto es nombrado Director Literario y miembro de la Junta Directiva" (Rama, *La crítica* 391). Esto se produjo en 1974. Como todos saben, la Biblioteca Ayacucho todavía existe y resiste, a pesar de las dificultades económicas de Venezuela, y sigue su fecundo camino, aunque no tan regular y riguroso como era en su principio. Hasta sus últimos tiempos, Rama se interesó por la suerte de la Biblioteca Ayacucho, si es verdad (y no puede ser de otro modo) que en 1983, trabajaba "en un proyecto para la Biblioteca Ayacucho, destinado a diseñar una colección popular de *Textos claves de América Latina* para uso de los estudiantes del continente" (Rama, *La crítica* 395).

Precisamente sobre la Biblioteca Ayacucho, yo tuve la oportunidad de hablar con Ángel Rama, en París, un día de 1983 en que también Jean Franco estaba en la casa de Ángel pero de visita a Marta Traba, la mujer de Ángel. El tiempo que ha transcurrido desde aquella circunstancia no me permite referir en toda su extensión los términos exactos del coloquio: por lo tanto prefiero traducir mis observaciones de siempre sobre el asunto y exponerlas con mis palabras.

Es cosa notoria que la primera iniciativa de crear una "Biblioteca Americana" ha sido la que, con este nombre, fue "proyectada por Pedro Henríquez Ureña y publicada en memoria suya", como aparece escrito en el frontespicio de los 30 y tantos volúmenes publicados por el Fondo de Cultura Económica de México. Ya entonces el gran crítico pensó incluir los "clásicos" brasileños en su selección. Y esto es también la primera característica (1) de la colección ideada por Rama. La segunda (2) fue la de incluir libros de varia ensayística, como libros de historia o de historia de la cultura (o de filosofía, como tal vez la proyectó también Rama). Exceptuados estos dos rasgos, en los restantes, las dos colecciones difieren poco y mucho. Mucho en la extensión de los términos de calidad (en el sentido que la Biblioteca Ayacucho extiende demasiado su selección en comparación a la de Henríquez Ureña) y poco en el cuidado de los textos (en el sentido filológico y lingüístico). No me interesa y en todo caso me parece prematuro hacer aquí un comentario extenso de la nueva colección de escritores latinoamericanos —la actual y grande "Colección Archivos" en comparación con las dos aquí ya mencionadas. Y esto por dos motivos: en primer lugar, porque "Archivos", incluyendo también algunos escritores caribeños de idioma inglés y francés y fundándose en una selección más limitada (solamente escritores del siglo XX y uno o dos del siglo XIX), se diferencia mucho de las precedentes; y, en segundo lugar, por que ella se funda sobre criterios muy distintos y casi divergentes respecto a las otras. El único elemento nuevo introducido por la iniciativa actual consiste en presentarse con "ediciones críticas": pero precisamente este punto merece un discurso a parte y muy pormenorizado, que es imposible desarrollar aquí, ya que aquel criterio me resulta un poco improvisado y discontinuo dentro de los limitados títulos ya publicados.

Y exactamente sobre el concepto y la técnica de "edición crítica" y del cuidado filológico que se fundaban mis observaciones a Ángel Rama durante nuestro encuentro parisiense. "La filología no ha atravesado aún el Océano Atlántico", le dije, entre broma y paradoja. Rama — recuerdo — se limitó a sonreír, y no pareció en contraste con mis palabras. En efecto, aparte la enseñanza de Amado Alonso en la Argentina de los años 30, y algo más en la larga y difundida lección de Pedro Henríquez Ureña, es difícil encontrar rasgos profundos y serios de preocupaciones filológicas y textuales en la literatura crítica de América Latina. Pues bien —considerando que la filología es una disciplina que se radica, al mismo tempo, en una exigencia diacrónica y en un riguroso procedimiento sincrónico— esto resulta muy claramente cuando se asiste a la acentuada tendencia *positivista* (es cosa notoria que el positivismo ha sido por años y años la filosofía dominante y seguramente más difundida en México y otros países hispanoamericanos), representada, en modo especial y burdo, por las "cronologías comparadas" que lucen en los volúmenes de la Biblioteca Ayacucho. Eso es: una columna reservada a los acontecimientos del país de nacimiento del autor considerado y de América Latina, dividida, a su vez, entre eventos de tipo político y cultural (títulos de libros y de revistas); y otra columna final reservada a las fechas principales del "Mundo exterior". Si en las líneas reservadas al país del autor considerado resulta que en cierta fecha no pasa nada o casi nada (por ejemplo en el caso de la Nicaragua de Rubén Darío), en la sección cultural de América Latina aparecen nombres de nimia importancia (por lo que atiene todavía a Darío), o, en el sector, siempre muy repleto, del "Mundo exterior", las distintas fechas pueden revelarnos que, por ejemplo, en aquel año "Humberto I" se coronó "rey de Italia" al lado de noticias como "nace Einstein" (o "nace De Gaulle") etc., o, entre los títulos de acontecimientos culturales, el *Dubliners* de Joyce puede aparecer junto al *Carlitos periodista* de Chaplin, o la fundación del *Daily Mail* puede aparecer junto a la muerte de Verlaine y el nacimiento de Breton. (En este caso, tratándose de Darío, puede tener importancia la muerte de Verlaine, pero no el nacimiento de Breton, que el poeta nicaraguense nunca pudo conocer en sus obras). Ahora bien, todo esto ocupa, en general, 50 páginas de cada libro en cuestión (a expensas de la bibliografía u otra cosa útil y no secundaria) y comporta sin duda un esfuerzo redaccional y editorial inmenso (e inútil). De los últimos títulos publicados resulta, ahora, que ya no se publican aquellas notas que he llamado —pero el nombre es más lisonjero que la cosa en sí misma— "cronologías comparadas" (¿es posible que Rama haya solicitado su fin ya en 1983?).

La filología, "como técnica y como expresión historicista" y como rigurosa fidelidad a la lección textual, eso es, correspondencia solamente a lo que salió de la pluma de cada autor, está traicionada de muchas maneras en la "Biblioteca Ayacucho". Y cito sólo el caso del volumen de la *Obra completa* de José Antonio Ramos Sucre (1890-1930), donde el título a unos escritos dispersos de este escritor , descubiertos por Rafael Ángel Insausti, resulta ser "Los aires del presagio", que es el mismo título y además con la misma fecha (1960) bajo los cuales Insausti publicó (precisamente en 1960) aquellos escritos dispersos, título y fecha que obviamente no salieron de la pluma de Ramos Sucre y que se inventó, con buen mimetismo, el señor Insausti. Esto nos lleva a pensar que, por lo visto, Ramos Sucre, con intuición impresionante —se diga esto de manera anacrónica y paradójica— publicara una de sus obras póstumas con un título y en una fecha en sustancia muy posteriores a su misma muerte.

No es cosa de poca importancia que, en la actividad de Ángel Rama en Venezuela, aparezca un libro, aunque breve, sobre este interesante escritor: *El universo simbólico de José Antonio Ramos Sucre*. En primer lugar, porque creo que este escrito es uno de los escasísimos textos que se han publicado por parte de un crítico *no* venezolano. En segundo lugar, porque se trata de Rama: uno de los mejores críticos contemporáneos de America Latina.

"Entre los escritores venezolanos, ha sido Ramos Sucre el hijo predilecto de los equívocos": así empieza el estudio de Rama. En efecto, hay que decir que hasta hoy Ramos Sucre sigue siendo, fuera de Venezuela, un poeta rodeado de "perplejidad y desconcierto" (como escribe Rama) y, sin ninguna duda, un autor injustamente desconocido o casi. En cambio, se trata de un poeta que, entre modernismo y vanguardia (más exactamente: un poeta de vanguardia que utiliza los mismos materiales verbales y los mismos temas propios del modernismo) es uno de los más raros, profundos y originales en el panorama de la literatura latinoamericana. En la nota que abre la selección de la Biblioteca Ayacucho, "Criterio de esta edición", se pueden leer estas palabras que me parecen muy bien puntualizadas: "[Para el examen de la cultura venezolana] hemos seleccionado el memorable ensayo que dedicó a José Antonio Ramos Sucre [...] no sólo por el brillante rescate de un autor mal conocido fuera de Venezuela, sino también por las reflexiones que incluye sobre el poema en prosa y las zonas de confluencia del modernismo y el simbolismo" (Rama, *La crítica* XLII). Y de la zonas de confluencia del modernismo y la vanguardia —quiero añadir yo.

Uno de los motivos del desconocimiento de Ramos Sucre está en el hecho que las antologías de poesía difícilmente, aun en Europa, recogen los poemas en prosa, que es la cifra exclusiva de este extraño y solitario escritor venezolano. La única excepción europea, en este sentido, es Francia: y esto se explica de una manera muy sencilla, ya que entre los autores de poemas en prosa aparece el nombre imprescindible de Baudelaire.

El ensayo de Rama está lleno —como siempre— de muchas y felices intuiciones críticas, además de aquellas señaladas en las ahora mencionadas palabras del "Criterio de esta edición". Sus únicas faltas son dos: 1) el haber considerado sólo uno de los primeros libros de Ramos Sucre, *La Torre de Timón* (1925), que Rama define el más "representativo" del autor, ya que recoge también varias prosas de carácter ensayístico e histórico y consideraciones de poética, junto con sus primeros poemas en prosa: obra que, sin embargo, es menos madura y literariamente menos válida respecto a sus dos libros finales, *El cielo de esmalte* y *Las formas del fuego* (ambos de 1929); y 2) segunda falta, Rama se muestra todavía un poco incierto acerca de la naturaleza de los textos de Ramos Sucre, ya que sigue hablando de "cuentos" o de "cuentos-poemas" o de su "estructura cuentística" y de cierto parecido con los cuentos de Borges, y no está, como tendría que estar, claramente convencido de su indudable carácter de autor poemas en prosa. Y esto aunque Rama escriba, en un paso de su ensayo, que las prosas de Ramos Sucre, le recuerdan "algunos textos de *Las iluminaciones*" (Rama, *La crítica* 207).

Con omisión de estas lagunas, Rama llega a profundizar al máximo el título de su libro: ya sea cuando trata del hermetismo y de las "cadenas simbólicas" de los poemas de Ramos Sucre; sea cuando se atreve a hablar de su "concepción estetizante y aristocratizante"; sea cuando revela agudamente sus temas principales ("crueldad", "heroísmo", "soledad" y "mal" —y este último con manifiesta relación con los baudelairiano *Fleurs du mal*); y sea en el definir su "afán ornamental" como evidente "nota parnasiana". Así la escasa presencia o casi ausencia de la conjunción "que" (ya observada por uno de sus primeros exegetas, Paz Castillo) o del "como" comparativo empuja a Rama, siguiendo las indicaciones preciosas de Roman Jakobson, a encontrar en Ramos Sucre: "la tendencia a manejar desplazamientos laterales que quedan comprendidos dentro de las metonimias, porque se trata de combinaciones producidas dentro de la cadena sintagmática y la tendencia a las sustituciones verticales que coresponden al manejo del eje paradigmático de la lengua, que depara las metáforas" (Rama, *La crítica* 194). Igualmente acertada me parece esta observación, entre las muchas que se podrían citar aquí: "La precisión de la prosa de Ramos Sucre funciona como un sistema de petrificación: las cosas mencionadas se ajustan entre sí formando un diorama, es decir, una acumulación significativa pero inmóvil" (Rama, *La crítica* 202).

En fin, me parecen muy buenas y sutiles todas las definiciones bajo las cuales Rama agrupa las varias "cadenas simbólicas": "paisajes del exotismo bárbaro" (con justas referencias a Leconte de Lisle y a sus *Poèmes barbares*, a Giosuè Carducci y a sus *Odas bárbaras*, a Ricardo Jaimes Freyre y a su *Castalia bárbara*, etc.); "la virgen inmolada"; y "el vuelo de las aves".

Es fácil concluir esta breve reseña de un libro del mejor crítico latinoamericano acerca de la obra excepcional del poeta venezolano utilizando las mismas palabras del mismo Rama: que "la búsqueda del adjetivo es la que confiere a Ramos Sucre su lugar vanguardista y su excepcional intensidad" (Rama, *La crítica* 195).

Aunque los dos que cuidaron la selección y los prólogos del volumen de Ángel Rama, publicado en la Biblioteca de Ayacucho (los citados Saúl Sosnowki y Tomás Eloy Martínez) hayan encontrado lleno de interés el libro sobre Ramos Sucre, y creo que la misma impresión se puede sacar de mis palabras, el jucio sobre nuestro crítico mejor se puede medir en sus libros de mayor alcance: como *La ciudad letrada* y *Las máscaras democráticas del modernismo*, en sus versiones aún no completas. La crítica de Rama es desde este punto de vista cercana a los libros de Galvano della Volpe en Italia (Della Volpe fue uno de los teóricos de la literatura y el arte más estudiados por nuestro autor): con una fuerte vinculacion historicista, que le viene de la parte más meditada del marxismo, unida a una atención especialísima a los textos y a sus propiedades lingüísticas. Entre Della Volpe y Jakobson, entre el marxismo y un fuerte interés por las conquistas de la sociología y de la antropología, las enseñanzas de las obras de Ángel Rama siguen, como nunca, vigentes y en algunos casos vinculadas a los criterios más exigentes del lector de hoy.

BIBLIOGRAFÍA

Rama, Ángel. *La crítica de la cultura en América Latina.* Caracas: Biblioteca Ayacucho, 1985.

_____ *El universo simbólico de José Antonio Ramos Sucre.* Cumaná, Venezuela: Ediciones de la Universidad de Oriente, 1978.

Ángel Rama o la crítica de la transculturación
(Última entrevista)

Jesús Díaz-Caballero

Esta entrevista se realizó en Lima, los primeros días del mes de julio de 1983, en circunstancias que Ángel Rama (Montevideo 1926-Madrid 1983) se encontraba en Lima para ser nombrado Profesor Honorario de la Universidad Nacional Mayor de San Marcos, tanto por reconocimiento a su fecunda labor latinoamericanista como en desagravio tras su expulsión de Estados Unidos de Norteamérica por parte del intolerante gobierno de Reagan que lo acusó de "comunista". Es probable que esta entrevista haya sido una de las últimas que concedió Rama, pues a los pocos meses falleció trágicamente en el aeropuerto de Madrid.

A lo largo de esta entrevista se puede percibir su pasión por la literatura latinoamericana y su lucidez para explicar las audaces elaboraciones simbólicas del imaginario plural de nuestro continente. Decimos que Rama practicó la crítica de la transculturación porque nada de lo latinoamericano ni universal le fue ajeno, como él mismo afirma en esta entrevista, parafraseando a Lévi-Strauss: "operé como un auténtico salvaje". Es decir, su pensamiento crítico es consecuencia de una fecunda labor creadora, de una audaz propuesta de plasticidad cultural, que se nutre tanto de la más auténtica tradición crítica latinoamericana (Pedro Henríquez Ureña, Alfonso Reyes, Baldomero Sanín Cano y Silvio Romero), como de las diversas corrientes del pensamiento europeo (desde el marxismo de la Escuela de Frankfurt hasta el estructuralismo de Lévi-Strauss).

Sin duda Ángel Rama representa al auténtico intelectual cosmopolita que asume lo más genuino y representativo del pensamiento regional de un continente, en este caso Latinoamérica, y trata de encontrar las vinculaciones de este regionalismo con lo universal, apropiándose creadoramente de todo aquello que en lo universal enriquezca las particularidades de su región. No es casual por ello su gran admiración por auténticos escritores latinoamericanos como Martí, Darío, Borges o Arguedas, quienes a pesar de pertenecer a tradiciones culturales diversas y momentos históricos diferentes, supieron a partir de sus disímiles circunstancias ser fieles a la cultura latinoamericana sin perder la perspectiva universal. Ángel Rama, ciudadano de nuestra América e intelectual que trató de vivir todas las sangres y patrias de nuestro continente mestizo, supo complementar creadoramente dos ideas importantes de dos pensadores latinoamericanos de todos los tiempos, la de Martí que afirmaba: "pinta tu aldea y serás universal" y la de Mariátegui que sustentaba: "por estos caminos cosmopolitas y ecuménicos, que tanto nos reprochan, nos vamos acercando cada vez a nosotros mismos".

JESÚS DÍAZ-CABALLERO: *Evidentemente, hay una relación estrecha entre el surgimiento de la nueva narrativa latinoamericana de los años 60 y ciertos procesos de insurgencia social a lo largo del continente que tenían como precedente el proceso revolucionario cubano. Es en esas circunstancias que Ud. se hace cargo de la sección literaria del semanario uruguayo* **Marcha**, *desde 1958 a 1968, constituyéndose desde ese momento en el crítico literario ideal del proceso que inauguraba la nueva narrativa latinoamericana. Luego de 19 años de publicado su artículo "La generación del medio siglo", en el que dio a conocer al gran público de su semanario narradores hasta entonces desconocidos como Alejo Carpentier, García Márquez, José María Arguedas y Donoso, entre otros, ¿cuál sería el balance de este diálogo fructífero que Ud. estableció con la nueva narrativa latinoamericana?*

ÁNGEL RAMA: Haría unas precisiones primero, Jesús. Efectivamente lo que llamaríamos la expansión pública de la narrativa se produjo en los 60 y evidentemente también estuvo facilitada y amparada por el clima creado por la revolución cubana y la exaltación que caracterizó esa especie de gran esperanza que marcó la década de los 60. Pero la narrativa propiamente dicha viene de antes, es decir el proceso creador de la narrativa, del que llamaríamos una nueva narrativa en América, hay que situarlo para algunos en los 40, para otros incluso a fines de los 30. Cuando en el 38 Borges escribe "Tlon Uqbar, Orbis Tertius", y en el 39 Onetti publica *El pozo*, ambos están marcando ya un cambio notorio que va a ser muy visible en los 50 cuando se publiquen las grandes obras, es decir: *El llano en llamas, Pedro Páramo*, etc. O sea, es un proceso de transformación de la narrativa que se viene desarrollando a lo largo de décadas, incluso diría que allí también tiene una enorme influencia sobre esta nueva narrativa el hecho de la expansión de la poesía que alcanzó su esplendor en la década del 20 y que fue uno de los elementos que también ayudó a transformar la escritura en prosa de la narrativa. Piensa en el caso de Asturias que escribe a lo largo de los 30 *El señor Presidente*. Entonces, todo este proceso era conocido, digamos, por la serie de los intelectuales, no sé si tú conoces un ensayo que yo dediqué al análisis del *boom*.

J.D.-C.: *"El boom en perspectiva"*.[1]

A.R.: Allí trato de distinguir entre el proceso de la nueva narrativa —que es una creación de una nueva escritura, una nueva temática, una nueva estructura narrativa— y la expansión que sí creo que se puede llamar *boom*, porque es una palabra que designa fundamentalmente una operación de ampliación de mercado. Eso se produce hacia el año 64, cuando empiezan la serie de reediciones de algunas de las grandes figuras. Es el caso de Cortázar que venía escribiendo y publicando desde el 53, y en el 64 por primera vez ve reeditados sus libros. Desde luego yo venía atendiendo a todo esto. Yo había entrado a *Marcha* en el año 58, como jefe de la página literaria, y estuve allí 10 años, estuve exactamente hasta el 68, son los 10 años de mi trabajo. Desde luego mi atención fue muy grande por esta narrativa y en ese año 64, en el que se cumplían los 25 años del semanario, organicé esas antologías que no fueron sólo de narrativa, sino también de poesía, en las cuales traté de ver el conjunto del proceso que se había ido realizando. Después el proceso ha seguido muy variadas líneas y singulares caminos. Tú sabes que he sido bastante crítico del fenómeno *boom* por considerarlo restrictivo, no porque me parezca mal que se vendan los libros y lleguen a todo el mundo, sino porque me pareció que en ese momento los párametros críticos habían sido desbordados por otros que son de tipo publicitario-comercial, de ventas, etc., que son mucho más fuertes y más poderosos que lo que diga un crítico en una publicación especializada. Y eso hizo esa especie de pequeño cogollito del *boom* que llegó a ser muy irritante y que molestó a mucha gente, incluso a los jóvenes escritores que sentían que esto era un club exclusivista, ¿no?, entraban 5 y no entraba ninguno más. Eso no podía ser. De eso soy crítico, pero no de las obras de esos escritores, las que me parecen obras espléndidas y he apostado a ellas en forma bastante amplia. Lo que me produjo inquietud fue que se hubiera establecido también como un cierto modelo literario y que éste fuera apoyado por los medios masivos de comunicación, lo que hacía como una imposición muy fuerte sobre los nuevos escritores que iban a encontrarse ya no meramente en la natural transformación de la literatura, sino en un modelo que pesaba sobre ellos y que los dificultaba. Hasta el punto que se produjeron muchos epígonos de estos escritores: hemos tenido *Cien años de soledad* en distintas variantes, en buena cantidad de escritores jóvenes, todos tenían coroneles en sus antepasados que les narraban cosas. Repitieron el modelito. Por ejemplo, el colombiano Germán Espinoza con *Los cortejos del diablo,* sigue esa línea, también hay ejemplos en Brasil, México y hasta en Argentina. Pero al mismo tiempo ocurre otra cosa que la hago notar en una antología que publiqué hace dos años en México, llamada *Novísimos narradores en marcha.* Les llamé novísimos narradores porque percibí que en esa misma fecha del 64, en la que se produce la expansión, también aparece una generación joven de muchachos de veinte y treinta años que comienzan a hacer una literatura. Por ejemplo, el famoso movimiento de la onda en México, donde aparece Gustavo Sáinz, José Agustín y después nada menos que Fernando del Paso, quienes son realmente escritores de primera línea. Incluso un escritor que aunque es un poco anterior, pero que estimo mucho, es Jorge Ibargüengoitia,[2] autor de *Los relámpagos de agosto:* una sátira absolutamente descacharrante y divertida de toda la revolución mexicana y todos los generales, la retórica patriótica absolutamente transformada y vista en una forma sarcástica. Entonces, en varios lugares del continente percibo que efectivamente a esa altura empieza a aparecer una generación de narradores que le costó bastante expandirse por el inmenso peso que adquirieron las grandes figuras. Por eso es que les dediqué ese libro recogiendo a veinte de ellos, los que me parecen narradores que ya están apuntando a otra cosa, y creando otra literatura. Alguno de ellos ya adquirió un cierto nombre. Elegí del Perú a Bryce Echenique, que ya es un narrador considerable, y dentro de los que elegí de Argentina — porque de allí puse varios— está Manuel Puig que ya es un nombre muy difundido y que representa otra literatura de alguna manera. Ahora bien, la valoración es muy curiosa y, en cierto modo, muy difícil. Yo creo que son obras muy importantes las que se acumularon en el período: podemos sumar *Rayuela*, *Cien años de soledad*, *La muerte de Artemio Cruz* y *La casa verde*, y encontrar un conjunto muy importante de novelas en que efectivamente se alcanza una especie de eficiencia profesional, de dominio de los discursos narrativos y al mismo tiempo no se pierde la fidelidad a una especie de gran temática americana que sigue muy claramente en forma visible impregnando todas esas obras. Diría que se alcanza un estándar de producción en narrativa de alto nivel que está sostenida sobre el proceso que se venía haciendo y que nos había dado a Rulfo, Onetti y a nada menos que Borges. En conclusión, en este período, alcanzamos un gran nivel.

J.D.-C: *¿Usted cree que este nivel se mantiene con los novísimos o más bien hay un reflujo?*

Á.R.: Algunos de los novísimos, en primer lugar, están todavía en un período de desarrollo: tú no puedes decir que la primera obra de Fuentes *Los días enmascarados* sea *La muerte de Artemio Cruz*, ni puedes decir que *La hojarasca* de García Márquez sea los *Cien años de Soledad*, por ello tienes que medir un cierto tiempo de desarrollo de un escritor. Sin embargo, ya se han escrito algunas obras que si alcanzan ese nivel considerable, es el caso de *Palinuro de México*, de Fernando del Paso, que realmente sitúa a este escritor en un nivel alto. También te citaría algunas de las obras de Manuel Puig, en las que creo pasa lo mismo, o la última obra del escritor argentino Juan José Saer, *Nunca nadie nada*. Algo similar sucede con las últimas obras de Agustín y Sáinz o *Las Muertas* de Ibargüengoitia, que es una novela importante. Todos estos escritores ya han llegado a cierto nivel de obras. Lo que ocurre es que no han provocado sobre el público el impacto que provocaron los otros, ya que no tienen un clima favorable. El clima de los 60 era muy favorable, se trabajaba con el viento a favor en cuanto a la recepción del público. Además que en ese momento se produce una cosa en cierto modo muy curiosa: la juventud politizada, que forma las universidades y que está en un nivel educativo mayor de la anterior, de pronto encuentra una literatura superior a la literatura del realismo socialista que siempre se le proponía. Esta literatura era basura en la mayor parte de sus manifestaciones, porque eran meras obras portadoras de mensajes y punto, Icaza es el horror del caso. Entonces, de repente esta juventud descubre que efectivamente se puede disfrutar inmensamente de una obra de arte, de una obra bella. Es el caso de los cuentos de Cortázar que son relatos fantásticos, absolutamente admirables y maravillosos. Por ello Orgambide, un crítico argentino, con razón observó lo siguiente: esta juventud que estéticamente está mejor formada y que políticamente también tiene una posición diríamos en general progresista, hace como una conjunción de la vanguardia política y vanguardia literaria que en los 60 coinciden en América Latina. Entonces tenemos los mejores productos literarios y dentro también de una actitud como progresista, una actitud de avance. Eso se había dado también en los 20, con Vallejo y Neruda, época en la que igualmente se produce la concordancia de las dos vanguardias, momento activo que después desaparece debido a la frustración que se produce a consecuencia de la negativa de la vanguardia artística por parte de los sectores progresistas, sobre todo de los sectores comunistas. Esta coincidencia de las vanguardias en los 60 hace como una explosión, da la fuerza al movimiento y sobre todo en ese momento que es el de las grandes esperanzas, ya que se creía que la transformación de América estaba a la vuelta de la esquina. Los 70 fueron las grandes desilusiones porque efectivamente eso no se produjo, y al no producirse hay como una refluencia que genera una sensación muy rara. Por un lado, algunos de los grandes narradores asumieron un discurso enajenado de la historia, piensa en una obra como *Terra nostra*, de Carlos Fuentes, que puede ser esa línea de enajenación de la historia. En cambio otros reingresan más a la historia, como Cortázar que escribe *El libro de Manuel*. O aparece una obra como *Yo el supremo*, de Augusto Roa Bastos, novela para mí muy importante porque es una especie de enorme esfuerzo justamente de reintegración dentro de la historia y al mismo tiempo dentro de una estructura literaria modernizada, totalmente al día, que debe mucho al estructuralismo francés. Estas son algunas soluciones que los grandes dan a la situación. Los jóvenes se encuentran en una situación más difícil, por eso es que en general vuelven a ser realistas y a plantear incluso literaturas de urgencia. A veces son como comunistas, es el caso de Galeano que está siempre al borde de una especie de narrativa populista. En el caso del escritor chileno Skármeta se trata de articular una literatura moderna, original y además de comunicación. Creo que el problema que se plantean todos es el de la comunicación más directa con un determinado público. El peligro que siempre es característico en esta forma de comunicación es que a veces trasladan la literatura meramente al mensaje, o bajan las formas narrativas que utilizan y las transforman simplemente en una comunicación casi periodística, con lo cual la obra de arte se desvanece.

J.D.-C.: *Sin embargo hay otros narradores, como Fernando del Paso, por ejemplo, que combinan a la vez esta temática realista con el imaginario de lo "real maravilloso" como lo hace García Márquez.*

Á.R.: Lo "real maravilloso" no me gusta, es una palabra que yo ya tengo extirpada de mi diccionario.[3] Pero en cambio estoy de acuerdo que Fernando del Paso comienza como un experimentalista claramente en su primera obra, *José Trigo*, y posteriormente realiza una obra mayor, como *Palinuro de México*, dentro de una literatura muy culta y elaborada; y al mismo tiempo muy libre y mucho más desembarazada que las literaturas anteriores. En el fondo no hay que olvidarse que los jóvenes son herederos de los mayores. Para ellos eso es lo consabido, la apertura que hicieron los mayores, una apertura en ciertos terrenos que no se conocían en la literatura. Imagínate lo que pasó con el sexo, que era un tema casi tabú dentro de la literatura o un tema muy convencional. Ha habido como una especie de rape en todas las obras literarias en que ya no se sabía qué combinación se podía inventar para que fueran distintas y originales. Es el caso de las estructuras literarias, de los sistemas transicionales, el pasaje de una cosa a la otra; Cortázar es un maestro en eso. Bueno, todo eso lo heredan los nuevos. En ese sentido Fernando del Paso hereda todo ese material y se podría decir que continúa esa línea. Pero, por ejemplo, no podrás encontrar lo mismo en José Agustín, un escritor que vuelve incluso a las formas coloquiales, a las formas más de tono medio, incluso a las formas de pronto realistas, dentro del realismo con la posibilidad de usar también lo fantástico. Además pasa lo siguiente: en América de cualquier manera el proceso de democratización, que es la cosa más difícil, sigue dando sus pasos y avanzando. Las generaciones que aparecen son generaciones nuevas. Te daré un ejemplo concreto: la generación de los mayores normativos decía que no se podía usar *jeans* ni tomar coca cola porque eso significaba venderse al imperialismo yanqui; ahora cualquiera de los jóvenes usa *jeans*, baila rock, toma coca cola y dice del imperialismo las cosas que se le pasan por la pelota con la mayor libertad. Es decir, aquella era una falsa percepción de los problemas, una percepción como de viejos de comité. Ahora hay una libertad enorme, precisamente Skármeta en sus obras da cuenta de la vida de toda esta juventud que ha sido inmensamente golpeada e invadida por las formas masivas norteamericanizadas que han entrado en todos los países, en el mundo entero. El problema es ¿qué hacés con esto? Primero, que es idiota creer que una influencia de este tipo te somete a no sé qué parámetro político; y segundo, que esta influencia son los elementos consabidos y lo concreto de la vida, con eso tejes la literatura, con eso armas las cosas, y no puedes eliminarlo. Lo que pasa que al trabajar con eso, tú vas a hacer una construcción propia. Lo importante es que no estás copiando nada, estás utilizando los elementos que conforman tu vida y con estos haces algo. Por ejemplo, Rubén Darío—quien toma una especie de sueño que viene, pero que lo vive como algo real— en un precioso verso del famoso primer poema de *Prosas Profanas*, dice de pronto: "Con un candelabro prendido en la diestra volaba el mercurio de Juan de Boloña". El mercurio de Juan de Boloña jamás tuvo un candelabro en la diestra. Lo que pasa es que la basura industrial encaja un candelabro para ponerlo dentro de una sala. ¿Qué es lo que hace Darío?, no inventa nada, incluso es casi irónico el verso. Lo que está haciendo es mostrar este objeto, fruto de la chafalonía del abuso industrial de los grandes materiales, insertado en un ambiente. Es decir, está trabajando sobre la realidad de esta chafalonía, nos demuestra que con ésta también se puede hacer arte. Se puede hacer arte con cualquier cosa, el problema es que estés trabajando en esta experiencia de lo concreto. Y yo siento que las generaciones más recientes están trabajando a este nivel, están efectivamente elaborando y construyendo con los materiales de su vivir cotidiano, bueno o malo. A mí lo que me admira es que un hombre como Arguedas trabaje con materiales tan humildes, tan absolutamente humildes, que nadie es capaz de tener un ojo para ver que son elementos pasibles de arte, pues son esos que casi uno no quiere ver: un mosquerío infame metido dentro de la chichería en el suelo de tierra. Es una audacia y una demostración de talento efectivamente agarrar todo eso y construir una literatura.

LAS MÚLTIPLES PERSPECTIVAS DE LA CRÍTICA LITERARIA

J.D.-C.: *Pasemos ahora a hablar un poco de la nueva crítica literaria latinoamericana: así como usted, un conjunto de críticos literarios latinoamericanos como García Canclini, Agustín Cueva, Noé Jitrik, Carlos Rincón, Fernández Retamar, Antonio Cornejo-Polar, Desiderio Navarro y Alejandro Losada —entre otros— han tratado de establecer una crítica literaria latinoamericana con un repertorio de categorías adecuadas a las particularidades culturales de nuestro continente. ¿Cuál cree usted que es la agenda problemática que atañe a este conjunto de críticos, qué logros ya tienen y qué escollos tienen que superar?*

A.R.: De esa lista hay críticos que me gustan y críticos que no me interesan nada. Creo además que faltan un montón de otros críticos que no los mencionas. Y si no los mencionas es porque tu orientación está más cerca de lo que tiene que ver con el marco social de la literatura. ¡Cuidado!, hay una montaña de otros críticos que no trabajan esto y son también excelentes críticos, que tienen un lugar importante. Cuando yo digo que hay algunos críticos que me interesan y otros no, quiero decir que el fenómeno de funcionamiento literario me parece más importante. Me parece más interesante lo que está haciendo Noé Jitrik como investigación crítica que lo que hace Desiderio Navarro; me parece mucho más importante lo que hace Antonio Cornejo-Polar que lo que hace Fernández Retamar. Es decir, hago un distingo en el producto que se logra, aún dentro del esquema de sociedad que te ha servido a ti para hacer este ramillete.

J.D.-C.: *¿Cuáles serían las opciones fundamentales?*

Á.R.: Aquí hay una cantidad de problemas que se han planteado con eso que se llama la nueva crítica. Por ejemplo, contrariamente a lo que tú piensas, para muchos cuando hablan de la nueva crítica se refieren a la crítica estructural. Así por ejemplo, en América tenemos en este momento un conjunto bastante considerable de críticos: Ballón, de tu país, quien trabaja en una crítica estructural dentro de los parámetros de la escuela francesa. Existen ya críticos que han pasado al campo de la semiótica, así por ejemplo tenemos uno de primera que es Walter Mignolo, que además es uno de los poquísimos que ha teorizado sobre literatura —prácticamente casi ninguno de tu lista ha teorizado— y ha hecho un libro sobre problemas de teoría literaria; es un hombre que trabaja en semiótica y ha hecho algunas obras que a mí me parecen muy importantes, por ejemplo, ha establecido un esquema de interpretación de las crónicas de la conquista, sobre un sistema semiótico, que me parece muy eficiente, muy útil. Tenemos otra línea de críticos que están trabajando bastante —en Venezuela es muy notorio— sobre psicocrítica y algunos pocos que han logrado espléndidos resultados en una línea psicoanalítica. Por ejemplo, a Josefina Ludmer —crítico que no está en tu lista y que es muy importante— le debemos espléndidas lecturas de Onetti y García Márquez. Ella está ahora trabajando sobre literatura gauchesca, es un crítico de primera línea, extraordinariamente eficaz. Ha trabajado mucho sobre un encuadre psicoanalítico, y en cierto modo lacaniano, en la medida en que sobre todo en la zona sur, en Río de la Plata, ha tenido mucha incidencia el pensamiento de Lacan y la recuperación del llamado campo freudiano. Entonces, primero que nada, el campo de la crítica latinoamericana es mucho más variado, tiene muchas líneas, por lo común lo que se llama nueva crítica está más bien equiparada a la importación o incorporación de los métodos franceses, lo que es muy discutible desde luego. Hay otros críticos que trabajamos en otra zona: si tengo que decir cuál es la figura que ha tenido más impacto e influencia sobre mí dentro del pensamiento crítico es Walter Benjamin, porque para mí ha sido capital descubrirlo. Lo descubrí hace veinte o treinta años y desde entonces tuve la sensación que efectivamente su pensamiento me marcaba una línea. En América Latina tanto la obra crítica del mexicano José Emilio Pacheco, en su antología del modernismo, como la obra del colombiano Rafael Gutiérrez Girardot también están influidas por el pensamiento de Benjamin. En este caso te estoy citando otra forma de religación que se hace a partir de una cierta influencia extranjera que viene a través de la apropiación del marxismo que se hace en Alemania por parte de un grupo de sociólogos, fundamentalmente Max Weber, y la influencia que esto genera en una serie de críticos literarios, como Schücking o Arnold Hauser. Toda esta línea además se enriquece por la Escuela de Frankfurt, sea por la obra de Adorno o Horkheimer y fundamentalmente por quien no estaba en la Escuela, pero era paralelo e independiente, que es Benjamin, en la vinculación Benjamin-Brecht. Todo este conjunto de pensamiento para mí es muy importante e influyente, y es el que me ha permitido no quedarme fijado dentro de las categorías marxistas que me parecen muchas veces de una vejez irredenta y manejadas como el manualito escolar que se les da a los pupilos del P.C. En realidad, las posibilidades de la crítica son muy amplias. Yo doy frecuentemente junto con los cursos de literatura, otro de teoría literaria. Mis alumnos siempre se quedan un poco pasmados porque este año doy un curso sobre teoría psicoanalítica de la literarura, en el que leemos de Freud en adelante una cantidad de textos al respecto, y al año siguiente doy un curso de teoría marxista de la literatura, entonces ellos ya no entienden muy bien dónde está el profesor Rama. Lo que sucede es que hay una gran cantidad de posibilidades en las que hay que trabajar con libertad —¡diablos!— porque no puede ser que la postulación metodológica sea la que te decida. Es decir, que la experiencia tuya de lector de un texto y el enriquecimiento de éste por un cantidad de vías y de influencias posibles, tú la niegas para quedarte encerrado totalmente dentro de un camino. En el caso de mi evolución personal sucede lo siguiente: yo pertenezco a la misma línea que afirma que literatura y sociedad es un compuesto con el cual se puede operar y trabajar. Pero una vez dicho esto, también digo que yo he ido cada vez más evolucionando de una especie de ubicación a veces política o meramente social hacia una ubicación cultural de los problemas. De allí mi interés por la antropología desde que leí *El pensamiento salvaje* de Lévi-Strauss. Cuando leí este libro realmente sentí que estaba viendo procedimientos que tenían que ver con la creación artística en América Latina y que nosotros también operábamos como salvajes, pues hacíamos el *bricolage*, componíamos y todo este tipo de cosas. Este libro me iluminó para muchas cosas y efectivamente de muchos de los ensayos posteriores de la antropología estructural yo he sacado una cantidad de posibilidades de interpretación de la literatura. Yo en cierto modo también tengo un pensamiento lógico, como tiene Lévi-Strauss —quizá a lo mejor somos kantinos sin habernos dado cuenta—, es decir las categorías del funcionamiento de la literatura me importan mucho a mí como le importan a él cuando analiza un mito, lo transforma, lo desmonta, y encuentra las categorías intelectuales sobre las cuales está funcionando. Esto me ha permitido, en las últimas décadas, acercarme a la literatura desde un ángulo diferente. Al mismo tiempo he manejado mucho el material estructural como un auténtico salvaje, lo bonito es que uno es salvaje y entonces opera así, como tal, y punto, porque uno pertenece a un continente, a una cultura, a un modo de ser y es auténtico con eso. De manera que hay más de una nueva crítica, es decir hay varias críticas como hay varias literaturas, tratemos de salvar esa pluralidad. Lo último que te diría sobre este tema es lo siguiente: a mí lo que me ha terminado por fastidiar es que cada vez que se habla de nueva crítica para descubrir la idiosincrasia, la peculiaridad de la literatura latinoamericana, lo propio, etc., si tú miras los autores son todos europeos. Es decir, el material metodológico nos viene todo embarcado. En cambio, no se ha intentado revisar lo que pasó con las aportaciones de los críticos nuestros, como Pedro Henríquez Ureña que fue un maestro, absolutamente un maestro de la investigación literaria y un tipo respetable (*chapeau* con él). Trabajó realmente de un modo admirable y en una de las cosas en las cuales yo me he sentido cerca de él, especialmente, porque fue un hombre que se formó en la antropología anglosajona que le ayudó enormemente para ver ciertas cosas. Es prácticamente desconocido otro crítico literario como Baldomero Sanín Cano, quien escribió sobre todo lo que el mundo puede conocer. Te juro que a veces cuando tengo que interpretar el modernismo apelo a Sanín Cano, porque él dijo mejor que nadie lo que fue el modernismo. Alfonso Reyes sigue siendo un maestro de la crítica, mucho más que en sus libros doctrinales, como *El Deslinde*, creo que fundamentalmente en sus ensayos, en sus análisis de escritores tiene observaciones finísimas que siguen siendo válidas. Por ello, tenemos que hacer un esfuerzo de recuperar y utilizar libremente, sin supeditación, esa especie de acumulación de crítica que se ha producido dentro del continente.

J.D.-C.: *Considerando que ellos pertenecieron a otro momento histórico del proceso literario latinoamericano. ¿Cuál sería la validez de sus aportes al momento actual?*

Á.R.: Pero ellos han visto las mismas obras que estamos estudiando ¿no? En último caso nosotros integramos el análisis de una teoría de la recepción. Ellos recibieron una obra y nosotros recibimos otra obra, la misma obra, pero la recibimos en otra época y de otra manera, somos parte de la cadena. Creo que no es nada ineficaz tratar de mirar como ellos miraron y hacer una relación. Fíjate, por ejemplo, el desarrollo de esa famosa teoría de la recepción alemana, que es tan rica e importante. De momento hay dos o tres personas que están trabajando en América con esta teoría. Se está haciendo, por ejemplo, todo un trabajo sobre la recepción de *El Facundo:* es decir, cómo fue visto y cómo fue variando esta obra de Sarmiento a lo largo de un siglo entero, a través de la recepción variada que se produjo. El método de esta teoría es riquísimo, te permite de pronto entender mucho el proceso y también entender una obra en la medida que la ves a través de dos diafragmas, a través de dos momentos históricos.

J.D.-C.: *En otra entrevista Ud. ha afirmado que la época gloriosa de la poesía latinoamericana fueron las décadas del 20 y el 30, luego hemos presenciado el auge de la narrativa latinoamericana en los años 60 y 70. Pero a fines de los 70 ya presenciamos un gran auge del discurso crítico latinoamericano, que encuentra uno sus puntos más altos en los estudios publicados por García Canclini. ¿Cree Ud. que la década del 80 le corresponderá a la crítica literaria?*

Á.R.: No. Creo que en todas esas épocas, que tú acabas de citar, tenemos un discurso crítico. Los autores que yo acabo de mencionar corresponden a esos períodos. Es decir, de todo lo que se llamó la vanguardia de los 20 el gran crítico fue Alfonso Reyes; igualmente un gran crítico de esa época fue Pedro Henríquez Ureña. Esa época es también el período del nacionalismo crítico que se expande desde la obra de Ricardo Rojas, etc. Y creo que todo período va acompañado de un discurso crítico. En cambio, en lo que si discrepo es con esa apreciación de García Canclini que acabas de hacer, ¿me la podrías explicar?

J.D.-C.: *En sus últimas publicaciones, García Canclini hace una conjunción de los aportes de la semiótica, del psicoanálisis y del marxismo tratando de elaborar una teoría más adecuada a la producción cultural latinoamericana en las artes plásticas, el teatro, el arte popular, etc.*

Á.R.: Pero no en la literatura.

J.D.-C.: *En general, García Canclini lo plantea a nivel de toda las artes, especialmente el arte popular.*

Á.R: Yo creía que te referías a la literatura, por eso me sorprendía la pregunta. Me interesan mucho los trabajos de García Canclini y he seguido algunos con bastante atención ... Diríamos que tengo una desconfianza razonada por todo intento de teoría que se aplique nada más que a América Latina. En ese sentido creo que el libro de Roberto Fernández Retamar es uno de los errores mayores que se han cometido en materia de crítica: que es postular la existencia de una teoría literaria que, como tal, es un regla general, pero que solamente rige para la literatura latinoamericana. El no llegar a crear esta teoría, hace esta cosa que yo empiezo a no apreciar y consiste en decir que hay que hacer una teoría. Entonces uno queda como el que inventó el querer hacer una teoría. ¿Qué quiere decir hacer una teoría para la literatura latinoamericana?: ¿significa que nuestra literatura no tiene nada que ver con las literaturas europeas?, ¿que no hay, principios interpretativos en las literaturas europeas que son los mismos en las americanas?, ¿que la teoría de la metáfora va a ser distinta en la literatura latinoamericana que en la europea? Entonces se me dirá: que una teoría literaria latinoamericana quiere decir que hay procesos productivos peculiares dentro de nuestro continente. Pero, ¿estos procesos productivos no aparecerán en Africa también? ¿las literaturas africanas no tendrán procesos productivos y de elaboración muy similares a los de América Latina, en la medida en que son países del Tercer Mundo con determinadas condiciones? No sé si te das cuenta que es una imprudencia y un facilismo decir esto que a mí me alarma. Y como se trata de un crítico que tú citaste, entre los críticos más importantes, te pido que vuelvas a leer ese ensayo,[4] porque es un ensayo en el cual siento que se actúa sin rigor, el rigor obligado en un estudio académico en el cual tú tienes que afirmar algo y probarlo, por lo menos intentar probarlo para persuadir. No podés simplemente hacer un discurso diciendo que si existe una cosa diferente: ¡Pruébelo señor!, mientras que Ud. no lo pruebe, esto pertenece al rango de la conversación libre pero no al rango del estudio académico. En ese campo creo que ha habido demasiados intentos de defender la singularidad como quien defiende el barrio propio. Hay una frase muy bonita que citaba Bergamín, quien fue mi maestro, que decía: "el patio de mi casa es particular, cuando llueve se moja como los demás". Yo creo que la literatura latinoamericana forma parte de un vasto territorio que se llama "las literaturas", y no se va a encontrar que los tropos son diferentes en las literaturas americanas, que en las literaturas europeas. Yo querría que alguien me probara semejante dislate. Es decir, no se puede estar procurando de tal modo la segmentación de nuestra literatura del conjunto de las literaturas mundiales. Lo que yo creo que se puede hacer y es importante es esto: en la medida que toda teoría se organiza sobre un conjunto de materiales literarios determinados, tú puedes decir que en una teoría realmente general de la Literatura —que es lo que pide Etiemble, quién ha tratado de incorporar las literaturas chinas para poder hacer una teoría realmente general de la literatura— también deben estar las latinoamericanas. Eso sí es correcto. Es decir, que la praxis latinoamericana también debe contar como la praxis europea, china o africana en el momento de diseñar una teoría general de las literaturas. Entonces es correcto y lógico decir que cada una de estas praxis son contribuciones que pueden enriquecer una teoría general, pero esto significa incorporarse al conjunto de la literatura, no separarse, no segmentarse. Me parece suicida absolutamente si es que yo renuncio a Stendhal, Rimbaud, Tolstoi, Kafka, etc. Yo creo que hay una tendencia particularista enormemente dañina que en el fondo es impotencia. Si no me puedo apropiar de todo eso, me quedo con este pedacito y digo que este pedacito es diferente.

J.D.-C.: *Pero por otro lado Ud. afirma que el discurso crítico latinoamericano generalmente es muy tributario de las categorías europeas.*

Á.R.: Pero claro está. Lo que pasa es que necesita afinarse para ver cuál es la medida. Pero yo no rompo con las literaturas europeas. La influencia europea es permanente en nuestra literatura porque ambas son literaturas de lenguas europeas. La mayor parte de nuestra literatura se elabora con lenguas europeas que trabajan en un acriollamiento y en una inflexión diferencial. Pero no digo que lo diferente establezca el corte, digo solamente que hay una inflexión diferencial. Así por ejemplo, me dicen, este autor latinoamericano es simbolista; yo digo no, no es igual este autor simbolista que este francés. Es decir, el autor latinoamericano es un simbolista en una inflexión propia y diferente porque su literatura está compuesta con otros elementos. Entonces lo que quiero que tratemos de ver y distinguir es esta manera especial de manejar una cierta influencia; pero no quiero nunca que interpretes que con eso estoy proponiendo que nosotros nos cortamos, nos cerramos y creemos que el patio de nuestra casa es particular.

LITERATURA Y DEMANDAS SOCIALES

J.D.-C.: *Luego del despertar cultural y revolucionario que se inició en A.L. desde los años 60, la Unión Soviética ha demostrado vivo interés por el acontecer latinoamericano. ¿Qué le suscita la revista* **América Latina** *que editan los soviéticos mensualmente, y qué opina de la analogía establecida por ciertos críticos literarios soviéticos que ven en el proceso de la novela latinoamericana de los últimos veinte años un proceso similar al de la novela rusa del siglo XIX que indicaría que A.L. se encuentra en una época prerevolucionaria?*

Á.R.: De esa revista conozco nada más que un número porque se publicó en él un artículo mío. Es el artículo mío ese que se ha publicado en muchos lugares sobre una concepción general de la literatura latinoamericana. Así que es el único número que conozco y no puedo opinar sobre esto. En cuanto a la idea general la tengo por tu resumen. Me parece que es posible, Vargas Llosa ha dicho una cosa parecida sobre la narrativa latinoamericana, de que la literatura adquiere una intensidad en los períodos llamados prerevolucionarios. Incluso ha hecho una comparación con los buitres, hay una serie de textos de Vargas Llosa sobre esto, de que todo proceso revolucionario inminente genera una intensidad. Se piensa sobre todo en el modelo famoso del siglo XVIII, es decir el que corresponde al desarrollo de la burguesía. Todo esto podría explicarse más con una especie de análisis sociológico, sin necesidad de estas formas que me parecen un poco míticas. Me parece normal que Vargas Llosa las utilice porque le gusta mucho esa suerte de mito; pero en cambio que los rusos las usen no me satisface mucho. Lo que diríamos es esto: en América Latina hay un creciente proceso de democratización, hay capas que se van incorporando a la educación, al circuito de la lectura y utilizan la literatura como vehículo de sus demandas, esto es constante en nuestro continente. Para los lectores, que en cierto modo están ascendiendo y moviéndose dentro de la escala social, la literatura entra como uno de los elementos expresivos de esas demandas. Eso no reduce la literatura a ser simplemente esto: un mero vehículo de demanda, pero sí la alimenta. La verdad es que la explosión de los 60 fue sostenida por una generación de jóvenes incorporados a las universidades y que efectivamente estaban buscando una nueva situación para ellos y para la clase a la que representaban. Creo que eso es parte del proceso democratizador dentro de América Latina y de las demandas de nuevos sectores que son enteramente legítimas.

LA POESÍA Y EL IMAGINARIO SOCIAL AMERICANO

J.D.-C.: *En un balance de su trabajo crítico, que Ud. expone en la revista colombiana* Gaceta Colcultura 37/38, *afirma tener una deuda con la poesía latinoamericana del siglo XX, pues ciertas "urgencias" hicieron que se dedicara al estudio de la novela. Luego del período modernista – sobre el cual ha publicado varios estudios – ¿cuál sería, en ciertas líneas generales, el proceso de la poesía latinoamericana del siglo XX?*

Á.R.: Lo que yo digo en ese balance es esto: la poesía es probablemente el género literario que me es más íntimo y necesario para vivir, digo estrictamente eso, la poesía me ayudó a vivir. Sin embargo, he escrito menos sobre ella, porque sobre novela y teatro — yo fui crítico teatral muchos años — estuve obligado a escribir más por las demandas sociales. Lo que me pedían eran ensayos sobre novela o un trabajo como crítico teatral, no me pedían que hiciera trabajo sobre crítica de poesía. Sin embargo, he hecho varios estudios sobre poesía dentro del modernismo: algunos sobre Darío y bastantes sobre Martí, al punto que prácticamente estoy al borde de terminar un libro recogiendo mis ensayos sobre este escritor cubano. En cambio no he escrito sobre poetas importantes, como Vallejo, Neruda o Paz. Vallejo me importa mucho, me importan menos — o me son menos afines—

Neruda y Paz. También me interesan mucho los poetas más recientes, como José Emilio Pacheco, Antonio Cisneros, Idea Vilariño o Juan Gelman. Sobre toda esta generación de poetas nuevos, he ido escribiendo, según las ocasiones, algunos ensayos, porque hacen una poesía que sí me parece realmente importante. Sigo creyendo que es en la poesía donde los americanos son más esplendorosos, donde realmente producen mejor. Lo que pasa es que la salida a circulación de esta poesía es mucho menor que la novela, no alcanza la resonancia que han alcanzado las novelas del famoso *boom*. Pero no es porque esta poesía sea inferior a esas novelas sino simplemente porque la demanda de la novela es mucho mayor, es el género que el lector común prefiere.

J.D.-C.: *¿Qué logros encuentra Ud. en todos los poetas que acaba de mencionar?*

Á.R.: Encuentro una cosa muy importante: un trabajo muy a fondo sobre la lengua misma de cada una de las zonas de América. Una especie de manejo dentro de una tradición que va hacia una suerte de coloquialismo, pero muy fijado dentro de pautas estructuradas. Encuentro, además, que hay una suerte de creación que expresa el imaginario americano de un modo mucho más nítido, y limpio incluso, que dentro de la novela. Es decir, siento que allí estoy tocando mejor alguna de las condiciones del imaginar, del soñar de los americanos. También encuentro que expresan de un modo muy preciso, riguroso y medido la problemática americana.

J.D.-C.: *¿Y Ud. no cree que en la poesía de Neruda y Paz también hay este fenómeno?*

Á.R.: Probablemente lo haya, lo que pasa es que estimo mucho más en estos poetas el rigor y la medida muy estricta. De Neruda sigo pensando que su poesía hay que antologizarla drásticamente. Escribió demasiado, fue un río, como decía Juan Ramón Jiménez, con mucho barro y unas cuantas pepitas de oro. En cambio en Paz si encuentro momentos que me parecen de la mayor poesía, sobre todo en *Libertad bajo palabra*, que me parece uno de los grandes textos americanos.

J.D.-C.: *¿Cuál es su opinión sobre Vallejo y la poesía peruana?*

Á.R.: No conozco bien la poesía peruana como para contestarte al respecto. Por Vallejo tengo una gran admiración y conozco muy bien su obra. No te puedo dar una respuesta periodística, dar opiniones sobre él ... Pienso que es realmente el creador de una de las líneas originales de la poesía americana. Yo he desarrollado una especie de teoría sobre las dos vanguardias que funcionaron en América: una que en cierto modo acaudilla Huidobro y la otra, la más importante y la más rica, representada por César Vallejo. Sería demasiado largo explicar esto. La poesía peruana la conozco muy esporádicamente como para hablarte como escuela, pero la presencia de Vallejo ha sido capital para que realmente exista la riqueza que es visible en la poesía peruana. La sensación que tengo es que en la generación joven la producción poética es mucho más importante, variada y más rica que la producción narrativa.

DE LA BASURA A LA OBRA DE ARTE: BRICOLAGE Y TRANSCULTURACIÓN

J.D.-C.: *Con toda seguridad uno de sus mejores logros como crítico literario ha sido detectar con lucidez a los narradores principales de la transculturización en América Latina, como son: José María Arguedas, Juan Rulfo, João Guimarães Rosa, Gabriel García Márquez y Augusto Roa Bastos. Estos narradores se caracterizan fundamentalmente por preservar valores vitales de las culturas regionales latinoamericanas frente al empuje modernizador y homogeneizador del capitalismo metropolitano. Dado que este empuje es cada vez más creciente, ¿cuál cree Ud. que es actualmente el destino de esta vertiente de la narrativa latinoamericana y cómo afrontará en el futuro este creciente impacto de la modernización?*

Á.R.: Provocará más problemas, más dificultades. Al respecto vuelvo al ejemplo anterior que te citaba en el sentido de que la influencia de los medios de comunicación masivos, de origen norteamericano, no trasladan las grandes obras artísticas norteamericanas que se crean continuamente —pues se sabe que hay una admirable producción literaria dentro de Estados Unidos— sino lo que trasmiten es, como siempre, los materiales de su industria cultural. Eso integra como una especie de gran basura que te tiran sobre el continente. El problema, vuelvo a decirte, es la capacidad que se tiene de transformar la basura en obra de arte. Esto es una de las formas de la réplica, una de las formas del enfrentamiento, si no te quedas simplemente sumergido en eso. No puedo prescindir de la existencia de eso, porque eso es real. Los medios de comunicación son consecuencia de un proceso de desarrollo tecnológico enorme y, dada la importancia grandísima que tienen los Estados Unidos como gran potencia, vamos a estar sumergidos dentro de ese material. Querer salir de él es inútil. Salvo esos papás que les dicen a sus hijos no les vamos a comprar televisor para que no se contaminen. Los pobres niños se sienten los seres más desgraciados de la tierra porque en el barrio todos ven televisión menos ellos. Pero es inútil esa preservación, porque es como poner a mi hijo en un batiscafo para que él no sea contaminado. Lo mejor es que se contamine, efectivamente, y que genere las respuestas correspondientes a todo eso. Incluso que elabore todo ese material y con ese material haga algo, lo transforme. Yo creo que es una hazaña de los pueblos del Tercer Mundo, la capacidad que tienen para transformar todo esto. Yo alguna vez dije que la operación que hacía Borges con la información universal para elaborar sus cuentos —vale decir la manera en que él cita cosas reales, soñadas o inventadas; la manera que él maneja la bibliografía y hace con ella cualquier cosa, transformándola en cuentos— era una operación de *bricolage*, exactamente como la que hace el jefe de una tribu africana que tome un sillón de dentista al que lo sacramenta, le pone cosas y lo transforma en el trono real. O es como lo que hace un indígena peruano al cual le traen las tijeras, que son para cortar, y las transforma en instrumento de música. Toda la música peruana india está hecha con instrumentos españoles, pero con ellos los indígenas han hecho otra cosa. Ese es el fenómeno de creatividad que me parece importante. La idea de esconderse y ponerse rígido dentro de las tradiciones no sirve de nada. El problema es esa plasticidad, esa capacidad para responder al desafío que presentan todos esos materiales y hacer con ellos una cosa nueva.

J.D.-C.: *¿Ud. confía que las culturas regionales pueden soportar todavía el impacto modernizador preservando sus tradiciones y valores?*

Á.R.: Yo creo que sí lo pueden hacer. Y los ejemplos son esos narradores de la transculturación. El caso de Rulfo, de García Márquez o de Arguedas son la demostración de que efectivamente son capaces de hacerlo. Creo que lo hacen también incluso los narradores cosmopolitas dentro de sus posibilidades. Porque todos están generando ciertas respuestas; unas más dependientes del modelo externo, otras más enriquecidas por las posibilidades internas. En el caso de los nuevos narradores cosmopolitas como Manuel Puig, no es que éste se entregue al cine norteamericano, sino que te cuenta lo que le pasa a la *madame* Bovary de la provincia argentina que vive en el mundo vicario del cine, es decir te muestra esa realidad y de alguna manera te hace visible la situación enajenada de su imaginario por el cine. Es el mismo problema famoso del debate sobre la decadencia, en las que los marxistas insistieron mucho sustentando que como el capitalismo está en decadencia, los escritores de los países capitalistas que trabajan en estos materiales también son escritores decadentes. Hubo que discutir a fondo este problema, y decir: no, no son decadentes. El contar la decadencia que hace Musil o que hace Kafka no significa que ellos, esos escritores, sean decadentes. Lo que pasa es que están contando un proceso en el cual viven, no pueden contar otro. Ellos no son decadentes, ese es el error. La sociedad puede estar en decadencia, el proceso de descomposición del capitalismo es evidente en el mundo entero. Pero ese proceso, que puede durar incluso siglos, es la materia dentro de la cual ellos están inmersos y dentro de la cual deben trabajar.

J.D.-C.: *José María Arguedas es, sin lugar a dudas, el narrador peruano que ha llegado más a fondo al problema de la nacionalidad peruana. Siendo uno de los narradores de la transculturación ha solucionado con eficacia los procesos transculturadores a nivel lingüístico, estructura literaria y cosmovisión, como Ud. ya lo ha señalado. Sin embargo, Vargas Llosa en un reciente artículo sobre* Todas las Sangres *publicado en la* Revista Iberoamericana,[5] *afirma que la propuesta final de Arguedas en esta novela es utópica y arcádica; por cuanto habría una oposición mecánica entre costa y sierra, en la que Arguedas se inclina por el proyecto campesino de Rendón Willca desconfiando del proletariado por ser costeño. Se podría afirmar, entonces, que la operación transculturadora de Arguedas tiene limitaciones en cuanto se refiere a la propuesta ideológica que postula en esta novela.*

Á.R.: No conozco el ensayo de Mario sobre esa obra. En general Mario es un autor que ha trabajado con mucha fineza a propósito de Arguedas y ha visto cosas que otros no vieron. Diría que en el proceso de Arguedas, *Todas las sangres* es un esfuerzo donde hay una idealización muy manifiesta. Nos damos cuenta que el personaje Rendón Willca encarna una idealización muy marcada, una proposición ideal, de pronto, mucho más que real. Estrictamente yo diría, Rendón Willca es Eneas puesto en otra novela americana y haciendo el mismo papel de sostener el destino de la patria y llevarlo adelante. Pero para mí la demostración de la capacidad extraordinaria de Arguedas para detectar el proceso de la sociedad peruana es su última novela. Porque *El zorro de arriba y el zorro de abajo* es una novela espléndida que yo creo va a ganar toda su batalla. En esta novela, superando la proposición ideal de la anterior, se enfrenta directamente al proceso último de la transformación de la sociedad peruana, es decir al traspaso de las poblaciones de la sierra a la costa, a propósito de la experiencia, si quieres infernal, que se realiza en Chimbote. Entonces, con esta novela creo que está trabajando mucho más profundamente que en *Todas las sangres*, sobre la nueva composición y la nueva articulación de la sociedad peruana. Es menos idealista en esta novela y mucho más agudo en la percepción de las cosas nuevas. Creo que *El zorro de arriba y el zorro de abajo* es una novela que tiene que haberle costado muchísimo hacerla, aparte de las dificultades que vivió en ese período, porque es de mucha audacia el avance sobre un mito que a él le costó mucho superar. Pienso que la concepción mítica de Arguedas no está bastante circunscrita a los famosos mitos indios, sino que en el fondo él vivía dentro de otro mito, que era el mito mariateguista. Es decir la proposición redentora de ese comunismo un poco primario que desarrolló Mariátegui. Arguedas vivió ese mito y éste es el que está funcionando dentro de *Todas las sangres.*

J.D.-C.: *¿O sea Ud. cree que en* El zorro de arriba y el zorro de abajo *hay todavía un lugar para la esperanza de la cultura indígena?*

Á.R.: Sin duda, pero no de la cultura indígena sino de la cultura mestiza, porque la cultura india ya no tenía sentido. Lo que él comprendió es que efectivamente la salida era esa barrosa salida del mestizaje. Ese zigzagueante, y muchas veces sucio camino, como la vida misma, pero que era mucho más rico en posibilidades.

NOTAS

[1] Artículo publicado en la revista *Escritura* 7 (Caracas, enero-junio, 1979) 3-45.

[2] Este escritor mexicano murió junto a Ángel Rama, Marta Traba y Manuel Scorza, entre otros, en el mismo accidente aéreo de 1983 en Madrid.

[3] Al respecto véase su artículo: "Un culto racionalista en el desenfreno tropical" en *Los dictadores latinoamericanos* (México: Fondo de Cultura Económica, 1976) en el que plantea sus discrepancias con el concepto de lo "real maravilloso" sustentado por Alejo Carpentier.

[4] Ángel Rama se refiere al libro de Roberto Fernández Retamar: *Para una teoría de la literatura hispanoamericana* (1975, 1976, 1977 y 1984), texto en el que Roberto Fernández Retamar reúne algunos de sus trabajos afines con esta problemática, especialmente sus artículos: "Para una teoría de la literatura hispanoamericana" (1972) y "Algunos problemas teóricos de la literatura hispanoamericana" (1974). Creemos que el juicio de Rama sobre este libro de Roberto Fernández Retamar es demasiado severo, pues las ideas que propone Retamar no son de aislar a la literatura de nuestro continente para elaborar una teoría literaria particular, sino de repensar nuestra propia tradición literaria a partir de perspectivas más nuestras que coloniales", "aunque tampoco sea cuestión de partir absurdamente de cero e ignorar los vínculos que conservamos con la llamada tradición occidental que es *también* nuestra tradición, pero en relación con la cual debemos señalar nuestras diferencias específicas. Trabajar por traer a la luz nuestra propia teoría literaria, para la que hay aportes nada desdeñables, es tarea imprescindible (y colectiva) que nos espera" (cita del artículo de 1972 de Roberto Fernández Retamar, 42-43, de la edición de 1984). Hay que considerar que Roberto Fernández Retamar ha escrito sus artículos de aquella época en un contexto de continua beligerancia política por defender el proceso revolucionario cubano. De allí que si Roberto Fernández Retamar en algún momento sostuvo, por apasionamiento político conyuntural, algunas tesis cerradas, éstas han ido corrigiéndose a lo largo de su reflexión teórica. Además es necesario resaltar que hay lecturas contrarias a las de Rama de este libro de Roberto Fernández Retamar, nos referimos a las de Oldrich Bélic, Adrián Manno y Juan Marinello (ver nota y apéndice de la edición de 1984 del libro de Roberto Fernández Retamar), quienes suscriben y se adhieren a las tesis del crítico cubano por encontrarlas coherentes y ajenas a una pretendida teoría literaria latinoamericana que reniegue de una perspectiva universal.

[5] Nos referimos al artículo: "José María Arguedas sobre la ideología y la arcadia", en *Revista Iberoamericana* XLVII/116-117 (Pittsburgh, julio-diciembre, 1980) 33-46.

Román de la Campa es profesor de Literatura Latinoamericana y Literatura Comparada en la Universidad de Stony Brook, del estado de Nueva York. Sus publicaciones incluyen libros y ensayos sobre literatura y cultura de América Latina y de las poblaciones latinas de Estados Unidos, al igual que sobre el terreno de teorías críticas. Libros más recientes: *América Latina y sus comunidades discursivas: literatura y cultura en la era global* (1998) y *Literary Latin Americanism: Theory and Politics* (1998).

Antonio Candido de Mello e Souza es uno de los más distinguidos críticos del Brasil. Es Doctor en Ciencias Sociales. Ha enseñado Literatura Brasileña, Teoría Literaria y Literatura Comparada y ha coordinado el Instituto de Estudios del Lenguaje en la Universidad Estatal de Campinas. Actualmente es Profesor Emérito de la Universidad de São Paulo, Doctor Honoris Causa de la Universidad Estatal de Campinas y Profesor Emérito de la Universidad Estatal Paulista. Entre sus múltiples publicaciones se cuentan *Formação da literatura basileira* (1959), *Literatura e sociedade* (1965) y *O discurso e a cidade* (1993).

Santiago Castro-Gómez, colombiano, licenciado en Filosofía por la Universidad Santo Tomás de Bogotá, Master en Filosofía y Sociología por la Universidad de Tubinga (Alemania). Profesor de Filosofía y Pensamiento Latinoamericano en la Universidad Javeriana de Bogotá. Es autor de *Crítica de la razón latinoamericana* (1996) y co-editor de la revista *Dissens*. Actualmente prepara, junto con Eduardo Mendieta, la coedición de un volumen misceláneo sobre teorías poscoloniales en América Latina.

Jesús Díaz-Caballero, peruano, realizó su maestría en Literatura Latinoamericana en la Universidad de Maryland y actualmente prepara su tesis de doctorado sobre el incaísmo criollo en la fundación de las repúblicas andinas en la Universidad de Pittsburgh. Se especializa en temas de raza y literatura en los Andes y el Caribe. Ha publicado articulos y reseñas en diversas revistas de crítica literaria.

Roberto Fernández Retamar, cubano, poeta, ensayista, profesor universitario, editor, es Doctor en Ciencias Filológicas de su país. Profesor Emérito de la Universidad de La Habana, Profesor Honorario de la Universidad Mayor de San Marcos (Lima) y Doctor Honoris Causa de las Universidades de Sofía y Buenos Aires. Fue Profesor Visitante de la Universidad de Yale. Preside la Casa de las Américas y dirige la revista homónima. Ha publicado docenas de volúmenes en verso y prosa: entre los primeros, *Historia antigua* (1964) y *Aquí* (1995); entre los segundos, *Calibán* (1971) y *Para una teoría de la literatura hispanoamericana* (1975). Trabaja en un nuevo libro de poemas y en la compilación de varios ensayos.

Horacio Machín es profesor de Literatura Latinoamericana en la Universidad de Minnesota. Se ha especializado en movimientos intelectuales e historia de las ideas en América Latina, particularmente en el Río de la Plata. Ha escrito artículos sobre Vallejo, el movimiento de las "Madres de la Plaza de Mayo" y la función del intelectual en América Latina.

Mabel Moraña es profesora de la Universidad de Pittsburgh donde dirige el departamento de Literatura y Lenguas Hispánicas. Es Directora de Publicaciones del Instituto Internacional de Literatura Iberoamericana. Sus publicaciones incluyen *Literatura y cultura nacional en Hispanoamérica, (1910-1940)* (1982), *Memorias de la generación fantasma* (1988), *Políticas de la escritura en América Latina. De la Colonia a la modernidad* (1997). Ha editado *Relecturas del Barroco de Indias* (1994), *Mujer y cultura en la Colonia hispanoamericana* (1996) y es co-editora de la *La imaginación histórica en el siglo XIX* (1994).

Alberto Moreiras. Profesor Asociado de Literatura Latinoamericana en Duke University. Es autor de *Interpretación y diferencia* (1992) y *Third Space: Literary Mourning in Latin America* y *The Exhaustion of Difference* (por aparecer en 1999 por Duke). Dirige el programa de Estudios Culturales Latinoamericanos en Duke.

Maribel Ortiz-Márquez. Es profesora de la Universidad de Puerto Rico, Río Piedras. Su tesis doctoral se concentró en: "La modernidad conflictiva: Ángel Rama y el estudio de la literatura latinoamericana". Actualmente trabaja sobre literatura puertorriqueña y escritoras latinas en Estados Unidos.

Françoise Perus. Maestra en Letras Hispánicas por la Universidad de Montpellier, Francia. Investigadora del Instituto de Investigaciones Sociales de la UNAM y maestra de Posgrado de la Facultad de Filosofía y Letras de la misma UNAM. Autora de los siguientes libros: *Literatura y sociedad en América Latina: el modernismo* (1976 y en 1992 en edición aumentada), *Historia y crítica literaria* (1982), *Historia y literatura* (1994), *El realismo social en perspectiva* (1995). De próxima publicación: *De selvas y selváticos (Ficción autobiográfica y poética narrativa en Jorge Isaacs y José Eustasio Rivera)*. Trabaja actualmente en un libro sobre la poética de Juan Rulfo en *El llano en llamas*, y paralelamente en otro sobre historiografía literaria en América Latina.

Juan Poblete es profesor de literatura en la Universidad de California-Santa Cruz. Investiga sobre la formación de las culturas nacionales en América Latina en los siglos XIX y XX en relación a la enseñanza y lectura de la literatura. En la actualidad desarrolla una investigación sobre la institucionalización de la clase de literatura en varios países del continente. Publicaciones: "El Castellano: la nueva disciplina y el texto nacional en el fin de siglo chileno" en *Revista de Crítica Cultural* (por aparecer); "La polémica entre Andrés Bello y José Joaquín Mora: los límites del decir legítimo y de la esfera pública en el Chile republicano" en *Estudios. Revista de Investigaciones Literarias* (por aparecer); "Rethinking Latinoamericanism: On the Rearticulations of the Global and the Local" en *International Studies in Philosophy* (1997); "Homogeneización y heterogeneización en el debate sobre la modernidad y la posmodernidad" en *Revista de Crítica Literaria Latinoamericana* (1995).

Dario Puccini fue catedrático de Literatura Hispanoamericana de la Universidad de Roma "La Sapienza". Entre sus múltiples publicaciones se encuentran *Romancero de la resistencia española* (1960), *Miguel Hernández, vita e poesia* (1966), *La parola poética de Vicente Aleixandre* (1976), *Il segno del presente* (1992) *Una mujer en soledad. Sor Juana Inés de la Cruz, una excepción en la cultura y literatura barroca* (1996). Fue también fundador de la revista *Letterature d'America* y traductor al italiano de la obra de Pablo Neruda, Nicolás Guillén, Gabriel García Márquez, Juan Carlos Onetti, Octavio Paz y Manuel Scorza.

Gustavo Remedi, uruguayo, inició sus estudios en la Facultad de Arquitectura de Montevideo, y se graduó en la Universidad de Minnesota (Minneapolis). Actualmente se desempeña como profesor de literatura y cultura latinoamericana en Trinity College (Connecticut). Ha publicado sobre cultura popular, y es autor de *Murgas: el teatro de los tablados* (1996), acerca del carnaval en tiempos de la dictadura militar.

Sus ensayos recientes tratan de la relación entre la organización espacial, la estética y la conciencia postmoderna. Con Gustavo Verdesio, organizó dos paneles sobre la "Actualidad del pensamiento de Ángel Rama para los estudios latinoamericanos", en el marco del 19 Congreso Internacional de LASA (Washington, DC, 1995), donde se originaron muchos de los trabajos aquí publicados. Actualmente está realizando una investigación sobre el movimiento de radios comunitarias en Montevideo.

Silvia Spitta, peruana, completó su Doctorado en Literatura Comparada en la Universidad de Oregon y actualmente ejerce funciones docentes en literatura latinoamericana y comparada en Dartmouth College. Ha publicado *Between Two Water: Narrative of Transculturation in Latin America* (1995) y está por publicar una edición sobre colonización y cultura en las Américas titulada *Towards a New American Imaginary: Transculturation and Heterogeneity*. Sus investigaciones actuales tratan el problema del mestizo y la ideología del mestizaje en la narrativa latinoamericana y latina de los Estados Unidos.

María Inés de Torres es profesora de la Universidad Católica del Uruguay y de Saint Mary's College of Maryland. Obtuvo su Doctorado en la Universidad de Pittsburgh. Ha sido docente universitaria en Uruguay y Estados Unidos y publicado numerosos artículos en Uruguay, Argentina, Venezuela, Estados Unidos y España. Trabaja en temas relacionados con nación, intelectuales y modernización. Sobre la relación entre los parámetors de género y nación ha publicado recientemente *¿La nación tiene cara de mujer? Mujeres y nación en el imaginario letrado del siglo XIX* (1995).

Abril Trigo es Profesor Asociado de Ohio State University. Especialista en Estudios Culturales Latinoamericanos. Sus publicaciones incluyen: *Caudillo, Estado y Nación* (1990) y *¿Cultura uruguaya o culturas linyeras? (Para una cartografía de la neomodernidad posuruguaya)* (1997). Numerosos artículos sobre cultura popular y otras manifestaciones culturales latinoamericanas.

Gustavo Verdesio nació en Montevideo, donde se licenció en letras. Obtuvo su Ph.D. en Literatura Latinoamericana en Northwestern University. Su interés académico se centra en el área de los estudios coloniales. Sus trabajos han sido publicados en diversas revistas especializadas: *Revista Iberoamericana, Revista de Crítica Literaria Latinoamericana, Hispamérica, Nuevo Texto Crítico, Bulletin of Hispanic Studies, Revista de Estudios Hispánicos*, entre otras. También ha publicado el libro *La invención del Uruguay. La entrada del territorio y sus habitantes a la cultura occidental.* Hoy su investigación se orienta hacia la comprensión de la memoria del paisaje y a la recuperación de las prácticas territoriales indígenas históricas y prehistóricas.